KB260889

여자 남자 그리고 제3의 성

여자 남자 그리고 제3의 성

젠더역전과 젠더문화

사브리나 P. 라멧 편

노최영숙 옮김

당대

여자 남자 그리고 제3의 성

한국어판 ⓒ 도서출판 당대, 2001

지은이/사브리나 P. 라멧
옮긴이/노최영숙
펴낸이/김종삼
펴낸곳/도서출판 당대

제1판 제1쇄 인쇄 2001년 4월 20일
제1판 제1쇄 발행 2001년 4월 24일

등록/1995년 4월 21일(제10-1149호)
주소/서울시 마포구 연남동 509-2, 3층   121-240
전화/323-1316 팩스/323-1317
전자주소/dangbi@chollian.net

ISBN 89-8163-067-4

사회의 관습과 제도에 의문을 가지는 모든 이들에게,
자연법을 지상 최고의 기준으로 삼는 모든 이들에게,
로자 룩셈부르크의 '만약 자유가 다르게 사고할 자유가 아니라면 그 자유
는 아무런 의미가 없다'는 원칙을 받아들이는 모든 이들에게,
그리고 다르게 사고하는 용기를 늘 보여주는 크리스에게
이 책을 바친다.

머리말

젠더역전(gender reversal)이라는 주제는 역사시대의 초창기부터 모든 사회에 존재해 왔다. 과거에 많은 사회들은 영속적인 혹은 일시적인 젠더역전이나 젠더전환의 절차들을 제도적으로 마련해 놓고 있었다. 그런가 하면 아즈텍 문명이나 현대 기독교 미국의 지역들과 같은 사회는 엄격한 젠더체제를 강화시키려고 애썼다. 이 체제에서는 그 어떤 것도 결코 변할 수 없거니와 그 어떤 경계도 뛰어넘을 수 없다. 고정된 경계를 유지하고 젠더변화를 억압하는 이런 고착화는, 역사를 뛰어넘어 이 같은 변화가 보편적으로 이루어졌던 것만큼이나 인간문화에서 핵심적인 요소이다.

왜 젠더역전인가? 젠더는 각 개인이 자신을 정의하는 데 있어서 핵심을 이룬다. 우리는 직업과 친구 그리고 국적과 종교 등을 통해서 우리의 정체성을 확인한다. 하지만 이 모든 것의 기초를 이루는 것, 즉 개개인이 그 위에 서 있는 일종의 토대와 같은 것은 다름아니라 젠더이다. 혹자는 이렇게 말할지 모른다. (데카르트에게 미안하지만) "나는 여자(혹은 남자)이다. 그러므로 나는 존재한다." 우리는 젠더 정체성이 없는 인간존재를 상상조차 할 수 없다. 인간은 국적에 대한 인식 없이 혹은 종교나 직업 없이, 심지어 (비록 무척 많은 어려움을 겪을지라도) 친구 없이 살아갈 수 있다. 하지만 젠더 정체성에 대한 인식이 없다면, 존재 그 자체는 의문의 수렁으로 내동댕이쳐진다. 바로 이 때문에 젠더를 변화시키는 것은 엄청난 에너지 혹은 마술과 기적, 심지어 (J. 옥숀 글의 젠더변형에 관한 고대종교의 의식에서 자세히 묘사되고 있는 것처럼) 초자연과 결합되어 있다. 따라서 필연적으로 젠더역전이라는 주제는 종교나 문학, 연극·영화 그리고 민속전통에서 침묵의 자리에 놓여져 있을 수밖에 없었다.

젠더역전은 또 다른 외양, 즉 개인적 삶이 상승하는 통로(S. M. 라멧의 글과 I. 버샤틴의 글에 그 예들이 나온다) 혹은 공동체가 안정성과 조화를 보장하는 메커니즘(S. 랭의 글에서 제시되고 있다)으로서 나타난다.

오늘날 젠더역전을 다루는 책들이 점점 많이 나오고 있다. 로스코에(W. Roscoe)의 선구적인 책은 아메리카 인디언들의 젠더전통을 고찰하였으며 많은 사람들에게 젠더역전이라는 주제를 부각시키는 최초의 계기가 되었다. 그전에 나온 가버(M. Garber), 페리스(L. Ferris) 그리고 번 블로프와 보니 블로프의 책들은 물론 다른 주제에 관한 논의도 있었으나 주로 복장전환(transvestism)에 초점을 맞추었다. 엘리자베스(K. Elizabeth)와 볼린(A. Bolin)은 각각 성전환주의(transsexualism)에 관한 중요한 연구업적을 내놓아, 비전문가들도 이 주제에 대해 기본적인 지식을 습득할 수 있는 계기가 되었다. 그리고 가장 최근의 책들로는, 매우 다양한 내용을 다루면서도 뛰어난 역사적 연구성과를 결합시킨 엡스테인(J. Epstein)과 스트롭(K. Straub)의 공동저술을 비롯하여 카스텔리(E. Castelli)와 케이츠(G. Kates)의 방대한 연구가 있다.

이 책은 허트(G. Herdt)가 1994년에 펴낸 『제3의 성, 제3의 젠더: 문화와 역사의 양성체계를 넘어서』(*Third Sex, Third Gender: Beyond Sexual Dimorphism in Culture and History*)와 가장 많은 공통점을 가지고 있다. 허트의 책과 마찬가지로 현재의 연구는 인류학과 역사에 관한 연구를 결합시키고 있다. 이 책이 특별히 기여하고자 하는 부분은 여러 글들이 다루는 내용 중에서도 특히 비서구사회에 기울인 관심과 고대, 중세, 근대 초기 그리고 현시대 주제들을 상호 결합시킨 점이다.

원고에 훌륭한 코멘트를 해준 케이츠와 스트롭에게 그리고 이 책이 나오기까지 명석한 조언과 교열 및 편집 작업을 해준 클레어 랑팡에게 감사의 말을 전하고자 한다. 그리고 나의 배우자 크리스 하센스탭에게 무한한 고마움을 느낀다. 그녀는 한결같이 나의 연구에 관심을 기울여주었으며 나의 원고에 대해 세세하게 코멘트해 주었다.

시애틀에서 사브리나 P. 라멧

차 례

젠더의 역전과 젠더문화

소개하는 글

사브리나 페트라 라멧(Sabrina Petra Ramet)

고대 그리스 신화에는 티레시아스라는 예언자 이야기가 있다. 그는 남자로 태어났지만 기적적으로 여자로 변해 8년 동안 살다가 다시 남자로 돌아간 인물이다. 제우스와 헤라는 성행위를 할 때 어느 쪽 성이 즐거움을 더 많이 느끼는지를 놓고 언쟁을 벌이다가 티레시아스에게 그 판결을 구한다. 그는 양쪽 성을 다 체험해 보았기 때문이다. 한 순간의 망설임도 없이 티레시아스는 여자가 남자보다 훨씬 더 쾌감을 맛본다고 대답한다. 그러자 화가 난 헤라는 그의 눈을 멀게 한다. 그리고 제우스는 헤라의 벌에 대한 보상으로 그에게 예언능력과 무려 7세대 동안이나 살 수 있는 수명을 부여한다.[1] 그리스인들에게 티레시아스의 성전환은 그의 놀라운 예지능력의 원천으로 받아들여졌으며, 훗날 그는 '가장 위대한 신화적 예언자'로 불리게 되었다.[2]

하지만 티레시아스의 이야기가 유일한 예는 아니다.[3] 젠더역전이라는 주제는 고대시대의 제의(祭儀)뿐 아니라 고대 종교와 신화에도 자주 등장하며, 모든 시대의 여러 사회에서 찾아볼 수 있다. 그러나 젠더역전의 의미는 상황이라든가 특정 형태의 역전, 젠더문화에 따라 그 양상이 다양하다.

젠더문화 개념은 젠더역전 현상을 이해하는 데 중요한 역할을 한다. 젠더의 역전은 젠더문화가 설정한 범위 내에서 발생하는데, 왜냐하면 개인과 집단의 특정 행위형태의 의미를 구성원에게 전달하는 것은 그 사회의 문화이기 때문이다. 이러한 '젠더문화' 개념은 젠더가 사회적으로 구성된다는 이론에서 나온다. 요컨대 이 이론은 사회가 어떻게 젠더와 연관된 행위기준을 만들어 강요하고, 그러한 기준에 따르도록 그 구성원을 사회화시키는가에 관심을 기울인다.[4] 이리하여 이 이론은 사회통제의 문제에도 관심을 갖는다. 매켄지(G. MacKenzie)는 이 접근방법의 타당성을 이렇게 옹호한다.

젠더는 … 가장 효과적인 사회통제 수단의 하나이다. 우리는 태어나는 순간부터 주요한 모든 제도에 의해 강화되고 있는 이원적 젠더체제에 길들여진다.[5]

매켄지는 '젠더코드'와 '젠더 이데올로기'라는 용어를 사용하여 관련 행위규범을 지칭하며 이러한 규범들이 '젠더정책'으로 기능하는 제도들에 의해 강화되고 있음을 경고한다.[6] 그리고 로스블라트(M. Rothblatt)는 '젠더명령'이라는 표현을 사용하여 이 규범들이 명령의 성격을 지니고 있음을 알린다.[7] 사회구성주의자들은 젠더체제에 적응하게 하는 사회화 과정에 관심을 두고 있지만, 그렇다고 해서 양성의 타고난 심리적 차이의 존재를 부정하는 것을 본질적인 필요조건이라고 보는 것은 아니다(물론 일부 학자들은 이렇게 말하고 있다).

이 책을 위해서 나는 **젠더문화**라는 용어를 선택하였다. 이 용어는 일방적인 판단을 하지 않고, 이 책의 관심사를 문화와 사회화의 인류학적 연구 및 정치문화 이론과 연결시켜 준다는 장점을 지니고 있다. 정의상의 명확성을 기하기 위해 **젠더문화**를 젠더 관련행위에 대한 사회의 이해정도라고 정의해 두기로 하겠다. 좀더 구체적으로 말하면 어떤 행위가 젠더 혹은 젠더들과 관련되는지를 설정해 주는 제반 가치관 · 도덕관 · 가설을 의미하는데, 우선 젠더에 대한 사회의 이해정도와 그에 따라 그 사회에 몇 가지 젠더가 있는가 하는 것이다. 예를 들어 북서태평양의 인디언 부족 가운데는 (19세기 후반까지) 네 가지 혹은 그 이상의 젠더가 존재했다. 젠더를 성기의 형태와 분리시켜 사회적 역할과 맡은 임무에 따라 정함으로써 두 가지 이상의 젠더가 있을 가능성이 열려 있었던 것이다.[8]

젠더의 역전은 '전체적'이건 부분적이건 간에 사회적 행위, 임무, 옷차림, 태도, 말버릇, 자기지칭, 이데올로기[9] 등이 조금이라도 변해서 다른 (혹은 복합젠더 체제에서 **또 하나의**) 젠더에 근접한 경우라고 말할 수 있다. 따라서 젠더역전에는 이전의 과거를 지우는 노력이 수반되지 않는다. 사실 자신의 성전환 사실을 감추기 위해 거짓과거를 만들어내는 20세기 성전환자들을 빼놓고는, 남성에서 여성으로 전환한 대부분의 사람들은 솔직하게 그 사실을 밝혔다(역사적으로 여성들은 직업상의 장벽을 깨기 위해 남성으로 통해야 했기 때문에, 성전환 사실을 비밀로 하는 것이 필수적이었다). 19세기에 평원인디언 (Plains) 부족들 사이에서는 종종 부분적이면서도 분명하게 젠더교차 (cross-gender)가 이루어지고 있었다. 실제로 이 부족 속에서 젠더교차는 바꿔입기(cross-dressing)를 필수적으로 포함하지 않았다. 젠더가 교차된 일부 여성들은 완전히 남자일을 할 때에도 여전히 여자옷을 입었으며 가사를 담당할 아내를 취하였다.[10]

그러나 성행위와 젠더역전은 직접적인 관계가 없다. 동성애는 젠더역전과 혼동되지 않게 따로 생각해야 할 문제이다. 또한 특히 양성의 젠더체제에서는 젠더가 교차한 개인에 대해 '동성애'니 '이성애'니 하고 규정하기가 모호해진다. 이러한 혼란은 남성에서 여성으로 전환한 사람이 여성에게 끌릴 경우, 이를 어떻게 규정해야 할 것인가에 관해 의사들이 합의점을 찾지 못하는 데서 발생한다. 이런 사람을 '이성애자'라고 하는 의사도 있는가 하면 '동성애자'라고 보는 의사도 있다. 이렇듯 한 사물을 지칭할 때 상반되는 용어가 쓰인다면, 다른 적절한 어휘를 찾아보아야 할 때가 된 것이다.

젠더문화는 또한 사회적 관용의 한계를 설정한다. 오늘날 바꿔입기는 젠더의 경계를 뛰어넘는 옷입기만을 지칭하지만, 예전에는 엄격한 복장규제를 벗어난 행위를 지칭하는 훨씬 광범위한 개념이었다. 17세기의 유럽사회를 비롯하여[11] 아즈텍과 잉카를 포함하는 모든 고대사회에서 발견되는 이러한 규제는 젠더뿐 아니라 계급, 직업, 혈통과 관련하여 엄격하게 정해졌다. 특정 색깔의 옷을 특정 집단이 입을 수 없는 경우도 있었는데, 예를 들어 오토만제국에서는 이슬람교도만이 초록색 옷을 입을 수 있었고 영국의 튜더왕조 때는 귀족만 자주색 옷을 입을 수 있었다.

그러나 이러한 규제영역이 점차 좁혀져서 지금은 세 분야만이 복식의 규제대상이 되고 있다. 젠더 그리고 특정 직업(성직자·간호사·경찰 등)과 특정 종교집단(예를 들어 아만파 the Amish의 특정한 복식규제, 이슬람사회의 여성 차도르 같은 복식규제)이 그것이다. 이 분야들에서 복식규제의 위반은 민감한 사안으로 취급하기 때문에, 경찰이 아닌 사람이 경찰복을 입어 엄한 처벌을 받는다거나 종교집단이 복식규제의 위반을 심각하게 받아들이는 것에 대해 놀라는 사람은 아무도 없다. 하지만 사회 전반의 복식을 모두 규제하는 것은 과거의 일이 되었다. 따라서 이처럼 규제범위가 축소됨에 따라 이성의 옷을 입는 행위의 의미도 필연적으로 변화되었다. 이런 바꿔입기를 이해하는 방식에 영향을 미친 가장 중요한 발전으로는 고대 다신교의 쇠퇴와, 오르페우스교와 기독교의 새로운 도덕률 전파를 들 수 있다.

젠더문화가 지역에 따라 다양하고 시대에 따라 변하는 것과 마찬가지로, 젠더역전이 수행하는 기능 역시 그러하다. 이제부터는 젠더역전의 기능을 살펴보기로 하겠다.

종교신화와 제의에서 젠더역전의 기능

젠더역전의 주제는 고대 이난나의 숭배, 고대 그리스의 올림피아 종교(특히 디오니소스를 숭배하는 의식), 대승불교, 힌두교, 중세기독교에서 두드러지게 나타난다. 신들이 자기 마음대로 젠더를 바꿀 뿐 아니라 여성과 남성으로 현신(現身)하는 것은, 신은 어떤 모습이든 마음대로 취할 수 있다는 고대인들의 믿음을 반영하고 있다. 예를 들어 아즈텍문명에서 하늘의 신인 케찰코틀은 때로는 뱀 같은 몸에 깃털로 뒤덮인 용으로, 또 때로는 머리가 둘 달린 양서류로 표현된다.[12] 그리고 케찰코틀의 현신인 솔로틀은 여러 동물로 변신하는데,

특히 개의 모습을 주로 취한다.[13] 힌두교의 크리슈나신은 비슈누신의 현신으로서, 악마 아라카를 무찌르기 위해 아름다운 여성으로 변신한다. 그리스신화의 최고 신 제우스는 황소 모습으로 변신하기도 하며,[14] 알테미스 여신은 '곰의 여신'으로 불리기도 한다.[15] 물론 고대 그리스의 신들은 주술로써 인간을 동물 혹은 식물로 변화시키는 능력을 지니고 있었다. 즉 특정 다신교에서 젠더의 역전은 본질은 변하지 않고 형태와 모습만 변하는 맥락 속에 위치해 있다.

특정 종교에서 숭배자들이 동물가면을 쓰고 동물가죽이나 이성의 옷을 입음으로써 자신들의 신을 흉내고자 한 것도 이와 같은 맥락이다. 고대 수메르의 여신 이난나(이슈타르라고 불리기도 함)는 젠더의 모호성과 젠더역전을 보여주는 좋은 예이다. 이난나 여신은 사랑의 신이면서 전쟁의 신이다. 그녀는 청년으로서 전쟁에 참가하였고 늘 탐욕스럽게 연인을 구하였다.[16] 이난나를 둘러싼 의식에서 그녀는 남자를 여자로, 여자를 남자로 변화시킨다고 한다. 여신을 숭배하는 의식에서 사람들은 이성의 옷을 입었다.[17] 기원전 17세기까지 지속되었던 고대 그리스의 디오니소스 제의에서는 사람들이 여성스러움으로 유명한 이 남신을 숭배하기 위해 남자는 여자옷을, 여자는 남자옷을 입었다. 3세기 때의 작가 필로스트라투스는 이 사실을 다음과 같은 말로 증명한다. "연회 때는 여자들이 남자옷을 입고, 남자들은 여자옷을 입고 여자처럼 걷는 것이 허용되었다."[18] 이들 종교에서 바꿔입기는 젠더교차된 신을 흉내내고 숭배하는 역할을 하였던 것이다. 또한 종교적 제의를 위해 특별히 달라진 상태를 창출함으로써, 여자 혹은 남자가 평소의 페르소나(persona)를 벗어날 수 있게 해주었던 것 같다.

일부 종교의 전통에서 젠더역전은 고대 모계전통을 암시한다. 예를 들어 일본에서 태양신 아마테라스오미카미(天照大御神, 해의 여신으로 일본황실의 조상―옮긴이)는 신토의 신전에서 아직도 가장 중요한 신으로 군림한다. 천황이 즉위할 때마다 새 천황은 다이조사이(大嘗祭, 천황의 즉위 후 처음 거행하는 신상제―옮긴이)에 참석해야 한다. 이 의식에서 그는 여자옷을 차려입게 되는데 이는 아마테라스 여신의 현신을 상징적으로 나타내는 것이다.[19]

바꿔입기는 또한 정화(精華)의식, 더 높은 상태로 상승하는 것과 관계가 있다. 예를 들어 힌두교의 탄트라 경전에는 이런 구절이 나온다. "남성이 여성의 옷을 입는 것은 자신의 성을 초월하여 구원을 성취하는 데 필수적이다."[20] 대승불교에도 이와 비슷한 생각이 있다. 이 책의 「남성 되기」에 나오듯이, 대승불교에 나타나는 젠더역전의 주제는, "여자로서의 겉모습뿐 아니라 '여자의 사고방식', 즉 여자의 본성과 정신자세도 변해야 한다"는 믿음 때문이다.

이와 동일한 생각은 초기기독교에도 나타난다. 외경 『도마 복음』은 다음과 같은 훈계로 끝맺는다.

시몬 베드로는 다른 사도들에게 말했다. "마리아를 가라고 하라. 여자는 살 가치 없는 존재이니." 이에 예수는 말했다. "보아라. 나는 직접 그녀를 이끌어 남자로 만들어주리라. 그녀도 너희 남자들처럼 살아 있는 영(靈)이 될 수 있음이니. 자신을 남자로 만드는 여자는 모두 하늘의 왕국에 들어가게 될 것이니라."[21]

처음부터 기독교인 여성들은 자신들의 육체가 구원에 방해가 된다고 생각했다. 그리하여 중세를 거치면서 성녀들은 여자옷을 벗어버리고 남자옷을 입어야 했다. 이들이 이른바 '남장(男裝) 성녀'이다. 펠라기아(일명 펠라가우스), 마리나(후에는 마리누스), 아타나시아(아타나시우스), 윌게포티스(운쿰버), 빙엔의 힐데가르드, 시에나의 카타리나, 마저리 켐페 등이 그들이다.[22] 그러나 아이러니컬하게도 어린 소녀들은 이런 남장 성녀들의 이야기를 들으며 '남자가 됨으로써' 신에게 다가갈 수 있다고 교육받았지만, 바이넘(C. Bynum)이 지적하고 있듯이 서구의 전통적인 젠더상징학은 그 반대의 말을 한다.

권력을 가지고 있고 성직에 종사하고 권위적이며 합리적이고 '성스러운' 남성들은 신을 향해 다가가기 위해서 나약하고 인간적이며 정신적으로 '여자'가 되어야 한다.[23]

젠더는 개인의 정체성을 규정하는 가장 기본적인 층위가 될 수 있다. 어떤 사람을 규정할 때 많은 요소들 가운데 맨 처음 언급되는 것은 당연히 그 사람의 성별이다. 그러나 많은 종교가 다른 층위를 열망한다. 신이 육체적 모습보다 하위에 있을 수는 없기 때문이다. 따라서 종교들이 젠더의 전환을 신성성에 다가가는 과정으로 생각하는 것은 놀랄 일이 아니다.

드라마에 나타나는 젠더역전의 기능

고대 그리스의 연극무대에서는 바꿔입기 현상이 있었다. 플라톤은 남자가 여자역할을 하는 것은 남성의 여성화를 초래한다고 비난했다.

이후 중세유럽에서 교회는 여자가 연극무대에 서는 것을 금지했다.[24] 그 결과 어린 소년들이 무대에서 여자역할을 할 수밖에 없었으며, 소 프라노 파트를 맡은 소년들은 거세당하기도 하였다. 레슬리 페리스 (L. Ferris)에 따르면, 이 소년들은 공연중에 관객들로부터 "나이프 만 세!"(Long live the knife!, 나이프는 남성 성기를 상징함―옮긴이) 하는 환호를 받기도 했다.[25]

17세기 들어와서 영국에서는 여성들이 연극무대에 뛰어들기 시작 하여 여자역할뿐 아니라 점차 남자역할도 많이 맡게 되었다. 스트롭 (K. Straub)의 말처럼 어떤 면에서 "17세기 말에 여배우가 남자옷을 입은 명백한 이유는 여자를 무대에 올라가게 한 이유와 동일하다. 매 력적인 여배우의 몸은 흥행을 보장하기 때문이다."[26] 그러나 그 이상 의 이유가 있다. 심리적인 혹은 이념적인 이유말이다. 여자가 남자에 게 순종하는 약한 존재로 '생각되지만' 여자가 무대에서 남자역할을 하는 것이 허용된다면, 무대는 섹스/젠더 체제에 근본적으로 도전하 는 장이 될 수 있기 때문이다.

1580~1633년에 영국에서 바꿔입기 문제를 둘러싼 논쟁에서 성직 자와 팸플릿 저자들이 바꿔입기를 맹렬하게 비난한 것은 이런 맥락 에서 이해될 수 있다. 마침내 1620년 제임스 1세는 보수세력의 압력 에 못 이겨, 여자가 공중 앞에서 남장하는 것을 비난하라고 성직자들 에게 명령하였다. 실제로 여성들은 남자옷을 입고 식량폭동이나 인 클로저(Encloser) 반대시위 등에 참가하였다.[27] 이리하여 무대 위에 서든 길거리에서든 남자옷을 입은 여자는 젠더와 계급 제도를 위협 하는 사회전복 세력으로 부각되었다. 일부 청교도 도덕론자들은[28] 무 대에서 여자옷을 입는 남자배우들은 무대 밖에서도 여자옷을 입을지

모른다고 우려를 표명하였다. 이 같은 일은 청교도들에게 끔찍한 것
이었다.

　18세기 후반에 들어와서 셰익스피어의 극에 역전현상이 발생하였
다. 예전에는 셰익스피어의 극중 여자역할은 소년들이 했으나 이때
부터 여배우가 햄릿이나 로미오의 역할을 맡게 되었던 것이다. 그런
데 뭉크(E. Munk)는 햄릿역을 거절하였다. 그녀 생각에 햄릿 왕자는
"격렬한 발작이나 일으키며 시시한 소리나 지껄이는 신경증 환자"[29]
라는 것이다. 이러한 성격분석은 일부 여성인물의 전형과 너무나 흡
사하다. 그러나 1990년에 다른 두 개의 무대에서 〈리어왕〉의 주인공
역으로 여성이 뽑혔다. 애틀랜타에서 공연된 연극은 1950년대의 조
지아를 배경으로 하여 리어를 "세 아들을 둔 남부의 가모장적 인물"
로 묘사하였다.[30] 그리고 같은 해 뉴욕 무대에서 리어 역을 맡은 말레
체크(R. Maleczech)는 17세기 초에 영국의 성직자들을 괴롭혔던 다
음과 같은 주제를 부각시켰다. "남자가 권력을 갖고 있으면 우리는
그것을 당연하게 여긴다. 그러나 여자가 권력을 가지면 우리는 권력
의 속성을 생각해 보지 않을 수 없게 된다."[31]

　이처럼 리어왕이나 햄릿 역에 여성을 캐스팅함으로써, 관객들로
하여금 여성 젠더문화의 속성을 궁금해하고 행위의 젠더 모호성에
대해 의문을 제기하게 만든다. 실제로 여자는 이런 식으로 행동하고
말하는가? 그러한 차이에 대한 우리의 생각이 자의적 관습에 의한 것
은 아닌가? 1993년에 영화 〈올란도〉를 감독한 영국 작가 포터(S.
Potter)는 엘리자베스 1세 역에 퀸틴 크리스프를, 올란도 역에 틸다
스위턴을 캐스팅하면서 이 영화의 이중적 젠더역전을 이렇게 설명한
다.

여기에서 우리가 말하고자 하는 것은 우리가 생각하는 것보다 훨씬 많은 점에서 남자와 여자가 비슷하다는 사실이다. 남녀의 차이는 과도하게 과장되어 큰 고통과 슬픔과 불행의 원인이 되었다. 그로 인해 여성들은 힘들게 살아간다. 남성들 역시 힘들게 살고 있다.[32]

그러나 물론 그 이상의 것이 있다. 바꿔입기를 소재로 한 영화가 꾸준히 만들어지는 것이 그 답이 될 수 있다. 컬트영화의 고전으로 일컬어지는 〈로키 호러 픽처 쇼〉(The Rocky Horror Picture Show), 새로운 이교도의식을 소재로 한 〈위커만〉(Wickerman), 로만 폴란스키의 〈아파트먼트〉(The Apartment), 줄리 앤드루스의 〈빅터/빅토리아〉(Victor/Victoria, 1933년에 독일영화 〈빅토르/빅토리아〉를 바탕으로 제작됨) 〈미라 브레킹리지〉(Myra Breckinridge), 더스틴 호프만의 〈투시〉(Tootsie), 로빈 윌리엄스의 〈미세스 다웃파이어〉(Mrs. Doubtfire) 〈파리는 불타고 있다〉(Paris is Burning), 1994년의 두 영화 〈사막의 여왕 프리실라〉(Priscilla, Queen of the Desert) 〈여자처럼〉(Just like a Woman), 그리고 1996년의 〈새장〉(The Birdcage) 등이 이에 포함된다. 바꿔입기를 긍정적인 시각에서 그린 최근 텔레비전 쇼 〈트윈 픽스〉(Twin Peaks) 〈피켓 펜스〉(Picket Fences)와, 집세가 싼 여성전용 아파트를 얻기 위해 여장하는 이색적인 두 남자를 등장시켜 바꿔입기를 중립적인 시각에서 묘사한 〈마음의 친구〉(Bosom Buddies)도 있다. 좀더 과거로 거슬러 올라가면 〈모로코〉(1930)에서 실크햇과 연미복을 착용하고 여자손님을 희롱하는 마를렌 디트리히의 유명한 카바레 장면이 있다. 1934년의 영국영화 〈소녀들 소년이 되다〉(Girls Will be Boys)에서 돌리 하스가 피아노 반주

에 맞추어 '여장한(drag) 남성'의 역할을 연기하는 장면도 있다.[33]

철학적 계몽을 목적으로 이런 영화를 보러 가는 사람은 아무도 없는 것처럼, 정신세계를 넓히기 위해 드래그 쇼를 보러 가는 관객은 없다. 일명 앙드레 찰스로 불리는 루폴은 1991년에 드래그 퀸 록 비디오로 유명해졌는데, 그의 옛 친구는 그를 '6피트 7인치의 괴물-모델-여성'으로 묘사하였다.[34] 여기서 루폴은 여장과 연관된 마법의 느낌을 강조한다. 아름다운 여성이 노래하고 춤추는 모습을 보는 것은 즐거운 경험이다. 그러나 실제로는 남자인 아름다운 여성이 노래하고 춤추는 모습은 필연적으로 색다른 느낌을 불러일으킨다. 루폴은 이렇게 말한다. "드래그 퀸은 사제 혹은 친숙한 정령과도 같다. 우리는 신화, 우주의 이중성을 재현한다. 우리는 세상의 소우주와도 같다."[35] 마법은 다음 사실을 깨달음으로써 발생한다.

굽실거리며 소용돌이치는 무수한 은빛 가발 아래의 그는 나이를 먹지 않은… 의심할 바 없는 미인이다. 그러나 여장을 하지 않을 때의 루폴은 성실한 미소를 짓고 있는 주근깨투성이의 유쾌한 대머리 남자에 불과하다.[36]

사회질서와 사회적 이동에서 젠더역전의 기능

젠더의 역전은 또한 사회질서를 유지하는 데뿐 아니라 사회적 이동의 하위주제로서 중요한 기능을 한다. 먼저 사회질서를 살펴보면, 전통사회(특히 농촌사회)에서 이름을 물려주거나 남자의 일을 시키기 위해, 아들 낳는 일은 매우 중요했다. 자녀의 수를 제한해야 하는 현대 중국에서 어떤 부모는 딸이 생기면 죽이기까지 한다. 그러나 북아메리카의 많은 인디언 부족들과 마찬가지로 발칸반도에 사는 부족들은 '적절한' 대안을 발견하였다. 발칸반도의 세르비아인이나 몬테네그로인, 게그족 사이에서는 아들을 낳지 못한 가족의 경우 생물학적 딸을 아들로 키우는 것이 허용된다.

무스코반자라고 부르는, 젠더가 교차된 이런 개인은 사회적으로 남성의 신분을 갖고 남성이 하는 일을 하였다. 다만 이들은 배우자를 맞이할 수 없으며 순결을 맹세해야 한다. 이 무스코반자는 종종 자신이 속해 있는 공동체에서 매우 존경을 받았다. 그리고 여성 참정권이 도입되기 전에 적어도 한 명의 무스코반자(19세기 후반 몬테니그로에서)가 국회의원 선거에서 선거권을 부여받았는데,[37] 이 일은 카라노비치의 1991년 영화 〈버지나〉(Virgina)의 주제가 되기도 했다.[38]

북아메리카의 여러 부족들 사이에서는 19세기 후반까지 이와 비슷한 일이 남아 있었다. 그러나 발칸반도 부족들과 달리, 인디언 부족들은 젠더 교차된 사람들의 결혼을 허용했다. 따라서 이들은 어떤 의미에서 자신과 '반대'의 성(性)인 사람과 결혼해야 했다. 사실 이것은 젠더 교차된 '여성'이 사회적 남성으로 인정받는 한, 전통적인 여성과 결혼하는 것을 의미했으며, 반대로 젠더 교차된 '남성'은 전통적인 남성과 결혼해야 했다. 여기서 중요한 것은 성별에 기초한 가정 내 노동분업을 정확하게 지키는 일이었다. 만약 사회적 여성끼리(혹은 남성끼리) 결혼한다면 이 분업은 깨지고 말 것이다. 다음과 같이 스스로 선택해서 젠더를 교차하는 사람도 있었다.

카스카족 가운데 사냥할 아들을 원하지만 딸만 있는 가족은 (아마도 아들로서 가장 적합한) 딸 하나를 선택해서 '남자처럼' 키운다. 그 아이가 다섯 살이 되면 부모는 임신 예방책으로 말린 곰의 난소를 아이의 허리띠에 묶어주고 평생 차고 다니게 한다. 부족에 따라 사회화 과정은 다르지만 소녀들은 각각 허용된 문화적 채널을 통해 젠더가 교차된 역할을 수행하였다.[39]

이렇듯 발칸의 부족과 인디언들은 하나의 젠더를 지닌 사람이 다른 젠더로 사는 것을 허용하는, 제도화된 젠더교차 역할을 만들어냈다. 다만 발칸 부족의 경우에는 여자가 남자로 변하는 것만이 떳떳한 변신이었다. 그러나 인디언들의 경우에는 쌍방향의 전환이 가능하였고, 이런 사람들은 종종 부족 내에서 매우 존경받았다. 이러한 전환은 젠더체제를 깨뜨리지 않고 젠더와 관련된 임무를 확실하게 할 수 있게 했으며, 따라서 그들의 문화가 규정한 성별구분을 보존하고 보호하는 데 기여했다. 나아가 사회적 변화를 초래하는 잠재적 압력을 완화시킴으로써 사회적 안정을 기하고 사회질서를 유지하는 데도 일조했다.[40]

사회적 이동은 주로 남자의 일을 하려는 여자들과 관련된다. 이러한 사례의 하나가 이 책의 「엘레나, 일명 엘레노」에서 자세하게 서술되고 있다. 바꿔입기의 가장 악명 높은 사례로는 아마 여자해적일 것이다. 18세기의 많은 여성들이 허세부리는 해적이 되어 모험에 나서는 꿈을 꾸며 가짜수염을 붙이고 남자행세를 하면서 여성에 대한 편견과 맞섰다. 개중에는 아이러니컬한 에피소드도 있다. 앤 보니라는 남장(男裝) 해적이 구레나룻의 잘생긴 해적을 사랑하게 되었는데, 알고 보니 그 해적도 메리 리드라는 이름의 남장 여인이었다.[41]

네덜란드 사회역사학자 루돌프 데커(R. Dekker)와 로테 반 데 폴 (L. van de Pol)에 따르면, 유럽에서 여성들의 남장이 '전성기'를 이루었던 것은 16세기 말에서 19세기까지라고 한다.[42] 이 시기에 관한 포괄적 연구에서 데커와 폴은 네덜란드에서만 무려 119건의 남장 여성 사례를 조사·고찰하고 있다. 남장 여성 사례의 증거는 주로 북서 유럽에서 발견되었으나 스페인과 이탈리아의 사례도 찾아냈다. 군대에 들어가기 위해 남자로 변장하는 여성들도 있었는데, '예비수녀'였던 카탈리나 데 에라우소(1592년 출생)는 스페인 북부에 있는 수녀원에서 도망쳐 나와서 스페인군대에 들어갔다. 그리고 무려 7년 동안이나 발각되지 않고 군복무를 했다고 한다. 그후 스페인의 필리프 4세는 그녀가 남자옷을 입는 것을 허락하였다.[43] 일명 크리스토퍼 웰시라는 아일랜드 여성 크리스티안 데이비스(1667년 출생)는 처음에는 낭만적인 이유에서 군대생활을 선택하였다. 그녀의 남편이 영국군대에서 복무하고 있었는데(당시 영국군대는 플랑드르 지방에서 프랑스군과 싸우고 있었다), 남편에게서 아무 소식이 없자 그녀는 남편의 군대에 들어가기 위해 남자로 변장하였다. 결국 그녀는 남편이 전사했다는 소식을 접하지만, 다시 기병대에 들어갔다. 그후 그녀가 여자라는 사실이 밝혀져 지휘관은 오랫동안 '예쁜 기병'으로 알려져 있던 웰시를 제대시켰으나, 급료는 계속 받을 수 있게 조처해 주었다.[44] 그러나 불행한 사례도 있다. 카테린 로젠브로크는 12년 동안이나 네덜란드의 해병과 보병으로 복무했지만, 42세에 친어머니의 고발로 '여성이라는 성을 부정'한 죄로 투옥되었다. 또 마리아 반 안트베르펜(1719년 브레다에서 출생)은 13년 동안 남자로 성공적으로 살다가 신경쇠약에 걸려 생을 마감하고 말았다.[45]

물론 남장을 했던 여성들 모두가 군인이나 해적이 되려고 했던 것은 아니다. 어떤 여성은 네덜란드령 동인도제도에 가서 성공하기 위해 그곳으로 가는 배에 승선했는가 하면, 또 어떤 여성은 범죄생활을 하기 위해 남장하였다. 혹은 여성 범죄자를 뒤쫓는 경찰의 눈을 피하기 위해 남장을 하기도 하였다.[46]

몇몇 남장 여성은 아내를 맞이하기까지 했다. 개중에는 적어도 한동안 자기 남편이 여자인지 몰랐던 아내도 있었다. 1721년에 재판에 회부된 독일여성 카타리나 린켄이 그 하나의 사례이다. 법정기록에 따르면 그녀는 심지어 결혼생활중에도 아무런 의심을 받지 않고 남자로 통했는데, 그녀는 "맨몸에 가죽으로 씌운 뿔을 차고 다니면서 그것을 통해 소변을 보곤 했다"고 한다.[47] 이러한 이야기들은 당연히 유행가의 주제가 되기도 했다. 바바라 아드리아엔스와 힐레체 얀스의 결혼이야기는 1632년에 노래로 불렸다.

> 신부는 대담하게
> 자지와 불알이 있는지
> 만져보고 말했지.
> "정말 이상한 일이야,
> 그것들이 없어, 그래, 거기 아무것도 없어,"
> 우리 둘이 누워 있는 결혼침대에서
> 내 열기를 당신과 식히려면
> 나는 어떻게 해야 하지?[48]

아마 모든 시대를 통틀어 가장 유명한 남장 여성은 오를레앙 전투에서 프랑스군대를 이끌고 영국군을 맞이하여 놀라운 승리를 거둔 전설적인 지휘관 잔 다르크(1412~31)와 프랑스의 소설가 조르주 상드(1804~76)일 것이다. 특히 상드는 작곡가 프레데리크 쇼팽이나 시인 알프레 드 뮈세를 비롯하여 많은 사람들과의 염문으로 유럽을 경악시키고 들끓게 했다.[49]

판타지극에서 젠더역전의 기능

바꿔입기는 섹스 판타지 혹은 좀더 전형적으로 사도-마조히즘이나 속박, 규율에서 일반적으로 볼 수 있는 양상이다. 이 형태들은 종종 혼동되고 있기 때문에 정확한 설명이 필요하다. 엄밀히 말해 사도-마조히즘은 한 사람이 다른 사람에게 쾌감을 줄 목적으로 육체적 고통을 가하는 상호동의 아래 이루어지는 행위이다. 그리고 속박과 규율은 육체적 구속이나 순전히 굴욕감을 주기 위한 (손으로 때리기 같은) 가벼운 신체적 처벌, 욕설, 비난, 훈련, 모욕하기 등을 역시 상호동의 아래 하는 행위이다.

이러한 판타지극에는 늘 명령하고 처벌을 가하는 '톱'(top)과 명령에 따르고 처벌을 받는 '바텀'(bottom)이 있다. 그리고 이런 형식의 연극에서는 흔히 바꿔입기가 등장하는데, 특히 남성'바텀'의 경우가 이에 해당하며 여성은 거의 남장을 하지 않는다. 이성애 판타지극에서는 어떤 성이든 '톱' 또는 '바텀'이 될 수 있으나, 여성이 톱이 되고 남성이 복종하는 바텀 역할을 하는 경우가 훨씬 많다. 이러한 '역할'의 구분을 반영하는 것으로서 '도미너트릭스'(dominatrix)라는 용어가 있지만, 극중에서 남성 톱만을 일컫는 용어는 없다.

이처럼 판타지극에서 남성이 주도하는 경우가 드문 현상은 쉽게 설명될 수 있다. 판타지극은 환상의 세계를 만들어냄으로써 현실을 벗어날 수 있게 하는 데 그 목적이 있는데, 가부장제 사회에서 남성은 이미 톱이기 때문이다. 따라서 섹스극에서 현실세계를 그대로 답습하게 되면 환상도 탈출도 구성하지 못할 것이다. 카터(A. Carter)의 말처럼 "〔복종하는 자의〕 고통은 본질적으로 그 삶에서의 휴가를 의미한다."[50]

사도-마조히즘의 원조는 파리의 소설가 도나티엔-알퐁스-프랑수아 드 사드 후작(de Sade, 1740~1814)과 렘베르크 대학의 역사학 교수 레오폴트 폰 자허-마조흐(von Sacher-Masoch, 1835~95)이다. 『규방의 철학』(*La Philosophie dans le boudoir*)에서 여성평등을 주장한 드 사드는 "〔인간들 사이에〕 부의 독점을 기반으로 한 현존 성의 위계를 부정하였다."[51] 그는 모든 섹슈얼리티를 지배의 용어로 이해하면서도 '진정한 공화국'을 그려내었다. 그곳에서는 섹스관계가 "쾌락을 위한 일시적 계약행위로서, 즐거움의 순간을 뛰어넘어서 정절이나 도덕적 책임이 없다."[52] 나아가 그는 순전히 "개인의 정신적 욕구의 다양성"을 옹호한다.[53] 이런 식으로 드 사드는 '정상적인 것' 혹은 '적절한 것'을 고려하지 않고 '쾌락적'이고 '치료'에 해당하는 것만 추구하는, 상호동의 아래 이루어지는 판타지극의 토대를 마련하였다.[54]

드 사드가 강렬한 극의 순간적 에피소드에 만족하는 것과 달리, 자허-마조흐는 공식적 계약과 고정된 역할이 있는 지속적인 복종의 세계를 그려낸다. 자전적 소설 『모피를 입은 비너스』(*Venus in Furs*)에서 그는 복종이 자신에게 불러일으키는 황홀감을 명료하게 묘사하고 있다.

> "그래요, 당신은 나의 소중한 환상을 일깨워주었어요.
> 그 환상들은 너무 오래
> 잠자고 있었지요"
> 하고 나는 외쳤다.
> "그런데 그 환상이 뭐지요?" 그녀는 내 목 오목한 부분에
> 손을 대었다.
> 그녀의 자그마한 손의 온기가
> 느껴지고 반쯤 감긴 눈으로
> 부드럽게 살피듯이 응시하는 그녀의 시선과 마주치자,
> 달콤한 현기증이 온몸을 휘감았다.
> "여자의 노예가 되는 것이지요. 내가 사랑하고
> 숭배하는 아름다운 여자의 노예."
> "그러면 그 여자는 당신을 괴롭히겠군요!" 완다는
> 소리내어 웃었다.
> "그래요, 그녀는 나를 묶고, 채찍질하고,
> 발로 차지요…."[55]

여기에서 핵심은 자신의 권력을 포기하고 다른 사람의 의지에 복종하는 것이다. 책임과 합리성에서 벗어나 가끔 얻어맞기는 하지만 완전한 안전과 예측 가능성의 세계로 피하는 것이다. 라이스(A. Rice)의 소설 『미인의 처벌』(*Beauty's Punishment*)에도 같은 이야기가 나온다.

내가 침묵으로 무언가를 말했다면 바로 이 말이었지요. "당신은 나의 주인이십니다. 당신은 나를 소유하고 계십니다. 나는 당신이 그렇게 하라고 명령할 때까지 눈길도 돌리지 않을 겁니다. 나는 당신의 모습을, 당신이 하는 일을 볼 것입니다." 그녀는 이 말을 듣고 황홀해하는 것 같았다.[56]

1970년대 초에 스테인(M. Stein)은 매춘부를 찾는 1200여 명의 남자를 연구하였다. 스테인은 이쪽에서만 보이는 거울을 설치해 놓고 그들의 행동을 관찰하여 성향을 분석하였다. 조사대상자 가운데 156명이 복종하는 사람(그녀의 용어로 하면 '노예')이었으며, 그중 24명은 '처벌'로서든 하녀로 여주인에게 봉사하는 것이든 여자옷을 입도록 '강요당하는' 것을 좋아했다.[57] 처음에는 이것이 매우 모순적인 것처럼 보인다. 하지만 이것이 여성 우월적인 이데올로기를 가정하고 숭배하는 한, 결국 여자옷을 입는 것은 굴욕과 지위격하가 아니라 우월성의 표시가 되는 것이다. 그러나 섹스 판타지에서 바꿔입기의 역할은 사실상 이러한 여성 우월적인 이데올로기와 **무관하며**, 오히려 남성의 여장(女裝)에 대한 금기를 악용하는 것이다.

아내와 함께 란제리 가게에 들어간 이성애 남자를 본 적이 있는 사람이라면, 그 남자들이 한결같이 당황해하는 모습을 경험했을 것이다. 하나같이 다른 사람들이 행여 자신이 여자속옷에 관심 있다고 생각할까 봐 두려워하고 그렇게 보이지 않으려고 기를 쓰는 듯한 모습을 하고 있다. 그 자체가 전능한 금기의 산물인 이 두려움은 바꿔입기를 포함하는 복종의 장면에서 달콤한 굴욕감의 원천이 된다. 그러나 복장전환자에게 이러한 금기는 기껏해야 '금지된' 것의 기억으로서 작용할 따름이며, 그의 경우 굴욕적인 것은 여자옷을 입는 것 그 자체가 아니라 여자옷을 입도록 강요당하는 것이다. 혹은 판타지극에서 이것은 그렇게 **강요당한**다고 느끼는 **환상**으로 나타난다.[58]

이렇듯 바꿔입기는 강렬한 심리적 쾌감의 물결을 해방시키는 열쇠로 기능하지만, 이러한 쾌감은 지배자(dominant)가 굴욕감과 격려 사이의 균형을 유지하는 능력을 얼마나 가졌는가에 달려 있다. 이 문제를 두고 한 전문 도미너트릭스는 이렇게 말한다. "지배자는 복종하는 복장전환자가 자신의 판타지가 얼마나 합당하며, 다른 판타지에 비해 온건하고 평범하다는 사실을 깨닫도록 도와준다."[59] 그리고 이런 식으로 복종자(submissive)는 자신감을 얻는다.[60]

마지막으로, 판타지극에서 여성의 지배와 바꿔입기의 기능에 대해 짚어보기로 하겠다. 많은 저술가들이 이러한 놀이는 단순히 눈에 보이는 것의 반대, 즉 여성적인 것이 여전히 평가절하되고 있는 것으로 묘사한다. 그러나 셀러즈(T. Sellers)가 지적하고 있듯이 실제로는 이보다 훨씬 더 복잡하다. 대부분의 복종자들이 참여하는 바꿔입기 장면에서 이른바 일부 복종자는 사실 "바텀에서 톱 역할을 하고" 싶어하는 지배자이다. "여주인은 복장전환자가 여성으로서의 긍정적 이미지를 훌륭하게 형상화할 수 있게 도와준다. 그리고 성전환자와 복장전환자를 모든 면에서 여성으로 대하려고 열심히 노력한다. 또한 여자가 되는 것이 좋다는 느낌을 심어주고자 애쓴다."[61]

사회과학자들은 지배/복종에 대한 그 어떤 진지한 분석도 회피해 왔다. 마치 이 현상이 나머지 문화와 상관관계가 없는 양, 다시 말해 이 현상이 사회의 가치관과 행동규범을 왜곡된 방식으로 반영하고 있지 않는 것처럼 다루어왔다. 그러나 오히려 한 사회의 젠더문화에 깊이 새겨진 행동규범은 판타지극의 기초가 된다. 판타지극의 복종/지배는 젠더문화의 규범을 역전시키고 과장하고 혹은 놀이정신으로 모방한다. 판타지극의 대본은 '정상적' 생활이 주는 스트레스를 노출시킨다. 예를 들어 어린아이 역할은 판사라든가 기업의 중역, 그 밖에 책임있고 권위있는 지위의 남자들에게 매력을 불러일으킨다. 판타지극에서 요람으로 되돌아가고자 하는 그들의 욕망은 그들이 현실에서 경험하는 과중한 심리적 부담을 반영한다.

판타지극에서 바꿔입기는 몇 가지 층위로 나타난다. 첫째, 젠더의 역전은 어떤 사람이 자신의 정체성을 벗어버리고 새로운 인물이 될 수 있는 효과적이고 총체적인 방식이다. 더구나 새로운 인물이 됨으로써 복장전환자는 굴욕감으로 인한 심리적 고통을 흡수할 수 있는 완충제를 만들어낸다. 이는 개인들이 언제나 동일한 젠더 정체성과 동일한 인물로 유지되기를 기대하는 일반적인 젠더문화(최근 들어 로스블라트는 이러한 개념에 의문을 제기하고 있다)에 관해 흥미로운 비평을 제공한다.

둘째, 금기 위반으로서 바꿔입기가 갖는 활력은 남자가 '여자 같은 사내'(sissy)로 보일지 모른다는 강한 두려움과 동시에 이런 두려움과 금기 위반행위 자체가 가져다주는 강렬한 쾌감을 유발한다.

셋째, 판타지극에서 남성 복장전환자의 행위는 남성성을 '획득하는' 것과 연관된 스트레스를 반영한다. 초도로(N. Chodorow)는 이렇게 지적한다.

어떤 의미에서 '여성 정체성'은 '남성 정체성'보다 훨씬 쉽고 확실하게 획득될 수 있다. 마거릿 미드의 주장에 따르면, 여자아이들은 태어날 때부터 어머니와의 동일시 과정을 통해 여성 정체성을 획득할 수 있으나 남자아이들은 차별화 과정을 통해 남성 정체성을 획득한다. 가장 친밀하고 자신이 가장 많이 의지하는 사람과의 동일시, 이러한 '자연스러운' 동일시는 문화적 가치에 의해 '부자연스러운' 것이 되어 확고한 남성 정체성 획득에 방해작용을 한다.[62]

요컨대 판타지극에서 남성이 여장을 하는 것은 서구의 젠더문화가 불러일으킨, '여성스러움'보다 '남성스러움'의 획득이 훨씬 더 어렵다는 것을 반영하고 있다.

젠더전환

80년대 들어와 미국과 서유럽에서는 풀뿌리운동이 일어났다. 스스로 '젠더전환자'임을 밝히는 이 운동은 현존 젠더문화가 억압적이라는 데 의견이 일치하는 것을 그 특징으로 하고 있다. 로스블라트는 이렇게 말한다. "이 운동을 이끄는 원리는, 사람들은 어릴 때부터 자신들에게 부과된 성별을 일시적이건 영구적이건 자유롭게 바꿀 수 있어야 한다는 것이다."[63] 자칭 젠더전환자들은 현재의 양성 젠더문화가 사람들을 '세뇌'시켜 '성차별'(an apartheid of sex)을 고착화한다고 믿고 있다.[64] 로스블라트는 남성과 여성의 '본성'이라는 개념은 이제 완전히 허구임이 판명 났다고 주장하면서, 현존 양성 젠더체제 대신 '세상에는 50억의 사람이 있고 50억의 고유한 성 정체성이 있다'는 명제를 내놓는다.[65] 매켄지도 같은 맥락에서 성전환은 "엄격한 양성 젠더체제로 인해 야기된 문화적 질병으로서 그 치료는 현재의 젠더체제를 완전히 바꿀 때 비로소 가능하다"고 말한다.[66] 그러면서 다음과 같은 권고의 말로 책을 끝맺고 있다. "현재의 분리되고 불평등한 젠더 아래에서의 단일민족 개념을 허물어뜨리고 젠더전환 민족을 인정하자. 이 일이 가능해질 때 비로소 진정한 젠더혁명이 일어날 수 있다."[67]

1948년에 남자의 몸으로 태어난 본스테인(K. Bornstein)은 자신의 생각을 잘 표현하는 성전환 주창자이다. 그녀는 자신의 저서 『젠더 위반자』(*Gender Outlaw*, 1994)에서 자신을 다음과 같이 묘사한다.

많은 사람들이 젠더 정체성을 '자연스러운' 것으로 생각한다. '남자 같은' 혹은 '여자 같은' 느낌을 가질 수 있다고. 내가 처음에 젠더에 대해 말하기 시작했을 때, 계속되는 질문이 있었다. "지금 당신은 여자 같은 느낌이세요?" "남자 같은 느낌을 가져본 적이 있나요?" "여자의 느낌을 어떻게 알았나요?"

나는 '여자'의 느낌을 모른다. 나는 여자로서 느껴본 적이 없다. 내가 남자가 아니라는 강한 확신이 있었을 뿐이다. 내가 나의 젠더를 바꾸어야 한다는 것을 확신할 수 있었던 것은 느낌이 있어서라기보다 느낌이 없어서였다.[68]

이렇듯 본스테인의 선택은 지배적인 사회 이데올로기의 젠더규정에 아무런 생각 없이 순응한 것이 아니라 '남성 주제의 변주'에서 '여성 주제의 변주'로 전환한 것이다. 이리하여 그녀의 책은 우리 모두(혹은 거의 모두)가 두 주제 가운데 하나를 '변주'하고 있다는 사실을 상기시킨다. 혹은 일찍이 어떤 현자가 말했듯이, 우리는 모두 '과정중'

(passing)이라는 사실을.

　이러한 사실은 성전환을 젠더 순응주의(!)와 독창성의 결핍(!)이라고 공격하는 사피로(J. Sapiro)와 칸도(T. Kando) 같은 성전환 혐오 비평가들에 대한 적절한 반박 이상의 것을 제공한다.[69] 어떤 사람들은 왜 **독창성**을 권위의 전제조건으로 간주하는지, 그리고 이 문제에서 그들은 자신을 젠더용어로 '독창적'이라고 생각하는지 의아할 따름이다. 인간이라는 종족 구성원들이 지니고 있는 어마어마한 다양성이 성전환자들 사이에서도 그대로 적용되고 있다는 사실 앞에서 성전환자를 '순응주의적'이라고 일반화시키는 것은 너무나 단순한 논리다. 남성에서 여성으로 성전환한 사람이, 자신들 취향에 비추어 너무 여성적이라고 생각하는 성전환 혐오자들은 자신들이 진정으로 원하는 것은 자신들이 바라보는 대상이 계속 남자로 남아 서구의 양성 젠더체제에 순응하기를 바라는 것이 아닌지 자문해 볼 필요가 있다.[70]

　사피로와 칸도 같은 사람들이 순응주의자라고 비난하는 것과 반대로, 성전환자나 젠더전환자들은 기독교의 손길이 미치는 나라에서 핵심적 위치를 차지하고 있는 엄격한 젠더체제를 전복한다. 성의 불변성이라는 우파의 교리를 거부할 뿐만 아니라 양성(兩性)의 옷을 섞고 가사노동을 혼합해서 함으로써, 전형적인 '여성'의 일을 전형적인 '남성'의 일과 뒤섞는다. 우파에게는 이 모든 것이 자신들이 사회에 부과하고자 하는 엄격한 순응체제의 핵심을 공격하는 것이다. 성전환자들은 칸도의 의아하리만큼 신랄한 언사처럼 순응주의자 혹은 '엉클 톰'과는 거리가 멀다. 오히려 이들은 진보적 사회에서 가장 정당한 **반대자**(dissidents)로 묘사될 수 있다.

맺음말

젠더역전, 바꿔입기, 젠더혁신은 역사의 모든 시기에서 발견된다. 복장전환자 중에는 하트셉수트(기원전 15세기의 이집트 왕—옮긴이), 로마의 엘라가발루스 황제, 루돌프 발렌티노, J. 에드거 후버, 영국의 팝스타 보이 조지가 있다.[71] 16세기 프랑스의 앙리 3세는 늘 여자옷을 입었으며 시종들에게도 자신을 '여왕폐하'라 부르라고 하였다.[72] 18세기 러시아의 엘리자베스 여제는 승마할 때는 남자옷을 입었고 1744년부터는 초대받은 사람은 모두 복장을 바꿔입어야 하는 '변신'무도회를 정기적으로 열었다. 엘리자베스 자신은 때로는 카자흐족, 또 때로는 프랑스의 목수 혹은 미하일로바라는 매우 모호한 이름의 네덜란드 선원 등 다양한 인물로 변장하고 무도회에 등장하였다.[73] 20세기 들어와서는 영화제작자 에드 우드가 있다. 그는 이성애 복장전환자였는데, 전해 오는 말에 의하면 2차 세계대전 때 그는 전투복 속에 여자 실크속옷을 입고 남태평양에 상륙했다고 한다.[74]

성전환 혐오자들의 주장과 달리, 성전환 사례는 미국과 영국뿐 아니라 러시아,[75] 폴란드,[76] 스페인,[77] 독일,[78] 일본,[79] 이집트, 브라질,[80] 멕시코 등 여러 나라에 기록되어 있다. 유럽공동체의 대부분 나라에서 성전환자들은 적어도 관련 수술비 일부를 보상받을 수 있으며, 1989년 유럽의회는 직장 및 모든 곳에서 성전환자를 차별하는 행위를 종식시키기 위해 소집되었다.[81] 아시아의 경우 성전환은 점차 대중적 지지를 얻고 있으며, 1994년 가을 뉴델리는 국제성전환자회의를 주최하였다.[82] 성전환 그리고 그 밖의 다양한 젠더교차 행위는 이제 범세계적인 현상이 되고 있다.

이 책은 이 주제를 둘러싼 다양한 사실을 기록함으로써, 모든 문화
와 역사에 젠더역전 현상이 보편적으로 존재한다는 사실을 인식하고
젠더역전의 맥락과 기능을 이해하는 데 도움이 되고자 한다.

주

1) P. M. C. Forbes Irving, *Metamorphosis in Greek Myths*, Oxford: Clarendon
   Press, 1990, pp. 162~63.
2) 같은 책, p. 168.
3) 그리스 신화에는 다른 이야기도 있다. 여자에서 남자로 변한 카이네우스와 남성
   운동선수로 환생한 아탈란타라는 여성 이야기가 그것이다. 같은 책, pp. 155~62
   참조.
4) B. Yorburg, *Sexual Identity: Sex Roles and Social Change*, New York: John
   Wiley & Sons, 1974, pp. 1~2; G. Siann, *Gender, Sex and Sexuality:
   Contemporary Psychological Perspectives*, London: Taylor & Francis, 1994, p. 3,
   125; H. Barry III, M. K. Bacon, and I. L. Child, "A Cross-Cultural Survey of
   Some Sex Differences in Socialization," *Journal of Abnormal and social
   Psychology* vol. 55/no. 3, 1957/Nov.; N. Chodorow, "Being and Doing: A
   Cross-Cultural Examination of the Socialization of Males and Females," V.
   Gornick and B. K. Moran, eds., *Woman in Sexist Society: Studies in Power and
   Powerlessness*, New York: Mentor Books, 1971; H. Dahles, "Performing
   Manliness: On the Meaning of Poaching in Dutch Society," *Ethnologia
   Europaea: Journal of European Ethnology* (Copenhagen) vol. 21/no. 1, 1991;
   A. G. Hunter and J. E. Davis, "Constructing Gender: An Exploration of Afro-
   American Men's Conceptualization of Manhood," *Gender & Society* vol. 6/no.
   3, 1992/Sep.; J. A. Geschwender, "Ethnicity and the Social Construction of
   Gender in the Chinese Diaspora," *Gender & Society* vol. 6/no. 3, 1992/Sep. 참
   조. 마거릿 미드와 미셸 푸코 또한 젠더의 사회적 구성이론의 발전에 공헌하였다.
5) G. O. MacKenzie, *Transgender Nation*, Bowling Green, Ohio: Bowling Green
   State University Popular Press, 1994, p. 1.

6) 같은 책, pp. 13~14, 62, 95.

7) M. Rothblatt, *The Apartheid of Sex: A Manifesto on the Freedom of Gender*, New York: Crown Publishers, 1995, p. 43.

8) E. Blackwood, "Sexuality and Gender in Certain Native American Tribes: The Case of Cross-Gender Female," *Signs* vol. 10/no. 11, 1984/Aut., pp. 28, 31, 35~36.

9) 여기서 나는 많은 남성-여성 성전환자들이 갈림길에 들어서기에 앞서 페미니즘에 매우 우호적이고 격렬한 페미니스트가 되며 심지어 레즈비언 분리주의에 매력을 느끼기까지 하는 과정에 대해 생각한다.

10) Blackwood, 앞의 글, p. 37.

11) J. E. Howard, "Cross-dressing, the Theater, and Gender Struggle in Early Modern England," L. Ferris, ed., *Crossing the Stage: Controversies on Cross-Dressing*, London/New York: Routledge, 1993, pp. 22~23.

12) B. C. Brundage, *The Phoenix of the Western World: Quetzalcoatl and the Sky Religion*, Norman, Okla.: University of Oklahoma Press, 1982, p. 20, 25.

13) 같은 책, p. 197.

14) S. Nanda, "Hijras: An Alternative Sex and Gender Role in India," G. Herdt, ed., *Third Sex, Third Gender: Beyond Sexual Dimorphism in Culture and History*, New York: Zone Books, 1994, p. 376.

15) Irving, 앞의 책, p. 45, 66.

16) T. Frymer-Kensky, *In the Wake of the Goddesses: Women, Culture, and the Biblical Transformation of Pagan Myth*, New York: Free Press, 1992, p. 25, 27.

17) 같은 책, p. 29.

18) A. Evans, *The God of Ecstasy: Sex Roles and the Madness of Dionysos* (New York: St. Martin's Press, 1988, p. 20)에서 재인용.

19) N. Bornoff, *Pink Samurai: Love, Marriage, & Sex in Contemporary Japan*, New York: Pocket Books, 1991, p. 436.

20) Nanda, 앞의 글, p. 376.

21) E. Castelli, "'I Will Make Mary Male': Pieties of the Body and Gender Transformation of Christian Women in Late Antiquity"(J. Epstein and K. Straub, eds., *Body Guards: The Cultural Politics of Gender Ambiguity*, New York/London: Routledge, 1991, p. 30)에서 재인용. Cf. 이슬람의 경우 "신의 길 위에 있는 여자는 남자가 된다. 그녀는 여자로 불릴 수 없다." R. Gordon, "Mithraism and Roman Society: Social Factors in the Explanation of Religious

Change in the Roman Empire"(S. P. Ramet and D. W. Treadgold, eds., *Render unto Caesar: The Religious Sphere in World Politics*, Washington DC: American University Press, 1995, p. 121)에서 재인용.

22) V. L. Bullough and B. Bullough, *Cross Dressing, Sex, and Gender*, Philadelphia: University of Pennsylvania Press, 1993, pp. 51~55; C. W. Bynum, *Holy Feast and Holy Fast: The Religious Significance of Food to Medieval Women*, Berkeley/LA: University of California Press, 1987, p. 291.

23) Bynum, 앞의 책, p. 287.

24) L. Ferris, "Introduction: Current Crossings," Ferris, ed., *Crossing the Stage*, p. 9.

25) 같은 책, p. 15.

26) K. Straub, "The Guilty Pleasures of Female Theatrical Cross-Dressing and the Autobiography of Charlotte Charke," Epstein and Straub, eds., *Body Guards*, p. 143.

27) Howard, 앞의 글, p. 29.

28) E. G. W. Prynne, *Histrio-Mastix: The Players Scourge*, London, 1633. B. R. Burg, "Ho Hum, Another Work of the Devil: Buggery and Sodomy in Early Stuart England"(S. J. Licata and R. P. Petersen, eds., *Historical Perspectives on Homosexuality*, NY: Howarth Press and Stein & Day, 1981, p. 76)에서 재인용.

29) Ferris, 앞의 글(p. 2)에서 재인용.

30) 같은 글, p. 3.

31) 같은 곳에서 재인용.

32) *New York Times*(1993. 2. 15, p. B1)에서 재인용.

33) A. Weiss, *Vampires and Violets: Lesbians in Film*, New York: Penguin Books, 1992, pp. 33, 44~45.

34) G. Trebay, "Cross-Dresser Dreams"(*New Yorker*, 1993. 3. 22, p. 49)에서 재인용.

35) 같은 글, p. 50에서 재인용.

36) 같은 글, p. 51.

37) R. Gremaux, "Woman Becomes Man in the Balkans," Herdt, ed., *Third Sex, Third Gender*, p. 250.

38) *New York Times*, 1993. 3. 27, p. 12 참조.

39) Blackwood, 앞의 글, p. 30.

40) 유사한 현상이 오만(Oman)에서도 발견된다. 이 사회에서는 생물학적 남성인 사니스가 사회적으로 여성과 남성의 중간에 위치하는 것으로 정의된, 즉 여성과 남

성의 요소를 혼합한 역할을 하는 것이 허용되고 있다. 이에 관한 자세한 설명과 논의는 M. Garber, *Vested Interests: Cross-Dressing and Cultural Anxiety* (NY/London: Routledge, 1992, pp. 348~52) 참조. 인디언 사회의 젠더 교차된 역할에 관해서는 W. Roscoe, "We'wha and Klah: The American Indian Berdache as Artist and Priest"(*American Indian Quarterly* vol. 12/no. 2, 1988/spring); *The Zuni Man-Woman*(Albuquerque: University of New Mexico Press, 1991) 참조.

41) T. Horwitz, "Scholars Plunder Myths about Pirates, and It's Such a Drag," *Wall Street Journal*, 1992. 4. 23, p. A10.

42) R. M. Dekker and L. C. van de Pol, *The Tradition of Female Transvestism in Early Modern Europe*, J. Marcure and L. van de Pol trans., London: Macmillan, 1989, p. 2.

43) M. E. Perry, *Gender and Disorder in Early Modern Seville*, Princeton, NJ: Princeton University Press, 1990, pp. 127~28.

44) Bullough and Bullough, 앞의 책, pp. 101~103.

45) Dekker and van de Pol, 앞의 책, pp. 3, 19, 23~24.

46) 같은 책, pp. 32, 34~36.

47) 같은 책, p. 16.

48) Bullough and Bullough, 앞의 책(p. 100)에서 재인용.

49) 그녀의 본래 이름은 아망틴-오로르-뤼실 뒤펭(Amantine-Aurore-Lucile Dupin)이었다. 상드에 관해 특히 잘 서술된 것으로는 P. G. Blount, *Georges Sand and the Victorian World*(Athens, Ga.: University of Georgia Press, 1979) 참조.

50) A. Carter, *The Sadeian Woman and the Ideology of Pornography*, NY: Pantheon Books, 1978, p. 21.

51) F. E. Manuel and F. P. Manuel, *Utopian Thought in the Western World*, Cambridge, Mass.: The Belknap Press of Harvard Univ. Press, 1979, p. 545.

52) 같은 책, p. 546.

53) 같은 책, p. 547.

54) 스테인은 156명의 복종적 남자에 관한 연구에서 다음과 같이 결론을 내린다. "노예장면은 … 고객들이 죄의식을 느끼지 않고 다양한 섹스형태를 즐기도록 허용함으로써 치료의 기능을 하는 것처럼 보였다. 고객은 상징적으로 유아기로 퇴행함으로써 불안을 해소하고 그들 생활의 다른 영역에서의 지배적[혹은 독단적] 행위에 대한 보상을 받으며 쾌락의 충동으로 이끄는 통제된 상황 속에서 자기파괴적 충동을 행동으로 옮긴다. 다른 경우라면 억압해야 하는 상당히 강한 욕망을 행동

으로 옮기는 일은 확실히 남자들을 긴장을 해소할 수 있게 한다[했다]"(M. L.
Stein, *Lovers, Friends, Slaves*…, NY: Berkley Medallion, 1974, p. 302).

55) L. von Sacher-Masoch, *Venus in Furs*(1870), in *Masochism: Coldness and Cruelty: Venus in Furs*, New York: Zone Books, 1991, p. 180.

56) A. Rice, writing as A. N. Roquelaure, *Beauty's Punishment*, New York: Plume, 1984, p. 154.

57) Stein, 앞의 책, p. 279, 286.

58) 이 점은 A. McClintock, "Confessions of a Psycho-Mistress: An Interview with Mistress Vena"(*Social Text* no. 37, 1993/Winter, pp. 65~66) 참조.

59) T. Sellers, *The Correct Sadist: The Memoirs of Angel Stern*, Brighton: Temple Press, 1992, p. 99.

60) R. J. Stoller, *Pain & Passion: A Psychoanalyst Explores the World of S & M*(NY: Plenum Press, 1991, pp. 80~81, 85 이하) 참조.

61) Sellers, 앞의 책, p. 98.

62) Chodorow, 앞의 글, p. 271.

63) Rothblatt, 앞의 책, p. 16.

64) 같은 책, p. 19.

65) 같은 책, p. xiii.

66) MacKenzie, 앞의 책, p. 114.

67) 같은 책, p. 172.

68) K. Bornstein, *Gender Outlaw: On Men, Women, and the Rest of Us*, New York/London: Routledge, 1994, p. 24.

69) 사피로는 이렇게 쓰고 있다. "성전환자들이 문화적 규범에 따르면 일탈자라고 할 수 있지만, 그들은 대부분 일단 자신들이 남자 혹은 여자가 되는 목표에 도달하면 고도의 순응주의자가 된다"(J. Shapiro, "Transsexualism: Reflections on the Persistence of Gender and the Mutability of Sex," Epstein and Straub, eds., *Body Guards*, p. 253 참조). 칸도는 성전환자들을 한층 더 명확하게 비난한다. "다양한 해방된 집단과 달리, 성전환자들은 반동적이어서 핵심 문화에서 멀어지기보다 오히려 그곳으로 되돌아간다. 이들은 성혁명의 엉클 톰이다. 이러한 사람들 때문에 사회변화의 변증법은 완전한 원을 이루며 최대의 일탈적 입장이 최대의 순응적인 입장이 된다"(T. Kando, *Sex Change: The Achievement of Gender Identity among Feminized Transsexuals*, Springfield, Ill.: Charles C. Thomas Publ., 1973, p. 145. Shapiro, 앞의 글, p. 255에서 재인용). 전체 집단에 대한 이러한 일괄적 일반화는 너무 단순한 사고방식이어서 정신분열적 편집증에 가까울

정도이다. 어떤 사람이 모든 동성애자는 순응주의자라거나 모든 스코틀랜드 사람은 광신자라고 쓴다면, 이러한 일반화를 하는 사람은 제정신이 아닐 것이 분명하다. 성전환자에 대한 이러한 일괄적 일반화는 정확히 이와 동일한 층위에 속한다.

어떤 성전환 혐오자들은 성전환을 논할 때마다 말 그대로 입에 거품을 문다. 예를 들어 『런던 타임스』의 한 칼럼에서 줄리 버칠(J. Burchill)은 성전환자를 '제3의 성' 젠더전환자(transgenderist)와 동일선상에 놓는다. 마치 여자 혹은 남자가 되고자 하는 열망과 어떤 독창적 젠더를 만들고자 하는 열망 사이에는 아무런 차이가 없다는 듯이. 그리고 양 집단을 맹렬하게 비난한다. "이들은 극도로 반동적이다. … 이들은 젠더가 사실상 다른 어떤 것보다 중요하다고 믿고 있기 때문이다." 성전환자의 한 사람인 나는 젠더가 "다른 어떤 것보다 중요하다"고 믿는 성전환자나 복장전환자를 만나본 적이 없다. 사실 성전환자를 사랑, 가족, 진리, 정의, 충실함이 없는 편집광자로 묘사하는 이 같은 혐오스러운 노력은, 버칠의 성전환 혐오증뿐 아니라 모든 정치화된 성전환 혐오증에 내재한 근본적 편협성을 드러낸다. 흥미롭게도, 성전환자의 반동적 순응주의에 대한 버칠의 질책은 공격적인 순응주의적 헤드라인을 달고 있다. "두 개의 성이면 충분하다"(The Times, 1995. 6. 11), on Nexis.

유감스럽게도, '순응주의'의 비난은 연구서마다 반복되어 나온다. 특히 실제 사례에 거의 바탕하지 않은 연구서에서 그러하다. 다른 면에서는 상당히 정확한 관찰자인 앤 볼린조차 '모든' 남성-여성 성전환자를 다음과 같이 일반화하고 있다. "성전환자들은 의식적으로 그리고 고의적으로 걸음걸이 방식을 바꾼다. 보폭을 더 작게 하고 팔을 몸 가까이 붙이고 걷는다. … 그들은 남자들보다 예절바르게 말하기 위해 의식적으로 약한 느낌을 주는 군더더기 말을 많이 사용한다"(A. Bolin, *In Search of Eve: Transsexual Rites of Passage*, Westport, Conn.: Bergin & Garvey, 1988, p. 134). 내가 경험한 바로는 매우 다양한 사람들이 있었다. 사실 너무나 다양하기 때문에 이러한 일반화들이 전혀 들어맞지 않는다. 내 경우를 예로 들자면, 남자에서 여자로 변모함에 있어 나는 단순한 사람들에게 나약함을 암시하는 어떤 표시도 하지 않기로 결심했다. 그리하여 나는 프릴이 달린 부드러운 옷은 피하고, 걸음걸이도 바꾸지 않았다. 단호함이 필요한 경우에는 단호한 어조로 말하였다. 동료들과의 회의에서는 평소 나의 태도와는 다르게 힘을 전달하게 위한 몸짓으로써 나 자신을 강조하였다. 왜 사람들이 가장 천박한 스테레오타입에 순응하기 위해 성전환을 한다고 생각하는지 그 이유를 정말 나는 모르겠다. 우리가 훈련받은 군인이기나 한 것처럼 왜 '모든 성전환자'라고 일반화하는지 그 이유도 정말 나는 모르겠다.

70) 성전환 주제를 다룬 최고의 저서로는 Bolin, *In Search of Eve*; K. E. Stuart, *The*

Uninvited Dilemma(Portland, Ore.: Metamorphous Press, 1981)가 있으며, R. J. Stoller, *Presentations of Gender*(New Haven, Conn.: Yale University Press, 1985, 특히 ch. 2~4)도 흥미롭다.

71) Bullough and Bullough, 앞의 책, pp. 23~24, 39; Garber, 앞의 책, p. 360.

72) MacKenzie, 앞의 책, p. 31.

73) T. T. Rice, *Elizabeth*: *Empress of Russia*, London: Weidenfeld and Nicolson, 1970, p. 33, 90, 136.

74) *Irish Times*(Dublin), 1995. 5. 6, p. 5.

75) 논의를 위해서는 L. Attwood, *The New Soviet Man and Woman: Sex-Role Socialization in the USSR*(Bloomington, Ind.: Indiana University Press, 1990, 특히 ch. 5) 참조.

76) S. Dulko, "Sexual Activity and Temperament in Polish Transsexuals"(*Archives of Sexual Behavior* vol. 17/no. 2, 1988) 참조.

77) MacKenzie, 앞의 책, p. 64. *Newsweek*(1988. 12. 5, p. 88); *The Jerusalem Post* (1989. 2. 24, on *Nexis*); *Evening Standard*(1992. 7. 17, p. 29); *The Guardian* (1993. 11. 10, on *Nexis*)도 참조. 남성에서 여성으로 전환하는 수술은 적어도 1960년부터 스페인에서 시술되었다(*Daily Telegraph*(London), 1992. 1. 9, p. 19 참조).

78) *Süddeutsche Zeitung*(Munich), 1994. 8. 16; 1994. 11. 24; 1995. 2. 11. 모두 on *Nexis*.

79) *The Independent*(London), 1994. 7. 30, p. 48.

80) *Scotland on Sunday*, 1993. 6. 27, on *Nexis*.

81) *Reuters*, 1989. 9. 12, on *Nexis*.

82) *Neue Zürcher Zeitung*, 1994. 11. 28, on *Nexis*.

S. P. 라멧은 워싱턴대학교 국제학과 교수로 있으며 저서로는 *Nationalism and Federalism in Yugoslavia 1962~1991*(1992), *Social Current in Eastern Europe* (1995)가 있다.

젠더를 가로지른다

문화적 맥락과 젠더실천

앤 볼린(Anne Bolin)

양성 젠더, 두 정신(two-spirit) 전통(공식적으로 베르다셰[1]라고 함), 북피에간족의 '남자마음을 한 여자'에게서 볼 수 있는 젠더교차 역할, 여자끼리의 결혼, 소년과의 결혼, 바꿔입기나 젠더교차 행위들이 제도화되어 있는 제의 등은 전세계에 다섯 가지 형태의 젠더가 있음을 증명해 준다.[2] 물론 다양한 젠더 정체성과 젠더행위의 분류방식으로는 민족지적인 기록에 의한 다른 많은 방법이 있겠지만, 이 다섯 가지 형태의 분류방식은 젠더유형학을 만들려는 선도적 노력의 성과이다. 이 유형학의 목표는 일반적으로 같은 지면을 공유하지 않는 젠더 변이현상들을 비교하여 공통점을 찾아내는 것이다. 디케만(M. Dickemann)은 다음과 같이 유려한 문장으로 이를 표현한다.

…훌륭한 과학은 이론과 가설이라는 보다 추상적이고 일반적인 층위와, 묘사와 분류라는 보다 세부적인 층위를 왔다갔다하며 분석적인

동시에 직관적인 사상의 흐름을 포함한다. (모든 묘사는 물론 낮은 층위의 일반화이다.) 묘사와 분류는 호기심으로 충만한 정신에 이론을 낳을 수 있게 하는데, 그것은 묘사와 분류가 관계의 본질에 관한 질문을 불러일으키기 때문이다.[3]

이 다섯 형태의 모델은 허트(G. Herdt)의 「동성애와 게이 개념의 비교문화형태」(Cross-Cultural Forms of Homosexuality and the Concept Gay, 1988)에서 아이디어를 얻은 것이다.[4] 이 글에서 허트는 역사적으로 그리고 서로 다른 문화들에서 발견되는 네 가지 형태의 동성애 행위를 제시한다.[5] 그러나 나의 유형학은 젠더를 변모된 지위로 보는 지금까지의 접근방법을 뛰어넘어서 분석하고자 하는 첫 시도이다.[6] 나는 '가로지르기'(traversing)라는 용어를 제목에 사용하여 이 점을 나타내고자 하였다. 이전에 성전환에 관한 글에서 나는 '초월하기'(transcending)라는 말을 사용했는데, 젠더전환 공동체의 일원인 공동 연구자가 지적하기를 이 단어는 하나의 사회적 지위에서 다른 지위로 옮겨가는 의미를 내포하고 있다는 것이다.[7] 결국 이 용어는 새로운 '젠더성' 창조작업(젠더 구성과정)에 활발하게 참여하고 있는 북아메리카 젠더전환 공동체 구성원의 경험을 제시하지 못했던 것 같다.

『웹스터 사전』(1974)에서는 가로지르기를 "1) 횡단하거나 가로놓인 어떤 것"이라고 정의하고 있다. 이 글에서는 교차/대안적/부가적 젠더라는 용어로 지칭되는 젠더변이를 비교문화적으로 표현하는 방법을 모색하고자 한다. 최근 북아메리카 젠더전환 공동체 구성원들로부터 수집한 자료뿐 아니라 젠더 교차된 역할, 젠더교차 행위가 나타나는 제의도 연구할 것이다. 따라서 나는 가로지르다라는 용어가 이 글의 성격을 잘 포착할 수 있게 하고, 젠더전환 공동체와 학문적인 측면의 독자 모두에게 만족스러운 표현이 되기를 희망한다.[8] 가로지르다의 이미지는 젠더화된 상징들의 상호 침투적이고 변화하는 측면뿐 아니라 교차하는 면도 나타낸다.

이 글은 간단한 형식으로 구성되어 있다. 첫째, 민족지학 자료에서 선택한 예들을 사용하여 다섯 가지 형태의 젠더변이 유형학을 제시하고 있다. 즉 ①양성 젠더 ②두 정신 전통 ③젠더 교차된 역할 ④여자결혼 ⑤젠더 교차된 제의 등 다섯 가지 형태 각각의 예를 제시할 것이다. 그리고 각각의 유형은 그 형식의 사회적 맥락[9]을 강조하는 문화구성주의 방향으로 논의되고 있으며, 이론적으로는 젠더변이의 '상징적인 부담'(load)에 초점이 맞추어져 있다. 물론 강조점은 성적 행위가 아니라 젠더에 두고 있지만, 섹슈얼리티에 관한 자료도 활용하고 있다.[10] 그것은 섹슈얼리티가 본질적 특성을 지니고 있는 것이 아니라, 기존 젠더범주/사회적 젠더 정체성과 관련하여 사회적으로 구성되는 것임을 예증하기 위함이다.[11]

이상과 같이 다섯 가지 유형을 소개하고, 이들 다양한 젠더 변이현상이 현행 북아메리카 젠더 패러다임의 해체에 어떤 역할을 하고 있는지 논할 것이다.[12] 제도나 역할, 지위, 제의 등에서 각각 다름에도 불구하고, 이 다섯 가지 형태는 젠더화된 속성들에 대한 문화적 조종과 재분류를 포함한다. 즉 이들 젠더 변이범주는 문화적으로 젠더화된 것으로 규정된 신체적 표시와 행동상의 특징을 융합 혹은 재구성한 것들의 합성물이라고 할 수 있다. 그리고 이 다섯 가지 형태는 젠더를 명확하게 양극적이고 생물학적인 것으로 보는 서구의 신체 중

심적 젠더 패러다임을 문제삼는다. 따라서 각 범주는, 젠더를 실천행
위로 이해하려는 문화적 맥락에서 검토될 것이다.

　비교문화적 기록은 유럽과 미국의 젠더 패러다임을 뒤흔들 뿐 아
니라 그에 영향을 미치고 침투하는 잠재력 또한 가지고 있다. 나는
적어도 하나의 민족에서 이 같은 현상을 발견하였다. 인류학이나 구
조주의/해석주의 이론의 경우에는 자신의 정체성을 젠더전환 공동체
의 구성원에서 찾는 독자가 많다. 민족지학에서 발견되는 젠더교차
의 증거는 지역의 성전환 및 복장전환 집단으로부터 젠더전환 공동
체가 등장할 때 발생한 문화적 변화의 한 요인이 되었다. 이 글에서
는 특히 남성에서 여성으로 성전환한 사람, 여장(女裝) 남자, 복장전
환자를 다룰 것이다.[13]

개념 설명

　이야기를 계속하기에 앞서, 이 글에서 사용되고 있는 용어와 개념
에 대한 정의가 필요하다. 젠더변이라는 용어는 젠더를 기반으로 한,
지위와 역할에 대한 서구의 과학적 개념을 포함한다. 여기서 지위는
권리와 의무를 포함하는 사회적 위치 혹은 직위를 말하며, 역할은 지
위와 연관되어 사회적으로 기대되는 일련의 행위를 의미한다.[14] 인류
학에서는 두 정신 제도 같은 젠더변이의 지위가 많이 눈에 띄지만,
젠더변이의 지위도 이 다섯 가지 모델로 대표되는 젠더변이의 한 종
류에 불과하다는 사실을 인식하는 것이 중요하다.

　북미/서구 젠더 패러다임의 구성요소에는 성(sex)과 젠더(gender)
가 포함된다. 스톨러(Stoller)에 따르면, 성은 "염색체, 외부생식기, 생

식선, 내부생식기, 호르몬 상태, 제2차 성징, 뇌” 등을 포함하는 생물학적 구성요소를 지칭한다.[15] 즉 일반적으로 성은 성기를 비롯하여 그 밖에 남성과 여성에게 부과되는 신체적 특징을 포괄하는 것이다.[16]

그리고 젠더는 남자냐 여자냐에 대한 심리적·사회적·문화적 영역으로 정의된다. 젠더는 개인적·사회적 젠더 정체성을 포함하는 다차원적인 사회적 구성물이자 의미체계이다. 따라서 젠더 정체성은 개인적 정체성과 사회적 정체성을 모두 포함하는 것으로 해석된다.[17] 즉 자아란 개인적인 동시에 사회적이라는 것이다. 젠더 정체성은 “동일성, 통일성, 자신의 개인성을 남성 혹은 여성으로 고집하는 것”으로 정의된다.[18] 그러나 젠더변이에 대한 인류학적·사회역사학적 연구를 통해 이러한 정의는 제3의 젠더 정체성의 가능성을 포함하는 것으로 수정될 필요가 있다.[19]

젠더 정체성은 개인적 정체성이나 자기 이미지에 대한 사적 경험을 포괄하며, 사회적 정체성은 성별화된 정체성에 대한 사회적·문화적 인식 또는 범주화를 지칭하는 것이다. 즉 젠더(여자·남자·소녀·소년)로서 사회에서 차지하는 지위나 위치를 비롯하여 외모·태도·행위 같은 부수적인 역할까지를 포함한다. 서구문화에서 젠더 정체성은 여성성과 남성성의 사회적 개념을 포함하지만,[20] 젠더 정체성과 사회적 정체성은 개인의 삶이나 특정의 상호작용에서 수렴될 수도 그렇지 않을 수도 있다.

현시대의 사회에서 성은 젠더와 동일한 것으로 이해되고 있기 때문에, 성의 정수(精髓)에 해당하는 표지라 할 수 있는 것이 역사적으로뿐 아니라 상대적으로도 거의 안정되어 있지 않다. 이것은 젠더변이 정체성이 어떻게 맥락상 여성성/남성성과 관련된 보다 광범위한 의미체계 내에 자리매김되는지를 이해할 수 있는 함의이다. 나의 이론적 지주는 상징/해석 인류학[21]과 사회역사학[22]을 포스트모던 담론 분석[23]과 결합시킨 것이다. 젠더변이와 다성(多性)의 중요성에 관한 허트(Herdt)[24]와 세레나 난다(S. Nanda)[25]의 저서를 읽으면 문화적 맥락 속에서 개인의 경험과 의미가 지니는 중요성을 인식하게 된다.

젠더변이의 다섯 가지 모델

양성 젠더

유사자웅동체는 생리학적 변이의 문화적 분류체계를 드러내준다는 점에서 흥미롭다. 유사라는 접두사는 "진짜 자웅동체와 마찬가지로 생식선이 양성적으로 혼합(난소세포와 고환세포)되지 않고, 고환이 있거나(남성 유사자웅동체) 난소가 있다는(여성 유사자웅동체) 사실을 나타내기 위해 한때 사용되었다."[26] 자웅동체라는 용어는 "재생산구조가 애매하여 남자인지 여자인지 명확하게 정의할 수 없는 타고난 조건"을 말한다.[27]

나바호족은 자웅동체 상태가 높이 평가받는 문화의 예를 제공한다. 그렇다고 생식기의 애매성에 대한 문화적 반응이 다 그렇다는 것은 아니다.[28] 예를 들어 에저턴(Edgerton)의 케냐 포코트족에 관한 연구에서는,[29] 남자도 여자도 아닌 양성인 세레르(sererr)에 대해서 조사하고 있다. 포코트족 속에서 남자 혹은 여자라는 지위의 본질적 표시는 사춘기 이전과 청소년기의 섹스 놀이나 두 젠더의 할례의식 그리고 재생산이다. 그러나 세레르는 성기의 발달이 불완전함으로 해서 적절한 성적/재생산적 역할을 못하고 또 이들의 미발달한 성기는 할례를 받지 못한다. 한 포코트인의 말은 직설적이다. "세레르는 진짜 사람이 못 된다. 진짜 포코트인이 되려면 섹스에 능해야 한다. 섹스를 잘하지 못하면 자신을 좋게 생각할 수 없고 남도 그 사람을 좋게 생각하지 않는다."[30] 따라서 세레르는 태어나는 순간 죽임을 당하지 않으면, 여자나 남자의 지위를 얻을 수 없는 무성상태의 지옥에서 살아가게 되는 운명이다.[31]

그러나 나바호족은 세 가지 신체적 성, 양성·남성·여성을 인정한다.[32] 그리고 적어도 셋 이상의 젠더지위가 있다. 남자(소년), 여자(소녀), 나들(nadle)이 그것이다. 나들에는 세 종류가 있는데, 진짜 나들과 나들 행세를 하는 남자와 여자이다. 나들 행세를 하는 남자와 여자가 나들로 간주되는지 아니면 다른 범주로 구분되는지는 확실하지 않다. 이 나들은 모호한 생식기를 기준으로 그 지위가 결정되는데, 그들은 여자일을 하고 여자처럼 행동하지만 여느 나바호족이 누리지 못하는 특별한 권리를 가지고 있다.[33] 나들의 섹스 파트너는 여자나 남자가 될 수 있지만, 다른 나들이나 나들 행세를 하는 사람을 섹스 파트너로 삼을 수는 없다. 그리고 여자는 자신의 섹스 파트너로 남자, 나들, 나들 행세하는 사람을 선택할 수 있고 남자는 여자, 나들, 나들 행세하는 사람을 택할 수 있다. 하지만 동성간의 성교로 정의되는 동성애는 허용되지 않는다.

이는 비교문화적인 해석의 문제를 설명하는 데 도움을 준다. 즉 나들이 제3의 젠더지위라면, 동성애라는 용어는 무의미하며 또 서구의 성적 지향성과 성행위 개념이 양극적인 젠더도식과 연결되어 있음을 예증한다. 나바호족의 섹스 파트너 개념은 이성애, 동성애, 양성애로 구분되는 서구의 도식으로 분류될 수 없다. 사실 이러한 증거에 직면하여 이성애 중심주의는 분해된다. 나들로 인정받지만 생식기가 자웅동체가 아닌 나들 행세자의 경우 그 변화가 훨씬 복잡하다. 나들의 지위가 갖는 모순은, 자웅동체의 생식기가 그 지위를 결정하지만 동시에 자웅동체 아닌 사람이 그 지위를 얻는 것을 막지 않는다는 사실에 있다. 즉 나들을 자웅동체의 생식기로 정의하지만 나들 행세는 제한하지 않는 것이다.

난다의 인도 히즈라(Hijra) 연구를 예로 들어보겠다. 히즈라는 제의에서 생식기가 제거되는 수술을 받아 성불구가 된 양성적 남자를 일컫는 제3의 젠더이다.[34] 그러나 히즈라의 사회적 정체성은 '행세자'에게 기회를 제공한다는 점에서 나들과 비슷하다. 변이된 제3의 젠더로서 히즈라 공동체는

…여러 종류의 사람에게 매력을 느끼게 한다. 대다수의 사람은 10대, 성인 할 것 없이 자발적으로 참여한다. 심리적이건 신체적이건 젠더교차의 성향을 지닌 사람들이 이에 끌리는 것 같다. 히즈라의 역할은 그것의 문화적 의미를 완전히 상실하지 않은 채, 다양한 인격과 〔남자와의 섹스든 금욕생활이든〕 섹스욕구와 젠더 정체성을 수용한다.[35]

사가린(Sagarin)[36]은 산토 도밍고에서 게베도체(guevedoce)로 알려져 있는 유사자웅동체 남자 18명에 관한 임페라토-맥긴리(Imperato-McGinley)[37]의 1974년 보고서를 다시 분석함으로써 젠더 정체성·지위·역할의 문제를 새롭게 통찰한다. 임페라토-맥긴리는 게베도체를 임상적 시각에서 분석하여 젠더 정체성과 정신적/성적 지향성을 결정하는 데 있어서 호르몬 요인이 사회화 요인보다 우위

에 있는 예로 삼았다. 게베도체는 모호한 성기를 지니고 태어난다. 그들은 여자아이로 키워지다가 사춘기가 되어 급격하게 남자다워져 젠더 정체성이 바뀌면, 행동이 남성적으로 되고 섹스 상대도 여자를 선택한다. 임페라토-맥긴리는 이러한 변화가 자궁에 있다가 사춘기 때 왕성해지는 남성호르몬 테스토스테론 때문에 발생한다고 보았다.

이와 반대로, 사가린은 유사양성자의 놀라운 젠더역전의 원인을 '내부적'으로 해석하고자 한다. 유사양성자는 여자아이로 키워지는 것이 아니라, 여성적 특징을 가지고 있지만 사춘기 때 남자가 될 특별하고 고유한 범주의 아이들로 양육된다는 것이다.[38] 이와 같이 사가린은 게베도체를 민족지학적 분류로 이해함으로써, 젠더 정체성의 역전이나 역할행동, 여성 섹스 파트너 선택의 원인을 테스토스테론 호르몬에서 찾는 맥긴리의 견해에 도전하는 사회문화적 해석을 제공했다. 사가린에 따르면, 게베도체는 역전이 필요한 교차적 성 정체성 문제를 지닌 사람이 아니라 12세가 되면 남자가 될 것으로 기대되는 사람이었다는 것이다. 사가린의 초기 사회학 비평서는 젠더를 사회적 구성물로 보는 연구에 최첨단의 인류학적 기여를 하였다. 90년대까지 제3의 대안적 젠더에 대한 담론이 별로 발전하지 못한 동안, 사가린은 젠더 범주화라는 주제를 탐구하는 기초적 연구서를 출간하였다. 뒤이어 많은 연구서가 쏟아져 나와 임페라토-맥긴리의 방법론과 연구과정에 문제가 있음을 지적하였다.[39]

5개 알파 환원효소가 삼비아족에게 부족하다는 허트[40]의 연구 및 허트·데이비드슨(Davidson)[41]의 연구는 호르몬이 모든 것을 결정한다는 임페라토-맥긴리[42]의 생체 중심적 견해와 맥락을 같이한다. 허트와 데이비드슨은 크월루-아틈윌(kwolu-aatmwol)로 알려져 있는 9명의 삼비아 유사양성체 남자들이 제3의 젠더범주에 속하고 있음을 주목한다. "여자로 변하고 있는 남자" 혹은 "남자로 변하고 있는 사람"이라는 뜻의 크월루-아틈월은 "여자 같다기보다는 남자 같은 자웅동체의 사람들"로서 크월루-아틈월 남자들이 받는 수모를 겪으며 자라난다.[43] 이들은 사춘기 때 성기가 어느 정도 남성화되기 때문에 남자처럼 키워진다. 흥미롭게도 양성자인 머니와 에어하트 커플[44]과 유사한 상황에서 우연히 다섯 명이 더 여자로 판단되었는데, 이는 성인이 되어서 그 지위가 역전된 경우였다. 분명히 이 여성들은 마지못해 모호한 지위로 변한 것인데, 이러한 예는 호르몬으로 인해 젠더 정체성이 변한다는 임페라토-맥긴리의 주장과 모순된다.[45]

두 정신 전통

두 정신 전통에 관한 고전적 인류학 연구는 주로 발생학적/성기적 남성의 사례에 치중되어 있다. 그러나 여성들 역시 이러한 지위를 차지한다.[46] 두 정신 소유자의 여성이 두 정신 소유자의 남성과 비슷한지 여부는 명확하지 않다. 다만 전세계적으로 여성과 남성의 젠더지위가 다르게 구성되기 때문에 여성의 젠더변이 지위가 남성의 젠더변이와 똑같지 않을 수 있다는 점은 분명하다.[47] 두 정신 소유자는 다음 몇 가지 특성을 지닌다. 첫째, 젠더전환으로서 그리고/또는 문화적으로 완전한 혹은 불완전한 바꿔입기를 포함하는 부수적 지위로 인정되는 위치에 있다. 둘째, 다른 젠더의 행동과 태도를 취하거나 혹은 남자와 여자의 행동을 독특하게 조합한다(즉 혼합된 지위).[48] 셋째, 논쟁의 여지는 있지만 어떤 경우 생리적으로 동성인 파트너를 선택하는데, 이는 특수한 문화적 현상인 것 같다.[49] 민족지학 연구는 젠더 정체성이 개별적 성행위에 선행한다는 사실을 강력하게 주장한다.

두 정신 전통은 젠더체계의 구조에 누락되어 있는 다양한 특성들을 제공한다. 어린 시절 젠더지위에 대한 인식이라든가 성인 시절의 젠더지위, 그 사이 기간의 지위, 샤먼 콤플렉스 등이 그것이다. 자료가 방대한데 그 가운데 두 가지만 간단하게 예로 들어보겠다.

두 정신 소유자는 어린 시절에 확인될 수 있다. 피마족은 소년이 여자일에 흥미를 나타내면 아이를 시험해 본다. 오두막에 활과 바구니를 갖다 놓고 아이를 들여보내고는 오두막에 불을 붙인다. 그런 다음 아이가 두려움에 떨며 바구니를 움켜쥐면 위-코바트(wi-kovat), 즉 베르다세(두 정신)라는 주변적 지위를 획득하게 된다.[50] 이러한 형태는 젠더의 원인과 직접적인 관계를 가지는데, 여기서 성기는 젠더의 본질적인 표시가 되지 못하며 젠더는 문자 그대로 어떤 일을 좋아하는가에 따라 선택되는 것이다. 몇몇 사회에서는 일과 관련하여 이분화되어 있는 젠더행동을 젠더의 핵심적 특징으로 간주한다.[51] 이와 같은 시각에서 화이트헤드(H. Whitehead)는 다음과 같이 주장하였다.

북아메리카 인디언의 젠더개념에는 두 가지 차원이 있다. 하나는 해부생리학적 성이고 다른 하나는 성별 분업화된 노동과 옷차림, 태도 등이다. …사냥과 전투 같은 순수하게 남성적인 활동을 좋아하지 않으면서 동시에 전형적인 여자일도 잘 못하는 남자의 정체성을 '부분남자, 부분여자', 즉 베르다세라고 했다.[52]

폴리네시아의 마후(mahu)는 '동성애' 행위를 포함하는 남성 젠더변이의 지위로 태어난다. 그러나 이 지위가 반드시 지속되는 것은 아니다. 마후는 어린 시절에 다른 젠더의 일과 옷을 선택했다가[53] 중간에 바꿀 수 있기 때문에 평생 마후로 지낼 필요는 없다.[54] 레비(Levy)[55]는 타히티족의 마후를 제3의 젠더라기보다 남성젠더의 역할 변이로 간주한다. 레비가 볼 때 마후는 젠더의 불일치현상이 낮은 사회의 이분화된 젠더를 표현하는 것이다. 마후의 지위가 지니는 중요성은, 그것이 남자들로 하여금 비남성적인 행위를 피하는 법을 알 수 있게 젠더의 차이를 강조하는 기능을 한다는 데 있다. 그러나 베스니에(Besnier)[56]는 폴리네시아의 마후를 제3의 젠더로 보지 않고, 마후의 정체성을 중간단계의 범주로 개념화한 젠더 전이성(liminality)이라는 용어를 채택한다.

레비에 따르면 마후 전통은 매우 오래 되었다.[57] 오늘날에는 마후의 특성이 변하여, 마후들이 여전히 전통적으로 여성의 일이라고 간주되는 활동을 하고 있지만 타히티족 마후의 경우에는 여자옷은 이제 입지 않는다. 평생 마후의 지위에 있어야 하는 것은 아닐지라도, 마후는 '자연스러운' 것으로 간주된다. 뿐만 아니라 마후와 관련된 '여성성'의 개념이 있다. 마후가 아닌 사람도 '마후적'일 수는 있다.

마후는 자신의 지위나 동성애 행위 때문에 모욕을 당하는 일이 없다. 타히티에서는 마을마다 마후가 한 명씩 있다. 확실히 마후는 젠더 교차하지 않은 남성 파트너와 구강성교(fellatio)도 하였다. 마후의 동성애적 성향은 사회적 정체성에 영향을 미치지 않으며, 오히려 사회적 지위의 중요한 기표가 되는 것은 옷차림과 행동에서의 젠더 교차적 성향이다. 이 점은 베스니에의 다음과 같은 결론이 증명해 준다. "폴리네시아의 '전통적인' 맥락[에서] 동성애 행위는 젠더-전이적인

(liminal) 지위의 필요조건도 충분조건도 아니다. …〔결국〕남자와의 성관계는 젠더 전이성의 선행조건이나 결정조건이 아니라 선택적 결과로 간주된다(캘린더C. Callender와 코헴스L. M. Kochems가 보여주고 있듯이 이러한 형태는 여러 문화들에 널리 퍼져 있다)."[58] 그리고 레비는 "마후는 대리여성으로 간주된다"고 주장한다.[59]

커크패트릭(Kirkpatrick)의 보고서에 따르면, 타히티족 마후의 경우와 달리 마르케스의 마후는 그 지위가 모호하거나 낮다.[60] 마르케스에서 동성애 행위는 젠더변이의 결정적 요인이 되지 못하고 (타히티의 경우처럼) 직업과 동료관계를 결정한다. 그리고 마르케스의 마후는 여자가 아니라 여자처럼 행동하고 싶어하는 남자로 간주된다.[61]

마후의 사례는 게이문화와 관련한 서구의 젠더변이 유형이 토착적 젠더변이 유형에 다시 활기를 불어넣을 수 있다는 사실을 암시한다. 예를 들어 연극무대와 섹스에서 게이의 복장전환 전통이 있다. 샹토(Chanteau)와 스피겔(Spiegel)은 호텔이나 술집, 식당, 나이트클럽에 자주 드나드는 타히티의 동성애자들을 대상으로 백혈병 바이러스 혈청검사를 실시하였다.[62]

이 연구에는 복장전환 동성애자도 포함되어 있었으며, 또 조사대상자 가운데 일부는 성형수술과 여성호르몬 치료요법을 받았다고 했다. 이것은, 이 사람들 사이에 많은 젠더 정체성이 가능하다는 사실을 증명해 준다. 이 보고서에서는 이 정체성들의 본질이라든가 젠더범위에서 바꿔입기와 동성애가 어떻게 나타나는지를 확인할 수 없다. 그렇다면 이것은 서구 게이의 복장전환의 영향을 받은 마후적 표현인가? 아니면 두 형태를 포스트모던적으로 합성한 것인가? 혹은 새로운 발생인가? 복합적인 정체성의 혼합인가?

　두 정신 전통은 단속적인 선택이 가능하다. 즉 개인이 일시적으로 두 정신 소유자의 지위를 취했다가 버리기를 몇 번이고 할 수 있다. 이는 젠더를 불변적인 것으로 여기는 서구개념에 도전하는 것이다.

　위칸(Wikan)은 오마니족의 단속적인 두 정신 전통의 강력한 예를 제공하였다.[63] 위칸은 제3의 젠더 선택인 오마니의 사니스(xanith)를 연구하였는데, 사니스는 바꿔입기를 하지 않지만 여자들처럼 남자옷 윗도리에 허리띠를 맨다. 그리고 사니스의 젠더지위는 전문직업과 동성애 매매춘 같은 경제적 요소를 포함하고 있다. 위칸에 따르면, 이 제3의 젠더는 남성에게 경제적 기회와 신분상승의 기회를 제공할 뿐 아니라 여성의 순결을 지켜주기 위한 '저렴한 섹스 배출구'로서 기능한다는 것이다. 사니스 남성은 사니스 상태를 포기하면 다시 남자의 지위를 획득하여 결혼하고 가정을 가질 수 있다. 과거에 사니스였다는 사실이 오점으로 남지 않는다. 위칸은 남자 50명 중 한 명이 이러한 선택을 하는 것으로 추정한다. 이는 경제적으로 어려운 남자들에게 사니스가 되는 것은 안전망을 갖는 것임을 암시한다. 페니스 삽입 성교에서 삽입당하는 역할을 하는 것이 사니스의 두드러진 특징이다. 그래서 오마니족에서 페니스 성교시 삽입당하는 사람은 여자와 사니스다.

　결국 많은 젠더를 포함하는 두 정신 전통은 서구의 이원적 젠더 분류체계가 여러 문화적 젠더체계 중 하나에 불과하다는 사실을 증명해 준다. 현장연구는 두 정신 전통이 남성/여성과는 별개의 제3의 젠더 범주가 될 수 있음을 시사한다. 두 정신 소유자들은 남자/여자, 남성/여성이 유일하고 보편적인 젠더범주가 아님을 우리에게 말해 주고 있기 때문이다.

젠더 교차된 역할

젠더교차의 역할은 젠더가 변형된 다양한 지위와 구분된다. 이 구분은 미묘하기 때문에 설명보다는 실례를 드는 것이 아마 더 명료해질 것이다. 그러나 이러한 범주 자체는 문제가 있다. 왜냐하면 이런 범주의 불연속성이 서구의 과학적 범주화 과정에서 나온 부산물일 수 있기 때문이다. 이러한 구분이 인위적일 수도 있고, 지위와 역할의 분류에서 그 밖의 전이된 젠더형태 혹은 젠더형태들이 들어갈 자리가 없을 수도 있다. 그렇기 때문에 흔히 사회과학 분야에서는 이 둘을 하나로 정리하기도 한다.[64] 이러한 선도 모델은 좀더 신중한 조사가 요구되는데, 그것은 현 시점에서 모더니즘 보고서에서 포스트모더니즘 해석방법으로 옮겨가야 하는 딜레마를 나타내기 때문이다.

그러나 이 연구를 위해, 변형젠더나 대안젠더가 아닌 젠더교차의 역할이 실제로 있다고 가정해 보기로 하겠다. 즉 (두 가지 젠더만 있는 상황에서) 젠더는 바뀌지 않고 다른 젠더의 태도와 행동만 취하는 것이다. 이 형태에 관한 보고는 문헌상에만 나와 있는데, 문헌에서는 여성변이로 분류되고 있다. 여성젠더의 역할변이에 관한 예로는 북피갠족의 맨리하트(manly-heart)와 마르케스의 상어여자 마코(mako) 두 가지가 있다.

북피갠족(아메리카 인디언의 한 부족—옮긴이)은, 여느 인디언의 성역할과 매우 다르게 남자는 공격적이고 여자는 순종적인 성역할의 문화권이다. 북피갠족에서는 "공격성, 독립성, 대담성, 섹슈얼리티 등 모든 특징이 남성의 역할행위와 관련되지만 맨리하트가 되려면 부유하고 기혼이어야 한다"는 특징을 지닌 '마초'(macho) 여성을 맨리하트라고 한다.[65] 따라서 맨리하트 젠더는 '남자처럼 행동하지만' 변형된 것은 아니다.[66] 맨리하트를 혼합된 젠더지위로 보는 사람도 있지만,[67] 서구의 말괄량이(tomboy)와 유사한 특징을 지니고 있다는 점에서 여성에게 대안적인 역할로 보는 편이 오히려 더 타당할 것이다. 다만 말괄량이는 나이가 제한되지만, 이와 달리 맨리하트의 역할은 영구적일 수 있다. 또한 남자처럼 행동하는 여자를 나쁘게 보는 서구 문화와 달리, 맨리하트는 비난의 대상이 되지 않는다.

커크패트릭은 마르케스군도의 베히네 마코(vehine mako) 혹은 상어여자에 대해 묘사하였다.[68] 이 젠더범주는 관계 혹은 직업을 기준으로 하지 않는다는 점에서 마후와 다른데, 내가 읽은 바에 따르면 마후보다는 맨리하트와 더 유사한 것 같다. 상어여자는 공격적이고 왕성한 성생활을 한다는 점이 특징이다. 상어여자의 두드러진 양상은 성(이성애)행위에서 주도자라는 점인데, 이는 남성성/남성적인 영역을 대표하는 행동이라 할 수 있다. 이 젠더변이 형태에 관해서는 더 많은 분석이 필요하다. 사실 어떤 사회에서는 젠더변이의 행동이 역할변이를 초래하고 다른 문화적 맥락에서는 완전한 제3의 대안젠더가 형성되는지 그 이유를 설명해 줄 수 있는 패턴이나 공식을 생각해 보는 것은 흥미로운 일이다.[69] 랭(Lang)은 피갠족의 맨리하트는 남성과 여성 모두에게 있어서 남성성의 특권적 위치를 나타내는 것인 데 비해 여성의 추구는 여성만의 것으로 평가되었다고 주장한다.[70]

여자결혼과 소년결혼

여자결혼(woman-marriage)은 아프리카에서 두드러지게 나타나는, 여자끼리 결혼하는 제도를 말한다. 많은 형태의 여자결혼이 있지만, 이 결혼과 관련한 성행위의 성격과 여자남편의 젠더변형 여부에 대해서는 여전히 논란의 여지가 있다. 블랙우드(Blackwood)는 레즈비언의 행위를 결코 배제할 수 없다고 주장하는가 하면,[71] 또 어떤 이들은 여자결혼을 성행위가 없는 제도로 간주한다.[72] 에번스-프리차드(Evans-Pritchard)의 연구에 의하면, 누에르족(수단이나 이집트 국경 나일강 유역에 사는 유목민—옮긴이)에서는 여자가 불임일 경우 여자결혼이 이루어지는데 불임여자는 아내를 취하여 문화적으로 남자가 된다.[73] 그리고 이 불임여자는 아버지가 되기 위해 자기 아내에게 남자를 정해 주며, 이는 종족보존 전략으로서의 기능을 한다.[74]

난디족(케냐 부근의 종족—옮긴이)의 여자남편은 농사와 가축몰이 같은 남자일에 종사한다.[75] 블랙우드는 여자결혼이 젠더교차 제도가 아니라고 주장하지만,[76] 오볼러(Oboler)는 여자남편은 남자로 간주되었다고 보고한다.[77] 즉 이 제도 내에서 여자남편이 되는 것의 의미가 해명되지 않고 있을 뿐 아니라 그 내에서 레즈비언 성행위가 이루어지는지 여부도 불분명하다. 그리고 사실 여자남편이 남자로 간주된다면, 레즈비언이라는 용어는 적절치 않다. 블랙우드는, 여자결혼은 젠더교차 역할이 아니라 "젠더체계 내에서의 여자들간의 관계 모델"의 하나를 보여준다고 주장한다.[78]

에번스-프리차드의 연구 「아잔드족의 성역전」(Sexual Inversion among the Azande)은 젊은 무사와 소년들 사이에서의 '동성애' 관계에 초점을 맞추고 있다.[79] 에번스-프리차드는 수단의 아잔드족에서 이루어지고 있는 독신청년과 소년(12~20세)들의 일시적 결혼형태를 기록하였다. 이 제도에서는 청년들은 독신자 군대의 일원으로 편성되며, "이 청년들이 소년아내를 취하는 것은… 관습이었다."[80] 에번스-프리차드는 세 가지 상호 맞물리는 변수들을 가지고 이 제도를 설

명하고 있다. 즉 부자가 많은 처첩을 거느리는 일부다처 관습은 아잔
드족 사이에서 신부감 부족사태를 초래하였고 그 결과 별로 부유하
지 못한 청년들은 20대 후반이나 30대까지 결혼을 미룰 수밖에 없었
다면서 이렇게 말한다.

　　소녀들은 아주 어릴 적에, 때로는 태어나자마자 약혼(법적 의미의
　　결혼)을 하기 때문에 청년들이 여자에게서 만족을 얻을 수 있는 방법
　　은 오직 간통밖에 없었다. 그러나 간통은 매우 위험한 해결책이었다.
　　자칫 그의 아버지는 엄청난 벌금을 물어야 하기 때문이다. …이따금
　　남편이 너무 화가 나서 보상금을 거절하고 간통자의 귀, 윗입술, 성기,
　　손을 자르는 경우도 있었다. 이렇게 위험부담이 너무 커서 궁정에서
　　생활하는 신중한 미혼의 청년무사들은 자위 — 청년들이 공공연히 하
　　지는 않겠지만 결코 부끄러운 행위로 간주되지는 않는다 — 로 충족
　　되지 않으면 소년과 결혼하여 성적 욕구를 만족시키는 것이 관습이었
　　다.[81]

　　문화적 해결책이 소년결혼이었는데, 이는 이성애 결혼형태를 따르
고 있다. 소년들은 '여자'로 간주되었다. 이들 사이에서는 '아데 응가
아미'(Ade nga ami)라고 불리었는데 '우리는 여자'라는 뜻이다. 그리
고 소년의 연인은 소년을 디아레, '나의 아내'라고 불렀고, 소년은 그
를 쿰바미, '나의 남편'이라고 불렀다. 이처럼 이런 결혼에는 친족관
계의 규칙과 용어법이 있었다. 일반적으로 소년은 아내로서 여자일
을 많이 하지만 모든 일을 다 하지는 않았다. 따라서 이 점과 관련하
여 에번스-프리차드는 소년아내가 남편이 먹을 죽을 만들어주지 않

았으며 또 어디를 갈 때 남편의 방패를 가지고 갔다(필시 여자아내는 그러지 않았을 것이다)는 예를 간략하게 들고 있는데, 소년아내와 여자아내의 역할이 완전히 일치하지 않았던 것만은 분명하다.

성행위 면을 살펴보면, 밤에 동침을 했으며 남편은 소년의 넓적다리 사이에 성기를 넣고 성교를 했다(아잔드족은 항문삽입에 혐오감을 표시했다). 그리고 소년들은 남편의 배나 사타구니에 성기를 문지름으로써 즐거움을 얻었다. 그러나 아잔드족의 사고에서는 이런 성관계가 있었다고 할지라도, 밤에 동료와 한 이불에 잔다는 데서 얻는 만족감도 분명히 있었다.[82]

성인이 되면 소년아내는 무사가 되어 소년아내를 맞이하였으며, 그들의 전남편은 여자와 결혼했다.

이것은, 소년결혼에서 핵심은 동성애 관계 자체라기보다 미혼무사의 아내라는 어린 소년의 지위라는 새로운 해석을 가능케 한다. 포스트모더니즘과 구조주의의 시각으로 소년결혼을 여자결혼 형식과 비교해 볼 필요가 있다. 일시적 지위로서의 소년아내는 변형젠더 혹은 대안젠더인가? 이 복합성과, 허트가 기술한 삼비아족의 제의화된 동성애 행위는 어떻게 구분될 수 있을까?[83] 이것이 젠더체계에 어떻게 들어맞았을까? 확실히 민족지학적 기록들을 다시 분석하면 풍부한 자료들은 젠더와 제도화된 젠더변이의 결혼형태에 관해 이해의 폭을 넓히는 데 도움을 줄 것이다.

젠더교차의 제의

젠더교차의 제의의 범위를 명확하게 설정하는 것은 어려운 시도이다. 왜냐하면 일반적으로 제의에는 젠더와 반(反)젠더의 상징들이 깊이 스며들어 있기 때문이다. 그러나 이 논의의 목적을 위해, (두 개의 젠더가 있는 곳에서) 한 젠더가 일시적으로 다른 젠더의 역할을 맡는 젠더교차와 제의를 중점적으로 다루고자 한다. 그리고 이와 관련한 방대한 문헌을 다 살펴볼 수는 없으므로, 터너(V. Turner)의 전이성 개념 측면에서의 젠더교차 제의에 초점을 맞추고자 한다.

아마 젠더교차의 제의에 대한 가장 유명한 최초의 근대적 연구는 인류학자 베이트슨(Bateson)의 이아트물족 섹스 에토스에 관한 분석일 것이다. 현재 베이트슨의 이 연구는 제의절차에서의 제도화된 바뀌입기에 관한 고전으로 일컬어지고 있다.[84] 베이트슨의 가설은 하나의 젠더를 가진 사람이 다른 젠더의 행위가 요구되는 특별한 상황에 처하게 되면 그/그녀는 다른 젠더의 옷'조각'을 차용하게 된다는 것이다.[85] 그러면서 그 한 예로 여자들의 복장 전환적인 승마복을 묘사하면서 이를 제의에서 여자와 남자가 모두 젠더 교차하는 나벤족의 의식과 연결시킨다. 그러나 여자들이 젠더경계를 넘을 때는 무사처럼 당당하게 차려입고 행동하지만, 남자들은 보통 '노파'로 분장하여 늙어빠진 여자를 패러디한다.[86] 베이트슨의 분석은 이러한 표현방식과 각 젠더의 섹스 에토스의 차이를 결부시키고 있는데, 뉴기니 섬의 사회들은 젠더관계의 불평등을 특징으로 하고 있으며 제의의 복장진환 요소에서 상징적으로 표현되고 있는 것이 바로 이 불평등이다.

베이트슨의 이 같은 분석은 '전이성'(liminality)과 '코뮈니타스' (communitas, 이상적인 공동체)라는 말로 요약될 수 있는 터너의 제의에 관한 분석과 딱 들어맞는다. 터너는 제의의 전이적 국면을 묘사했는데, 이 국면에서 개인은 사회적 구조와 구조 '사이' 혹은 그 구조들의 '중간'에 존재하는 상징적 공간을 차지하고 있다.[87] 터너에게 일상적인 것과 문화적으로 기대되는 것의 역전은 일시적으로 사회구조를 반(反)구조로 변형시키는 것을 의미한다. 따라서 젠더교차의 제의에서 젠더의 저속한 요소는 성스러운 것으로 승화되는데,[88] 그것은 젠더의 분열과 위계질서로 인한 불화와 갈등을 코뮈니타스에서 말로 표현하는 것이 허용되기 때문이다.[89] 베이트슨이 묘사한 형태의 제의는 코뮈니타스와 연결되어 있으며, 이 코뮈니타스에서는 참여자들이 동등한 입장이 되고 일시적으로 젠더관계가 해체될 수 있다. 젠더의 역할기대와 위계질서로 인해 문화적으로 거부되고 있는, 젠더들 사이에서 공유되는 정체성의 측면들(즉 우리의 공통된 인간성)은 젠더교차의 제의를 통해서 코뮈니타스에 전달될 수 있다. 이아트물족의 제의는 세속적인 젠더구분을 뛰어넘고 있었다. 영(Young)이 말했듯이, 이러한 역전의 제의는 "성(젠더)간의 보다 평등한 관계모델"을 제시함으로써 "이념적 원천으로 기여할" 수 있었다.[90]

전이적인(liminal) 위치는, 변형이 경험적인 반구조의 산물일 수 있다는 점에서 상징적으로 위험하다. 아마 젠더전환 공동체 내의 수술을 통하지 않은 선택이라든가 새로운 젠더혼성(hybridization) 현상을 이런 시각에서 해석할 수 있을 것이다. 이와 같은 관점에서 터너는 다음과 같이 말한다.

시간과 공간의 전이(liminal) 영역은 … 생각과 느낌, 의지를 마음대로 펼칠 수 있는 곳이다. 이곳에서 새로운 모델, 때로는 환상적인 모델이 생겨난다. 개중에 어떤 모델은 궁극적으로 한 사회의 진행중인 삶의 중심을 통제하는 막강한 정치적·사법적 모델을 충분히 대체할 만큼 힘과 타당성을 지녔을 수도 있다.

제의와 미학적 형식의 핵심에서 제공되는 반구조적인 전이성(liminality)은, 사회가 동시에 주체와 객체가 되는 사회적 과정을 반영한다. 또 이것은 그 형식 안에서 추측과 욕망, 가설, 가능성 등 모든 것이 정당화되는 가정법을 나타낸다.[91]

결론적으로, 제의화된 젠더교차 행위는 풍부한 분석자료가 된다. 제의에 나타나는 젠더교차 행위의 유형에 대한 정의와 분류는 준비단계로서 필요한 선결조건이다. 서로 다른 문화들에 나타나는 다양한 유형을 비교하는 것도 필요하다. 그 한 가지 모델로, 젤만(Zelman)의 제의와 권력에 대한 연구[92]가 유용하다. 젤만은 여성의 순결을 지키기 위한 제의, 여성의 재생산 사이클과 관련된 남성의 제의, 젠더 동등성과 불평등성의 상관관계를 발표하였다. 하지만 젠더 측면에서 제의를 분석하는 연구서는 매우 많지만, 젠더변이로서의 젠더교차의 제의행위에 관한 이론적 연구, 특히 다른 형식과의 관계 속에서의 연구는 아직 미미하다고 할 수 있다. 이들 순수한 형식들 속에서 조화점과 불일치점은 어디에 있는가?

서구의 젠더 패러다임: 영향과 침투

젠더변이는 처음부터 인류학자들의 관심사였다. 이미 1906년에 웨스터마크(E. Westermarck)는 이 주제에 관한 연구를 발표하였다.[93]

인류학 분야의 학파들은 다양한 방식으로 이 다섯 가지 형태의 젠더 변이를 묘사하고 이론화하였다. 두 정신 전통과 (북피갠족의) 맨리하트 전통은 문화적으로 제도화된 정체성/지위와 역할의 측면에서 연구되었다.[94] 그리고 사회적으로 인정되는 대안적인 젠더범주로서의 자웅동체에 관한 비교문화적 사례는 본질주의와 문화구성주의의 관점에서 그 틀이 형성되었는가 하면,[95] 아프리카의 여자결혼은 친족관계와 관련하여 논의되고[96] 레즈비언 행위의 문제라는 관점에서 논쟁의 대상이 되고 있다.[97] 젠더교차의 제의는 그중에서도 가장 주목할 만한 인류학자 베이트슨[98]과 터너[99]에 의해서 연구되어 왔다. 물론 다른 학자들도 있다.[100]

젠더변이에 대한 비교문화적 자료는, 젠더 정체성을 사회적 구성물과 표현으로 정의하는 것은 문제가 있다는 실제 사례를 보여준다. 더욱이 두 정신 전통은 젠더 정체성이 획득되고 폐기될 수 있다는 증거를 제공하는 데 비해, 자웅동체에 관한 자료는 정체성이 생물학적 토대/호르몬 환경과 직접적으로 결합되어 있는 것이 아니라 문화적 시각을 통해 해석된다는 사실을 보여준다. 이와 같은 증거는 이런 유의 현상들에 대한 연구를 발전시키면 전이적 위치, 즉 젠더질서의 밑바닥이나 바깥뿐 아니라 그 사이의 것을 포함한다는 사실을 암시해준다.[101]

젠더변이 현상은 학자들이 본질주의에서 구성주의까지를 아우르는 과학적 이해를 비교문화적으로 재검토할 수 있게 하였다. 이것은 생물학 중심의 시각에서 벗어나 염색체와 내분비기능, 재생산 전략을 젠더 이종행위와 문화적 실천의 선행조건으로 규정하는 사회생물학적 접근방식으로 행위를 해석하는 방식을 포함한다.[102]

구성주의 입장의 젠더연구는 성과 젠더를 융합한 데 비해, 젠더변이에 관한 연구자들은 성과 젠더를 구분하여 구미의 이성애 중심주의에 도전하였다. 일부 연구자들은 문화적·역사적으로 상황을 설명하는 복합적인 종합적 패러다임 속으로 성과 젠더를 끌어들였다. 마후나 사니스, 히즈라에 관한 연구는 동성애적 요소를 포함하지만, 이것들은 성 지향성/행위의 파생물이 아닌 사회적 정체성이다. 그리고 민족지학적 연구는 성행위와 섹스 파트너 선택에서의 유동성과 융통성을 실질적으로 밝혀냈다.

개인의 성별을 구분하는 근대 서구의 내분비 검사방법은 젠더변이의 고유한 구성과 연관이 없다. 역설적이게도, 개인의 생물학적 성을 보다 과학적인 방법으로 검사할수록 실제로는 점점 더 모호해진다. 운동선수의 '진짜' 성을 검사하고자 하는 올림픽 담론이 그 증거이다.[103] 그럼에도 불구하고 서구의 젠더변이는 대립적인 젠더들의 표현에 대한 '기본적인 생물학적 명령'을 옹호하는 하나의 증후군 모델 내에서 형성되며, 이것이 확장되어 젠더'변종'이라는 용어로 모든 젠더를 포괄하기에 이르렀다.[104]

본질적으로 젠더의 자연이론인 현재 구미의 통속적인 젠더 패러다임은 과학적 연구에서 재생산되고 있다. 이리하여 젠더 정체성은 생물학적 지도에 따라 전개되는 것으로 간주될 뿐 아니라, 복장 같은 명백히 문화적인 행위상의 변이는 개인적 정체성의 '본질'을 침해하는 것으로 여긴다. 젠더 정체성은 생물학적 시계에 맞추어 완성되는 것으로서 약 5년이면 완성되고 일단 정해지면 주요한 생물학적 오류가 입력되기 전에는 불변하는 것으로 간주되고 있는 것이다. 즉 오마니족의 사니스 경우처럼 젠더를 표현하는 일시적인 방식으로 보지

않는다. 요컨대 서구의 젠더도식에서 젠더는 획득되는 것이 아니라 이미 정해진 특성이다.[105]

서구 젠더 패러다임의 해체는 "젠더가 생물학이라는 또 다른 사회적 구성물을 매개하는 사회적 구성물"임을 드러낸다.[106] 사실 "생물학이 젠더의 메타포가 될 수 있는 것과 마찬가지로 젠더는 생물학의 메타포가 될 수 있다."[107] 젠더로서의 소녀/여자와 소년/남자는 역할표현의 토대 구실을 하게 되며, 일상에서 만나는 여성성/남성성으로 읽히지만, 또 역으로 성별과 성기라는 메타텍스트로 환원된다. 이 메타텍스트는 서구의 젠더도식 — 남성성과 여성성의 자연적인 결정인자로서의 성과 생물학을 '완고한 명제'로 받아들인다 — 을 지배하고 주도한다.[108] 즉 남성성과 여성성은 생물학적 차이의 구현물이라는 것이다.[109]

장신구에서 근육에 이르기까지 모든 것을 망라하는 표시들에 우리가 부여하는 의미로부터 젠더와 사실상의 성이 나타난다. 자본주의와 가부장제가 이 표시들을 젠더도식이라는 좁은 틀 속에 가두는 것은 사실이다. 사회적 · 경제적 · 정치적 영역에서의 광범위한 변화가 남성성과 여성성의 표현을 다양화하기 위해 남자몸과 여자몸에 새겨진 것도 사실이다. 그리고 거꾸로 이들 의미는 젠더와 젠더변이, 이데올로기의 인식에 대해 영향을 미친다. 자웅동체 같은 이종이 있지 않은 한, 젠더는 가시적인 성기를 조사하는 것으로 시작된다. 성기와 성인이 되면 나타나는 제2차 성징이 젠더의 표시가 되는 것이다. 여기에서는 젠더가 문화적으로 생성되는 규칙이 드러난다. 다음의 가설은 북아메리카 젠더 패러다임의 토대가 되며, 사회는 이를 자연스러운 것으로 여긴다. 즉 오직 두 개의 성이 있으며, 성은 불가침적이고

성기에 의해 결정된다는 가설이다.[110]

　서구사회는 고유의 젠더변이를 낳는다. 예를 들어 서구의 성전환은 젠더 이원론과 생물학 중심주의 모두에 반대한다. 하나의 사회적 정체성으로서 성전환은 서구의 젠더도식에 '완고한 명제'로 깊이 뿌리박혀 있는 네 가지 젠더표시들에서 독립적인 분석적 입장을 취한다.[111] 이 네 가지 표시 — 성, 젠더 정체성, 젠더역할 또는 (행동과 외모를 포함한) 사회적 정체성 그리고 몇몇 경우에 성적 지향성 — 는 일반인들 사이에서뿐 아니라 수많은 과학적 담론에서도 '자연스럽게' 연결되어 나타난다. 이를 두고 허트는 '동종이형의 원리' '모더니즘의 발명품'이라고 지칭하였다.[112]

　성전환의 사회적 정체성의 해체는, 이 기본적 분류범주가 불변으로 간주되는 상호 대립적인 이원적 젠더 패러다임을 중심으로 구성되고 있음을 시사한다. 이 대립쌍들은 가부장적 이성애 중심주의를 이데올로기적으로 강화시키면서 메아리쳐 나간다.[113]

　자연적 체제의 권력과 그것이 행위자로서의 개인에 대해 가지는 의미는 젠더변이의 과학적 패러다임에서 상징적 층위로서 연구되어야 한다. 행위자들은 가령 남성에서 여성으로 성전환한 사례에서처럼 자신들의 경험과 일치하면서 동시에 상치되는 강력한 생물학적 젠더이론에 직면하여 자신의 변이를 어떻게 구성하는가? 성전환 수술이 한편으로는 본질적인 성기-젠더 패러다임을 지지하면서 동시에 (다윈의) 진화적 재생산과 이성애 중심주의라는 그 토대에 의문을 제기하고 있음을 부정할 수는 없다.[114]

　자신을 남성 복장전환자 혹은 남성에서 여성으로 성전환한 사람 (수술 후, 수술 전, 비수술 포함)이라고 규정하는 사람들이 함께 모여 젠더공동체를 형성하고 있다. 이 공동체는 제3의 젠더뿐 아니라 수많은 젠더와 복합적인 사회적 정체성의 가능성을 창출해 나가고 있다. 이런 식으로 그들은 젠더 정체성과 역할의 존재 이유로서 재생산과 생물학적 성별의 신체를 강조하는 지배적인 미국의 젠더 패러다임을 공격한다. 일반적으로는 생물학을, 특수하게는 성기를 젠더의 필수 조건으로 간주하는 자연주의적 체제가 없다면, 우리가 성전환이라고 부르는 현상이 과연 존재할 것인가?

젠더전환 공동체[115]

다른 글에서 나는 젠더전환(transgender) 공동체의 발생에 대해 쓴 바 있다.[116] 젠더변이의 연구에서 문화구성주의 접근방법이 이론적으로 발전하는 데는 젠더전환 공동체가 다양성을 보강해 주는 추동력이 되었다. 하지만 먼저 인류학자 크롬웰(J. Cromwell)의 우려의 목소리를 들어보기로 하겠다.

많은 남성 젠더전환자(남성 복장전환자, 남성에서 여성으로 성전환한 자)와 달리 여성에서 남성으로 전환한 사람들은 거의 대부분 아메리카 원주민의 베르다세[두 정신] 개념에 대해 일체감을 가지지 못한다. 이들은 여성 베르다세[두 정신], 아마존(amazon), 젠더교차 여성, 남자 같은 여자, 여성 '남자-여자', 다이크(레즈비언의 남자역을 지칭 — 옮긴이) 등 베르다세와 유사한 용어에 대해서도 일체감을 가지지 못할 뿐 아니라 … 더욱이 이러한 용어는 부적절하다. 베르다세[두 정신] 같은 용어는 현재 미국 여성 내 젠더변이의 개인들과 의미상 아무런

관계가 없으며 어떤 상징적 의미도 가지지 못한다.[117]

내가 처음 베르다세 협회(Berdache Society)에서, 남성에서 여성으로 성전환한 북아메리카인을 연구하던 16년 전까지만 해도 수술을 선택하지 않고 사회적 정체성을 바꾸기란 불가능했다.[118] 그 당시에는 두 가지 사회적 정체성의 선택만이 가능했다. 수술을 통해 남성에서 여성으로 전환하든가 혹은 자신을 게이라고 생각하지 않는 남성이 옷을 바꿔입는 것이 취할 수 있는 유일한 선택이었다.[119]

남성에서 여성으로 성전환한 사람들은 스스로를 호르몬 반환과 수술을 열망하는 최종선(bottom-line)의 기준이라고 정의하였다. …이들은 완전히 수술을 하지 않으면 사실상 복장전환자였던 것이다. 복장전환자는 바꿔입기의 충동을 가지고 있지만 '실제로' 여자는 아닌 이성애적 남자(여자에게 끌리는 남자)로 묘사되었다. 이러한 사람들이 여성 정체성을 갖고 있다면, 그들은 수술을 받고자 할 것이 자명하다.[120]

1992년 나는 젠더전환자들 개개인의 사회적 정체성에 관해 연구하기 시작하였는데, 남성에서 여성으로 성전환한 사람과 남성 복장전환자라는 양극화가 그 내에서 도전을 받음으로 해서 사회적 정체성의 연속성과 복합성(multiplicity) 개념으로 대체되고 있다는 것을 발견하였다.[121]

최근의 연구를 통해, 다양한 젠더전환 정체성을 지닌 사람들이 낙인이 찍힌다든가 받아들여지는 것과 같은 자신들의 대우와 관련된 비슷한 관심사항에 부딪히면서, 확실히 자신들끼리 더 중요한 공동체, 더 큰 내부집단을 조직하는 움직임이 일어나고 있다. 젠더 조직체의 정치적인 자각이 점점 더 높아짐에 따라 나타나는 유사성에 대한 이러한 자각은 '젠더전환자'(transgenderist) 같은 새로운 젠더선택의 싹을 틔웠다. 젠더전환자는 젠더변이의 정체성을 가진 사람들 속에서 친족성(kinship)을 나타내는 공동체 용어이다. 이는 연속성 개념으로 성전환자와 복장전환자의 구분을 없앤다. …이러한 집단적 이해에 대한 인식은 젠더 정체성의 문화적·역사적 변화를 이해하는 데, 그리고 개인적 경험과 젠더변이의 사회적 구성의 관계를 밝히는 데도 중요하다.[122]

보스웰(H. Boswell)은 젠더전환 공동체에서 빠른 속도로 정치적 고전이 되고 있는 「젠더전환의 대안」(The Transgender Alternative)에서 젠더전환주의(transgenderism)를 '중간지대' "고대의 자웅동체 전통에서도 확고한 토대를 마련하게 된 복장전환자와 성전환자 간의 경쟁적 선택"이라고 정의한다.[123] 데니(D. Denny)에 의하면, 젠더전환자는 다음과 같이 정의될 수 있다.

젠더의 역할은 바꾸지만 수술을 받을 계획이 없는 사람이다. 다시 말해 이들은 양쪽 젠더의 신체적 특징을 모두 지닌 채 중간 코스를 가는 사람이다. 젠더전환자들은 호르몬이나 수술로 신체구조를 바꿀 수 있지만, 의식적으로 원래의 젠더에 부여된 많은 특징을 계속 유지하고자 한다. 많은 사람들이 때로는 이쪽 젠더로 또 때로는 저쪽 젠더로 살아가며 대부분이 양성적 외모를 가꾼다.[124]

또 데니는 이렇게 말하기도 한다.

나처럼 호르몬과 수술로 자신의 신체를 바꾸는 쪽을 선택한 사람들 조차도 주류문화에 동화되기보다는 자랑스러운 젠더전환의 정체성을 유지하는 경우가 많다. 사실 이런 사람을 부르는 호칭이 있는데, 다름 아니라 '우드워커'(woodworker)이다.[125]

그 밖에 젠더전환주의를 촉진하는 사회문화적 영향들이 있지만, 풀뿌리조직체가 채택하는 정치적 의제가 중요한 역할을 한다.[126]

생물학적 환원주의에 입각한 구미의 지배적인 젠더체제는 사회적 그리고 그에 따른 개인적 정체성을 구성하는 데 많은 영향을 끼친다. 그 결과 광범위한 범위의 젠더 정체성에 관한 나의 초기 연구는 두 가지 범주 — 남성에서 여성으로의 성전환과 남성 복장전환자 — 로 좁혀졌다. 젠더전환자들 사이에서의 젠더 다원론에 대한 문화적 자각은, 사회적 여성은 곧 성기에 의한 여성이라는 주류 패러다임에 도전하였다. 이와 같은 개인 정체성의 판테온은 젠더 다양성에 관한 정치적 의제를 주입하는 원료가 되었으며, 비교문화적 연구는 거기에 연료를 공급하였다. 이를 분석함에 있어서, 동성애나 성전환 같은 서구의 용어로 젠더변이의 전통이 형성될 수 있는가(나는 없다고 본다) 하는 문제는 무관하다. 중요한 것은 젠더전환 공동체의 다양한 유권자들이 이러한 지식을 활용할 수 있게 되는 것이다.[127]

분열이 없다고는 말할 수 없지만, 전국적 조직은 다양성 안에서 통일성을 창출하는 데 중요한 진보를 이루었다. 이 점에 관해 수술 후 남성에서 여성으로 전환한 사람은 이렇게 말한다.

지난 몇 년 동안 내가 젠더전환 공동체에서 목격한 가장 큰 변화는 하나의 틀에 맞추지 않아도 된다는 것이다. 사람들은 성전환자 혹은 복장전환자가 될 필요가 없다. 젠더전환이면 오케이다. 젠더가 없는 사람에서부터 완전한 성전환자에 이르기까지 스펙트럼 어느 곳에나 속할 수 있다. 다만 젠더전환이라는 이유로 수술을 받을 필요는 없다.

적어도 다섯 개의 대규모 전국조직과 그 밖의 소규모 지역·지방 조직을 다수 포함한, 젠더 공동체의 조직적 수문장들은 민족지학 연구를 비롯하여 인류학의 상대주의와 이론적인 문화적 구성주의를 포괄한다.[128] '베르다세'와 두 정신 소유자를 지칭하는 수많은 방식이 젠더전환자의 자기담론과 통합되는 데서 그 증거를 찾을 수 있다. 최근에 『솔간』(*SOLGAN*, 레즈비언 및 게이 인류학자협회지)의 편집자에게 보낸 편지에서, 미국교육젠더정보회사의 임원 댈라스 데니는 다음과 같이 쓰고 있다.

나 자신 젠더전환자로서, AAA〔미국인류학회〕의 레즈비언 및 게이의 인류학적 문제위원회가 업무발표에서 젠더 전환한 인류학자에 관해 언급한 것을 알고 특히 기뻤습니다. 매스컴에서 끊임없이 영속화시키고 있는 스테레오타입과 반대로, 많은 젠더전환자들이 스스로를 '두 정신 소유자'로 규정하면서 이원적 젠더역할에 항거하고 있습니다.[129]

내가 여러 해 동안 참석하고 있는 지역 및 전국 젠더공동체회의에서는 바꿔입기의 역사적·비교문화적 측면과 관련된 심포지엄이 주를 이루고 있다. 공동체 구성원들 스스로도 인류학 연구서에 통달해 있으며 또 어떤 구성원은 이 주제의 연사와 저술가로 활동하고 있지만, 이 주제에 관한 강연에는 인류학자들이 전문가로서 초빙된다. 지난 3년 동안 나는 전국회의 한 곳에 해마다 비교문화적 젠더변이에 관한 논문을 제출하였다. 개인적인 의견이지만, 청중들은 마치 내가 젠더변이를 전공한 인류학자들과 교류하는 것처럼 느낄 만큼 수준이 매우 높았다. 젠더전환자 청중들은 난다나 로스코, 허트, 크롬웰, 윌리엄스 등의 글에도 친숙하다.

민족지학과 젠더에 관한 두 가지 주제, 즉 두 정신/자웅동체와 젠더역할의 변이가 긍정적으로 받아들여지는 사회 및 제3의 대안젠더에 대한 문화적 설명은 청중과 프로그램 입안자들의 주요 관심사다. 조직들을 통해서 구해 볼 수 있는 출판물이라든가 교육/공동체 후원 자료를 보면 확인되듯이, 이 주제들은 젠더전환 공동체의 중요한 담론이다. 연례회의 때 발표한 나의 몇몇 연구논문도 그 예가 된다.

홀리 보스웰은 「대안젠더 전통의 부활」(Reviving the Tradition of Alternative Genders)에서 이렇게 말한다.

현사회가 여전히 해부학적 조건에 따른 엄격한 젠더 양극화를 고수하고 있지만, 역사와 지구 전체를 통틀어 볼 때 매우 많은 문화권에서 해부학적 성이 젠더 정체성이나 성적 지향성을 좌우하지 않는다는 사실을 이해하게 되었다. … 고대의 여신숭배 종교와 그 밖의 자연적인 영적 세계관은 남자와 여자를 동등한 존재로서 존중하였고, 자연을 성스러운 존재로 여기고 다양성을 숭배하였다….

(약 5천 년 전) 어머니 자연이 아버지 신으로 자리바꿈된 이후, 젠더의 구성물은 각각의 특정 사회의 통제 아래서 그 목적에 부합되게 휠

씬 더 협소하고 엄격하게 정의되었다….[130]

파커(W. Parker)의 「젠더 공동체의 관심사에 관한 역사적 사실들」
(Historical Facts of Interest to the Gender Community)은[131] 다음
사항을 두 쪽에 걸쳐서 적시하고 있다.

1. 바꿔입기가 허용되거나 관용된 사회·사건·개인의 사례
기원전 3만 년: 시베리아 부족들이 아시아로부터 제3의 젠더 '베르
다셰'를 도입하여 아이스 '링크'를 건너 북아메리카로 감. 베르다셰의
존재에 관한 기록은 북아메리카의 적어도 130개 부족에게 있음.
1702년: 뉴욕 식민지의 총독인 자작은 대부분의 공무를 여자옷을
입고 수행하였으며 공공연히 여자로 살았다….
2. 바꿔입기가 차별을 받게 된 사건과 이유
1200년대: 젠더 및 성 변이에 반대하는 교회/국가 차원의 운동이 중
세 십자군 시대에 시작됨. 페르시아에서 들어온 여자 같은 어린 소년
과의 성관계는 이슬람 사회가 인정하는 '이교도적' 풍습으로 간주되었
으며, 그에 따라 '이단'시됨.
3. 다양한 임상적 용어를 포함하여, 바꿔입기 역사에서 중요한 젠더
전환 인물에 관한 정보
1930년: 독일에서 최초로 실험적 '성 바꾸기'(sex change) 수술이
시행됨. 최초의 수술 후 성전환자 한스 아이너는 이름을 '릴리 엘베'로
바꿈. 60년대의 해리 벤저민은 최초로 '성전환'(transsexual)이라는 용
어를 유행시킴….
4. 바꿔입기 조직체에서의 유명한 사건들

1960년: 버지니아 프린스의 『트랜스베스타이아』(*Transvestia*) 초판 발행

1975년: 아드리안 케인, 아웃리치연구소(Outreach Institute) 설립 및 최초의 판타지아 축제 시작. 이 대규모 복장전환자 집회는 오늘날까지 매년 아무런 방해를 받지 않고 개최되고 있음.

이상의 역사적·인류학적 기록은 젠더전환 공동체에 의해 발전을 거듭하고 있는 젠더체제로 통합된다. 젠더전환 공동체는 젠더변이에 대한 인류학적 연구를 전체적으로 개인과 사회의 정체성을 향상시키고 오점을 없애는 데 기여하는 학문으로 평가한다. 문화를 젠더 이데올로기와 정체성, 지위를 구성하는 데 있어서 중요한 요소로 봄으로써, 그 결과 사회와 그 사회의 제도는 젠더전환주의의 공동의 적으로 부상한다. 또 시·공간적 차원을 제시함으로써 개인들은 자신의 정체성과 상관없이 이러한 정보를 '중립화 기술' 혹은 거부권 행사로 사용할 수 있게 되었다. 왜냐하면 상대주의는 "해석과정 자체에 대한 성찰"이기 때문에,[132] 젠더전환자들이 자신을 재창조하고 재구성하는 통로가 된다.[133] 사회적 억압에 대한 공동의 저항은 다양성 내에서 하나의 문화적 창조성 형태로서 통일성과 공동체에 대한 인식을 키워 왔다.

푸코의 용어를 빌리면, 젠더전환의 정체성은 결코 다루기 쉽지 않다.[134] 비수술적 해결방식이라든가 젠더 혼합, 혼성 그리고 수술이 아닌 호르몬 요법에 대한 선호 등은 성전환자와 복장전환자에게 처방되는 전통적인 의학치료 방식에 도전한다. 새로운 젠더전환의 선택은 반항적인 신체──무질서를 창출하고 또 "인간 신체의 바로 그 성

별까지 통제하는” 능력을 가진 의사들의 ‘생명권력’(biopower)을 전복시킬 수도 있는 혼성 및 양성적 신체——를 창출한다.[135] 비교문화적 젠더변이에 대한 ‘지식’이 발전적인 젠더전환주의와 새로운 정체성의 탄생에 힘을 실어주는 요소라고 말할 수 있다.

두 정신 전통에서 젠더전환 공동체와 게이 공동체 간의 뜻밖의 관계가 드러난다. 미드나이트 선(M. Sun)에 따르면, “비교문화적 자료는 종종 현재 서구의 동성애에 관한 주장을 뒷받침해 준다.”[136] 『살아 있는 정신: 게이 아메리칸 인디언 선집』(*Living the Spirit: A Gay American Indian Anthology*)에서,[137] 게이 아메리칸 원주민들은 자신의 선조를 두 정신 전통의 젠더전환자라고 주장한다. ‘타자’로서 ‘타자성’의 뿌리를 찾는 과정에서 남녀 게이들은 자신들의 지위를 집단적으로 변화시킬 수 있다. 변이의 전통에 관한 비교문화적인 증거는 젠더전환 공동체와 레즈비언 · 게이 공동체가 자신들의 정체성을 재형성하는 데 적극적으로 참여할 수 있는 수단이 된다.[138] 이리하여 젠더전환자와 게이, 레즈비언 사이에서 내부집단적 연대가 형성될 수 있다. 혹은 역으로 대안젠더에 대한 지식이 새로운 젠더형식의 탄생을 가져오고, 이원적인 기존의 사회적 정체성을 통합하고 수정하는 결과를 가져다줄 수 있다. 예를 들어 적극적인 자기정의 과정에서 그리고 자신들의 역사 및 전통을 자리매김하는 과정에서 젠더전환의 힘이 증가하였다. 이런 관점에서 데니는 다음과 같이 쓰고 있다.

대안젠더와 대안의 성에 대한 최근의 관심은 고무적이지만, 게이 · 레즈비언 인류학자들은 젠더전환의 역사를 도용하는 일이 없도록 신중을 기해야 한다. … 불행하게도 편의에 따라서 젠더전환의 삶을 게

이·레즈비언의 삶으로 다시 쓰는 경향이 있다. 비록 그 역은 성립할 수 있지만, 젠더전환은 게이 공동체의 부분집합이 아니다. 결국 게이와 레즈비언은 동성의 파트너를 선택함으로써 젠더의 역할을 위반하기 때문이다.[139]

전지구적으로 그리고 북미에서 인류학이 다문화주의적 관점을 취함으로써, "부적응 과정으로서가 아니라… 힘과 탄력의 원천으로서 민족의 다양성"을 새롭게 이해하는 연구발표가 나오고 있다.[140] 이것은 재고찰 혹은 로스코에(Roscoe)의 개념을 사용하면 '컬처링'(culturing)이라는 복합적인 과정이다.[141] 젠더전환 공동체는 새로운 형태의 정체성을 만들어내고 있으며 정체성으로서 새로운 관계설정의 사회적 형태를 보여주고 있다. 한 젠더전환 컨설턴트는 나에게 이렇게 말했다. "우리는 우리 자신과 우리 고유의 역사에 자부심을 느낍니다. 우리는 동화할 것인가 하지 않을 것인가를 선택할 수 있는 최초의 세대입니다."

맺음말

'남성에서 여성으로 성전환한 정체성'이 사회적으로 인정받는 현상이 된 것은 최근이지만 성전환자, 비수술 성전환자, 복장전환자, 바꿔 입는 사람 등 기존의 변이젠더 정체성들의 경계를 허무는 경향은 지난 10년 동안 강력하게 자리잡게 되었다. 생물학적 특성, 젠더 정체성, 젠더역할, 섹슈얼리티 관점에서의 젠더를 포함하는 서구 젠더도식의 구성요소는 젠더일탈 공동체의 구성원들에 의해 재배열·재결합되고 있다. 젠더의 변화가 보다 광범위한 사회적 현상으로 나타나고 개인적으로 또 문화적 상징들을 통해 경험되기 때문에, 이러한 현상은 서구 젠더 패러다임을 반영하는 동시에 그것에 침투한다.

주

1) Sue-Ellen Jacobs, "Native American Two-Spirits," *Anthropology Newsletter* vol. 35/no. 8, 1994/Nov., p. 7.

2) 같은 글에서 수-엘렌 제이콥스는 다음과 같이 말한다. "인류학자들이 사용하는 '베르다셰'라는 용어는 구식의 시대착오적 용어로서, 젠더의 다양성과 섹슈얼리티에 대한 동시대 아메리카 원주민의 대화를 반영하지 못하고 있다. 이 용어를 사용하는 것은 아메리카 원주민을 서구의 사고와 언어에서 연유된 용어로 부름으로써 식민지 담론에 참여하고 그것을 영속화시키는 것이다. 아메리카 원주민의 젠더 다양성과 섹슈얼리티를 새롭게 이해하는 일에 참여하는 아메리카 원주민들이 선호하는 용어는 '두 정신' 혹은 부족마다 특별히 갖고 있는 명칭이다."

나는 비서구적 민족지학 자료 곳곳에서 볼 수 있는 변형된 젠더/대안젠더를 언급하는 데 적절하다고 판단되는 이 용법을 채택했다.

3) M. Dickemann, "Wilson's Panchreston: The Inclusive Fitness Hypothesis of Sociobiology Re-Examined," *Journal of Homosexuality* vol. 28/no. 2, 1995, pp. 147~83.

4) G. Herdt, "Cross-Cultural Forms of Homosexuality and the Concept Gay," *Psychiatric Annals* vol. 18/no. 1, 1988/Spring, pp. 37~39.

5) 같은 글, pp. 37~39.

6) 이 연구는 다른 어떤 일반적 연구보다 광범위한 영역에 걸쳐 젠더변이 현상이 존재하고 있음을 증명해 줄 것이다. 서구문화에 의해 구성된 한계를 넘고자 노력하는 연구에서 일반적으로 수행된 것보다 훨씬 광범위한 범위를 포함하고 있으며, 학자들이 '지위'와 '역할' 개념의 비교문화적 적용에 대해 검증할 것이다.

7) 인류학의 새로운 접근방법은 우리가 연구하는 사람들을 정보제공자나 피연구자로 보기보다 동료연구자로 생각하는 것이다. 이러한 접근방법의 예는 다음과 같다. G. E. Marcus and M. M. J. Fischer, *Anthropology as Cultural Critique: An*

Experimental Moment in the Human Sciences, Chicago: University of Chicago Press, 1986; A. Bolin, "Transcending and Transgendering: Male-to-Female Transsexuals, Dichotomy and Diversity," Herdt, ed., *Third Sex, Third Gender: Beyond Sexual Dimorphism in Culture and History*, New York: Zone Books, 1994, pp. 447~85, 589~96.

8) Bolin, 앞의 글, pp. 447~48, 589~96.

9) N. Bonvillain, *Women and Men: Cultural Constructs of Gender*, Englewood Cliffs, NJ: Prentice-Hall, 1995; J. Lorber, *Paradoxes of Gender*, New Haven, Conn.: Yale University Press, 1994; S. B. Ortner and H. Whitehead, eds., *Sexual Meanings: The Cultural Construction of Gender and Sexuality*, New York: Cambridge University Press, 1981.

10) M. Douglas, *Purity and Danger: An Analysis of the Concepts of Pollution and Taboo*, London: Routledge, 1996, p. 100; E. Goffman, *Stigma: Notes on the Management of a Spoiled Identity*, Englewood Cliffs, NJ: Prentice-Hall, 1963; *Interaction Ritual*, Garden City, NY: Doubleday, 1967.

11) G. Herdt, "The Sambia 'Turnim-Man': Sociocultural and Clinical Aspects of Gender Formation in Male Psuedohermaphrodites and 5-Alpha-Reductase Deficiency in Papua, New Guinea"(*Archives of Sexual Behavior* vol. 17/no. 1, 1988/Feb., pp. 37~39); cf. R. W. Connell, "The Big Picture: Masculinities in Recent World History"(*Theory and Society* vol. 22/no. 5, 1993/Oct., p. 602) 참조.

12) 예를 들어 S. J. Kessler and W. McKenna, *Gender: An Ethnomethodological Approach*(NY: John Wiley, 1978); H. Devor, *Gender Blending: Confronting the Limits of Duality*(Bloomington: Indiana University Press, 1989)가 있다.

13) 나의 연구는 남성-여성 성전환자, 복장전환자, 젠더전환자 들에 국한되어 있었다. 출생 당시에는 여자로 규정되었으나 자신을 '여성에서 남성'으로 젠더 전환한 사람으로 생각하는 이들 역시 새롭게 부상한 젠더전환 공동체의 일원이다. 이런 사람들에 관한 연구는 인류학자 제이슨 크롬웰의 민족지학적 연구를 제외하면 거의 없다. L. Vern and B. Bullough, *Cross Dressing, Sex and Gender* (Philadelphia: Univ. of Pennsylvania Press, 1993, pp. 94~112)는 남성의 바꿔입기가 최근의 현상인 반면, 여성의 바꿔입기는 커다란 역사적 의미를 갖고 있다고 주장한다. 비록 내가 남성-여성 성전환자, 남성 복장전환자, 젠더전환자 들과 같은 집단에 관한 자료를 언급할지라도 과학적 대표성을 주장하지는 않는다. 나의 연구는 편리한 표본조사 기법과 민족지학적 방법을 사용하는 제한된 모집단을 기반으로 하고

있다.

14) E. N. Cohen and E. Eames, *Cultural Anthropology*, Boston, Mass.: Little, Brown and Company, 1982, pp. 418~19.

15) R. J. Stoller, *Presentations of Gender*, New Haven, Conn.: Yale University Press, 1985, p. 6. Kessler and McKenna, 앞의 책(p. 7)도 참조.

16) H. Garfinkel, *Studies in Ethnomethodology*, Englewood Cliffs, NJ: Prentice-Hall, 1967, p. 77; Garfinkel and Stoller, "Passing and the Managed Achievement of Sex Status in an 'Intersexed' Person," Garfinkel, ed., *Studies in Ethnomethodology*, pp. 116~85; Kessler and McKenna, 앞의 책, pp. 1~20; S. Jacobs and C. Roberts, "Sex, Sexuality, Gender and Gender Variance"; S. Morgan, ed., *Gender and Anthropology*, Washington, DC: American Anthropological Association, 1989, pp. 438~62.

17) R. A. Shweder, *Culture Theory: Essays on Mind, Self, and Emotion*, Cambridge: Cambridge University Press, 1984, p. 3.

18) J. Money and A. A. Ehrhardt, *Man & Woman, Boy & Girl: The Differentiation and Dimorphism of Gender Identity from Conception to Maturity*, Baltimore, Ohio: The John Hopkins University Press, 1972, p. 284.

19) Cf. M. K. Martin and B. Voorhies, *Female of the Species*, New York: Columbia University Press, 1975, pp. 84~107.

20) Cf. A. Bolin, *In Search of Eve: Transsexual Rites of Passage*, South Hadley, Mass.: Bergin and Garvey, 1988; "Vandalized Vanity: Feminine Physiques Betrayed and Portrayed," F. Mascia-Lees and P. Sharpe, eds., *Tattoo, Torture, Adornment, and Disfigurement: The Dennaturalization of the Body in Culture and Text*, Albany, NY: SUNY Press, 1992, pp. 79~99; Devor, 앞의 책.

21) V. Turner, "Betwixt and Between: The Liminal Period in Rites de Passage," Turner, ed., *The Forest of Symbols: Aspects of the Ndembu Ritual*, Ithaca, NY: Cornell Univ. Press, 1967, pp. 93~110; *Dramas, Fields and Metaphors: Symbolic Action in Human Society*, Ithaca, NY: Cornell Univ. Press, 1974; M. Douglas, *Purity and Danger: An Analysis of Concepts of Pollution and Taboo*, NY: Frederick A. Praeger, 1966; *Natural Symbols: Explorations in Cosmology*, NY: Pantheon Books, 1973; C. Geertz, "Deep Play: Notes on the Balinese Cockfight," Geertz, ed., *Myth, Symbol, and Culture*, NY: Norton, 1971, pp. 1~33; "The Uses of Diversity," S. McMurrin, ed., *The Tanner Lectures on Human Values*, Cambridge: Cambridge Univ. Press, 1986, pp. 253~75.

22) J. Weeks, *Sex, Politics and Society: The Regulation of Sexuality Since 1800*, New York: Longman, 1981; C. Gallagher and T. Laqueur, *The Making of the Modern Body: Sexuality and society in the Nineteenth Century*, Berkeley, Cal.: Univ. of California Press, 1987; J. M. Irvine, *Disorders of Desire: Sex and Gender in Modern American Sexology*, Philadelphia, Penn.: Temple Univ. Press, 1990.

23) S. R. Bordo, "The Body and the Reproduction of Femininity: A Feminist Appropriation of Foucault," A. M. Jaggar and Bordo, eds., *Gender/Body/ Knowledge/Feminist Reconstructions of Being and Knowing*, New Brunswick, NJ: Rutgers University Press, 1989; "Reading the Slender Body," *Body/Politics: Women and the Discourses of Science*, New York: Routledge, 1990, pp. 83~112; Marcus and Fischer, 앞의 책; M. Foucault, *The Use of Pleasure*, New York: Vintage Books, 1985; "Technologies of the Self," L. B. Martin et al. eds., *Technologies of the Self: A Seminar with Michel Foucault*, Amherst, Mass.: University of Massachusetts Press, 1988.

24) G. Herdt, *The Sambia: Ritual and Gender in New Guinea*, New York: Holt, Rinehart and Winston, 1987; "The Sambia: Turnim-man"; Herdt, ed., *Homosexuality and Adolescence*, New York: Haworth Press, 1989.

25) S. Nanda, *Neither Man nor Woman: The Hijras of India*, Belmont, Cal.: Wadsworth Publishing Co., 1990; "The Hijras of India: Cultural and Individual Dimensions of a Institutionalized Third Gender Role," *Journal of Homo- sexuality* vol. 11/no. 3~4, 1985.

26) Money and Ehrhardt, 앞의 책, p. 290.

27) 같은 책, p. 285.

28) W. W. Hill, "Note on the Pima Berdache," *American Anthropologist* vol. 40/no. 2, 1938/April-June, pp. 338~40.

29) R. B. Edgerton, "Pokot Intersexuality: An East African Example of the Resolution of Sexual Incongruity," *American Anthropologist* vol. 66/no. 6, Pt. I, 1964/Dec., pp. 1288~99.

30) 같은 글, p. 1295.

31) 같은 글, pp. 1288~99; Kessler and McKenna, 앞의 책, p. 23; Martin and Voorhies, 앞의 책, p. 89 참조.

32) W. W. Hill, "The Status of the Hermaphrodite and Transvestite in Navajo Culture," *American Anthropologist* vol. 37, 1935/Apr., pp. 273~79; "Note";

Martin and Voorhies, 앞의 책, pp. 89~93.

33) Martin and Voorhies, 앞의 책, p. 92.

34) Nanda, 앞의 책, pp. 35~55.

35) Nanda, "The Hijras of India," p. 42.

36) E. Sagarin, "Sex Rearing and Sexual Orientation: The Reconciliation of Apparently Contradictory Data," *Journal of Sex Research* vol. 11/no. 4, 1975/Nov., p. 329, 334.

37) J. Imperato-McGinley, L. Guerrero, T. Gautier, and R. E. Peterson, "Steroid 5a-Reductase Deficiency in Man: An Inherited Form of Male Hermaphroditism," *Science* no. 186, 1974, pp. 1213~15.

38) Sagarin, 앞의 글, p. 331.

39) J. Money, "Gender Identity and Hermaphroditism," *Science* no. 191, 1976, p. 872; H. Meyer-Bahlburg, "Hormones and Psychosexual Differentiation: Implications for the Management of Intersexuality, Homosexuality, and Transsexuality," *Clinics in Endocrinology and Metabolism* 11, 1982. 그리고 도미니카공화국의 신드롬에 관한 전체적인 고찰은 G. Herdt, "Gay Culture in America: Essays from the Field"(Boston, Mass.: Beacon Press, 1992, pp. 433~46) 참조.

40) G. Herdt, "Mistaken Gender: 5-Alpha Reductase Hermaphroditism and Biological Reductionism in Sexual Identity Reconsidered," *American Anthropologist* no. 92, 1990, pp. 433~46.

41) G. Herdt and J. Davidson, "The Sambia 'Turnim Man': Sociocultural and Clinical Aspects of Gender Formation in Male Pseudohermaphrodites with 5-Alpha-Reductase Deficiency in Papua, New Guinea," *Archives of Sexual Behavior* vol. 17/no. 1, 1988/Feb., pp. 33~56.

42) Imperato-McGinley, "Steroid 5a-Reductase"; Imperato-McGinley, Guerrero, Gautier, and Peterson, "Androgens and the Evolution of Male-Gender Identity among Male Pseudohermaphrodites with 5 Alpha-Reductase Deficiency," *New England Journal of Medicine* 300, 1979, pp. 1233~37; Imperato-McGinley, Peterson, Leshin, Griffin, Looper, Draghi, Berenyi, and Wilson, "Steroid 5 Alpha-Reductase Deficiency in a 65-Year-Old Male Pseudohermaphrodite: The Natural History Ultrastructure of the Tests and Evidence for Inherited Enzyme Heterogeneity," *Journal of Clinical Endocrinology Metabolism* vol 54, 1980, pp. 15~22; Imperato-McGinley, Peterson, Gautier, Looper, Danner, Arthur,

Morris, Sweeney, and Shackleton, "Hormonal Evaluation of a Large Kindred with Complete Androgen Insensitivity: Evidence for Secondary 5 Alpha-Reductase Deficiency," *Journal of Clinical Endocrinology Metabolism* vol. 54, 1982 pp. 931~41.

43) Herdt and Davidson, "The Sambia 'Turnim Man': Sociocultural," p. 41.

44) Money and Ehrhardt, 앞의 책, pp. 150~62.

45) Imperato-McGinley, "Steroid 5a-Reductase"; "Androgens and the Evolution"; "Steroid 5 Alpha-Reductase Deficiency"; "Hormonal Evaluation."

46) E. Blackwood, "Lesbian Behavior in Cross-Cultural Perspective," M. S. Thesis, San Francisco State University, 1984; "Sexuality and Gender in Certain Native American Tribes: The Case of Cross-Gender Females," *Signs* vol. 10/no. 1, 1984/Autumn, pp. 27~42.

47) E. Blackwood, "Breaking the Mirror: The Construction of Lesbianism and the Anthropological Discourse on Homosexuality," *Journal of Homosexuality* vol. 11/nos. 3~4, 1985, p. 6.
　　여성의 두 정신 소유 전통에 관한 보고서로는 Blackwood, "Sexuality and Gender"; "Lesbian Behavior"; W. L. Williams, *The Spirit and the Flesh: Sexual Diversity in American Indian Culture*(Boston, Mass.: Beacon Press, 1986, pp. 233~51)이 있다. 나의 논의는 다음 몇 가지 이유로 남성의 두 정신 소유 전통에 국한되어 있다. 즉 공간적 고려, 나의 성장배경이 남성전통의 영역에 속해 있다는 점과 학문이 남성형식의 보고서로 지배되어 있다는 점이 그 이유이다. 덧붙여 여성 두 정신 소유의 전통이 남성을 반영하는 이미지(Blackwood, "Breaking the Mirror" 참조)가 될 수 있는지 여부는 의문이다. 나는 다른 형태들 아래서의 여성의 젠더변이에 관한 예들을 포함시켰다. 또 다른 예로는 오머 스튜어트의 사건을 기록한 A. L. Kroeber, *Cultural Element Distributions*(University of California: Anthropological Records, 1937~43, vol. 1~81)이 있다. G. Devereaux, "Institutionalized Homosexuality of the Mohave Indians"(*Human Biology* vol. 9/no. 4, 1937, p. 498, 527)는 모하비족에서의 베르다셰의 역할에 관해 보고하고 있다. 인디언 평원족에 존재하는 두 정신 제도를 언급하고 있는 것으로는 E. A. Hoebel, *Man in the Primitive World*(New York: McGraw Hill, 1949, pp. 45~49, 458); R. H. Lowie, *The Crow Indians*(New York: Farrar and Rinehart, 1935, p. 48)이 있다. 아잔드족의 젠더변이를 관찰한 것으로는 E. E. Evans-Pritchard, "Sexual Inversion among the Azande"(*American Anthropologist* vol. 72/no. 6, 1970/Dec., p. 1428, 1434), 나바호족에 관해서는 Hill, "The Status"(p.

273, 279); Pima, "Note on the"(p. 338, 340), 그리고 추크치족의 '부드러운 남자'에 관한 묘사로는 W. Bogoras, *The Chuckchee Religion, Memoirs of the American Museum of Natural History*(Leiden: E. S. Brill, 1907, p. 11, 449)가 있다. A. Bolin, "Transsexualism and the Limits of Traditional Gender Analysis"(*American Behavioral Scientist* vol. 31/no. 1, 1987/Sept.~Oct., pp. 41~65); W. Roscoe, "Bibliography of Berdache and Alternative Gender Roles among North American Indians"(*Journal of Homosexuality* vol. 14/nos. 3~4, 1987); *The Zuni Man-Woman*(Albuquerque, New Mexico: University of New Mexico Press, 1991) 등도 참조.

48) Sue-Ellen Jacobs and J. Cromwell, "Visions and Revisions of Reality: Reflections on Sex, Sexuality, Gender, and Gender Variance," *Journal of Homosexuality* vol. 23/no. 4, 1992, pp. 43~69; C. Callender and L. Kochems, "The North American Berdache," *Current Anthropology* vol. 24, 1983/Aug.-Oct., p. 53; H. Whitehead, "The Bow and the Burden Strap: A New Look at Institutionalized Homosexuality in Native North America," S. B. Ortner and Whitehead, eds., *Sexual Meanings: The Cultural Construction of Gender and Sexuality*, Cambridge: Cambridge University Press, 1981, pp. 80~115.

49) Williams, 앞의 책, pp. 273~74; W. Churchill, *Homosexual Behavior among Males: A Cross-Cultural and Cross-Species Investigation*, Englewood Cliffs, NJ: Prentice-Hall, 1971, p. 81; R. D'Andrade, "Sex References in Cultural Institutions," L. Hudson, ed., *The Ecology of Human Intelligence*, Harmondsworth: Penguin, 1970, p. 34; C. S. Ford and F. A. Beach, *Patterns of Sexual Behavior*, New York: Harper and Row, 1951, p. 130; Herdt, "The Sambia 'Turnim-Man,'" p. 38.

50) Martin and Voorhies, 앞의 책, p. 96.

51) Kessler and McKenna, 앞의 책, p. 29.

52) Whitehead, "The Bow and the Burden Strap," p. 93.

53) E. N. Ferdon, *Early Tahiti: As the Explorers Saw It 1767~1797*, Tucson, Arizona: Univ. of Arizona, 1981; N. Besnier, "Polynesian Gender Liminality through Time and Space," Herdt, ed., *Third Sex Third Gender*, p. 300.

54) R. Levy, "The Community Function of Tahitian Male Transvestism: A Hypothesis," *Anthropological Quarterly* vol. 44, 1975, pp. 12~21; *Tahitians: Mind and Experience in the Society Islands*, Chicago, Ill.: University of Chicago Press, 1973.

55) Levy, 앞의 글.

56) Besnier, "Polynesian Gender," p. 286.

57) Levy, 앞의 글; 앞의 책.

58) Callender and Kochems, 앞의 책; "Men and Not-Men: Male Gender-Mixing Statuses and Homosexuality," *Journal of Homosexuality* vol. 11/nos. 3~4, 1985.

59) Levy, 앞의 책, p. 34.

60) J. Kirkpatrick, *The Marquesan Notion of the Person*, Ann Arbor, Michigan: UMI-Univ. of Michigan Research Press, 1983.

61) 마후의 논의에 관해서는 Kirkpatrick, 앞의 책; Levy, 앞의 글; 앞의 책; D. L. Oliver, *Ancient Tahitian Society*, Honolulu(Hawaii: Univ. of Hawaii Press, 1974; A. Bolin, "The Polynesian Islands: French Polynesia"(R. T. Francoeur, ed., *The International Encyclopedia of Sexuality*, New York: Continuum Press, 1995); Besnier, "Polynesian Gender" 참조.

62) S. Chanteau et al., "A Serological Survey of AIDS in a High Risk Population in French Polynesia," *The Medical Journal of Australia* vol. 145/no. 2, 1986; A. Spiegel et al., "HTLV-I in French Polynesia: A Serological Survey in Sexually Exposed Groups," *The Medical Journal of Australia* vol. 155/no. 11, 1991.

63) U. Wikan, "Man Becomes Woman: Transsexualism in Oman as a Key to Gender Roles," *Man*, new series vol. 12/no. 2, 1977/Aug., pp. 304~19.

64) J. Shapiro, "Cross-Cultural Perspectives on Sexual Differentiation"(H. Katchadourian, ed., *Human Sexuality: A Comparative and Developmental Perspective*, Berkeley, Cali.: Univ. of California Press, 1979, p. 274) 참조.

65) O. Lewis, "Manly-hearted Women among the North Piegan," *American Anthropologist*, new series vol. 43/no. 2, Pt. I, 1941/Apr.-Jun., p. 176; Martin and Voorhies, 앞의 책, p. 101.

66) Martin and Voorhies, 앞의 책, p. 102.

67) 같은 책, p. 102.

68) Kirkpatrick, 앞의 책.

69) K. Weston, "Lesbian/Gay Studies in the House of Anthropology"(*Annual Reviews of Anthropology* vol. 22, 1993, pp. 339~67) 참조.

70) S. Lang, *Männer als Frauen-Frauen als Männer: Geschlechstrollen-wechsel be den Indianer Nordamerikas*, Hamburg, Germany: Wayasbah-Verlag, 1990.

71) Blackwood, 앞의 책.

72) D. O'Brien, "Female Husbands in Southern Bantu Societies," Alice Schlegal, ed., *Sexual Stratification: A Cross-Cultural View*, New York: Columbia University Press, 1977, pp. 109~26; S. Cucchiari. E. Blackwood, "Cross-Cultural Dimensions of Lesbian Relations"(p. 1984)에서 재인용.

73) E. E. Evans-Pritchard, *Kinship and Marriage among the Nuer*, Oxford: Clarendon Press, 1951.

74) 같은 책.

75) Oboler. Blackwood, "Sexuality and Gender"(p. 57)에서 재인용.

76) 같은 글, pp. 59~60.

77) R. S. Oboler, "Is the Female Husband a Man? Woman/Woman Marriage among the Nandi of Kenya," *Ethnology* vol. 19/no. 1, 1980/Jan., pp. 69~88.

78) Blackwood, "Sexuality and Gender," p. 60.

79) Evans-Pritchard, "Sexual Inversion," pp. 1428~34.

80) 같은 글, p. 1429.

81) 같은 곳.

82) 같은 글, p. 1430.

83) G. Herdt, *Guardians of the Flute: Idioms of Masculinity*, New York: McGraw Hill, 1981; "The Sambia 'Turnim-Man.'"

84) G. Bateson, *Naven: The Culture of the Iatmul People of New Guinea as Revealed Through a Study of the "Naven" Ceremonial*, Stanford, Cali.: Stanford University Press, 1958, pp. 198~203.

85) 같은 곳.

86) 같은 책, pp. 198~217.

87) V. W. Turner, "Betwixt and Between: The Liminal Period in Rites de Passage," *The Forest of Symbols*, pp. 93~111.

88) Turner, "Betwixt and Between"; *The Ritual Process: Structure and Anti-Structure*, Ithaca, NY: Cornell University Press, 1977; *Dramas, Fields*.

89) Turner, "Betwixt and Between."

90) W. Young, "The Kába, Gender, and the Rites of Pilgrimage," *International Journal of Middle East Studies* vol. 25/no. 2, 1993/May, p. 296.

91) Turner, *The Ritual*, p. vii.

92) E. C. Zelman, "Reproduction, Ritual, and Power," *American Ethnologist* vol. 4/no. 4, 1977/Nov., pp. 714~33.

93) E. Westermarck, "Homosexual Love," *Homosexuality: A Cross-Cultural*

Approach, New York: Julian Press, 1956, pp. 101~38.

94) Hill, "Note on the"; Devereaux, "Institutionalized Homosexuality"; Lewis, "Manly-Hearted Women"; Williams, 앞의 책; Roscoe, 앞의 책; J. S. Thayer, "The Berdache of the Northern Plains: A Socioreligious Perspective"(*Journal of Anthropological Research* vol. 36/no. 3, 1980/Fall, pp. 287~93); Martin and Voorhies, 앞의 책; Kessler and McKenna, 앞의 책; Levy, 앞의 책; Jacobs, "Native American"; Jacobs, "The Berdache" 참조.

95) Imperato-McGinley, "Steroid 5a-Reductase"; Herdt, "Cross-cultural Froms"; "The Sambia 'Turnim-man'"; Sagarin, "Sex Rearing"; M. Oboler, "The Hijra (Hermaphrodites) of India and Indian Nation Character: A Rejoinder," *American Anthropologist* vol. 62, 1960, pp. 505~11; Nanda, 앞의 책.

96) Evans-Pritchard, 앞의 책.

97) Blackwood, "Lesbian Behavior."

98) G. Bateson, *Naven*.

99) Turner, *The Ritual*.

100) 주 47) 참조.

101) Besnier, "Polynesian Gender."

102) D. Symons, *The Evolution of Human Sexuality*, Oxford: Oxford Univ. Press, 1979; R. Fox, "In the Beginning: Aspects of Hominid Behavioral Evolution," *Man* vol. 2, 1967/June, pp. 415~33; L. Tiger, *Men in Groups*, New York: Vintage Press, 1970; E. O. Wilson, *On Human Nature*, Cambridge, Mass.: Harvard Univ. Press, 1978; *Sociobiology: The New Synthesis*, Cambridge, Mass.: The Belknap Press of Harvard Univ. Press, 1975.

103) Bolin, "Transcending and Transgendering," pp. 447~85, 589~96.

104) Weeks, 앞의 책, p. 3.

105) S. Andreski, *Social Sciences as Sorcery*(Harmondsworth, Penguin, 1974) 참조.

106) B. S. Turner, *The Body and Society: Explorations in Social Theory*, Oxford, England: Basil Blackwell, 1984, p. 28.

107) J. Flax, "Postmodernism and Gender Relations in Feminist Theory," *Signs* vol. 12/no. 4, 1987/Summer, p. 637; Bolin, "Women Bodybuilders: Relation, Reflection, and Reform."

108) Kessler and McKenna, 앞의 책, p. 4.

109) 서구과학의 상상력에서 서구의 젠더 이분법 패러다임이 어떻게 형성되어 왔는지는 G. Herdt, "Representations of Homosexuality: An Essay on Cultural

Ontology and Historical Comparison, Part I"(*Journal of History of Sexuality* vol. 1/no. 3, 1991/Jan., pp. 481~504) 참조.

110) Kessler and McKenna, 앞의 책, p. 4.

111) 같은 곳.

112) Herdt, *Third Sex, Third Gender*, pp. 25~26.

113) Bolin, "Transcending and Transgendering," pp. 452~60.

114) Bolin, "Vandalized Vanity"(pp. 79~82); "Transcending and Transgendering" (pp. 482~85) 참조.

115) Herdt, "Introduction: Third Sexes and Third Genders"(*Third Sex Third Gender*, pp. 46~57) 참조.

116) Bolin, "Transcending and Transgendering," pp. 452~60.

117) Cromwell, "Not Female Berdache."

118) Bolin, *In Search of Eve.*

119) Bolin, "Transcending and Transgendering"(pp. 475~77) 참조.

120) 같은 글, pp. 451~52.

121) 이 연구가 진행될 무렵에는 공동체 일원들 사이에서 트랜스베스타이트(transvestite)라는 용어가 비공식적으로 사용되었지만, 크로스드레서(cross-dresser)가 더 선호되는 명칭이었다. 크로스드레서는 남성 트랜스베스타이트보다 덜 모욕적인 것으로 간주된다. 이것은 복장전환(transvestism)을 '성적 문란'과 동등하게 취급하는 의학용어를 간접적으로 드러내는 것이다. 이 집단 내에서 트랜스베스타이트는 지나치게 제한적이고 대표성이 없는 것으로 여겨지고 있다.

122) Bolin, "Transcending and Transgendering," pp. 461~62.

123) H. Boswell, "The Transgender Alternative," *Chrysalis Quarterly* vol. 1/no. 22, 1991, pp. 29~31.

124) D. Denny, "Deciding What to Do about Your Gender Dysphoria," *AEGIS Transition Booklet Series*, Decatur, Georgia: AEGIS, 1990, p. 6.

125) D. denny, "Letter to the Editor," *Society of Lesbian and Gay Anthropologists Newsletter* vol. 17/no. 1, 1995, p. 1.

126) 연구방법을 검토하려면 Bolin, "Transcending and Transgendering"(pp. 448~49); *In Search of Eve*(pp. 32~39) 참조.

127) 다른 사회문화적 영향력에 관한 것은 Bolin, "Transcending and Transgendering"(pp. 462~85) 참조.

　　게이 크로스드레서 혹은 여성 모사자(impersonator)들이 일반적으로 젠더전환자에 포함되지 않을지라도, 이것은 보편적인 것은 아니다. 덧붙여 젠더전환자로서 자기정체성을 확인한 사람들 사이에서 섹스 에로티시즘은 다양하기 때문에 성적 지향성에 관한 논의는 서구 생물학을 기반으로 한 섹슈얼리티 담론의 한계를 드러내준다. 예를 들어 수술을 하지 않은 남성-여성 성전환자가 생리적으로 여성인 사람과 결혼하여 성관계를 계속 유지하는 이 같은 성적 지향성을 어떻게 정의할 것인가?

128) "Historic First: Five National Transgender Organizations to Sponsor Educational Booth at NASW(National Association of Social Workers) Conference," *AEGIS News Quarterly*, 1994. 9. 2, p. 1.

129) Denny, "Letter."

130) Boswell, *Reviving the Tradition of Alternative Gender*, Decatur, Georgia: AEGIS, n.d., pp. 1~2.

131) Parker, "Historical Facts of Interest to the Gender Community."

132) Marcus and Fischer, 앞의 책, p. 477.

133) Bolin, "Transcending and Transgendering," p. 477.

134) M. Foucault, *Barbin: Being the Recently Discovered Memoirs of a Nineteenth-Century French Hermaphrodite* trans. Richard McDougall, New York: Pantheon, 1980.

135) Fausto-Sterling 1993, p. 24; Foucault, 앞의 책.

136) M. Sun, "Sex Gender Systems in Native North America," W. Roscoe, ed., *Living the Spirit: A Gay American Indian Anthology*, New York: St. Martin's Press, 1988, p. 33.

137) Roscoe, ed., 앞의 책.

138) Roscoe, 앞의 책, p. 3.

139) Denny, "Letter," p. 2.

140) S. Skomal, "Multiculturism in the Quincentennial Year: Highlights of the Ninety-First Annual Meeting," *Anthropology Newsletter* vol. 33/no. 8, 1992/Nov., p. 1.

141) Roscoe, 앞의 책, p. 1.

A. 볼린은 콜로라도대학에서 문화인류학 박사학위를 취득하였으며 엘론 칼리지의 인류학과 조교수로 있다. 저서로는 *Choice*지가 주는 1988~89년 우수학술도서 상을 받은 *In Search of Eve: Transsexual Rites of Passage*(1988)와 *Biocultural Perspectives in Human Sexuality*(공저, 1996), *Athletic Intruders: Women, Culture, and Exercise*(공편, 1996) 등이 있다.

수메르

젠더, 젠더역할, 젠더역할의 역전

주디스 옥숀(Judith Ochshorn)

역할의 역전이 나타내는 바는, 문화에 의해서 젠더의 역할 자체에 부여되어 있는 의미에 따라 달라지며, 젠더의 역할 역시 여기저기서 시간의 흐름에 따라 그리고 문화 내 혹은 문화를 뛰어넘어서 다양하게 나타난다. 그리하여 젠더역할의 역전은 젠더역할과 마찬가지로 그 사회의 근본적인 믿음과 관습을 밝혀주고 동시에 그것들에 의해 형성된다.

서구문명까지는 아니라도 일반적으로 서구종교의 발상지로 간주되고 있는 고대 수메르의 문헌을 조사해 보면, 고대 메소포타미아의 풍요의 여신을 숭배하는 사람들의 젠더역전에 대한 자료가 언뜻언뜻 발견된다. 예를 들어 위대한 수메르 여신 이난나의 숭배의식을 설명하는 대목을 보면, 숭배자들이 바꿔입기를 했던 것으로 짐작되는 언급이 나온다.[1] 원래는 이난나 여신의 수호자였지만 그후 여신의 숭배의식에서 다양한 역할을 부여받는 쿠르가루스는 여신에 의해 남자에서 여자로 바뀌어, 때로는 물레나 여성성의 상징물을 나르기도 하지만 주로 피비린내 나는 전투에 참여했다고 한다.[2]

신들은 끊임없이 일상생활에 개입하며 또 인간공동체의 몇몇 개인은 인간과 신 사이를 개입할 수 있다는 고대 근동지방에 널리 퍼져 있는 믿음을 가정할 때, 이러한 젠더역할의 역전이 지니는 의미는 수메르의 여신과 남신에 대한 개념이나 이 신들에 대한 숭배의식의 성격을 통해 추론할 수 있다. 그러나 수메르 문화나 젠더에 대한 수메르 문화의 태도를 재구성하려는 시도는 수메르 특유의 현상뿐 아니라 과거에 대한 모든 재구성 작업에 나타나는 관심사를 이끌어낸다.

의식적이건 아니건 대부분이 역사의 '승리자들'의 관점에 경도되어 있는 소수의 문사들이 남겨놓은 기록을 어떻게 뛰어넘어 나아갈 것인가? 아마 문화적 가치들을 깊이 공명했을 배제된 사람들이나 중·하층 계급의 사람들, 여자와 노예의 역할과 삶의 경험을 우리는 어떻게 재구성할 것인가? 이들 모두는 역사를 '만들었으며'[3] 그 대부분은 규정된 젠더역할을 따르고 일부는 그에 저항했다. 그러나 우리는 그들의 경험과 문화에 대한 공헌을 오직 기록을 통해서만 추측할 수 있다. 부수적으로 이 기록들은 편견 없는 물리적 유물로 알려져 있는 것들의 의미를 확인하는 데도 사용된다.[4] 그리고 이 모든 것 때문에 우리는 과거의 시간에 더 많은 관심을 두게 된다.

고대 수메르에서 젠더역할의 역전이 지니는 의미를 재구성하는 데는 또 다른 어려움이 있다. 이미 2천여 년 전에 수메르의 언어와 문헌은 소실되어 버렸다. 수메르 문명 자체가 사라진 것이다. 비록 수메르인들이 젠더역할에 관한 자신들의 관점이나 성서적 일신론의 분위기 일부를 제공했을지라도, 19세기 들어와서 상형문자가 해독되기 전까지는 수메르에 관해 아무것도 알 수 없었다. 수메르는 적국의 침략을 받아 결정적으로 패퇴하였으며, 짧은 기간 부흥기가 있었지만 결국 기원전 3000년 말 무렵에 정치적 통일체는 사라졌다.

그럼에도 불구하고 수메르의 문화적 영향력은 대단하였다. 수메르어는 정복자 셈족의 문학서와 종교서의 언어로 계속 사용되었다. 수메르의 신들은 바빌로니아의 신들에 통합되었다. 그리고 수메르 언어와 문학은 필사자를 육성하는 학교에서 사용되었고, 바빌로니아·아시리아·엘람·후르리·히타이트·가나안·에블라의 지적·정신적 중심지에서 계속 연구되었다. 그리고 비록 찬송가나 신화, 제의에 관한 설명, 서사시 등이 일부 지금까지 전해지고 있으나, 이 모든 것에도 불구하고 대부분의 수메르 문헌은 시간의 흐름에 의한 파괴와 정치적 정복과 고대의 문화적·언어적 변천으로 우리 앞에서 영원히 사라진 것만은 확실하다.[5]

결국 우리가 현재의 프리즘을 통해 과거의 젠더역할에 관한 자료를 검토할 때—실제로 우리는 그렇게 해야 하고 앞으로도 그럴 것이기 때문에[6]—우리는 우리 자신에게 친숙한 가설과 스테레오타입을 다른 시대와 나라에 억지로 적용시키지 않는다고 어떻게 확신할 수 있을까? 예를 들어 우리 시대의 어떤 학자는 풍요의 여신 이난나가 사랑의 신인 동시에 전쟁의 신이고 풍요의 신인 동시에 폭력의 신이고 젊은 신부인 동시에 사나운 파괴자라는 점에서 그 성격이 당혹스럽고 파격적이고 불가해하다고 생각한다.[7] 또 어떤 학자는 셈족의 이난나에 해당하는 풍요의 여신 이슈타르에 대해 "그녀의 존재와 숭배의식(이 의식에서 그녀는 남자에서 여자로, 여자에서 남자로 변한다)"을 설명하면서 이슈타르를 "남성의 근본적 특성을 지닌 여성"이라고 묘사한다. 풍요의 여신들의 성격을 '남성적'이라고 규정짓는 것은, 예를 들어 이들이 "조신한 기혼여성과 달리" 자유롭게 돌아다니고 그리고 이난나와 이슈타르 모두 심지어 남자보다 더 전쟁을 좋아하고 애인을 더 열심히 쫓아다니기 때문이다. 이러한 시각에서 보면 이들 여신은 신의 집 안에 영구히 안주해 있지 않기 때문에 위험한 존재다. 사실 이 여신들은 "가사노동과 자녀들의 구애를 받지 않고 성적인 행위에 전념할 수 있는 여자"의 원형이다.[8]

사나움과 풍요의 융합은 우리 시대의 표준적인 젠더유형에 비추어 볼 때만 남성과 여성적 특징이라는 대립항의 비논리적 결합으로 보일 뿐이다. 고대 근동지방에서 인간사회는 해마다 번영은 물론이고 그 생존조차 불안정하였다. 사람들은 변덕스러운 날씨에도 불구하고 충분한 식량을 생산해야 했고 원인조차 알 수 없는 질병에 대항하면서 적정 규모의 인구를 유지해야 했으며 또 잦은 전쟁 속에서 적을 무찔러야 했다. 이러한 상황에서 이들 공동체가 이듬해 자신들의 생존을 확보하려는 노력을 하고 또 자신들의 가장 기본적인 욕구—풍요와 적에 대한 승리—를 이와 똑같은 강력한 여신을 창조하여 그에 의지함으로써 표출하는 것은 논리적으로 완벽했을 것 같다. 최고의 신 엔릴은 인간에게 결코 호의적이지 않았으며, 종종 난폭하거나 변덕스럽게 그려졌다. 그리고 모든 문화가 섹슈얼리티와 가정생활, 가정의 행복에 대한 우리의 생각을 공유했던 것은 아니다.

수메르인들이 정의한 신들의 젠더역할 개념의 핵심은 여신과 남신이 동등한, 때로는 아주 똑같은 권력을 나누어 가진다는 것이었다. 이난나와 이슈타르처럼 엔릴과 그의 아들 니누르타는 성장과 파괴의 신 혹은 풍요의 신으로 그려지는가 하면, 엔릴의 아들 닌기르수는 전쟁의 신이자 봄비와 홍수의 신이었다.[9] 따라서 현실의 여자와 여신 사이에 이 같은 밀접한 관계가 있었는가 하는 논쟁적인 사안은 일단 접어두더라도, 현대의 학자들이 묘사하고 있는 것이 수메르인의 젠더시각인지 아니면 우리의 시각인지는 의문의 여지가 있다.

사실 고대 근동의 젠더 이데올로기는 남성-여성이라는 이원성에 바탕을 두고 있지 않았을 뿐 아니라 신적 영역이든 세속적 영역이든, 여성과 남성의 행동규범을 인간행동의 스펙트럼의 양쪽 끝에 위치지우지도 않았다. 이는 성별을 근거로 하는 구분이 없었다거나 위계질서가 없거나 중요하지 않았다는 의미는 아니다. 다만 기원전 3000~기원전 1000년의 수메르와 후기바빌로니아의 종교적 믿음과 행위를 보면, 가장 기본적인 공동체와 그후의 개인적 욕구를 실현하는 것으로 이해되었던 활동들에서 젠더나 젠더의 차이가 중요한 역할을 하지 않았다는 것이다.[10] 젠더는 결코 도덕과 명예와 용기와 죄와 권력의 원천으로 인식되지 않았다. 그리하여 고대 근동의 다신교적 태도는 서구의 일신교 전통과 매우 달랐다. 서구의 일신교 전통은 젠더와 젠더차이의 중요성을 극도로 부각시켰다.[11]

여신과 남신이 똑같은 크기의 힘을 가지지 않은 경우에도, 가령 풍요의 신과 전쟁의 신은 종종 동등한 힘을 가졌다. 예를 들어 신전을 세우고 그에 적합한 기능을 부여하는 것은 공동체 생존에서 필수적인 것으로 간주되었다. 복원된 수메르의 문학작품 가운데 가장 오래된 것 중에 기원전 3000년 초의 〈케시 찬가〉 혹은 신전 찬가가 있다. 이 신전의 으뜸 신은 탄생의 여신 닌투르 혹은 닌후르사가인데, 남신인 안 및 엔릴과 더불어 우주를 다스리는 삼총사 신의 하나였다. 이 여신은 신전을 축조하기 전에 그에 적합한 조건을 확보하는 데 필요한 의식을 주재한다. 또한 찬가에는 신전의 건립에서 니다바 여신의 존재와 역할이 묘사되어 있다. 니다바는 식물의 신, 점성학을 포함한 학문과 글쓰기의 신, '이해의 집'(지혜를 말하는 듯함)의 신 그리고 "숫자의 (가장) 내밀한 비밀을 아는" 신으로서 다양하게 관여하면서, 따라서 실제로 일어났던 사건의 '표준판'을 제공하면서 신전의 축조를 찬양하는 엔릴의 말을 기록한다. 또 후기의 신화에서 니다바는 불모의 땅을 풍요롭게 만든 풍요의 신 니누르타의 개척과 승리를 기록 혹은 보존한다.[12]

엔릴 신의 찬양(혹은 신의 의지)은 공동체에 도움이 되는 지역신전의 축조나 우주적 개입의 매개자로서 필요했다. 니누르타 신은 대지의 불모성을 극복함으로써 공동체에 적절한 양의 식량을 공급해 주는 것을 보장했다. 이 두 신은 니다바 여신에 의해 기록·보존되는 필수불가결한 문화적 유산의 일부가 되었는데, 니다바는 자신의 지혜로써 수메르의 존속과 번영을 가능하게 하였다. 그후 수메르의 지혜의 신 엔키와 아카드의 지혜의 신 에아는 니다바의 역할의 상당 부분을 맡게 되었다(뺏었다고 말하는 사람들도 있다).

그러나 기원전 2000년 초에 문자화되었지만 그보다 수세기 전에 이미 널리 퍼져 있었다고 생각되는 신화 〈이난나와 엔키: 에리두에서 에렉으로의 메의 이동〉를 살펴보면, 엔릴은 지혜의 신으로서 엔키에게 창조된 메 혹은 문명의 예술품을 안전하게 보존할 수 있는 권한을 부여하며 또 엔키는 이난나가 메를 자신의 숭배지 에리두에서 그녀의 숭배지 에렉으로 효과적으로 옮겨갈 수 있게 한다.[13] 확실히 이러한 이동이 상징하는 바는 메의 의미와 밀접한 관계가 있다.

기원전 3000년 후반기 수메르의 신학자들은 이렇게 믿었다. 우주

가 창조될 때 엔릴은 메를 만들었으며, 메는 성공적이고 조화로운 기
능을 다스리고 문명화된 생활에 반드시 필요한 것을 제공하는 중요
한 계획이나 법률, 규범 들의 총화이다. 아직 완벽하게 해독되지 않은
난해한 세부항목을 들여다보면, 메는 다음과 같이 구성되었다.

포괄적인 권력과 의무, 규범과 기준, 규칙과 규제, 권리, 권력 그리
고 우주영역에 관련된 기표, 국가 · 도시 · 신전에 관련된 기표, 신과
인간의 행위와 관련된 기표, 문명생활의 실질적인 모든 국면과 관련된
기표[14]

크레이머(S. N. Kramer)는 수메르 문헌에 묘사된 메의 특징을 다
음과 같이 정리한다.

'좋고' '순수하고' '성스럽고' '위대하고' '고상하고' '정확하며' '셀 수
없으며' '영원하고' '경외를 불러일으키고' '복잡하고' '만질 수 없는' 것
들을 '보여주고' '주고받고' '잡고' '들어올리고' '모으고' '(옷처럼) 입고'
'옆에 매고' '관리하고' '완성시킬' 수 있다. 신들은 이것들 위에 앉거나
발을 올려놓거나 탈 수 있다. 심지어 이것들은 배에 싣고 이 도시 저
도시로 옮길 수 있다.[15]

그리고 이난나가 완성하는 것은 정확하게 맨 마지막이다. 이 복잡
한 메의 완전한 의미가 무엇이든간에, 메는 특히 신과 인간의 관계에
대한 설명뿐 아니라 신에 의해 계획되고 마련되는 문명생활의 가장
근본적인 측면과 법칙에 대한 신적 차원의 계획과 준비를 완수하는

것으로 간주되었던 것은 분명하다. 그렇기 때문에 가장 중요한 메를 소유함으로써 이난나 여신은 지혜와 권력 면에서 엔키 신과 동등하며, 수메르 신화 어디에서도 신의 성별을 기준으로 적합성을 따지는 것을 찾아볼 수 없다.[16]

때로는 동성의 신들이 동일하거나 동등한 힘을 공유한다. 니누르타 신은 아버지 엔릴 신에게 정의를 요구하는 '나라의 소송'을 관장한다. 아버지 엔릴 신처럼 니누르타는 신과 인간의 운명을 결정하며, 우투 신처럼 사회정의를 베푼다. 때로는 양성의 신들이 동일한 혹은 동등한 힘을 공유한다. 니누르타와 우투처럼 여신 이난나와 난셰는 정의를 베풀며, 또한 엔릴처럼 매우 포괄적인 결정을 내린다.[17] 그리고 엔릴처럼 이난나는 폭력을 휘둘러 인간과 신들을 공포 속으로 몰아넣는다.[18]

적어도 기원전 2000년 전반기까지 시인과 신학자들은 자신들 사회에서 가장 중요한 관심사라고 간주되는 것 — 즉 신이 과거의 유산을 보존해 주고 자신들 공동체의 영속성을 보장해 주는 것 — 을 추구하는 것과 신의 젠더는 거의 무관하다고 생각했던 것 같다. 여신과 남신들은 우주를 활보하고 다니는 것으로 생각되었지만, 그들 능력의 범위와 내용은 그들의 성별과 무관하였다. 사실 때때로 그들은 양성적 존재로 비쳤고 또 그들에 대한 숭배가 새로운 지역으로 확산됨에 따라 성별이 바뀌기도 하였다.[19]

후기에 남성신을 통한 계보가 확립된 것과 대조적으로, 강력한 수메르 신들은 때때로 부모 양쪽의 자손으로 지칭되었다. 예를 들어 영웅 우투는 닌갈의 자식, 엔릴의 자식으로 불리었다.[20] 닌슈부르는 남신과 여신의 이름이었다. 그/그녀가 이난나의 시녀 혹은 시종일 때,

그는 여성이다.[21] 이와 마찬가지로 여자와 남자 모두 인간사회에 대한 적절하고 유능한 하인 또는 신의 중재자로 생각되었다.[22] 〈난셰 찬가〉에서 풍요의 여신 난셰는 여성 청지기를 임명하여 자신의 '집' 혹은 신전을 관리하고 속임수를 없애도록 한다. 청지기는 남자일 수도 여자일 수도 있었으며 가정과 사업체 혹은 도시를 책임지고 관리하였던 것 같다.[23] 이렇듯 사회적 목표를 성취하는 데서 젠더 정체성은 중요하지 않았기 때문에, 고대 수메르와 바빌론에서의 젠더역할의 역전은 후대나 다른 지역들과 그 의미가 상당히 다를 수 있다.

개인의 신앙심과 그 깊이를 측정할 방도가 없다 할지라도, 수메르 사람들은 공식적인 종교와 대중적인 종교 양자에서 일상적으로 여러 가지 목적들을 기원하였다. 즉 법률이나 외교조약의 승낙을 얻는다거나[24] 공동체의 죄에 대한 신의 처벌을 모면하기 위해서[25] 혹은 개인적·사회적 질병이나 그 밖의 재난을 막고자 하는 의식에서 도움을 청한다거나[26] 사적인 일에 대해 신의 중재를 요청하는 것 등이다.[27] 종교적 믿음은 이들 고대문화권 사람들에게 근본적인 설명모델을 제공했으며, 그 저변에는 일상생활에서 신의 영향력을 청하거나 신의 개입을 한탄하는 제의의 효능에 대한 믿음이 깔려 있었다.

종교문학의 한 형식인 발라그 애가(哀歌)는 기원전 3000∼기원전 1000년에 제사장에 의해 낭송되었다. 대부분의 애가가 고대 바빌로니아 시대(기원전 2000∼기원전 1600년경)에 발견되지만, 상당수가 그 이전 시대부터 보존되어 왔으며 신아시리아 시대나 기원전 500년 무렵까지 계속 새겨지고 번역되어 왔던 것 같다.[28] 이 애가들이 지니는 중요성은 몇천 년 동안 인간의 두려움과 관심사를 표현하고 또 불행을 막고 이듬해까지 혼란이 이어지지 않도록 신의 도움을 간청했다는 데 있다.

　애가는 다음과 같은 특별한 목적을 가지고 낭송되었다. 즉 장례식에서 사별을 고하기 위해, 변화의 시기에 악령을 몰아내기 위해, 건물을 헌납하거나 여행을 떠날 때 그리고 황폐해진 신전을 허물거나 성체나 제물을 새롭게 단장할 때 신들의 분노를 달래기 위해서 낭송되었다. 제사장은 공동체나 왕이 의식하지 못하고 저지른 잘못에 대해 신들이 분노하는 것을 방지하기 위해, 달마다 특정한 날을 정하여 행하는 전례의 일부로서 애가를 특별히 낭송하였다. 발라그 애가는 사적인 사별에서부터 사회적 재난에 이르기까지 모든 사람을 괴롭히는 불안과 근심과 슬픔을 제의라는 형식을 빌려 표현하고 나누어 가지고자 하는 노력을 재현하였기 때문에,[29] 젠더와 젠더의 차이에 대한 당시의 지배적인 태도를 반영하고 있을 것으로 추측되며 따라서 젠더역할의 역전이 지니는 설득력 있는 의미를 제공할 것으로 보인다.

　수메르인들에게는 남신과 여신을 구분하는 특정한 상징이 없다는 것은 주목할 만하다. 따라서 기원전 600~500년에 신아시리아의 필사가들은 남신에게 바치는 애도문과 여신에게 올리는 애가를 구분하여 전자에는 판테온의 최고의 신 엔릴의 행적을, 후자에는 최고의 여신 이난나의 행적을 기록하였다.[30] 신아시리아 시대에 근동의 문화가 점차 남성화되어 여신과 여성의 지위가 전체적으로 계속 낮아졌음에도 불구하고, "수메르의 신 모두가 남성으로 된 것은 결코 아니며… 이난나는 신화와 서사시, 찬가에서 남녀의 신을 통틀어 그 어떤 신보다 큰 역할을 하였다."[31] 신의 세계와 인간세상의 젠더와 젠더역할에 관한 종교적 개념이 매우 유동적이었던 점은 그 시대의 종교적 규범과 사회적 현실 간의 잦은 분열과 밀접한 관계가 있을 것이다.

언뜻 보아도 발라그 애가에 나오는 신의 역할 가운데 몇 가지는 젠더개념들을 바탕으로 하고 있었던 것 같다. 예를 들어 실제 자연의 힘을 표상하는 엔릴 신의 특성과 무자비한 파괴성 그리고 대개 이런 파괴성을 슬퍼하거나 공동체 또는 자신들을 위해 구원을 간청하는 여신과 여성들이 겪는 특유의 외로움 등이 그것이다. 그러나 엔릴의 파괴행위 속에서도 여신들은 때때로 자신의 존재를 자랑스럽게 드러내며 1인칭으로 자신의 위대함을 주장한다.[32]

한 애가에서 여신은 엔릴이 '자신의' 도시를 망친 것을 직접적으로 비난하는 것만큼이나 자신의 상실을 슬퍼하지는 않는다. 또 다른 애가에서 이난나는 남녀 신 중 유일하게 엔릴에게 접근하여 그를 진정시키고자 하며 "얼마나 오랫동안?"이라는 말로 그에 맞선다. 그런가 하면 이난나는 스스로 '하늘의 여왕' "산의 파괴자 … 하늘을 뒤흔드는 신"이라고 칭하며 자신을 숭배하는 도시들의 문화적 찬란함을 묘사하고 그 도시들의 파괴를 한탄하며 그것들을 파괴시킨 강력한 신 안과 엔릴을 비난하는 애가도 있다. 사실 이난나는 놀라운 자질을 여러 차례 발휘하며 가장 위대한 남신들의 힘에 대적한다.[33] 더욱이 애가뿐 아니라 곳곳에서 여신 이난나는 신들과 인간 모두가 두려워하는 사나운 파괴자로 묘사되고 있다.[34]

시인들은 이렇게 기록했다. 여신과 남신들이 자신의 도시와 신전을 포기할 때, 그곳에 사는 인간들은 자신들의 공동체를 쑥밭으로 만드는 폭풍이나 군사적 패배를 경험하기 일쑤였다고 말이다. 좀더 심오한 측면에서 볼 때, 이러한 포기는 사물의 올바른 관계와 자연질서의 붕괴를 알리는 신호였다. 여기서 개인은 자신을 사회집단, 즉 자연 속에서 살고 있으며 또 그 속에 내재해 있는 신들을 달래주어야 하는 사회적 집단의 일부로 파악하였다. 공동체와 개인의 안녕은 자연의 안녕에 달린 것으로 간주되었다.

공동의 욕구의 충족이나 공동의 죄의 속죄에서 신의 젠더가 조금씩 묘사되고 있는 것을 여러 문헌에서 확인할 수 있다. 〈우르를 위한 애도〉는 여신 닌길과 그녀의 남편 난나가 도시를 포기하는 이야기이다. 닌길은 그녀의 도시가 침략을 당해 황폐해져 가는 모습을 슬퍼하고 또 난나는 그의 도시가 침략당한 것을 애도하며, 이윽고 두 신은 다 우르로 되돌아오라는 간청을 받는다.[35] 마찬가지로 도시들의 파괴는 엔릴과 그의 아내 닌릴에게 보고된다.[36] 〈엔릴 찬가〉는 엔릴을 지상의 모든 생명체의 근원이요 주재자로서, 탁월한 농사의 신으로서, 모든 도덕적 권위의 창시자로서, 인간의 수호자로서 찬양한다. 그리고는 남편과 더불어 법령을 만들고 세상사를 결정하는 여신 닌릴을 찬양하는 것으로 끝맺는다. 엔릴이 칭송되면 닌릴 역시 칭송된다.[37] 고대 근동의 다신교를 동종이형, 즉 신의 역할이 본질적인 여성성과 남성성을 기반으로 하고 있는 것으로 정의하는 학자들조차 수메르 신들의 공적 기능에서 젠더의 역할은 다음과 같이 오히려 우연적인 것으로 묘사한다. "몇몇 경우에 신의 성별은 기능과 아무 상관이 없다. 도시를 다스림에 있어서 여신과 남신은 대등한 역할을 수행한다. 도시의 신은 남성일 수도, 여성일 수도 있다."[38]

신의 격노를 가라앉히기 위한 시도에서 흔히 여성과 남성의 신성성은 모두 청원의 대상이 된다. 사람들은 엔릴이 자신의 성전을 포기함으로써 성전이 있는 도시 니푸르를 저버리는 일이 없게 해달라고 여신과 남신 모두에게 간원한다. 그리하여 여신과 남신은 그들의 도시를 보호하기 위해 힘쓰며 엔릴의 "마음이 진정되도록" 그에게 기도

하며 그를 평온하게 해줄 제물을 바친다.[39] 사원의 초석을 놓을 때 제사장은 모든 신들을 위한 제물을 차려놓고 그 위에 사원의 남신과 여신, 수호신을 위한 제물을 차려놓을 만큼 양성의 신들은 인간사에 아주 밀접하게 개입하고 있는 존재로 생각했다. 한 애가에서는 국가의 생명이 엔릴 신과 그의 아내 닌갈 여신의 '집' 혹은 사원에 맡겨져 있는 것으로 표현되고 있다.[40]

신성성에 호소하는 데 사용되는 바로 그 언어는 신들의 성별을 모호하게 표현하는 특징이 있다. 네르갈 신에 대한 애도에서 그는 암소와 황소로 지칭된다. 이는 여신 이난나가 자신을 암소와 들소로 묘사하는 것과 똑같다. 신의 보복은 양쪽 성의 신들 모두에 의해 경험된다. 엔릴이 자신의 성전과 자신의 도시 니푸르에 등을 돌리자, 엔키 신은 자신의 아들과 며느리, 어머니가 그러했듯이 "눈물을 흘리며 간다." 기원전 3000년 말의 신전 찬가에서, 라가시의 통치자 구데아는 여신 닌수나를 자기 어머니라고 주장하면서 그 닌수나를 어머니와 아버지로 지칭한다. 즉 어머니의 자궁에 자신의 '생식세포'를 심어 자신을 '음문 밖으로' 내보냈다고 묘사한다.[41]

신의 젠더역할에서 이와 유사한 유동성은 몇몇 창조설화에서도 확인된다. 자신들을 돌보는 데 싫증난 여신과 남신들은 제의를 통해서 자신들에게 음식을 공급하게 한다는 특별한 목적을 위해 인간을 창조한다. 그리고 신의 영역에서 여신은 제의를 통해 남신에게 음식을 제공하는 존재로 비친다. 그러나 사원찬가 〈구데아의 원통들〉에서, 닌기르수 신은 그의 아버지(그리고 여기서는 그가 안인지 엔릴인지 불분명하다)에게 음식을 바치는데 이는 보통 장남에게 부여된 특권이다.[42]

고통에서 벗어나게 해달라는 기도가 여신과 남신 모두——이들은 공동체를 위해 다른 신성성에 탄원하는 존재로 혹은 신의 격노의 희생자로서 개입하는 것으로 그려졌다——에게 바쳐졌던 것과 마찬가지로, 어떤 남신 혹은 여신이 그 공동체의 재난을 설명 혹은 예언하면서 도시나 성전을 포기해 버릴 것을 두려워할 때 여자와 남자 모두 그 결과로 인해 고통받는 것으로 그려졌다. 엔릴이 도시의 지배자를 저주할 때 그는 지배자의 아내를 병에 걸리게 한다. 그리하여 지배자와 그 아내는 황폐해진 도시에서 더 이상 살 수 없게 되어 하계(下界) 혹은 사자(死者)의 영역으로 떠난다. 파괴자 엔릴의 말(혹은 명령)이 어떤 남자나 여자에게 내려지면, 그들 모두 통곡하고 '비탄에 잠겨' 괴로워하며 절망 속에서 흐느껴 운다.[43] 비록 애가의 형식이 반복을 그 특징으로 할지라도 성적인 대등함, 특히 남자와 여자를 똑같이 고통받는 인간으로 명명하는 것이 두드러진다. 공동체와 개인의 두려움을 가라앉히고 이들의 욕구를 충족시키는 것은 분명 이들과 이들의 숭배자를 중재하는 인간이나 신의 성별보다 우선했다.

기원전 3000년 후반기 동안에는, 이 시기의 것으로 판단되는 일부 발라그 애가를 살펴볼 때 적어도 수메르의 상류층 여자들은 공적 권력과 영향력을 행사하는 지위에 있었던 것이 확인된다. 기원전 2000년 전반기나 구바빌로니아 시대의 마리 왕국과 시파르 왕국에서도 그러했는데, 남성들뿐 아니라 여성들의 이러한 공적 지위는 사원들이 그 지역사회의 경제적·정치적 생활에까지 영향력을 행사하게 됨에 따라 많은 종교적 역할도 포괄하게 되었다.[44]

여성의 높은 지위를 당연시하는 태도는 고대 메소포타미아의 가장 오래 되고 가장 널리 퍼져 있던 숭배의식을 그린 신화에도 반영되어 있다. 여기서는 젊은 목동신 두무지와 과년한 여신 이난나의 신성한 결혼을 축복하며, 두무지의 주기적인 요절을 슬퍼한다. 이는 한편으로는 계절의 순환과 그것이 자연에 미치는 영향과 식량공급으로 특징지어지는 양상들을 보여주면서도 또 한편으로 어쩌면 오직 하나의 기억으로서 모계 중심적 혹은 상대적으로 평등한 사회구조의 존재 가능성을 시사한다. 이난나의 오라비 우투는 누이에게 결혼을 준비하라고 한다. 그리고 두무지는 자신을 죽음으로 몰아넣으려 하는 하계의 사자들에게 쫓길 때, 처남 우투와 그의 누이 게슈티난나에게 도움을 청한다. 나아가 여자들—아내와 어머니와 누이—은 그의 죽음을 애도하지만, 두무지는 아내가 아니라 어머니에게 애도를 청한다.

이 모든 신화의 내용은 남녀의 신성성이 자연의 진행과정에 기여하는 바를 표현한다. 이난나의 어머니 닌갈 여신이 이난나에게 결혼하면 남편과 그 가족의 일원이 되고 그 집에 가서 살게 될 것이라고 말해 주는 대목은 의미심장하다.[45] 만약 이 신화들이, 젠더역할에 대한 태도를 명백하게 함의하고 있는—그리고 이 점에 관해서는 오직 추측밖에 할 수 없는—모계사회에서 부계사회로의 점진적인 사회적 이행을 가리킨다면, 기원전 3000년의 수메르에서 적어도 상류층 여성들은 비교적 높은 지위와 공적 위치에 있었음을 설명하는 데 도움이 될 것이다.

이난나가 우루크에 자신의 으뜸 신전 에안나를 축조할 때, 그녀는 또 엔의 사제나 여사제들의 전통적인 거처인 기파루 사원도 세운다.[46] 최근 연구결과, 제의에서 한 계급의 여자들의 존재와 중요성 그리고 공동체생활에서의 이들의 몇 가지 공적 역할이 입증되고 있다. 아카드의 쿠아디추, 즉 '분리된 여자'는 성스럽거나 혹은 그렇지 않은 (그들이 남자들 개개인을 접촉하지 않았기 때문에?) 매춘부라는 전통적 시각과는 달리 분명히 고대 바빌로니아 시대부터 종교의식을 담당하였다. 이들은 아다드 신과 그의 아내 샬라를 경배하는 신전의식에 참여하였으며 또한 산파, 유모, 마법사 노릇을 하였다.[47)]

그런데 이것은 특별한 것이 아니었다. 기원전 2000년대의 마리 왕국에서 주로 왕족여성들의 편지를 통해서 확인되는데, 여기서는 여자와 남자 모두 사제가 될 수 있었으며 이들은 왕을 위해 기도와 제물을 바치고 신과 인간을 중재하고 꿈을 해석해 주었다. 개인적·사회적·군사적으로 주요한 결정이 신탁과 예언의 결과에 의해 이루어지던 시대에 여자와 남자 모두 신탁자, 점술가, 예언자로서 중요한 역할을 담당했다.[48)] 요컨대 신의 세계와 인간세상에서 여자와 남자는 수많은 특성을 똑같이 공유하는 신의 대행자로 간주되었으며, 젠더 하나를 근거로 해서 구분되는 경우는 극히 드물었다.

이난나와 이슈타르의 숭배의식에서 나타나는 젠더역할의 역전은 아마 수메르의 신 개념의 맥락에서 가장 잘 이해될 수 있을 것이다. 다신적으로 인식되었기 때문에, 어느 쪽 성의 신성성도 삶과 죽음에 대한 전권을 소유한 전능의 신으로 간주되지 않았다. 오히려 각각의 신은 시간이 흐름에 따라 변화하는 인간의 욕구와 가치관, 역사적 상황에 맞게 변할 수 있는 결코 배타적이지 않은 일련의 속성들을 소유하고 있었다. 가장 강력한 여신과 남신의 관계설정과 상호관계, 행동과 상호행동 — 그들의 동맹, 갈등, 승리 그리고 패배 — 은 변화하는 자연뿐 아니라 사회생활의 형태를 결정하는 것으로 이해되었지만, 이 모든 것이 젠더와는 아무런 관계가 없었다. 예를 들어 지혜의 신

엔키는 문필의 여신 니다바의 역할을 빼앗을 수도 있었으나, 젊은 신이 늙은 신의 자리를 찬탈하는 왕권투쟁 역시 고대 근동의 종교서의 주제가 되고 있다.

여신과 남신들은 의인화되어 내재적이면서도 초월적인 존재로 인식되었지만, 이들의 행동은 결코 인간과 같지 않았으며 그러한 비교 자체가 부당하다. 신들의 성행위와 가정에서의 행동은 대부분 인간사회에서 허용되는 것과 상당히 다르다고 시인들은 말한다. 대체로 신들의 사회는 일부일처제가 아니다. 신의 섹슈얼리티, 특히 여신의 섹슈얼리티의 결과는 인간사회와 그 대표자인 왕에게 유익한 것으로 간주되었다. 2천 년 동안 수메르의 시는, (신의 자손 대신) 여신 이난나와 이슈타르의 성적인 주도 아래 왕의 통치자질과 전쟁에서의 승리와 땅의 비옥함을 보장해 주었던 성스러운 결혼의식을 찬양한다.

신의 사생아나 근친상간이라는 개념은 존재하지 않았다. 신들 사이에서는 마음/정신과 신체의 분리나 이중규범이 없었다. 그리고 재생산 역할로 인해 여신이 남신보다 능력 면에서 제한을 받지 않았다.[49] 만신들 사이에서 빼어난 가장 위대한 남신들뿐 아니라 이난나와 이슈타르에 관한 이야기에서 입증되는 것은, 이들의 판결과 처벌을 두려워하는 인간은 물론이고 신들에게도 이들의 권위가 압도적으로 작용했다는 사실이다. 이러한 사실을 배경으로 해서 이 여신들을 숭배하는 의식에 나타나는 역할의 역전에 관해 다음 몇 가지를 간략하게 살펴보기로 하겠다.

어떤 이난나 찬가[50]는, 안과 엔릴과 엔키의 권위에 필적하며 또 수메르의 위대한 신들인 아눈나키의 존경을 불러일으키는 여신의 권위에 대한 묘사로 시작한다. 이어 달마다 열리는 이난나 숭배의식을 묘사하는데, 숭배의식에 참여한 숭배자들을 비롯하여 그 공동체의 여느 사람들은 그녀 앞에서 행렬을 이루어 전쟁의 여신과 무사로서의 그녀의 용맹함을 기린다. 행렬 속에는 "남성 패션으로 오른팔을 천으로 두른" 전투복장 차림을 한 한 무리의 '귀부인들'도 있다.[51] 이 장면은 (모두 수메르어의 애매모호함으로) 때때로 다음과 같이 표현된다. "수메르 사람들이 당신 앞에서 행진합니다. 여자들은 남자 옷차림으로 오른쪽을 장식하고… 남자들은 여자 옷차림으로 왼쪽을 장식합니다."[52]

또 발라그 애가 〈약탈당한 도시〉[53]에도 분명하게 나타난다. 이난나는 도시의 파괴를 슬퍼하며 선언하는 속에서 자신의 방대한 권위를 열거한다.

나는 앞장서 나간다. 나는 고귀하다.

나는 뒤에서 나아간다. 나는 지혜롭다.

나는 오른쪽을 왼쪽으로 만든다.

나는 왼쪽을 오른쪽으로 만든다.

나는 남자를 여자로 바꾼다.

나는 여자를 남자로 바꾼다.

나는 남자가 여자처럼 꾸밀 수 있게 하는 존재이다.

나는 여자가 남자처럼 치장할 수 있게 하는 존재이다.

나는 약한 자들을 집 안으로 들어올 수 있게 한다.

나는 강한 자들을 집 밖으로 내쫓는다.

(…)

나는 높은 지붕을 올라가는 사다리다.

나는 … 야트막한 난간이다.
나는 흰색을 검은색으로 바꾼다.
나는 검은색을 흰색으로 바꾼다.[54]

젠더역할의 역전에 관한 이난나의 비유는 아마 우주만물을 실제로 역전시키고 또 그에 영향을 미칠 수 있는 그녀의 막강한 힘에 대한 수메르인의 시각을 반영하고 있을 것이다. 현재 남아 있는 고대 수메르의 종교문헌에서 우리가 찾아낸 것은, 신의 권력행사에서 젠더가 상대적으로 중요하지 않았던 것과 무관하게 여신들의 활동에 따라 권력의 수위와 범위를 부여하는 서사들이다. 이는 서구에서는 그전에도 그후에도 보기 드문 일이다.

예를 들어 기원전 3000년 말로 거슬러 올라가는 최초의 아카드 찬가의 하나인 〈이난나의 기쁨〉에서, 시인이자 제사장이자 공주인 엔헤두안나는 메의 이동 — 여기에서 메는 강력한 달의 신 난나에게서 이난나에게로 옮겨간다 — 을 설명하면서 하늘과 땅을 지배하는 여신의 힘을 찬양한다.[55] 성스러운 결혼의 자율적 주재자인 이난나는 여기서 전쟁의 여신, 만신과 인간들의 공포의 대상, 충분한 숭배를 받지 못하면 땅을 황폐하게 만들어 인간들에게 복수하는 두려운 판관이라는 또 다른 모습으로 그려진다.

널리 알려져 있는 『길가메시의 서사시』(*Epic of Gilgamesh*)에서 여신 이슈타르는 그녀의 아버지인 하늘의 신 안이 자신의 구애를 감히 거절한 영웅 길가메시를 벌주기 위해 ‘하늘의 황소’를 풀어놓지 않으면 죽은 자들을 일으켜세워 산 자보다 많게 하겠다고 협박한다.[56] 이와 마찬가지로 하계의 여신 에레시키갈은 최고신인 아누와 에아, 엔

릴이 그녀의 연인 네르갈 신을 자신에게 돌아오게 하지 않으면 죽은
자를 풀어 산 자를 압도하도록 하겠다고 협박한다.[57] 그리고 엔릴이
방출한 무시무시한 홍수에서 살아남은 사람들이 신들에게 바치는 제
물을 최고의 신 엔릴이 받지 못하게 한 신은 다름아니라 이슈타르다.
왜냐하면 '그녀의' 숭배자들을 파멸시킨 책임을 물어 엔릴을 붙잡고
있었기 때문이다.[58] 이 모든 예에서 지배자 남신들은 지배자 여신들
의 힘에 굴복하여 그들의 요구에 응한다.

　젠더의 의미와 젠더차이에 관련된 의미는 각 문화가 어떻게 자신
을 이해하고 조직할 것인가 하는 문제에서 늘 근본적인 것이었다. 따
라서 젠더역할의 역전 혹은 남자가 여장을 하고 여자가 남장을 하는
것은 하늘과 땅, 사랑과 전쟁, 삶과 죽음 그리고 모든 인간문화와 젠
더, 젠더역할에서 근원적인 것을 주재하는 여신 이난나와 이슈타르
의 모든 것을 포괄하는 힘에 대한 수메르인의 개념을 증명하는 것에
불과할지도 모른다.

주

1) M. E. Cohen, *The Canonical Lamentations of Ancient Mesopotamia* 2 vols.,
　　Potomac, Md.: Capital Decisions Ltd., 1988, II, pp. 587~603.

2) T. Jacobsen, *The Harps That Once··· Sumerian Poetry in Translation*, New
　　Haven: Yale University Press, 1987, p. 286, n. 75, 76.

3) Cf. G. Lerner, *The Creation of Patriarchy*, New York/London: Oxford
　　University Press, 1986.

4) Cf. B. Brooten, *Women Leaders in the Ancient Synagogue*, Atlanta: Scholars
　　Press, 1982; "Early Christian Women and Their Cultural Context: Issues of
　　Method in Historical Reconstruction," A. Y. Collins, ed., *Feminist Perspectives*

on Biblical Scholarship, Chico, CA: Scholars Press, 1985, pp. 65~91.

5) S. N. Kramer, *Sumerian Mythology: A Study of Spiritual and Literary Achievement in the Third Millennium BC*, rev. edn., Philadelphia: University of Pennsylvania Press, 1972, pp. 28~29; Cohen, 앞의 책, I, pp. 11~12.

6) Cf. E. S. Fiorenza, "Remembering the Past in Creating the Future," Collins, *Feminist Perspectives*, pp. 43~63.

7) Jacobsen, 앞의 책, pp. 17, n. 2, 19, n.1.

8) T. Frymer-Kensky, *In the Wake of the Goddesses: Women, Culture, and the Biblical Transformation of Pagan Myth*, New York/Toronto: The Free Press and Maxwell Macmillan Canada, 1992, pp. 28~29, 66~69, 80.

9) Jacobsen, 앞의 책, pp, 235~72; Cohen, 앞의 책, I, pp. 136~43.

10) T. Jacobsen, *The Treasures of Darkness: A History of Mesopotamian Religion*, New Haven: Yale University Press, 1976.

11) J. Ochshorn, *The Female Experience and the Nature of the Divine*, Bloomington: Indiana University Press, 1981.

12) Jacobsen, *Harps*, pp. 251~52, 271~72 n. 81, 86, 377~80, n. 11, 382, 394, n. 28, 409, n. 77, 412.

13) Kramer, 앞의 책, pp. 64~68.

14) S. N. Kramer, *From the Poetry of Sumer: Creation, Glorification, Adoration*, Berkeley, LA/London: University of California Press, 1979, p. 45.

15) 같은 책, pp. 45~46.

16) Ochshorn, 앞의 책, pp. 62~64.

17) Cf. Jacobsen, *Harps*, pp. 141~42, 237~38, 327.

18) Enheduanna, *The Exaltation of Inanna* trans. W. W. Hallo and J. J. A. Van Dijk, New Haven: Yale University Press, 1968.

19) Ochshorn, 앞의 책, pp. 31~33; "Ishtar and Her Cult," C. Olson, ed., *The Book of the Goddess Past and Present*, NY: Crossroad Publishing Co., 1983, p. 16.

20) Cohen, 앞의 책, I, p. 217.

21) Jacobsen, *Harps*, p. 207, n. 3.

22) Ochshorn, 앞의 책, pp. 110~26.

23) Jacobsen, *Harps*, pp. 126~42, esp. p. 130, n. 17.

24) J. B. Pritchard, ed., *Ancient Near Eastern Texts Relating to the Old Testament*, 3rd edn. with supplement, Princeton: Princeton University Press, 1969, pp. 159~206.

114

25) Cohen, 앞의 책, I, II.

26) J. Morgenstern, "The Doctrine of Sin in the Babylonian Religion," *Mitteilungen der Voerderasiatischen Gesellschaft*, Berlin: Wolf Peiser Verlag, 1905, pp. 3~5; C. R. Thompson, *The Devils and Evil Spirits of Babylonia, Being Hobgoblins, Ghosts, and Kindred Evil Spirits Which Attack Mankind* trans. from the original cuneiform text, Luzac's Semitic Text and Translation Series, vols. XIV, XV, London: Luzac & Co., 1903.

27) Jacobsen, *Treasures*.

28) Cohen, 앞의 책, I, II.

29) 같은 책, I, pp. 13~14.

30) 같은 책, pp. 18~19, n. 33.

31) Kramer, *Poetry of Sumer*, p. 81.

32) Cohen, 앞의 책, II, pp. 436, 521, 534, 594~98, 662~66.

33) 같은 책, I, pp. 198~99, 261~62; II, pp. 648~49, 718~25.

34) Cf. Enheduanna, 앞의 책.

35) Jacobsen, *Harps*, pp. 448~74.

36) Cohen, 앞의 책, I, p. 331.

37) 같은 책, p. 341; Jacobsen, *Harps*, pp. 101~11.

38) Frymer-Kensky, 앞의 책, p. 12.

39) Cohen, 앞의 책, I, pp. 108, 141~42, 293~97; II, pp. 626~27, 477~78, 497~98.

40) 같은 책, I, p. 26, 397.

41) 같은 책, I, p. 109; II, p. 512, 648, 664; Jacobsen, *Harps*, p. 391.

42) Jacobsen, *Harps*, p. 400, esp. n. 48.

43) Cohen, 앞의 책, I, pp. 112, 137, 139~40, 381, 383~84.

44) S. N. Kramer, "Poets and Psalmists: Goddesses and Theologians; Literary, Religious and Anthropological Aspects of the Legacy of Sumer," D. Schmandt-Besserat, ed., *The Legacy of Sumer*, Bibliotheca Mesopotamica: "Primary Sources and Interpretive Analyses for the Study of Mesopotamian Civilization and Its Influences from Late Prehistory to the End of the Cuneiform Tradition," G. Buccellati, ed., vol. IV, Malibu: Undena Publications, 1976, pp. 12~16; G. Dossin and A. Finet, *Archives Royales de Mari: Correspondence Feminine*, Paris: Librairie Orientaliste Paul Geuthner, 1978; R. Harris, *Ancient Sippar: A Demographic Study of an Old Babylonian City 1894~1595 BC*, Belgium:

Nederlands Historisch-Archaeologisch Instituut Te Istanbul, 1975.

45) Jacobsen, *Harps*, pp. 3~84.

46) 같은 책, p. 281 n. 8.

47) M. I. Gruber, *The Motherhood of God and Other Studies*, USF Studies in the History of Judaism, Atlanta: Scholars Press, 1992, pp. 17~47.

48) Dossin and Finet, 앞의 책, pp. 79~139.

49) Ochshorn, 앞의 책, ch. 2~4.

50) Jacobsen, *Harps*, pp. 112~24.

51) 같은 책, p. 116.

52) D. Wolkstein and S. N. Kramer, *Inanna Queen of Heaven and Earth*, New York: Harper & Row, 1983, p. 99.

53) Cohen, 앞의 책, II, pp. 587~603.

54) 같은 책, p. 596.

55) Enheduanna, 앞의 책, p. 15.

56) *The Epic of Gilgamesh*, N. K. Sandars trans., Middlesex, England: Penguin Books Ltd., 1960, pp. 107~109.

57) A. K. Grayson, "Akkadian Myths and Epics," Pritchard, *Ancient Near Eastern Texts*, pp. 507~12.

58) *Gilgamesh*, p. 85.

J. 옥숀은 사우스플로리다대학교 여성학과 교수로 있으며 여성의 역사, 페미니스트 정신 및 페미니스트 이론정립 분야를 연구하고 있다. *The Female Experience and the Nature of the Divine, Women's Spirituality, Women's Lives*(공편, 1995)를 비롯하여 여신의 전통과 고대 제의, 고대 근동에서의 젠더역할 그리고 근대 초기 유럽의 마녀사냥 등에 관한 많은 논문이 있다.

바꿔입기 그리고 상반되는 의도
테클라 행전에 나타나는 젠더 가능성

J. L. 웰치(J. L. Welch)

4세기 말 혹은 5세기 초에 기독교 순례자 에게리아는 최초의 순교자 테클라의 '매우 아름다운' 성당을 방문하였다. 이 성당은 지금의 터키 남동부 해안의 작은 마을 셀레우키아에 있다. 이곳에서 그녀는 "남자와 여자들을 위해 마련해 놓은 헤아릴 수 없이 많은 수도사 방"과 '성스러운 교회'를 발견하였으며, 그곳에서 기도를 하며 "성녀 테클라의 완벽한 행적"의 낭송에 귀를 기울였다.[1]

에게리아가 들은 것은 약혼을 한 아리따운 처녀가 사도 바울의 설교를 듣고 감명받아 독신을 지키기로 결심하는 이야기였다. 갖은 시련을 겪은 후에 그녀는 박해자들을 물리치고 남장을 하고 하느님 말씀을 전하러 길을 떠난다.

역사적 실존인물에 근거한 것 같지 않은 테클라의 이야기는 테클라 행전이라 일컬어지는 구절에 나온다. 이 테클라 행전은 다마스쿠스와 예루살렘에서 바울이 행한 행적으로 시작하여 로마에서의 순교로 끝맺는 이야기(이 가운데 단편들만 전해 내려오고 있다)인 바울 행전의 일부를 이루고 있다. 이 행전은 2세기 중기 혹은 말기의 것으로 추정되고 있는데, 그보다 훨씬 오래 전부터 구전되어 오던 것과 혼재되어 있다. 대부분의 여느 사도행전과 마찬가지로 바울 행전과 테클라 행전은 소아시아의 금욕적인 기독교 집회를 그 기원으로 하고 있는 것 같다.[2]

테클라 행전은 바울 행전에서 떨어져 나와 널리 유포되었다. 2세기 말, 북아프리카의 작가 테르툴리아누스(카르타고 태생의 초기기독교 신학자—옮긴이)는 비난하듯 테클라의 인기를 증언하였다.[3] 그리고 뒤이은 수세기 동안 테클라를 찬양한 교부들 가운데는 메토디오스, 암브로시우스, 니사의 그레고리, 제롬이 있다.[4] 에게리아가 셀레우키아의 테클라 성당을 방문할 무렵에는 테클라에 대한 숭배가 이미 확고하게 자리잡고 있었다. 그녀는 중세까지 계속 인기 있는 인물이었다.

그녀가 남자 옷차림을 하고 남자역할을 하는 강한 여성적 인물이기 때문에, 현대의 일부 독자들은 심지어 테클라 행전은 여성 작가나 작가들의 작품일지 모른다고 결론지으면서 테클라를 초기기독교 시대 여성들의 경험과 권위에의 접근에 관한 증거로 보았다.[5] 그러나 이 영웅적인 복장전환자 이야기가 남자들에게도 강한 매력을 준다는 것은 명백하다. 테클라의 이야기 중심에는 젠더의 싱징적 전환이 있다. 그러나 (여성에서 남성으로의) 단순한 젠더전환 개념은 아직 그 의미를 충분히 드러내지 못하고 있다. 이하에서 나는 테클라 행전의 복합적 상(imagery) 그 자체가 어떻게 복합적이고 상호 모순적이기까지 한 해석을 초래하고, 또 그럼으로써 처녀가 남장의 사도로 변모한 것이 남성성의 속성을 획득한 것으로 이해되거나 자웅동체 상태를 획득한 것 또는 여성성을 말살하는 것으로 이해되는가에 따라 어떻게 다양한 청중의 의제가 되는지를 살펴보기로 하겠다.

테클라 행전의 줄거리

이미 약혼한 몸인, 이코니움의 어린 처녀 테클라는 창가에 서서 이웃의 오네시포루스의 집에서 들려오는 사도 바울의 설교에 귀를 기울이고 있다. 설교는 '금욕과 부활'을 선포한다.[6] 테클라가 "새로운 욕망과 불같은 열정에 사로잡혀" 사도를 따르며 그의 이상인 순결을 지키려 하자, 그녀의 어머니 테오클레이아와 그녀의 약혼자 타미리스는 경악한다.[7] 타미리스가 이끄는 성난 폭도가 "아내들을 타락시키는" 죄목으로 바울을 감옥에 넣자, 테클라는 몰래 집을 나와 보석과 은거울을 뇌물로 주고 바울이 갇혀 있는 감옥으로 들어간다.

테클라 역시 총독 앞에 불려나가 타미리스와 결혼하지 않으려는 이유를 심문당한다. "바울을 응시하면서" 그녀가 침묵을 지키자, 그녀의 어머니는 외친다. "저 무법자를 화형에 처하시오! 이 남자의 가르침을 받은 모든 여자들이 두려워하도록 신부가 아닌 저년을 극장 한가운데 놓고 화형에 처하시오!"[8] 바울이 매질을 당하고 도시 밖으로 쫓겨난 후, '청년과 처녀들'은 테클라를 광장의 단에 세워놓고 화형에 처하기 위해 불쏘시개를 가져온다. 총독은 "그녀의 내면적 힘"에 깜짝 놀라 그녀의 벌거벗은 몸을 보며 눈물을 흘린다. 군중들을 쳐다보는 테클라는 그 속에서 "바울의 형상으로 앉아 있는 주님"을 발견한다.[9] 놀랍게도 불꽃은 한치의 흔들림 없이 서 있는 처녀의 주위를 맴돌며 그녀를 태우지 않는다. 이윽고 세찬 비와 우박이 쏟아져 불길을 끄고는 많은 군중을 죽인다. 그 틈에 테클라는 무사히 탈출한다.

이코니움을 벗어난 테클라는 도시 외곽에서 자신을 위해 단식기도를 하고 있는 바울을 찾아간다. 그녀는 머리를 짧게 자르고 그를 따르겠다고 말하지만 바울은 이렇게 대답한다. "계절이 좋지 못하오. 그리고 당신은 아름답소. 처음보다 훨씬 고약한 유혹이 당신에게 닥칠 터인데, 부디 당신이 이겨내지 못해 겁쟁이가 되지 않기를!" 그러자 테클라는 세례를 청한다. "저에게 세례를 주세요. 그러면 유혹이 저를 넘보지 못할 것입니다." 바울이 대답한다. "테클라, 인내를 가지시오. 그러면 물의 세례를 받게 될 것이오."[10]

바울과 테클라는 안티오크로 간다. 그곳에서 "안티오크족 1세대의 한 사람"인 알렉산더가 테클라를 보자마자 그녀에게 정염을 품는다. 그가 바울에게 돈을 주고 그녀를 사려고 하자, 바울은 이렇게 말한다. "당신이 말하는 여자를 나는 모릅니다. 그녀는 나의 것도 아니오."[11] 그리하여 알렉산더는 길거리에서 테클라를 '껴안으려' 하지만, 그녀는 저항하며 그의 망토를 찢고 그가 계급의 표시로 쓰고 있는 화관을 땅바닥에 내동댕이친다. 이 무례한 행위 때문에 테클라는 다시 한 번 총독 앞에 서게 되고, 이번에는 알렉산더가 후원하고 있는 검투사들 시합에서 맹수들에게 잡아먹히는 벌이 선고된다. 구경하던 여자들은 이 '사악한 판결'에 대해 항의한다. 총독은 "순결을 지키게 해달라는" 테클라의 요청을 받아들여 처형식을 하는 날까지, 딸을 잃은 부유한 과부 트리파에나가 보호하도록 한다.

이튿날 테클라는 발가벗겨져 검투사처럼 띠만 두른 차림으로 경기장에 내던져진다. 그러는 사이에 군중들은 그녀를 지지 혹은 비난하

며 함성을 지른다. 맹수들이 풀려나오고 사나운 암사자는 테클라를
보호하며 곰을 죽인 다음, 수사자와 싸우다가 죽는다. 테클라를 편들
던 여자들은 암사자가 죽자 통곡한다. 더 많은 맹수들이 풀려나오고,
마지막 순간임을 예감한 테클라는 탐욕스러운 바다표범들이 그녀를
집어삼키려고 기다리고 있는 물웅덩이로 뛰어들어 스스로 세례한다.
번개가 내리쳐 맹수들을 죽이고 불구름이 테클라의 벗은 몸을 옷처
럼 감싼다. 마침내 알렉산더는 벌거벗은 테클라의 두 발을 묶어 자신
의 '무시무시한 황소' 두 마리 앞에 놓는다. 그런 다음 황소들의 생식
기를 불로 지져 미쳐 날뛰게 한다. 그러나 테클라는 사지가 찢겨나가
는 대신 눈 깜짝할 사이에 불길이 밧줄을 태우는 틈을 타 다시 한 번
화를 면한다.

바로 이 시각, 트리파에나는 혼절하고 그녀가 죽었다고 생각한 군
중은 놀라서 들고일어났다. 왜냐하면 그녀는 카이사르의 친척뻘이
되는지라 카이사르가 그 도시에 보복할 것을 두려워했기 때문이다.
알렉산더의 요청으로 총독은 테클라를 풀어주었고, 그녀는 주님의
구원능력에 관해 짤막한 설교를 한다. 총독이 그녀에게 갖다주라고
한 옷을 받아들며 그녀는 말한다. "내가 맹수들 무리 속에서 벌거벗
겨져 있었을 때 나에게 옷을 입혀주신 분께서 심판의 날 나에게 구원
의 옷을 입혀주실 것입니다." 도시는 여인들의 외침으로 메아리친다.
"테클라를 구원하신 이가 신이도다!"[12]

트리파에나는 "그녀의 하녀들 거의 모두"와 함께 기독교인이 된다.
그녀는 테클라에게 재산을 물려주어 가난한 이들에게 나누어주게 한
다. 트리파에나 식솔들에게 가르침을 준 지 8일이 지나자, 테클라는
자기 망토를 "남자들 사이에서 유행하는" 외투로 고쳐 짓는다.[13] 한

무리의 젊은이와 처녀들과 함께 도시 미라에 있는 바울을 찾아나선
다. 바울은 "그녀와 그녀를 동행한 무리를 보고 깜짝 놀라며 또 다른
유혹이 그녀에게 닥친 것이 아닌지 곰곰이 생각했다." 그녀는 자신의
세례 이야기를 하며 그를 안심시킨다. "복음으로 당신에게 역사하신
분이 또한 나의 세례를 역사하셨으니까요."[14] 테클라의 이야기를 듣
고 많은 사람들이 개종한다. 테클라가 이코니움으로 돌아갈 의사를
밝히자 바울이 대답한다. "가서 하느님의 복음을 전하시오!"

　이코니움에 도착한 테클라는 예전에 바울이 설교했던 오네시포루
스의 집에 가서 감옥과 불과 맹수로부터 구해 주신 하느님께 감사기
도를 올린다. 타미리스는 죽었지만 테오클레이아는 아직 살아 있었
다. 테클라는 어머니에게 딸의 목숨을 구해 주고 (트리파에나의 헌금
을 통해) 일용할 양식을 주시는 하느님을 믿으라고 설득한다. 테오클
레이아의 반응은 기록되어 있지 않다. 테클라의 이야기는 이렇게 끝
난다. "그리고 이 일을 증거한 후에 그녀는 셀레우키아로 갔다. 하느
님의 말씀을 많은 사람에게 일깨운 후에 그녀는 고귀한 잠에 들었
다."[15]

남성성 획득

　확실히 고대 후기의 독자와 청중들이 그랬던 것처럼 테클라 행전
을, 나약함은 여성의 타고난 특성이고 강함은 남성의 특징이라는 가
설을 가지고 접근한다면, 테클라 자신은 자연의 법칙에서 예외적 존
재로 우뚝 선다. 테클라 행전에 나타나듯이, 바울의 설교를 듣고 하느
님 말씀에 영감을 얻어 신성한 힘을 얻게 된 테클라는 갑자기 도덕

적·육체적 힘을 획득하여 약혼자에게 저항하고 집을 도망쳐 나와 남성 공격자를 물리치고 공공연히 자행되는 갖은 고문을 견디어낸다. 다시 말해 그녀는 '남자의' 용기와 힘을 보여준다. 그리하여 그녀는 완전히 바뀌어 외모조차 새로운 '남성' 정체성에 어울리는 모습이 된다.

이러한 바람직한 특성인 남성성을 획득한 테클라는 몇 가지 해석의 여지를 남긴다. 우선 이는 초기기독교, 특히 바울 서간에 잘 나타나 있는 '역전' 모티프의 일례로 볼 수 있다. 즉 나중 된 자 먼저 되고 희생자가 승리자가 된다는 것이다. 이 궁극적인 전형이 십자가에 매달린 그리스도의 '승리'이다.

순교 이야기는 이 주제를 생생하게 극화시킨다. 오직 하느님에게서만 나올 수 있는 비범한 불굴의 정신을 보여줌으로써, 순교자는 적대자의 도덕률을 뒤집어엎고 영생의 "왕관을 획득한다." 여성 영웅과 순교자들은 가장 약하고 가장 초라한 사람에게까지도 힘을 부여하는 기독교 신의 능력에 관해 특히 극적인 사례를 보여준다.[16] 여성 순교자의 남다른 강인함은 종종 남성적 은유로 표현된다.

예를 들어 비교적 역사적인 2세기의 순교사에서 여자노예인 블란디나는 혹독한 고문을 견디어내어 마침내 순교자의 왕관을 얻는다. 그녀의 행적을 인정하는 연대기 작가는 이렇게 쓰고 있다. "그녀는 비록 작고 연약하고 비천하였지만 자기 형제들에게 영감을 불어넣어 줄 수 있었다. 그녀는 위대한 무적의 투사 그리스도를 몸에 걸치고 있었기 때문이다."[17]

카르타고의 순교자 페르페투아는 자신에게 닥칠 시련을 예감하는 꿈속에서 사나운 이집트인과 씨름할 태세를 갖추는 자기 모습을 본

다. "나는 남자가 되었다." 그녀는 이렇게 쓰고 그를 쓰러뜨리러 나아
갔다.[18]

테클라는 용기와 믿음과 불굴의 정신력에 대한 시험에서 합격하여
비로소 '남자'가 되었다. 그녀의 경우 상황의 역전 ─ 내면적인 나약
함에서 강함으로, 필멸의 상태에서 구원으로 ─ 은 그 자체가 젠더의
완벽한 역전을 증명해 준다. 남성성은 그녀의 성스러운 불멸의 상태
를 표상하는 왕관이다.

그러나 테클라는 남성적 외모 이상의 것을 획득한다. 그녀는 남자
역할을 수행한다. 그녀는 스스로에게 세례를 베풀고, 바울의 축복을
받으며 많은 사람에게 설교하여 그들을 개종시킨다. 테클라 행전에
서는 현실세계에서와 마찬가지로 남성성은 힘뿐만 아니라 권위도 부
여한다. 테클라 행전을 '평등주의적' 시각에서 읽으면, 여성이 교회의
권위 있는 자리에 오를 권리를 부여받고 심지어 남성의 권위와 대등
한 권위를 행사할 수 있음을 알게 된다. 테클라는 동일하게 권력에
접근할 수 있는, 남성사도의 권리와 특권을 요구한다. 그녀는 바울에
게 이렇게 설명한다. "…복음으로 당신에게 역사했던 그분이 내가 세
례받도록 역사하셨지요."[19]

일부 테클라의 지지자들이 그녀의 이야기를 이런 식으로 해석했다
는 사실은, 이를 반박하고자 애쓴 테르툴리아누스의 글에 잘 나타난
다. 그는 다음과 같이 경고한다.

바울의 이름을 사칭한 글을 읽는 사람들이 테클라의 예를 들어 여자
들에게도 설교하고 세례를 줄 권리가 있다고 주장한다면, 다음 사실을
알아야 한다. 마치 자신이 바울의 명성에 뭔가 덧붙일 수 있는 양 이

글을 쓴 [소]아시아의 장로는 바울에 대한 사랑에서 그렇게 했다는 자백을 하고 유죄판결을 받은 후 직위에서 쫓겨났다.[20]

테르툴리아누스가 말하는 '아시아의 장로'는 여성의 권위 신장에 힘쓴 유일한 인물은 분명 아니었다. 특히 동양의 많은 기독교단체들은 여성이 지도자 지위에 오르는 것을 관용하거나 격려하였다. 몬타누스주의 운동과 퀸틸리아누스의 운동은 이 점에서 두각을 나타냈다.[21]

데니스 맥도널드라는 학자는, 바울 행전과 테클라 행전, 목회서신(디모데 전서, 후서 및 디도서)은 동일한 시기와 지역에서 씌어졌으면서도 바울 교리의 다양하고 상충하는 계보를 보여준다고 주장한다.[22] 테클라 행전은 갈라디아서 3장 28절에 나오는 바울의 말을 평등주의적 시각에서 해석한다. "유태인도 그리스인도 … 노예도 자유인도 … 남자도 여자도 없습니다. 당신들은 예수 그리스도 안에서 모두 하나이기 때문입니다." 맥도널드에 의하면 목회서신은 특히 바울 행전에 나타나는 이런 점을 논박하기 위해 씌어졌다고 한다. 목회서신은 여성들을 권위 있는 지위에 접근하지 못하도록 하며 여자들에게 순종하고 수수하고 '점잖은' 차림을 하고 결혼과 출산을 통해 구원을 얻으라고 충고한다.[23] 약간의 저항은 있었지만(있지만), 내내 보수적인 시각이 지배적이었다.

테클라의 변모를 좀더 급진적 시각에서 보면 여성의 자율성 문제에 초점이 맞추어진다. 여자로서 여행을 다니다 보니 테클라는 음탕한 나그네들의 공격대상이 된다. 남자차림을 하고 비로소 그녀는 자유롭고 안전하게 다닐 수 있게 된다. 남성성은 육체적·도덕적 힘이나 교회의 권위 이상의 것을 부여한다. "남자가 됨으로써" 테클라는 위험을 피할 수 있을 뿐 아니라 결혼과 출산이라는 전통적인 여자의 의무에서 해방된다. 그리하여 그녀는 남성의 지배로부터 자유를 획득한다.[24]

테클라의 자율성은 성교의 거부 결과로 온다. 독신으로 살 수 있는 여자들 혹은 공동체가 지원하는 '과부들'에게는 자신의 몸을 통제하여 세상에서 자신의 위치를 선택할 기회가 부여된다. 이는 현대뿐 아니라 고대의 작가들도 주목한 사실이다.[25] 남장을 함으로써 테클라는 성(性)으로부터의 자유와 그것이 여성들에게 가했던 모든 사회적 · 정치적 질곡으로부터의 해방을 공공연히 선언한다.

적어도 안티오크 사건에서 테클라는 인간이건 동물이건 특히 공공연히 혹은 은밀하게 성적인 공격을 가하는 남성을 격퇴함으로써 자신의 순결을 지킨다. 테클라의 이야기에서 당시 여자들이 남자들에게 깊은 적의나 혹은 일부 현대의 독자들이 거기에서 발견하는 가부장적 사회에 대한 저항을 가졌거나 드러낼 수 있었는지는 알 길이 없다. 테클라 행전이 씌어진 시대와 뒤이은 여러 세기 동안 독신여성들과 남성 교회권위자들 사이에는 마찰이 있었다.[26] 남성에 대한 그들의 태도가 어떠했든, 2세기 말 들어와서 늘어나기 시작했던 수많은 '과부들'의 공동체와 가정에서, 전통적인 여성의 섹슈얼리티를 거부하고 남성의 권리와 특권을 쟁취한 여성, 테클라가 중요한 모델로서 감화를 주는 역할을 했음은 의심할 여지가 없다.

양성적 존재가 되는 것

웨인 믹스(W. Meeks)는 이렇게 쓰고 있다. "…대립물 그리고 특히 대립적인 두 성의 통일은 초기기독교 신앙에서 구원의 가장 중요한 상징으로 기능하였다."[27] 세례식에서는 통일에 관한 언어가 두드러지게 나타난다. 사도 바울이 "유태인도 그리스인도 … 노예도 자유인도 … 남자도 여자도 없습니다. 당신들은 예수 그리스도 안에서 모두 하나이기 때문입니다"라고 선포할 때, 그는 바울 이전의 세례공식에서 인용한다.[28] 세례식은 새로운 기독교인들에게 제의상의 양성상태를 부여하였다.

세례식의 맥락 속에서 양성성은 다양하게 해석될 수밖에 없다. 어쩌면 이것은 인류의 원래 상태인 "원초적이고 미분화된" 실체로 되돌아감을,[29] 모든 기독교인이 그리스도의 신비스러운 몸으로 결합됨을[30] 혹은 최초의 인간 아담이 지녔던 성스러운 이미지의 회복을 말하는지도 모른다.[31]

테클라 행전의 극적인 구성은 기독교 세례식의 단계들을 보여준다. 테클라는 입문식을 거쳐 자신의 세속적 정체성을 버리고 벌거벗음, 물에 잠김, 다시 옷입음/재생의 과정을 포함하는 공개적인 장면에 참여하여 그리스도 안에서 새로운 정체성을 띠고 나타난다. 새로 태어난 테클라에게는 "남자도 여자도 없다."

1세기의 기독교인 헤르마스가 그의 유명한 하나의 환영(幻影)에서 금욕(Enkrateia)의 현신을 만났을 때, 그녀는 남자 같은 차림을 하고 그 앞에 나타났다.[32] 금욕적인 기독교 모임에서 양성적 여성 복장전환자의 모습은 순결의 이미지였다. 이러한 맥락에서 양성자는 섹슈얼리티를 절대적으로 부정하고 지우는 것을 의미한다. 남성과 여성은 더 이상 분리된 반대의 성이 아니다. 따라서 욕망의 '위험한 불꽃'은 그들 사이를 뛰어넘을 수 없다.[33]

이른바 '금욕적' 교회에서 세례는 성적 절제의 삶을 수반했던 것 같다.[34] (반드시 독신을 의미하는 것은 아니다. 외경에는 절제된 결혼생활을 하는 부부의 예가 많이 나온다.) 테클라가 바울에게 다음과 같이 세례를 청하는 이면에는 이러한 기대가 숨어 있다. "저에게 세례를 주세요. 그러면 유혹이 저를 넘보지 못할 것입니다."

테클라의 이야기는 성욕을 물리치는 예를 보여주는 알레고리로 읽힐 수 있다. 남자는 성적 교섭에서 능동적인 상대자라고 간주하는 고대의 전통적인 시각에서 볼 때, 순결의 적은 남성젠더가 된다. 역전이라는 주제의 한 변형에서 '희생자', 즉 욕망의 습격의 제물이 되는(그리하여 수동적/여성적인) 인간은 공격자를 물리친다. 그래서 알레고리의 관점에서, 불멸의 남자 혹은 여자는 그리스도와 더불어 성욕의 악마를 물리치고 양성성/무성성을 획득할 수 있다.

금욕이 왜 구원의 의미와 표시가 될까? 그 해답은 금욕적인 묵시록의 시각과 관계가 있다. 동양의 금욕적 교회공동체에서 전통적으로 '불멸성' 획득의 최선책으로 간주되었던 성교와 출산은, 이 시대의 사악한 통치자들이 불운한 인간들을 숙명적으로 장악하는 바로 그 수단으로 인식되기에 이르렀다. 죽음에의 승리와 새 예루살렘의 도래는 인간역사라는 불가항력의 종식을 전제로 했다. 여기서 요구된 것은 '자궁의 배척', 고대세계에서 사회적·정치적 생활의 토대인 결혼과 가족 제도에 대한 급진적인 거부였다.[35] 금욕은 옛 시대를 마감하고 새 시대를 여는 해결책이었다.

바울이 테클라에게 전하는 교훈은 명확하다. 그는 '금욕과 부활'을 설교한다. 그를 비난하는 사람들은 이렇게 주장한다. "그는 '당신들이 순결을 지키고 몸을 더럽히지 않는 방법 외에는 부활의 길이 없습니다 …'라고 말함으로써 젊은이들에게서는 아내를, 처녀들에게서는 남편을 빼앗는다."[36] 그 말에 따라 테클라가 약혼자를 거부하자 그녀에 대한 박해는 시작된다. 현 상태를 옹호하는 사람들이 있기 때문이다.

소수의 기독교인들이 그랬던 것보다 더 많은 사람들이 묵시록의 교훈을 마음에 새기고 있다. 기독교인, 이교도인 할 것 없이 사람들이 퍼부었던 엄청난 비난은, 이들이 사회와 가정에 대한 의무를 거부하고 또 도시와 국가를 은연중에 경멸했던 것과 결코 무관하지 않다. 테클라처럼 많은 사람들이 '그리스도 안에서' 생물학적 혈연을 배제한 가정을 이루었다. 어떤 이들은 재산도 소유하지 않은 순회설교자가 되었다.[37]

양성자로 간주되었을지라도 테클라의 승리는 "남자와 여자를 차별하고 서열화하는 세상질서의 안정성에 대한 강력한 상징"을 훼손하는 것이다.[38] 가장 넓은 의미에서 이것은 세속사회의 붕괴를 의미한다.

여성성을 말살하는 것

고대세계에서는 성욕과 성욕해결이라는 문제와 관련하여 다른 견해도 존재했다. 피터 브라운(P. Brown)은 이렇게 쓰고 있다. "남자들이 성욕에 대해 생각할 때, 그들은 여자들이 끊임없이 자신들을 유혹하여 위험에 빠뜨린다고 생각하는 경향이 있었다."[39]

테클라가 알렉산더에게 그러하듯, 아름다운 여자는 남자를 이성을 잃고 통제불능의 성욕에 빠지게 하는 힘을 갖고 있다. 여성의 아름다움은 유혹의 원인이며 따라서 아름다운 여자는 유혹의 현신이다. 젊은 처녀는 특히 가장 유혹적인 존재다. 기독교인 존 크리소스텀은 4세기에 이렇게 썼다. "어떤 남자가 과부를 아내로 맞이한다 해도 그녀를 처녀로서 취했던 것은 아니다. 왜냐하면 그의 욕정은 과부보다 처녀와 함께할 때 더 격렬하게 타오르기 때문이다. 이 점, 모든 남자에게 적용되는 사실이라고 생각한다."[40]

이러한 매력을 지녔다는 것은 여자의 '나약함'의 주요한 구성부분이 되며 또 사도행전의 외경 곳곳에서 이것은 처벌의 근거 및 수치심과 회개의 원천이 된다. (바울 행전의 전거일 수 있는[41]) 베드로 행전에는 베드로의 처녀 딸 이야기가 나온다. 나이 열 살의 이 소녀는 그 아름다움 때문에 "남자들에게 매우 위험한 존재"가 된다. 그녀가 마비상태에 빠지자 베드로는 주께 감사한다. 하느님이 행사하시는 기적을 증명하기 위해 베드로는 그녀를 잠깐 회복시켰다가 다시 마비상태로 되돌려놓는다. 또 다른 이야기에서 베드로는 죽은 처녀를 마지못해 살려놓는다. 그리고 지나가던 사람이 이 처녀를 '유혹할' 때, 그녀는 죽는 편이 낫다는 교훈을 끌어낸다.[42]

요한 행전에는 드루시아나에 관한 놀랄 만한 이야기가 나온다. 드루시아나는 갖은 고생 끝에 남편과 금욕적 결혼생활을 하는 데 성공했지만, 결국 다른 남자의 정열을 불러일으키게 된다. 그리하여 그녀는 스스로 "무지한 영혼을 상처 입히는 죄의 부분적인 원인"이 됨을 느끼고, 기도하여 죽음을 맞이한다. 하지만 불행하게도 그녀의 죽은 몸은 계속 구애자를 흥분시켜 마침내 그는 시신을 범하고자 한다. 일

순 엄청나게 큰 뱀이 나타나 그를 죽인다. 사도 요한과 상처한 남편이 드루시아나의 무덤에 다시 와서 호색한을 살려내고 그의 더러운 계획이 성공했는지 묻는다. 드루시아나가 아직 순결하다는 사실을 확인하고서야 그녀를 소생시킨다.[43]

테클라 행전을 비롯하여 외경은 성적 매력과 성적 폭력의 이미지를 활용하여 자신들이 거부하는 성을 표현하는 데 성공했다. 한 작가는 고대 유대교와 기독교, 이교의 대중문학에 관해 총체적으로 서술하면서 다음과 같이 지적하고 있다. "민간에서 전승되어 오는 이야기나 동화에서는 때때로 성욕과 강간충동을 솔직하게 받아들인다. 부르주아 대중문학은 '죗값을 치르지 않는다'라는 테제로 적절하게 요약되는 일정한 전제를 가지고 이러한 소재를 받아들인다. 범법자가 응분의 벌을 받는 한 섹스와 폭력은 얼마든지 묘사될 수 있다. 섹스가 부정되는 문화권에서는 고문과 강간이 그 배출구로 인정된다. 고문과 강간은 섹스가 나쁘다는 인식을 강화시켜 주기 때문이다."[44]

섹스의 거부는 **여자들**에 대한 고문과 강간을 불러일으킨다는 사고는, 고대의 남성작가들에게서와 마찬가지로 앞의 이 작가에게도 자명한 듯하다. 요한 행전에서는 한 청년이 어떤 여자에게 욕정을 느끼고 거의 미칠 지경이 되어 자신의 성기를 자른다. 그러자 사도는 그를 꾸짖는다. "남자에게 해로운 것은 성기가 아니라, 모든 수치스러운 감정이 꿈틀거리며 솟아나오는 보이지 않는 샘이니라."[45]

죄에 대한 순결의 승리를 증명해 주기에 적합한 대상은 다름아니라 죄와 순결의 상징으로서의 여성의 신체이다. 순교 이야기가 전형적으로 순교자의 신체에 초점이 맞춰져 있을지라도, 성고문이나 발가벗기움에 대한 수치심과 굴욕감이 중요한 부분을 구성하는 이야기에서 남자들에 관한 이야기는 거의 찾아볼 수 없다.[46] 2세기 때의 주교 폴리카르포스가 경기장의 화형대에 오르기 전에 옷을 벗는 장면에 이르러, 저자는 이 노인이 몸을 굽혀 샌들을 벗는 세세한 모습에 초점을 맞추어 묘사하면서 이렇게 쓴다. "그는 지금까지 한 번도 이렇게 할 필요가 없었다. 모든 기독교인들이 항상 그의 육체를 먼저 만지려고 안달하였기 때문이다."[47] 이렇듯 저자는 제유법을 사용하여 벌거벗음을 표현하며, 이로써 이 벌거벗음은 그 어떤 경우에도 수치스럽게 받아들여지지 않는다.

이와 대조적으로 테클라처럼 처녀인 순교자 포타미아에나가 재판관 앞에 나왔을 때, 그는 "그녀의 온몸에다 잔인한 고문을 가하고 검투사들에게 넘겨 그녀를 강간하게 하겠노라고 협박하였다." 그녀의 육체 위로 부글부글 끓어오르는 역청이 서서히 부어지고 그녀는 죽는다.[48] 처녀 순교자 이렌느는 한 공창(公娼)에서 벌거벗은 채 서서 판결을 받고 장작불 속에 내던져진다.[49] 페르페투아와 펠리시타스가 카르타고 경기장에 끌려나오자, "연약한 어린 소녀와 출산한 지 얼마 안 되어 가슴에서 젖이 줄줄 흘러내리는 아녀자를 보고 군중은 공포에 휩싸였다."[50] 두 여자의 정숙함에 관한 이 텍스트의 관심은 여성의 고통과 굴욕이라는 매혹적인 속성을 확인시킬 따름이다.

이 이야기들 가운데 금욕을 주제로 삼은 것은 하나도 없다. 줄거리가 순결의 방어, 즉 섹스 자체에 관한 것으로 흐를 때 여성 순교자의 시련은 흔히 명백하게 성적인 불구로 구성된다.[51]

테클라 행전 후 몇 세기가 지나면 시리아의 순교자 페브로니아의 생생한 실례가 나온다. 수녀원에서 자라 남자에게 눈길 한 번 준 적 없는 페브로니아는 그럼에도 불구하고 남다른 미모 때문에 별도의 속죄를 할 것을 요구받는다. 기독교인에 대한 박해가 시작되었을 때, 수녀원에는 페브로니아와 늙은 수녀 두 명만 남게 된다. 자신들도 머지않아 병사들에게 체포될 것을 알고 있었던 늙은 수녀들은 페브로니아가 병사들의 '유혹'에 굴복할 것을 생각하며 몹시 괴로워한다. 그들은 그녀에게 순결의 소중함을 명심하라고 훈계한다. 한 이교도 귀족이 페브로니아를 개종시켜 자기 아내로 삼기 위해 그녀를 체포하자, 수녀들은 행여 그녀가 저항하지 못할까 봐 두려워한다. 페브로니아에 대한 고문은 그녀의 성적 정체성에 집중된다. 그녀의 얼굴은 문드러지고 이가 뽑혀나가고 엉덩이와 넓적다리에는 무자비한 매질이 가해진다. 한 번에 하나씩 그녀의 젖가슴은 도려내어지고, 그럴 때마다 그녀는 잘려나간 한쪽 가슴을 손에 들고 도시를 돌아다녀야 했다. 하지만 모습이 일그러지고 여성의 신체 일부를 잃는 고통을 겪을수록 그녀의 강인함과 수녀들의 믿음은 커져만 간다. 페브로니아가 여자의 모습을 모두 상실하자, 그녀는 성녀로서 완성된다. 이 이야기의 흥미로운 점은, 다름아니라 테클라의 이름을 불러일으키고 경기장에서 "바울의 모습을 한 그리스도"를 본 그녀의 환영을 상기시킨다는 사실이다.[52]

테클라 행전에 나오는 여성혐오의 사례는 "남자들에 대한 적개심"을 묘사하기 위해 사용되는 몇 가지 동일한 증거를 근거로 하고 있다. 먼저 사도 바울의 기이한 행동이다. 그는 테클라가 어려움에 처할 때마다 사라지고, 그녀에게 세례주기를 거부하며, 그녀가 '유혹'에 굴복할 것을 두려워한다. 혹자들이 주장하듯이, 이는 남성인물에 대한 고의적인 부정적 표현일 수도 있고, 또 다른 사고 ― '아름다운' 여성은 화를 자초하며 그 스스로 기독교 영웅임을 증명하기 전까지는 결코 믿어서는 안 된다는 사고——를 표현한 것일 수도 있다.

자신의 믿음성을 증명한, 테클라의 안티오크에서의 시련은 본질적으로 명백하게 성적인 것이다. 그녀의 시련은 알렉산더가 그녀를 강간하려는 데서 시작된다. 혹은 알렉산더의 성적인 공격을 성공적으로 막아내는 데서부터 시작된다고 할 수 있다. 경기장에서 테클라는 옷을 벗기우는데, 그녀가 물웅덩이에서 스스로 세례할 때 불구름이 그녀의 벗은 몸을 가린다는 상세한 묘사로 이 발가벗기움은 수치스러운 것으로 인정된다. 그녀를 위협하는 맹수들은 수컷으로 성적 암시를 주고 있다. 그녀에게 닥친 마지막 고문은 성적 기관의 절단을 생생하게 표현한다. 생식기가 불에 그슬려 미쳐 날뛰는, 알렉산더의 '무서운 황소' 두 마리는 벌거벗은 처녀의 두 다리를 찢어놓을 뻔하였다. 테클라는 노년까지 생존한다. 그러나 여자로서 산 것은 아니다. 순회설교자로서의 직업을 택하기 전에 그녀는 "자신의 망토를 외투로 고치고" 도발적이지 않은 유순한 남자의 모습을 취한다.

브록(S. Brock)과 하베이(S. Harvey)는, 개종 후에 수도사의 옷을 입고 극단적인 고립과 금욕 생활을 하여 남자인 것처럼 보이게 했던 매춘부 펠라기우스의 저 유명한 이야기를 인용하면서 여성 복장전환이라는 주제를 여성성의 '말살'로 표현한다.[53]

테클라의 이야기에서 핵심은 그녀가 자신에게 가해지는 모든 위협을 물리치고 살아남음으로써 승리한다는 사실이다. 그녀는 공격자들을 혼내준다. 그녀는 상처를 입지 않는다. 그러나 저자는 아무리 성처녀라도 여자로 남아 있는 한 갖게 되는 "끊임없는 유혹의 힘"에 마음이 편치 못한 듯하다. 테클라는 오직 일련의 시험을 통과한 후에, 세례와 상징적 강간을 경험하고 남성의 정체성을 취함으로써 자신의 아름다움이 지닌 폭발적 위험성이 제거된 후에 비로소 바울의 축복을 받는다. 테클라의 변모는 여성의 거세로 해석할 수 있다. 여성혐오의 논리에 따르면 '금욕과 부활'을 획득하기 위해서는 여성성의 말살이 선행되어야 한다.

독신여성과 페미니스트들의 해석이기 때문에, 어느 정도의 기독교인 남성(혹은 여성)들이 테클라 행전을 이와 같은 식으로 읽는지는 알 길이 없다. 다만 유사한 서적이나 관련서적에 여성혐오의 예가 풍부하게 나오는 것으로 보아 성녀조차 남성 쪽의 뿌리깊은 양면 가치의 대상이었다는 것을 짐작할 수 있다.

맺음말

고대 후기의 다양한 기독교 공동체에서 일부 남성과 여성들은 테클라의 선택을 따라 영적 가족을 구성하고 천상의 배우자와 함께 살았다. 독신여성의 공동체 또한 분명히 존재했다. 그러나 전형적인 금욕여성은 테클라가 아니라 트리파에나를 닮았다. 과부인 트리파에나는 상당한 재산과 공동체 내에서 영향력 있는 가문의 가장이었다.[54] 또 동양의 제국을 비롯하여 여러 지역에 금욕적 결혼생활을 하는 사람들이 있었다. 이들은 많은 사람들로부터 존경을 받았으나 때로는 무신론자들의 비난의 대상이 되기도 했다.[55] 물론 자유로운 독신남성들이 점점 늘어났을 뿐 아니라 남성사도들의 후계자인 '교부'들도 있었다. 하지만 다른 이들의 영웅적인 순결 지키기에 존경을 표하는 성적인 존재, 소명의식이 덜한 남자와 여자들이 훨씬 더 많았다.

확실히 테클라 행전은 많은 독자를 갖고 있었으며 남장을 하는 테클라의 행동에 부여된 의미도 단일하지는 않았다. 남성과 여성 독자나 청중들이 테클라의 변모에 대해 각기 다른 해석을 내렸을(혹은 계속 그럴) 것이라 해도 놀랄 일은 아니다. 여기서 얼마나 다른가 혹은 얼마나 같은가 하는 문제가 제기된다. 남성/여성이라는 단순한 이분법을 넘어서서 바라보면, 테클라의 젠더가 적어도 부분적으로는 성에 대한 태도, 다시 말해 성적 욕망과 그것을 물리치는 수단과 결과에 대한 태도에 좌우되었다는 것을 청중들이 어떻게 이해했는가를 인식할 수 있다.

주

1) Egeria, *Diary of a Pilgrimage*, Ancient Christian Writers, New York: Newman Press, 1970, vol. 38, ch. 23, p. 87.

2) W. Schneemelcher, "Introduction to the Acts of Paul," E. Hennecke, *New Testament Apocrypha* vol. II(NTA II), Schneemelcher, ed., Philadelphia: Westminster Press, 1965, p. 351.

3) *De baptismo* 17, NTA II, p. 323.

4) Methodius, *Symposium*; Ambrose, *De virginibus*; Jerome, *De viris illustribus*; Gregory of Nyssa, *Life of Macrina*.

5) V. Burrus, *Chastity as Autonomy*, Lewiston NY: E. Mellen Press, 1987; S. Davies, *The Revolt of the Widows*, Carbondale, Ill,: Southern Illinois University Press, 1980; D. R. MacDonald, *The Legend and the Apostle*, Philadelphia: Westminster Press, 1983 참조.

6) Acts of Paul and Thecla, in Hennecke, Schneemelcher, ed., *New Testament Apocrypha* vol. II, ch. 5, p. 354.

7) 같은 책, ch. 9, p. 355.

8) 같은 책, ch. 20, p. 358.

9) 같은 책, ch. 21, p. 358.

10) 같은 책, ch. 25, pp. 359~60.

11) 같은 책, ch. 26, p. 360.

12) 같은 책, ch. 38, p. 363.

13) 같은 책, ch. 40, p. 364.

14) 같은 곳.

15) 같은 책, ch. 43, p. 364.

16) 데이비스는 크산티페 행전에서 기분 상한 악마가 다음과 같이 외치는 탁월한 예를 인용하고 있다. "이 파괴자[그리스도]로부터 여자들마저 우리를 격퇴할 수 있는 힘을 받았도다"(*Widows*, 68).

17) Martyrs of Lyons, in H. Mustrillo trans., *The Acts of the Christian Martyrs*, Oxford: Clarendon Press, 1972, p. 75.

18) Martyrdom of Perpetua, Musurillo trans., 앞의 책, p. 118.

19) Acts of Paul and Thecla, ch. 40, p. 364.

20) *De baptismo* 17, NTA II, p. 323.

21) MacDonald, 앞의 책, pp. 37~39.

22) 같은 책, 특히 ch. 4.

23) 1 Timothy 2:9~15, 5:11~14; Titus 2:3~5.

24) Burrus, 앞의 책; Davies, 앞의 책; MacDonald, 앞의 책; J. A. McNamara, "Sexual Equality and the Cult of Virginity in Early Christian Thought," *Feminist Studies* vol. 3/no. 3-4, 1976/Spring-Summer, pp. 145~58; R. R. Ruether, "Mothers of the Church," Ruether and E. McLaughlin, eds., *Women of Spirit*, New York: Simon & Schuster, 1979; "Misogynism and Virginal Feminism," Ruether, ed., *Religion and Sexism*, New York: Simon & Schuster, 1974 참조.

25) 맥도널드는 창세기에 나오는 여자에 대한 하느님의 심한 벌에 대해 크리소스텀식으로 말한다. "… '너는 남편을 지배하려고 하겠지만, 남편이 너를 지배할 것이다'라는 텍스트는 남편이 없는 여자들에게는 무력하다. '여자는 고통 중에 아이를 낳게 될 것이다'라는 구절은 처녀로 사는 여자들에게는 적용되지 않는다. 아이를 낳지 않는 여자는 끔찍한 진통의 선고 밖에 위치해 있기 때문이다"(*Legend*, p. 53).

26) 1 Timothy 5:3~16. The Council of Gangra, 346년에는 독신 여성들이 남장하지 못하도록 금한다(R. L. Fox, *Pagans and Christians*, New York: Harper & Row, 1986, p. 372 참조).

27) W. Meeks, "The Image of the Androgyne," *History of Religions* vol. 13/no. 3, 1974/Feb., pp. 165~66.

28) D. R. MacDonald, *There is No Male and Female*, Philadelphia: Fortress Press, 1987, pp. 5~14; Meeks, 앞의 글, pp. 180~81.

29) P. R. L. Brown, *The Body and Society*, New York: Columbia University Press, 1988, pp. 49~50.

30) MacDonald, *Male and Female*, p. 128.

31) 골로새서 3:9~10은 성스러운 이미지에 관련한 격언을 사용하지만, 남성/여성의 짝은 생략한다(Meeks, 앞의 글, pp. 189~95 참조).

32) 같은 글, p. 196.

33) Brown, 앞의 책, p. 100; McNamara, 앞의 글, p. 154.

34) Brown, 앞의 책, pp. 92~93, 96.

35) 같은 책, p. 99.

36) Acts of Paul and Thecla, ch. 12, p. 356.

37) MacDonald, *Legend*, pp. 46~49.

38) Meeks, 앞의 글, p. 180.

39) Brown, 앞의 책, p. 85.

40) J. Chrysostom, "On Not Marrying Again," E. Clark, ed., *Women in the Early Church*, Wilmington: M. Glazier, 1983, p. 155.

41) Schneemelcher, NTA II, p. 345.

42) Acts of Peter, NTA II, pp. 276~77; p. 279.

43) Acts of John, NTA II, pp. 247~51.

44) R. I. Pervo, *Profit With Delight*, Philadelphia: Fortress Press, 1987, p. 49.

45) Acts of John, NTA II, p. 241. 분명 이러한 관습은 계속되었다. 니케아 공의회 (325년)는 스스로 거세한 남자들을 성직에서 추방하였다(Fox, 앞의 책, p. 355).

46) M. Miles, *Carnal Knowing*, Boston: Beacon Press, 1989, p. 57 참조.

47) Martyrdom of Polycarp, in Musurillo, *Christian Martyrs*, p. 13.

48) Martyrdom of Potamiaena and Basilides, *Christian Martyrs*, p. 133.

49) Martyrdom of Agape, Irene, Chione, *Christian Martyrs*, p. 291.

50) Martyrdom of Perpetua and Felicitas, *Christian Martyrs*, p. 129.

51) 여성 나체의 종교적 재현에 대한 연구에서 마가렛 마일즈는 다음과 같이 말한다. "기독교 순교가 서구에서 실제로 중단된 지 천여 년이 지난 후에도, 야코부스 드 보라긴의 『황금빛 전설』 같은 책이나 수많은 시각적 이미지들이 여성의 신체 부위에 대한 대중적 관심에 부응하였다. 『황금빛 전설』 같은 경건한 책도 여성 순교자에 대해 생생하게 묘사한다. 이러한 책에는 종종 여성 순교자들이 당한 고문, 신체절단, 처형장면의 그림이 곁들여져 있다. … 포르노그라피가 세속화된 것은

근대가 되고 나서도 상당히 시간이 흐른 후이다"(*Carnal Knowing*, p. 156).

52) S. P. Brock and S. A. Harvey, *Holy Women of the Syrian Orient*, Berkeley: University of California Press, 1987, pp. 152~76. 시리아 순교자들에 대해 부록과 하비는 이렇게 말한다. "여성 순교자들에 부과된 일부 고문의 특별히 성적인 특징은 남자들이 고문자였다는 사실을 반영한다. 그러나 이러한 사건을 불필요하게 자세히 묘사하는 방식은 이런 사건을 기록하는 사람도 남자라는 사실을 상기시켜 준다"(같은 책, p. 25).

53) 같은 책, p. 25.

54) Brown, 앞의 책, p. 150.

55) H. Waddell, *The Desert Fathers*, Ann Arbor: University of Michigan Press, 1957, p. 49.

J. L. 웰치는 시애틀에서 자유기고가로 활동하고 있다. National Book상의 수상에 오른 *Religious America*(1974)의 공동저자이기도 하다.

순교자, 고행자, 신비주의자
초기기독교의 젠더교차

카렌 조 토르제센(Karen Jo Torjesen)

초기기독교 사회의 젠더교차는 1세기부터 5세기까지의 로마·그리스 사회 젠더관계와 젠더화된 기대치의 형태에 의해 결정되었다. 이 두 사회는 무사나 정치가-시민으로서의 귀족의 역할을 남성성의 원형으로 삼았는데, 이 두 영역 어디에서나 명예추구는 남성성의 필수조건이었다. 남자들이 모이는 공공장소——운동경기장, 집회, 법정, 아고라(광장)뿐 아니라 전쟁터——에서, 남자들은 명예를 놓고 경쟁을 벌여 이를 잃기도 하고 얻기도 했다.

명예의 추구는 일종의 경기와 마찬가지였다. '대중'이 보는 가운데 벌어지는 동등한 사람들간의 모든 사회적 상호작용은 명예의 시합이라고 할 수 있었는데, 만찬초대라든가 선물, 정략결혼 등이 그것이다. 명예의 심판관은 대중의 의견이었다. 그리스인들의 코러스처럼 '대중'은 명예로운 행위를 심판하는 익명의 청중이었다. 대중은 명예에 대한 주장을 견주어보고 집단적인 판단을 내렸다. 징병의무, 공개재

판, 논쟁참여, 선행, 공직수행, 집회참석을 통해 명예는 제의화된 인식을 보장받았다.[1]

명예는 공적이면서 남성적이었다. 공격적으로 명예를 추구하고 명예를 위해 기꺼이 경쟁하고 불명예에 대해서 복수하는 것은 남성적 특성으로 정의되었다.[2] 남성성의 개념이 처음에는 전쟁과 관련되어서 발전하였기 때문에 용기와 충성 같은 군사적 덕목과 영광에 대한 추구는 남성성의 특징이 되었다.[3] 남성적 인성(人性)으로 인식되었던 공격성이라든가 명예를 잃으면 기꺼이 복수하는 태도는, "높은 강도의 공격성이 요구되는 개인적 결투에 즉각 임하려는 태도"와 상호 연관성을 가졌다.[4] 남성적 인성 ─ 공격성, 지배력, 앞서고자 하는 욕망, 자신의 명성을 지키려는 태도 ─ 을 정의하는 이러한 특성들은 당연히 명예경쟁에서 성공하는 데 필수적인 특징이 되었다.

공적 생활에서 명예의 추구를 지배하는 규칙은 공직 종사자가 공무를 수행할 때 필요한 일련의 덕목으로 기호화되었다. 그리스인에게는 용기, 정의감, 자기절제가 이 덕목이었고 로마인에게는 여기에다 신중함이 첨가되었다.[5]

고대 작가들은 이 덕목들을 보편적인 덕으로 취급했지만, 공적 생활이라는 남성적 영역에 속하는 실천이라는 점에서 이것들은 젠더화된 남성의 덕이었다. 로마인들의 도덕적 우수성에 대한 담론은 남성적이었고, 시장·자선가·후원자를 칭송하는 덕은 남성적 성취를 의미하는 공민적 덕이었다. 여성의 성취를 일컫는 말이 없었기 때문에, 그리스·로마의 영향력 있는 부인들이 정치적 권위를 행사했을 때 이들에게는 용기와 자기절제 같은 '남자의' 덕목을 갖추었다는 찬사나 남성적 정신의 소유자라는 칭송이 쏟아졌다.

여성성과 수치심

그리스·로마의 지식인들은 여성성의 사회적 구성과정에 별로 관심을 기울이지 않았다. 다만 말로 표현되는 한, 여성성은 남성성과 대치되는 지점에 있었다. 공적 남성 반대편에 가정적 여성이 있었다. 여성의 활동과 영역은 사적인 것으로 분류되어 남성이 주도하는 공적 공간과 정치활동에서 분리되어 있었다. 여성적 덕목인 순결·침묵·복종은 남성적 덕목인 용기·정의감·자기절제와 대비되었다.[6] 여자는 아내와 어머니라는 성적 역할로 규정되었기 때문에, 여성성의 최고 덕목은 순결이었으며 이는 여성의 명예의 기초를 이루었다.

여성의 명예는 곧 순결이라고 알려져 있었지만, 사실 순결은 더욱 수준이 높아지거나 진보할 수 있는 명예가 아니었다. 순결은 방어해야 하는 수동적 형태의 명예였다. 여자는 늘 자신의 순결에 대한 명성을 잃을 위험에 처해 있었다. 그리하여 여성의 명예추구는 성적 평판을 지키는 데 중점이 주어졌다. 한 여성의 성적 충실함은 판단하기 어려운 문제였기 때문에(성관계는 비밀로 유지될 수 있으므로), 여성이 사적으로 순결을 지키고 있다는 것을 공적으로 표시할 수 있는, 사회적으로 규정된 방식이 있었다. 공적인 자리에서 소박한 옷차림과 수수한 치장을 하고 화장을 하지 않고 말을 적게 하는 것이 그것이었다. 소녀들은 여성의 순결과 여성다운 명예를 지키고자 하는 자질, 즉 신중함·수줍음·인내심·소심함 같은 '여성적' 인성을 획득하도록 사회화되었다.[7]

수치심을 지닌 여자는 여성의 명예를 소유하였다. 수치를 모르는 여자는 자신의 평판에 무관심하였고 따라서 명예를 잃었다. 여성의 수치심의 문화적 토대를 이루는 것은 여성의 억압된 성과 남편에 대한 종속성의 근거인, 여성 스스로 자신이 열등하다고 인식하는 것이었다. 용기라는 덕목은 남녀 모두에게 장려되었지만, 남자는 명령으로써 여자는 복종으로써 이를 표현하였다.[8] 정숙한 여자는 남편에게 순종하고 남편을 즐겁게 해줌으로써 명성을 얻었다. 침묵의 덕목 역시 여성이 남편에게 순종하는 척도가 되었지만, 여기서 더 중요한 것은 이 침묵의 덕목은 여성을 정치영역에 참여할 수 없게 하는 사회적 가치라는 사실이다. 정치에서 연설은 중요한 권력도구이자 권위의 전달수단이자 지배의 수단이었기 때문이다. 순결, 수동성, 종속성이라는 여성성의 특질은 여성이 가정이라는 세계 안에 머물러 있을 때만 유지될 수 있었다.

여성의 순교와 젠더교차

순결, 침묵, 복종 같은 수동적인 여성의 덕목은 명예를 공격적으로 추구하는 영웅적 이상과 배치되었다. 로마의 작가들이나 기독교 작가들의 딜레마는 영웅적 업적을 이룬 여성들을 어떻게 칭송할 것인가 하는 문제였다. 여성들의 이야기가 보존되어 온 유일한 형식은 순교자와 고행자의 전기 형식이었는데, 이러한 전기는 이들에게 경의를 표하고, 신앙을 위해 고통을 감수하고 은둔하는 이상을 찬양하기 위해 씌어졌다.

성녀 페르페투아와 그녀의 노예 펠리시타스의 순교는 드물게 여성에 의해 씌어졌다.[9] 귀족가문 출신의 처녀 비비아 페르페투아는 자신의 재판과정과 감옥생활을 일기로 남겼으며, 여기에다 한 목격자가 쓴 그녀의 죽음에 관한 묘사가 덧붙여졌다. 그녀의 일기를 필사한 사람들이 볼 때, 이 일기의 종교적 가치는 순교자들이 막 들어가려고 하는 미래의 세상을 비춰주는 창문인 그녀의 환영(幻影)에 있었다. 예정된 처형이 이루어지기 직전, 페르페투아는 군중의 오락용으로 맹수들에게 내던져지게 될 경기장에서 자신의 임박한 죽음을 해석하는 환영을 영접하였다. 그녀의 환영에서, 경기가 시작되자 그녀는 옷을 발가벗기우고 자신의 몸이 남자로 변했으며 그녀를 보좌해 주는 사람들이 자기 몸에다 올리브 기름을 발라주었다. 그녀는 검투사가 되었던 것이다.

그녀가 상대할 '사악한 생김새의 이집트인'은 그녀와 싸우기 위해 나왔고, 두 사람은 손을 맞붙잡고 격렬하게 싸웠다. 그녀는 그 이집트인이 힘이 빠질 때까지 얼굴을 때리고는 이어 팔로 머리를 감아 짓눌렀다. 마침내 그가 쓰러지자, 그녀는 그의 머리에 발을 얹었고 군중은 환호하였다. 그녀가 승리한 것이다. 훈련대장이 그녀에게 승리의 초록가지를 수여하였고, 그녀는 "생명의 문을 향해 승리에 찬 걸음을 내디뎠다." 페르페투아의 환영은 여기까지다.

하지만 목격자의 기록은 이와 다른 이야기를 들려주고 있다. 페르페투아와 펠리시타스가 여사제 옷을 입기를 거부했기 때문에, 이들은 옷을 벗기우고 그물에 꽁꽁 묶여 사나운 암소 두 마리에 매달려 (희생자의 젠더와 동물의 젠더의 심술궂은 짝짓기) 경기장 한가운데로 질질 끌려나갔다. 벌거벗은 여성의 몸은 나약함의 강력한 상징이었기 때문에, 피에 굶주린 군중조차 "한 여자가 약한 소녀인 것을 보고 공포를 느꼈다." 그리고 나서 두 여자에게는 튜닉이 입혀졌다. 내동댕이쳐지고 짓밟혀 상처를 입었지만 페르페투아는 아직 살아 있었다. 군중의 욕정은 충분히 채워졌다. 페르페투아는 사형집행인의 칼에 찔려 자신의 신앙을 위해 죽었다.

페르페투아의 젠더교차가 지니는 중요성은 검투사가 된 그녀의 환영이 맹수에게 내던져지는 것의 의미와 상반된다는 점에 있다. 두 사건 모두 군중을 위한 구경거리로 제공되지만, 페르페투아 몸의 젠더는 사건의 의미를 매우 다르게 구성한다. 실제 경기장에서 페르페투아와 펠리시타스는 정말 무력한 모습이었으며, 그물에 묶여 맹수의 희생물이 되었다. 그러나 검투사가 된 페르페투아는 도전을 받아들여 시합에 나가 승리를 위해 싸웠다. 그녀는 상대와 대등하게 대적하였고, 용기와 힘과 기술로 상대를 제압할 수 있었다. 경기장의 벌거벗은 여자몸은 능동적이고 강력한 주인공이 아니라 단지 수동적인 희생자를 나타낼 뿐이지만, 페르페투아의 환영에 나타난 벌거벗은 검투사의 남자몸은 용기와 권력과 힘의 문화적 상징이다.

여성의 열등함을 가시화해 주는 여성의 수치심이라는 문화적 가치는 여자의 신체 그 자체에 새겨져 있었다. 이와 달리 남자의 신체는 명예와 위엄의 표상이었으며 남성성의 시각적 재현이었다. 여성신체라는 불명예는 페르페투아가 사나운 암소에게 내던져질 때 정점에 달했다. 소는 그녀의 몸을 짓밟았고, 그녀가 입고 있던 튜닉은 갈가리 찢어졌고 머리는 엉망으로 헝클어졌다. 헝클어진 머리와 알몸, 이 두 가지는 여성신체에 대한 수치심의 강력한 상징이었다. 여성의 명예는 몸을 가리고 단정하게 할 때만이 보존될 수 있었기 때문이다. 현실의 페르페투아는 수치를 당하지만, 검투사 페르페투아는 승리함으로써 명예를 얻는다. 군중의 환호가 이를 확인시켜 준다. 남자의 몸을 하였을 때 그녀는 승리의 가지를 받고 생명의 문을 향해 당당히 나아

갔다. 여자의 몸을 하고 있는 그녀는 맹수에게 내던져진 후 한낱 구경거리가 되어 집행관의 칼 앞으로 끌려가서 죽는다.[10]

페르페투아는 자신을 남자 검투사로 봄으로써, 경기장에서 최후를 맞으며 겪게 될 육체적 고초에 필요한 육체적 용기와 힘을 받아들인다. 이러한 남성적 형상을 불러일으키는 것은 바로 순교자들의 육체적 경험, 즉 심문받을 때의 잔인한 고문, 구경거리가 되어 죽을 때의 육체적 고통이다.[11]

벌거벗은 여성의 몸 자체는 나약함과 수치심을 의미하는 구경거리이자, 성적 의미가 부여된 남성 시선의 대상이다. 경기장의 페르페투아는 이중으로 구경거리가 된다. 우선 치욕을 당한 여성의 몸으로서, 그 다음에는 맹수에게 짓밟히고 병사에게 처형당하는 굴욕적인 죄수로서 말이다.

그러나 그녀가 본 환영 속의 젠더교차는 처형의 의미를 역전시킬 수 있게 해준다. 그녀는 희생자가 아니라 투사다. 즉 그녀는 수치가 아닌 명예를 얻으며, 처형되는 것이 아니라 오히려 승리를 거둔다. 이러한 의미들을 순교자로서의 경험 속에 새겨넣기 위해서는 그녀에게 남자의 몸이 필요하다.[12] 여성 순교자들은 종종 자신들의 벌거벗은 몸을 재해석하여, 사회가 자신들의 몸에 각인시키려는 수치를 거부하고 몸 자체를 자신들의 영적 힘의 가시적 상징으로 이용한다.[13] 이 점은 여성 고행자들의 경우도 동일하다.

여성 고행자의 젠더교차

콘스탄티누스 황제가 개종하기(313년) 전까지만 해도, 순교자의 영웅적 행동은 고행자의 영웅적 행동을 압도하였다. 그러나 박해가 끝나자 기독교인들은 고행자의 삶에 나타나는 용기와 정의감, 자기절제의 영웅적 덕목을 찬양했다. 고행자는 세상으로부터 물러나 기독교인의 완전함을 추구하기 위해 재산과 집안에 대한 책임과 가족을 포기하였다. 단식, 철야기도, 성적 금욕, 욕망억제 등 이들이 몸소 실천하는 고행은 전기작가들에 의해 영웅적 업적으로 칭송되었다. 여성의 열등함과 남성에 대한 여성의 종속은 재생산을 위한 성행위와 직접적으로 연결되었기 때문에, 여성이 신체와 성행위를 포기하고 금욕적 생활을 받아들인다는 것은 여성성을 초월하는 것 같았다.[14] 몸과 열정의 절제라는 영웅적 이상은 오랫동안 무사의 모습으로 구현되었기 때문에, 단식과 철야와 빈곤을 이기는 육체적 힘을 소유한 여성은 남성적 힘을 증명하는 것으로 찬양되었다.

남성 성인전(聖人傳) 작가들은 테클라를 여성 순교자와 여성 고행자를 이어주는 가교역할을 하는 인물로 활용했다. 왜냐하면 테클라의 이야기에서 순교자의 영웅적 행위는 금욕주의를 대표하는 것으로 해석되고 있기 때문이다.[15] 이런 방식으로 순교라는 남성적 영웅성은 여성 금욕주의의 틀을 짜는 데 이용될 수 있었다. 테클라의 이야기는 바로 앞 장에서 이미 상세하게 묘사되었다.

그러나 몇 가지 점이 반복과 발전의 여지를 남기고 있다.[16] 그중에서 특히 흥미로운 것은 알렉산더의 법정에서 테클라가 사형선고를 받는다는 사실이다. 그녀는 곧바로 발가벗겨진 채 경기장으로 내던져져 맹수들의 먹이가 되는 선고를 받는다. 그러나 테클라는 오히려 사나운 암사자의 보호를 받는다. 암사자는 용감하게 싸워 다른 맹수들을 죽인다. 그리하여 표면상 기적이라는 방식을 통해 구조된 테클라는 자유의 몸이 되어 다시 순회설교자의 길을 떠나는데, 이번에는 남자외투를 입고 젊은 남녀들이 그녀의 뒤를 따른다. (성) 바울을 만났을 때, 그는 그녀에게 설교자의 소명을 부여하고 이렇게 말하며 세례를 베푼다. "가서 복음을 전하시오."

테클라가 남자모습으로 머리를 자른다거나 남자외투를 입는 것 등은 서사적 전개과정을 거치지는 않지만, 각각의 사건이 보다 긴 정체성 변화의 과정으로 귀결된다. 이 과정은 테클라가 타미리스와의 약혼을 깸으로써 아내라는 사회적 정체성을 거부하는 것으로 시작하지만, 그녀가 국가에 의해 뒷받침되고 있는 어머니의 권위에 대항하여 충실한 딸로서의 역할을 거부할 때 그 정점에 이른다. 이렇듯 자기주장에 대한 확고한 행위는 동시에 복종과 순종이라는 여성적 덕목을 거부하는 행위다. 가족이라는 사회적 정체성을 거부하는 행위는 그녀의 젠더교차에서 가장 급진적인 단계다. 이 순간부터 그녀는 부자에서 가난뱅이로, 상속녀에서 상속권 박탈자로 변하여 그녀에게는 가족도 가정도 심지어 도시조차도 없어지기 때문이다.

그녀의 새로운 사회적 정체성은 무엇인가? 순회 철학자 혹은 설교자의 정체성이다. 이야기는 의미심장한 상세한 서사로써 이 새로운 정체성을 발전시켜 나간다. 새로운 가르침에 대한 그녀의 열정은 사흘 동안 미동조차 하지 않고 음식도 전혀 입에 대지 않고 '순결의 가르침'에 사로잡혀 창가에 붙박여 앉아 있는 모습으로 강조된다. 이 이야기의 표현대로 하면, 그녀는 순결의 가르침을 '깊이 사랑하게' 된다. 스승 바울에 대한 그녀의 헌신은 그를 비밀리에 방문하는 대목에서 두드러진다. 그녀는 여성 장신구들을 대가로 지불하고 바울을 만나는데, 자신의 낡은 정체성을 포기함으로써 그녀는 이런 장신구들과

148

결별하게 된다. 감옥에서 그녀는 가르침을 받는 사도의 자세로 바울의 발 아래 앉는다. 마침내 그녀는 그의 동료가 되어 그와 함께 설교와 가르침의 길에 오른다. 그녀는 어머니의 삶을 자기 삶의 모델로 삼기를 거부하고, 사도이자 복음전파자이자 스승인 바울의 삶 쪽을 택했다. 서사구조에서 이러한 정체성 변화는 너무 급진적이어서 바울 스스로는 그녀를 인정할 마음의 준비가 미처 되어 있지 않아 그녀에게 세례주기를 거절한다.

경기장의 잔혹성과 수치심, 죽음의 고통을 강조하는 순교장면에 대한 갖가지 상세한 표현은 그녀의 강인함과 용기와 두려움 모르는 대담함을 극대화시킨다. 이러한 '남성적' 덕목은 그녀의 정체성 변화가 완성되었음을 증명한다. 그녀는 이제 연약하고 나약한 수동적 여자가 아니다. 용기가 남성성을 상징하듯이, 선택의 자유 또한 그러했다. 사실 가족에 대한 그녀의 저항은 자기결단력을 가진 남성적 행위이다. 그녀는 아내와 어머니라는 사회생물학적 필요성에 의해 부과된 정체성을 거부하고, 고의적인 행위를 통해 새로운 정체성으로 진입했다.[17] 그녀의 순교에서 기적의 요소는 그녀의 새로운 정체성을 신이 인정한다는 증거가 되며, 물론 다음 사건전개를 위해 그녀를 구하는 역할도 한다.

바울의 여행동무이자 제자로 안티오크에 도착했을 때, 테클라는 이미 새로운 정체성을 띠고 있었다. 그러나 순회설교자로서 그녀의 정체성은 곧바로 알렉산더에 의해 시험당한다. 알렉산더는 테클라를 순회설교자가 아니라 창녀로 생각한다. 이 대목에서 그녀는 자신의 섹슈얼리티로 환원될 위험에 처한다. 그녀의 새로운 젠더는 가장 초보적인 단계에 있기 때문이다. 이 에피소드에서 그녀는 새로운 정체성을 위해 문자 그대로 투쟁해야 하는데, 알렉산더와 거의 맞붙다시 피 해서 싸운다. 그녀는 알렉산더의 명예를 실추시킴으로써 자신의 순결과 여자로서의 명예를 지킨다. 그녀가 지키려는 순결은 전형적 으로 여성적이지만, 그녀가 그것을 지키는 방식은 과감하게 남성적 이다. 그녀는 총독 앞에서 기독교의 순결의 가르침을 지키는 사람이 라고 자신의 새로운 정체성을 주장한다. 총독은 그녀를 감옥에 가두 는 대신 왕족 트리파에나에게 맡김으로써 공적으로 그녀의 정체성을 인정하는 최초의 사람이 된다. 다시 한 번 그녀의 순교는 그녀의 (남 성적) 용기와 힘과 명예심을 드러내고, 맨 처음 이코니움에서 그랬던 것과 마찬가지로 안티오크에서도 이 새로운 정체성을 결정한다. 안 티오크를 떠나는 그녀는 이제 더 이상 바울의 제자가 아니라, 자신이 앞으로 기독교 순결을 가르쳐 개종시킬 젊은 남자와 여자들을 거느 린 당당한 스승이 된다. 이야기 마지막 부분에서 그녀 역시 사도이자 복음전파자이자 스승이 되었다. 그녀가 남자외투를 입는 행위는 이 러한 변모가 완성되었음을 알리는 것이다.[18]

　테클라 같은 여성은 일찍이 그리스 철학학파에서도 등장하였다. 디오게네스 라에르티우스는 철학자가 되기로 선택한 히파르키아(기 원전 300)의 젠더교차에 대해 묘사하고 있다. 이 히파르키아의 이야기 는 테클라의 이야기와 몇 가지 유사점을 가지고 있는데, 라에르티우 스는 이렇게 전한다. "그녀는 크라테스의 말과 생활을 깊이 사랑하게 되었고 구혼자들에게는 조금도 관심을 보이지 않았다." 히파르키아 의 부모는 딸의 이런 새로운 열정을 포기하게 하려고 애쓰다가 실패 하자, 크라테스에게 도움을 청했다. 크라테스는 자기 옆에 있는 철학 자의 외투를 들고 벌거벗은 그녀 앞에 나체로 서서 이렇게 말했다고 한다. "이것은 당신의 신랑이 될 것이고, 이것들은 당신의 소유가 될 것이오." 철학을 선택한다는 것은, 젊은 여자들이 그에 적합한 구혼자를 받아들임으로 해서 얻고자 했던 그 모든 것, 재산과 부와 안락함에 반하는 선택을 의미했다. 테클라 이야기에서와 마찬가지로, 라에르티우스의 이야기에서 철학자의 소명을 선택하는 것은 남성 정체성을 취하는 것을 의미했다. 테클라는 공개적으로 남자외투를 입고 남성의 공간을 여행했다. 라에르티우스의 히파르키아 이야기도 비슷한 플롯으로 이어진다. "그리하여 철학자의 외투를 선택하여 받아들인 처녀는 공공연히 자신의 남편과 함께 돌아다녔으며 그와 함께 살았다."[19]

이 여성 철학자의 젠더교차가 도전받지 않은 것은 아니었다. 실천하는 철학자로서 히파르키아는 심포지엄들에 참석하였는데, 이 심포지엄은 개인의 집에 음식과 술을 차려놓고 남자들끼리 하는 모임이었으며 이 모임에 참석하는 여자는 일반적으로 노예와 고급창부들뿐이었다.[20] 논쟁을 하다가 히파르키아가 한 동료를 이기자, 그 사람은 그녀를 여자로 되돌아가게 하여 자신의 명예를 되찾고자 그녀의 옷을 찢어버렸다. 여자이지만 이미 여성성을 초월해 있었던 히파르키아는 다음과 같이 행동했다고 라에르티우스는 만족스러운 어조로 전한다. "그러나 히파르키아는 여자의 자연스러운 반응인 놀람이나 당혹감을 조금도 보이지 않았다." 성적 서비스를 하러 그곳에 와 있던 창부와 노예들의 몸처럼 그녀의 몸을 드러냄으로써 그녀에게 수치심을 느끼게 할 수는 없었다. 그녀는 이미 감정을 '남성답게' 다스리는 법을 터득하였고, 그녀의 몸은 남성의 시선에 의해 성적 대상으로 변할 수 없었다.

다시 상대는 그녀의 여성성을 부각시킴으로써 그녀의 주장을 잠재우려고 하였다. "이 사람이 씨줄과 날줄과 빗과 베틀을 떠난 여자인가?" 여자는 가사를 주관하는 사회적 정체성을 갖게 되어 있었고, 가정주부는 늘 베틀 앞에 앉아 있는 것으로 그려졌다. 히파르키아는 남자와 여자 모두 지혜의 추구자가 될 수 있다는 플라톤학파의 전제에 호소하며 대응했다. "나는 베틀 앞에서 시간을 낭비하기보다 그 시간을 교육에 써서는 안 된단 말인가?" 가정영역에서 하는 여자의 일은 공적 영역에서의 남자의 활동보다 가치 없는 것으로 평가되었기 때문에, 히파르키아의 상대는 그녀의 질문에 '된다'고 대답하지 않을 수 없었다.

여성 철학자들은 철학자의 외투를 입고 여자의 가사노동을 저버리고 학문이라는 남성적 활동을 선택하고 감정을 남성적으로 통제함으로써 자신들의 젠더경계를 넘어갔다. 젠더경계를 넘어감으로써 고행자 여성은 약혼녀, 아내, 어머니, 첩 혹은 창녀라는 여성의 사회적·성적 정체성을 교사, 철학자, 순례자, 은자(隱者)라는 남성의 사회적 정체성과 바꾸었다.

남자의 외투와 튜닉을 입는 것은 종종 문자 그대로 여성의 성적 정체성으로부터의 도망을 의미했다. 기독교인 고행자 마트루나는 자신에 대한 가족의 통제를 벗어나 은자가 되기 위해 남자로 가장하고 탈출하였다.[21] 펠라기아는 자신을 개종시킨 주교가 잠든 사이에 그 주교의 외투와 튜닉을 훔쳐 입고 부유한 귀족의 첩생활로부터 도망쳤다.[22] 황제의 딸 아폴리나리아 역시 남자의 외투를 입고 속세를 떠났다.[23] 남성 정체성을 취하여 남자 수도원에 들어간 여성 고행자는 자신을 환관이라고 주장할 수 있었다. 종교적 혹은 사회적 이유로 거세당한 환관은 그럼에도 불구하고 남성 정체성을 갖는다. 아나스타시아는 아나스타시우스, 에우게니아는 에우게니우스, 에우프로수네는 에스메랄두스가 되었다. 이름만 젠더 교차한 것이 아니라 여성 고행자는 남성적 특성도 보여주었다. 자기 앞에 있는 수도승이 여자임을 알아채고 주교는 이렇게 말한다. "당신은 남자와 같은 (용감한) 식으로 행동하니까, 에우게니우스라고 불리는 것은 타당하오."[24]

남성 성인전 작가들의 손아귀에서 여성의 몸은 고초를 겪었다. 이들에게는 여성의 섹슈얼리티를 없애는 일 역시 죄에서 성스러움으로 전환하는 것을 의미했기 때문이다. 금욕주의를 택함으로써 이들 여성은 순결을 지키는 생활을 하였다. 이러한 변모의 표시로 이들은 머리를 자르고 남자옷을 입었다. 전기작가들에게는 이 또한 중요한 것이었다. 여성신체(혹은 신체의 여성성)의 아름다움이 금욕적 고행을 통해 지워졌기 때문이다. 단식은 부유한 귀족의 첩 펠라기아의 아름다움을 망가뜨려 그녀가 여자인지조차 알아보지 못할 정도였다.[25] 여성 고행자의 신앙심과 관련되어 있는 눈물의 샘은 데메트리아의 아름다움을 지워버렸고, 싱클레티카는 목욕을 거부함으로써 여성신체의 아름다움을 없앴다.[26] 단식과 비바람으로 초췌해진 이집트 마리아의 벗은 몸을 보고 고귀한 수도승 조시무스는 그녀를 알아보지 못했다.[27] 남성 성인전 작가들에게는 여성의 성적 신체를 무성적인 것으로 만드는 고행의 효과가 영웅적 극기보다 훨씬 더 중요했다.

고행자 여성의 '남성적' 용기와 대담함을 칭송한 남성 찬양자들은 탁월함에 관해 남성적인 용어법밖에 가지고 있지 않았다. 그러나 고행자 여성에게 젠더교차는 남성이 되는 것 이상을 의미했다. 어떤 면에서 젠더를 모두 초월하는 것을 의미했다. 젠더교차에 대한 이런 여성적 시각은 에우게니아를 위한 연설에서 엿볼 수 있다.

인간의 교만한 수사법이 아니라 그리스도의 영광을 위해서 나는 진실을 밝히겠습니다. 그분 이름의 힘은 너무나 위대하여 그 이름을 두려워하는 여자들이 남자의 존엄성을 획득할 정도입니다. 남자도 여자도 자신의 신앙이 더 우월하다고 주장할 수 없습니다. 모든 기독교인의 스승께서 말씀하시기를 주님 안에서 남자와 여자의 구별은 없다고 합니다. 우리 모두는 그리스도 안에서 하나이기 때문이지요. 나는 그분의 가르침을 마음속 깊이 받아들여 그리스도에 대한 믿음에서, 여자가 되고자 하지 않고 흠 없는 순결을 지키기 위하여 꾸준히 남자처럼 행동하였습니다. 나는 겉으로는 남자인 체하면서 여자의 역할을 하고 무의미한 명예의 겉모습만 취한 것이 아닙니다. 나는 용기 있는 행동을 하고 그리스도 안에만 있는 순결을 대담하게 지킴으로써 남자의 역할을 했습니다.[28]

여성을 남자의 존엄성으로 끌어올린 기독교 고행자의 정체성은 여성 본연의 수치심과 열등함을 지워버렸다. 그러나 남성의 존엄성과 사회적 가치로의 이러한 이동은, "그리스도 안에서는 남자도 여자도 없습니다"라는 것, 즉 기독교인 정체성은 젠더를 초월한다는 생각을 그 바탕으로 하고 있다.[29] 여성에 대한 남성의 우월함은 폐지되었다.
에우게니아는 전통적으로 여성의 덕목인 순결을 지킬 때 여성성을 획득한 것도, 남성성에 부여된 명예를 획득한 것도 아니었다. 그녀가 주장하는 남성의 존엄성은 공허한 남성적 명예가 아니다. 그녀는 남자처럼 보이는 여자가 아니라, 대담하게 순결을 지키며 남자처럼 행동하는 여자이다. 남성의 존엄성은 그녀를 여성적 수치심과 열등함에서 해방시켜 준다. 그러나 그녀는 자신의 여성 정체성도 지니는데, 이제 수치심에서 자유로워진 이 여성 정체성은 순결을 대담하고 용기 있게 지키는 그녀의 행동으로 구현된다.

신비주의자

『도마서』(*Gospel of Thomas*), 『빌립보서』(*Gospel of Philip*) 같은 초기기독교 저술에 나오는 죄와 구원의 개념을 표현하는 젠더화된 형상에서, 우리는 우주적 젠더교차라고 부를 수 있는 것을 발견하게 된다. 가장 초기의 기독교 저서에서 구원은 성적 차이를 극복하는 것으로 표현되었다. 베드로는 마리아 막달레나의 사도로서의 권리에 이런 말로 도전한다. "마리아를 가라고 하라. 여자는 생명의 가치가 없는 존재니까." 그러자 예수는 이렇게 대답한다. "보라, 나는 손수 그녀를 이끌어 남자로 만들리라. 그녀는 너희 남자들처럼 살아 있는 영혼이 될 수 있다. 스스로 남자가 되는 여자는 모두 하늘나라 왕국으로 들어가게 될 것이다."[30]

베드로는 사회적 위계질서에서 여성에 대한 남자의 우위를 주장한다. 여자는 지적으로나 도덕적으로 뒤떨어지는 사회적 열등자이므로, 예수의 영적 가르침을 받기에 적절하지 않다는 것이다. 그러나 예수의 대답은 이러한 젠더개념을 인정하는 동시에 반박하고 재구성한다. 예수는, 여자의 여자로서의 사회적 정체성은 영적 정체성에 방해가 되지 않기 때문에 실로 여자는 여자로서 '생명'을 얻을 가치가 있다고 말한다. 사회적 여성성은 우주적 여성성과는 매우 다르다. 사실 남자와 여자 모두 구원의 상태에 이르기까지는 상징적으로 여성이다.

여기서 여성성은 차이가 아직 극복되지 않은 영적 상태인 다중성의 상태를 의미한다.[31] 그래서 통일은 완전함을 상징하며, 다중성과 차이는 존재의 열등한 혹은 불완전한 방식으로 이해된다. 남성이 된다는 것은 차이가 극복되고 통일성이 회복된 영적 상태에 도달하는 것을 의미한다. "너희가 둘을 하나로 만들면, 안을 밖처럼 밖을 안처럼 만들면… 남자와 여자를 하나로 만들어 남자는 남자가 아니요 여자는 여자가 아니게 되면, 그때 너희는 천국에 들어가게 되리라."[32]

『빌립보서』는 성적 차이를 극복하는 은유로서 '남자가 되는 것'보다 오히려 양성체를 사용한다. 여기서 양성체는 남성적·여성적 특징을 초월하는 것이 아니라, 원초적 자아로부터 떨어져 나갔던 부분과의 결합을 통해 원초적인 통일상태를 회복하는 것을 의미한다. "이브가 아담 안에 있을 때, 죽음은 존재하지 않았다. 이브가 아담에게서 떨어져 나갔을 때, 죽음이 존재하게 되었다. 아담이 다시 원래의 모습을 되찾아 완성된다면, 죽음은 더 이상 존재하지 않게 될 것이다."[33] 아담과 이브, 남자와 여자는 모두 원래의 상태를 회복하기 위해 잃어버린 자신의 분신과 재결합해야 한다.

도마의 전통을 따르는 기독교인들은 개인이 신방의식을 통해 원래의 완전한 상태로 돌아가는 것을 찬양하였다.[34] 이러한 젠더화된 상(像)에서 신방은 완전함의 최종 상태, 성적 차이로 타락하기 이전의 원초적 통일상태의 회복을 상징한다. "그리스도는 처음에 생긴 분열을 교정하여 둘을 다시 결합시키고, 분열의 결과 죽은 사람들에게 생명을 주고 그들을 통일시키기 위해 오셨다. 진실로 신방에서 결합된 사람들은 더 이상 분리되지 않을 것이다."[35] 도마 행전에서, 성관계를 포기하고 금욕을 택한 한 부부는 '타락하지 않은 진정한 결혼'을 약속 받는다.[36] 이러한 결혼을 통해 그들은 각자 하늘의 배우자와 결합되어 원래의 양성적 상태를 회복할 것이다. 죽음 자체는 자아로부터의 소외에서 온다. 이는 두 젠더의 원초적 분열로 상징된다.

신비주의 기독교인들은 남성성과 여성성에 대한 관습적인 사회적 의미에 도전하고 남성성과 여성성을 다른 방식으로 급진적으로 이해하는 새로운 경계를 설정하기 위해, 자신들의 신화에서 젠더화된 상을 사용했다. 『빌립보서』는 이를 다음과 같이 설명한다.

> 이 세상에는 남편과 아내의 결합이 있다. 이는 나약함에 의해 보완되는 강함의 경우이다. 영원의 세계에서는 같은 이름으로 칭하지만 결합의 형태가 다르다. 그러나 다른 이름들도 있다. 이 이름들은 어떤 이름보다 우월하며 강한 것보다 강하다. 이는 분리된 것이 아니며, 그 둘이 이 하나이다.[37]

이 세상에서 남편과 아내의 결합은 동등한 존재들의 결합으로 생각되지 않는다. 남성성은 강함으로, 여성성은 약함으로 특징지어진다. 젠더화된 상을 궁극적으로 그 관습적 형태에 부적합한 것으로 만드는 것은 다름아니라 남성과 여성의 위계적 서열이었다. 남성성과 여성성을 칭하는 이러한 다른 방식은 '이 세상에서' 이것들을 부르는 방식보다 우월하다. 일단 남성성과 여성성이 이 우월한 의미로 이해되면, '둘이 이 하나인' 원초적 자아의 성질을 파악할 수 있게 된다. 그럼에도 불구하고 신비주의 작가들도 『도마서』에서 '남자가 되는 것'이라는 표현을 쓴 것과 마찬가지로, 최종 상태에 대한 은유로 '완전한 남자'라는 표현을 계속 썼다.

여기서 남성은 우주적 차원에서 포괄적이라는 것과 사회적으로 젠더화된 남자와 여자는 우주적 남성이 될 수 있음을 전제한다. 인간 전체를 상징하는 말은 여성이 아니라 남성이라는 사실은 물론 남성의 자연적 우월성이라는 문화적 가정을 반영하고 있다. 젠더역할의 사회적 구성이 도전받고 폐지되고 있다 할지라도, 상징적인 질서에서는 동일한 젠더화된 의미가 다시 각인되고 있다.[38]

그리스·로마 사회에서와 마찬가지로, 기독교의 이데올로기적 세계에서도 도덕적 탁월함은 남성적 용어로 묘사되었다. 로마 귀족사회의 사회적 세계에서, 도덕적 탁월함은 공적·정치적 공간에서 성취되어야 한다. 그리하여 도덕적 탁월함의 계발은 주로 남성이 추구하는 것으로 간주되었다. 그러나 초기기독교 사회에서는 모든 기독교인들에게 도덕적 탁월함을 추구할 것이 촉구되었다고 할 수 있다. 왜냐하면 단식과 기도, 성서 읽기, 명상은 공적으로 남성이 지배하고 있는 영역의 경계를 뛰어넘어 실천되었기 때문이다. 남자와 마찬가지로 여자에게도 기독교의 완전성을 추구할 것이 요구되었다. 그럼에도 불구하고 완성된 인간(humanity)을 묘사하는 데 사용되곤 했던 은유는 완전한 남자(vir perfectus)였다.[39] 2세기 알렉산드리아의 영향력 있는 신학자 클레멘트는 이렇게 촉구한다. "우리는 남자답고 완전해지기 위해 서둘러 신비주의자처럼 되어야 한다. … 완전한 사람들은 순결한 영혼에 의해 보다 더 남성적으로 되기 때문이다."[40]

초기기독교 작가들의 대부분이 성적 차별화를 일종의 타락한 상태로 간주했기 때문에, 완전한 남자가 되는 것은 차별화를 모두 초월하는 것을 의미하였다. 남자로 변한 여자와 남자 같은 여자를 묘사하는 은유는 젠더교차를 의미하기보다는 오히려 젠더 자체의 범주를 뛰어넘으려는 의도로 해석된다. 비극은, 이 은유적 담론이 믿을 수 없는 젠더체계 속에 아직도 갇혀 있다는 사실이다. 왜냐하면 젠더의 형상은 완전성을 향한 이러한 진보를 찬양하는 데 꾸준히 사용되고 있기 때문이다. 그리하여 상징적 차원에서, 젠더화된 형상은 세상의 사회적 위계질서, 남성의 지배와 여성의 종속을 강화하는 결과를 낳는다. "대단한 남자야!" 하고 고행자 올림피아를 칭찬하는 것은 그녀가 젠더구분을 초월한 것을 찬양하는 것이지만, 그와 동시에 여성적인 은유는 탁월함이나 완전함에 사용될 수 없다는 사회적 사실을 강조하고 있다.[41]

인간을 총칭하는 것이 남성이기 때문에 구원을 향한 기독교적 과정은 여성의 경우 젠더교차의 형태를 띤다. 육체와 육욕, 섹슈얼리티의 세계에서 구원되기 위해 영적·이성적 존재가 되는 것은 상징적으로 남성이 되는 것이다. 이러한 전통적인 구원의 개념에서 보면 그노시스 학파의 여성 창시자 플루메네의 우주론은 매우 충격적이다. 그녀는 최초의 창조 때 이미 영혼은 젠더화되어 있었다고 단정한다. 우주적 차원에서 젠더의 구분이 존재하기 때문에, 그리스 철학과 초기기독교 신학에서처럼 이성적 영혼이 상징적 질서에서 결코 남성으로 젠더화될 수 없다. 몸에 들어오는 것은 남성영혼과 여성영혼이었기 때문에, 구원의 과정에서 남자와 여자는 자신들의 원초적 젠더 정체성을 회복하게 될 것이다. 오직 플루메네의 사상체계에서만이 여성은 상징적 젠더교차 과정을 겪지 않고 구원될 수 있다.[42]

주

1) D. Cohen, *Law, Sexuality and Society : The Enforcement of Morals in Classical Athens*, Cambridge : Cambridge University Press, 1991, pp. 70~97.

2) 중세시대의 남성의 명예와 여성의 수치심 인식에 대한 인류학적 연구는 D. Gilmore, ed., *Honor and Shame and the Unity of the Mediterranean* (Washington, DC : Special Publication of the American Anthropological Association, no. 221, 1987) 참조.

3) K. Torjesen, *When Women Were Priests : Women's Leadership in the Early Church*, San Francisco : Harper, 1993, pp. 115~18.

4) J. H. Kautsky, *The Politics of Aristocratic Empires*, Chapel Hill : University of North Carolina Press, 1982, pp. 170~77.

5) 공직자 미덕의 목록은 Cicero, *De Officiis* 참조.

6) Torjesen, 앞의 책, pp. 118~21.

7) C. Delaney, "Seeds of Honor, Fields of Shame," Gilmore, ed., 앞의 책, pp. 35~48.

8) Aristotle, *On Politics* 113, 198.

9) *The Acts of the Christian Martyrs*, H. Musurillo trans., Oxford : Clarendon Press, 1972, pp. 108~31.

10) 페르페투아는 자신이 본 환상(vision)을 처형의 날 궁극적으로 맹수가 아니라 악마와 대결해야 함을 예시하는 것으로 해석한다. 그녀는 죽음에 충실함으로써 악마를 이길 것이다.

11) M. A. Tilley, "The Ascetic Body and the (Un)Making of the World of the Martyr," *Journal of the American Academy of Religion* vol. 59/no. 3, 1991/Fall, pp. 467~79.

12) 카스텔리는 페르페투아의 이야기에서 그녀가 여성으로서의 사회적 정체성을 몇 단계를 거쳐 벗으며 발전하는 양상을 지적한다. 그녀는 위험한 기독교 신앙을 버리라는 아버지의 명령을 필사적으로 거부할 때 자신의 젠더 정체성을 버린다. 또한 그녀의 갓난 아들이 엄마의 품에서 떨어져 기적적으로 즉각 젖을 뗐을 때 그녀는 어머니로서의 젠더 정체성을 포기한다. 그녀의 몸이 남자몸으로 변하는 것이 이 과정의 정점이다. E. Castelli, "'I Will Make Mary Male': Pieties of the Body and Gender Transformation of Christian Women in Late Antiquity," J. Epstein and K. Straub, eds., *Body Guards*, New York/London : Routledge, 1992, pp. 35~42.

13) M. Miles, *Carnal Knowing*, Boston: Beacon Press, 1989, pp. 58~62.

14) K. Aspergen, *The Male Woman*, Stockholm, Sweden: Almqvist & Wiksell International, 1990, pp. 139~43.

15) 고행자 올림푸스는 테클라의 발자취를 따라 걸었다(E. Clarke, *Life of Olympius* I, in *Jerome, Chrysostom, and Friends*, p. 127). 고행자 싱클레티카는 테클라의 진정한 사도였다(E. Castelli, "Life and Activity of Syncletica," *Ascetic Behavior in Greco-Roman Antiquity*, V. Wimbush, ed., Minneapolis: Fortress Press, 1990, p. 269).

16) 바울 행전과 테클라 행전에 관해서는 *New Testament Apocrypha*(E. Hennecke, ed., vol. 2, W. Schneemelcher, ed., London: Lutterworth Press, 1965) 참조.

17) Miles, 앞의 책, p. 55.

18) 머리모양과 옷차림은 여성 정체성과 여성 미덕에 매우 중요한 기표였다. 여자는 머리에 베일을 쓰고 순결을 상징하는 순백의 겉옷을 입었다. 이러한 옷차림은 지위와 미덕을 공적으로 가시화하는 문화적 코드였다. 머리를 자르고 남자 겉옷을 입는 것은 이 이야기에서 매우 중요하다. 이것은 개인적 변모를 공적으로 가시화하기 때문이다. 자른 머리와 남자 겉옷은 그녀의 새로운 정체성에 대한 문화적 표시이다.

19) D. Laertius, *Lives of Eminent Philosophers* VI. 플라톤 학파에는 만티네이아의 라스테네이아와 필리우스의 아시오테아 같은 다른 여자들도 있었다(P. Allen, *The Concept of Woman*, Montreal: Eden Press, 1985, pp. 127~63 참조).

20) 그리스어를 사용하는 지중해 지방에서의 젠더분리는 가정의 어머니와 딸들이 연회가 열리는 동안 여자가 머무는 장소에 물러나 있을 것을 요구했다. 히파르키아는 이러한 사회계급에 속했다.

21) *Patrologia Orientalis* vol. 3, Paris, 1900, pp. 289~91.

22) J. Salisbury, *Church Fathers, Independent Virgins*, London: Verso, 1991, pp. 99~103.

23) *Acta Sanctorum* Jan. 1, pp. 257~61.

24) J. Ansom, "The Female Transvestite in Early Monasticism: The Origin and Development of a Motif," *Viator, Medieval and Renaissance Studies* vol. 5, 1974, p. 22.

25) Salisbury, 앞의 책, pp. 99~103.

26) K. J. Torjesen, "In Praise of Noble Women: Gender and Honor in Ascetic Texts," *Semeia* vol. 57, 1992, pp. 41~64.

27) Salisbury, 앞의 책, pp. 68~73.

28) Ansom, 앞의 글, p. 23.

29) 인용된 이 대목은 기독교인이 됨으로써 여성 정체성의 열등함과 종속상태를 벗어
났다고 주장하기 위해 여성들이 종종 이용하는 초기 세례 공식이다.

30) *Gospel of Thomas*, Logion 114, *The Nag Hammadi Library*, J. Robinson, ed.,
San Francisco: Harper, 1978, p. 130.

31) 『이집트인의 복음』에서 여성성은 음욕, 탄생, 죽음, 부패를 지칭한다(Aspegren,
앞의 책, p. 123ff 참조).

32) *Gospel of Thomas* 22, *The Nag Hammadi Library*, p. 121.

33) *Gospel of Philip* II, 3, *The Nag Hammadi Library*, p. 141.

34) 나는 윌러스의 미간행 논문을 보고 구원전통으로서의 양성자 개념에 대해 주목하
게 된 것을 감사한다(D. Wallace, "From Thomas to Thecla: Androygyn as
Salvation in Early Christianity").

35) *Gospel of Philip* II, 3, *The Nag Hammadi Library*, p. 142.

36) *Acts of Thomas* 12~15, *New Testament Apocrypha* vol. 2, W. Schneemelcher,
ed., Louisville, KY: Westminster/John Knox, 1992, pp. 339~441.

37) *Gospel of Philip* II, 3, *The Nag Hammadi Library*, p. 145.

38) K. King, "Ridicule and Rape, Rule and Rebellion: Images of Gender in *The
Hypostasis of the Archons*," *Gnosticism and The Early Christian World*, J.
Goehring, C. Hedrick, J. Sanders, H. Dieter Betz, eds., Sonoma: Polebridge
Press, 1990, pp. 3~24.

39) K. Vogt, "Becoming Male: One Aspect of an Early Christian Anthropology"
Women Invisible in Theology and Church, E. S. Fiorenza, ed., Edinburgh: T. T.
Clark, 1985, pp. 74~75.

40) Clement, *Strommateis* IV. 132, V. 6.

41) 남자가 완전함을 향해 가는 것은 젠더교차로 묘사되지 않는다. 기독교인 남자는
도덕적으로 타락했을 때만 여성적인 것으로 묘사된다. 남자들에게 젠더교차는 사
회적 지위의 상실과 종교적 도덕성 상실을 의미하였다.

42) A. Jensen, *Gottes selbstbewusste Toechter: Frauenemanzipation im fruehen
Christentum*, Freiburg: Herder, 1992, pp. 365~426.

K. J. 토르제센은 캘리포니아 클레어먼트대학원의 '종교 및 여성 연구소' 책임자로 있
으며, 여성학과 초기기독교를 강의하고 있다. 최근 저서로는 *When Women Were
Priests: The Role of Women in the Early Church and the Scandal of Their
Subordination in the Rise of Christianity*(1995)가 있다.

르네상스 문학에서의 바꿔입기와 젠더착오, 성적 금기

윈프리트 슐라이너(Winfried Schleiner)

르네상스 시대에 바꿔입기는 평소의 행동규범이 일시적으로 중단되는 기간(사육제와 크리스마스의 12일) 동안의 축제와 제의행위로 혹은 범죄행위 ——이에 대해서는 법적·종교적·의료적 차원에서 통렬한 비난이 가해졌다 —— 나 연극행위로 나타난다. 연극행위에서의 바꿔입기는 특히 영국에서 성행했는데, 이곳에서는 (가령 고전 그리스 연극무대의) 여자역을 남자배우가 하였기 때문이다. 르네상스 시대의 바꿔입기에 대한 해석의 상상력은 그 핵심이 어디에 있는지 묻는다면, 작가들의 모호한 언어라든가 억제하면서 암시하는 표현 혹은 기존 자료에 대한 침묵 등이 이 대답의 향방을 나타낼 수 있을 것이다. 왜냐하면 성의 영역에서는 금기의 징후가 작동한다는 사실을 작가들은 확신하기 때문이다. 즉 **실제로** 말해지지 않은 것 혹은 저항하거나 어려워하는 척하면서 표현되는 것은 주목을 받게 되는 법이다. 가공의 문학에 나오는 바꿔입기를 고찰하기에 앞서, 이 시대의 산문 몇 편에서 이 주제가 어떻게 다루어졌는지 잠깐 살펴보겠다.

르네상스 시대의 일반적인 서술에서의 바꿔입기

이 주제로 가기 위해, 르네상스 시대에 자주 인용되었던 2세기의 작가 히기누스의 작품에서부터 시작하겠다. 아테네의 한 젊은 여성이 노예와 여자의 의료행위를 금지하는 아테네 법을 피하기 위해 머리를 자르고 남자옷을 입고 병원에 들어간다. 현대어 번역판들이 있지만, 토머스 헤이우드(T. Heywood)의 여성 개요서 『지나이케이온』 (*Gynaikeion*, 1624)에 나오는 다음 구절을 인용하겠다. 그녀가 남자 스승으로부터 의료기술을 배우고 난 대목이다.

그녀는 성실히 공부하여 욕심껏 스승의 기술을 모두 익혔다. 하루는 한 귀부인이 산고(産苦)를 겪고 있다는 말을 듣고 자기가 출산을 돕겠다고 나섰다. (그녀를 남자로 착각한) 정숙한 그 귀부인은 아무리 설득해도 그녀를 가까이 오지 못하게 하였다. 할 수 없이 그녀는 귀부인 앞에서 옷을 벗고 자신이 여자라는 증거를 보여주었다. 이 일이 있은 후 많은 환자들이 그녀를 찾았고 그녀는 병을 치료하여 매우 유명해졌다. 하지만 그녀를 몹시 질시한 동료의사들은 그녀를 최고재판정이나 원로원 같은 모든 고발과 분쟁을 심사하여 판결하는 권한을 지닌 곳에다 고발하였다. 이렇게 해서 아그노디체가 법정에 섰을 때, 그들은 그녀를 아무튼 질병의 치료자라기보다 자신들의 순결을 더럽힌 자라고 비난하면서 그녀의 젊음과 무모함을 고발하였다. 그리고 부인들이 오직 방탕하고 무절제한 젊은이와 놀아날 목적으로 병이 난 척한다고 비

164

난하였다. 그들의 고발이 어찌나 거세었던지 재판관들은 그녀에게 유죄를 선고할 만반의 준비가 되어 있었다. 재판관들 앞에서 그녀가 앞가슴을 헤치고 자신이 여자라는 명백한 증거를 들이대었을 때, 의사들은 더욱 화가 나서 그녀를 더욱더 중죄로 다스려야 한다는 쪽으로 몰아붙였다. 여자인 주제에 법에서 이 성(여성—옮긴이)에게 허용하지 않는, 지식추구의 길로 감히 들어섰다는 것이다. 또다시 그녀에게 불리한 상황이 되어버리자, 아테네의 귀부인들이 원로원 앞에 모여 원로들을 향해 만약 그녀를 처벌한다면 그들은 남편이 아니라 원수라고 분명히 말하였다. 귀부인들이 보기에, 자신들의 건강과 안전을 지켜주기 위해 몹시 애쓴 그녀를 처벌한다는 것은 천부당만부당한 일이었다. 이 귀부인들의 영향력은 매우 막강했다. 그후 이런 상황들이 정상 참작되어 제1법령은 완전히 폐지되고 여자도 남자의 감독 없이 필요한 공직에 종사할 수 있는 자유가 인정되었을 정도이다. 그리하여 아테네는 아그노디체라는 여성 덕분에 산파를 자유롭게 허용하는 그리스 최초의 도시가 되었다.[1]

이 이야기는 여러 차원에서 분석할 가치가 있다. 역사적 차원과 신화적 차원에서는 캠벨 보너(C. Bonner)가 어느 정도 언급하였는데, 보너는 고대에는 산파가 없었다는 의견은 터무니없다고 주장하면서 '지혜로운 여성들'이 사소한 질병은 무난히 치료했다고 확신했다. 따라서 그는 이 이야기를, 예를 들어 성녀 에우게니아의 기독교 전설에 나오는 바꿔입기와 "마귀를 쫓는 몸짓으로서의 노출" 같은 요소들을 담고 있는,[2] 대중들 속에서 유래한 소설로 보고 있다.

흥미있는 또 다른 차원이면서 내가 좀더 깊은 관심을 기울이는 차원 하나는 르네상스 시대에 하그노디체(Hagnodice) 이야기가 받았던 명성이다. 왜냐하면 기롤라모 바르디(G. Bardi, 1600~67)가 유명한 여자의사의 명단에 하그노디체를 포함시킨 것으로 보아 이 이야기는 매우 잘 알려져 있었을 뿐 아니라 당연히 사실로 받아들여졌던 것 같다.[3] 헤이우드는 남성 동료의사들의 시샘과 악의를 강조하면서 아테네 여성들의 계급적 혹은 자매애적 행동이 성공한 데 대해 두드러지게 만족감을 나타낸다. 보너가 영어판에 근거해서 이 이야기의 핵심을 이루는 마귀 쫓는 주제를 생각했는지는 의문인데, 헤이우드는 비록 하그노디체가 튜니크를 두 번 들어올리지는 않지만 자신의 성을 훨씬 더 점잖게 밝히는 것으로 묘사하고 있기 때문이다.[4] 이렇다 할지라도 우리의 맥락에서 볼 때, 헤이우드가 이 이야기의 핵심뿐 아니라 세세한 성적 묘사(아테네 귀부인들의 '정숙함'과 질투심에 찬 의사들의 근거 없는 주장)에 대해 아무런 언급이 없는 것은 그 기저에 이성애가 깔려 있기 때문이다. 아마 헤이우드가, 의사들이 여자가 여자들을 치료했다는 사실을 알고 나서 "그 사실을 더욱 무서운 죄로 몰았다"고 표현할 때 무언가 다른 언급도 있었겠지만 그에게는 이것이 기껏해야(혹은 최악의 경우) 변명, 따라서 근거 없는 반응인 듯하므로 이 문제를 거론하지는 않겠다. 우리의 주제범주와 관련된 참고자료에서 이 '무언가 다른 언급', 즉 다른 종류의 공포증을 찾기란 어렵지 않다.

의학교수 자크 뒤발(J. Duval)의 『양성자들』(*Des hermaphrodites*, Rouen, 1612)은, 의사가 피고인 마리 르 마르시스를 감옥과 수치스러운 죽음에서 구해 내는 과정을 담고 있다. 여기서 의사는 피고인이 사실은 **마랭**이라는 남자라면서 법정을 설득하지만, 이러한 묘사

166

와 관련해 초기에 뒤발은 "어떤 음탕한 마음에서" 양성자에 관한 주제를 쓰고 있는 것이 아니라고 밝힌다.[5] 의심스러운 동기를 부인하는 것만으로는 부족하여 그는 자신이 오랫동안 행복한 결혼생활을 해왔노라고 덧붙인다. 그의 이러한 부연설명은 그 당시 작가가 특히 자국어로——뒤발은 프랑스어로 썼으며, 부분적으로 산부인과 의사와 산파들을 대상으로 이야기한다——주로 양성체, 바꿔입기, 젠더착오, 젠더전환과 같은 특정 범주의 문제를 다루었을 때 제기되었을 비판의 종류를 확인시켜 주고 있다.

당시 의사들은 라틴어로 이러한 주제들에 관해 훨씬 더 자유롭게 표현할 수 있었는데, 그것은 그들의 독자들이 학식 있는 사람들이었기 때문이다(그리고 대부분의 여자들은 당연히 배제되었을 것이기 때문이다).[6] 로버트 버튼(R. Burton)이 '비정상적 행동'에 관한 라틴어로 된 긴 논문에서 그 문체를 칭찬한 의사 로드리고 아 카스트로는 부인병에 관한 자신의 유명한 저서에서 네 종류의 자위를 정의하면서 다음과 같은 주석을 달고 있다. "이 대목은 내가 오직 학식 있는 사람들만을 대상으로 해서 쓰고자 했다. 〔의료〕실천에 관한 이 책을 자국어로 번역하고자 한다면, 확실히 이 대목은 생략해야 할 것이다…."[7] 아마 이 모든 주제들이, 다양한 측면에서 가장 금기시되고 있는 주제인 동성애와 관련되어 있다는 점 때문에 위험하다고 보는 것 같다.

그 시대에 '적절한' 복장 혹은 '잘못된' 복장으로 간주되었던 바꿔입기에 관한 주제 역시 이와 동일한 긴장감을 유발한다는 사실은 전혀 놀랄 일이 아니다. 처음에는 라틴어로 출판되었다가 자국어로 번역된 필리프 카메라리우스(P. Camerarius)의 『오페라 호라룸 수브시시

바룸 시베 메디타티오네스 히스토리카』(*Operae horarum subcisi-varum, sive meditationes historicae*)는 1610년 프랑스어판에서 가장 방대한 분량에 이르렀는데, 여기에는 옷입기에 관한 장이 몇 개 포함되어 있다. 그중에는 "성별구분 없이 여자가 남자복장을 하는 것이 금지되어 있는 것을 아는가?"라는 제하의 장도 있는데, 이는 신명기 22장 5절에 나오는 유명한 구절("여자는 남자의 옷을 입지 못하며 남자는 여자의 옷을 입지 못할지니라. 그런 짓을 하는 사람을 야훼께서는 매우 싫어하시나니"), 특히 남자옷을 입는 여자는 파문죄로 위협하는 법과 전통적인 유태인 복장에 대한 탈무드의 칭찬을 다소 거칠게 '역사화시킨' 설명이다.

다른 모든 변화(특히 말과 정부형태의 변화)와 마찬가지로, 복장의 변화는 위험하고 사기성이 잠재되어 있는 것으로 간주되었다. 그러나 흥미로운 것은 이 장의 후반부에서 신명기의 금지명령을 융통성 있게 이해할 것을 제안하고 있는 점이다. 저자는 고대와 '근대'로 나누어서 '재판을 받은' 사례와 정당한 것으로 인정받은 바꿔입기 사례들을 요약하고 있다. 후자에 속하는 것으로서 가장 자세하게 묘사되어 있는 것은 1595년에 터키군대의 포로가 된 기독교인의 사례이다. 나중에 여자인 것이 드러난 이 기독교인 포로는 심문을 받으면서 자신이 황제군대에서 터키군대와 싸운 사실을 처음부터 끝까지 대담하게 밝힌다. 잔다르크의 사례도 있다.

카메라리우스는 리라의 니콜라스를 해설하면서, 성서의 금지명령을 이교도 풍습에 대한 유태인의 반감에서 비롯된 것이라고 설명한다. 즉 마르스 신에게 산 제물을 받치는 의식에서 이교도 여자들은 남자처럼 무장을 하지만, 비너스 여신의 제사에서는 남자들이 여자처럼 바꿔입는다. (현대의 학자들도 디오니소스 축제 때 이와 유사한 관습이 행해졌다고 지적하였다.)[8] 유명한 주석학자의 설명을 바탕으로 한 카메라리우스의 결론은 매우 단순한 것 같다. 그는 성서는 의복의 '일상적' 사용과 악의 경지에 이른 오용에 관한 것이라면서, 그 이유를 이렇게 말한다. "왜냐하면 남자처럼 옷을 입으면 여자는 더 자유롭게 남자들에게 몸을 허락할 수 있고, 여자옷을 입은 남자 역시 여자들이 사는 집과 방에 더 자유롭게 드나들 것이기 때문이다."(pp. 324~25)

벤 존슨(B. Jonson)이 바꿔입기에 관해 질문하자(존슨이 질문한 내용은 전해지지 않고 있는 것 같다), 탁월한 히브리 학자 존 셀든(J. Selden)은 1615년 2월 28일자 편지에서 상당히 높은 차원에서, 즉 신화에 대한 역사적 비판 차원에서 신명기의 한 구절을 인용한다. 그의 표현을 빌리면, 그는 이 구절을 '단어 대 단어'로 다시 번역하는 것으로 시작한다. "'여자가 남자의 무장을 해서는 안 되며, 남자가 여자의 옷을 입어서는 안 된다.' 신명기 22장 5절의 내용은 이것이다. 비속한 번역에서 표현하듯 **여자가 남자옷을, 남자가 여자옷을 입어서는 안 된다**가 아니다."[9] 그는 제임스왕 판이 '저속한' 혹은 비속한 번역(앞에서 카메라리우스에 대한 해석에서 나는 시대착오적이라고 썼다)에 상당히 가깝다는 사실은 말하지 않고 있다.

마모니디스 등의 도움을 받아 셀든의 주장은 역사성을 띤다. 즉 금지명령은 어떤 점잖지 못한 행위에 대한 금지가 아니라 "남자들이 여자옷을 입고 **비너스** 신을 경배하고, 여자들이 남자의 무장을 하고 **마르스** 신을 경배하는 미신적 의식을 피하는 것"(col. 1692)이라는 것이다. 우리가 보았듯이, 카메라리우스가 잠깐 언급했던 이 풍습을 셀든은 특히 비너스의 신화적 조상들에 대한 매우 풍부한 묘사를 곁들여 설명한다. (셀든에 따르면, 비너스의 조상은 팔레스타인에서 다곤 혹은 아스타로트 신으로 숭배되었으며 결국에는 '신화에서 어머니신'과 동일시된다.) 중동지역의 신화에 등장하는 강력한 신들, 즉 바알, 다곤, 몰로크, 아타르가티스는 "명백하게 양성으로 표현되었으며, 양성 공동체의 신비로움에 걸맞게 숭배되었다"(col. 1696). 그의 관심은 문법적 젠더 같은 '사소한 것들'(그는 위대한 동시대 고전학자 아이작 카소본의 관심을 이렇게 비난한다)이나 어떤 도덕적 평가에 있는 것이 아니라, "남성-여성 권력으로 결론짓는 이들 신학의 신비"다. 카메라리우스를 포함하여 신명기의 구절을 이용하는 대다수 르네상스 작가들과 달리, 셀든은 거기에서 파생되는 도덕적 사색 역시 똑같이 사소한 것으로 치부한다. "키프리니아누스와 테르튤리우스 같은 고대의 대학자들은 특히 도덕과 관련하여 이것들을 해석하지만, 나는 그러지 않겠다."

이 시대의 가장 박식한 학자가 자신의 학식에 자부심 갖고 있는 시인에게 보내는 이 편지는, 자유 그리고 종종 방종에 관한 카메라리우스의 균형 잡힌 주제를 남성복장은 여자들을 더 쉽게 남자에게 접근하거나 남자와 사귈 수 있게 한다고 해석하고 있으며, 이 주제가 훨씬 더 표준적이며 심지어 '진부하기'까지 하다는 사실을 드러낸다. 사실 이 책은 대중서적으로 분류될 수 있다. 그러나 우리는 이 장에서 언급되지 '않은' 것에 초점을 맞추고 조금 더 깊게 파고들 수 있다.

첫째로, 남자처럼 옷을 입은 여자의 사례를 많이 들고 있는 것을 비추어볼 때 이 장에서 카메라리우스가 여자로 가장한 남자의 '재판' 사례는 한 건도 제시하지 않고 있는 점이 놀랍다. 이 장의 제목이 그

초점을 젠더의 가장(假裝)에 관한 문제의 절반에만 국한시키고 있는 것은 사실이다. 그러나 그는 신명기가 남자와 여자 모두의 바꿔입기를 금지하고 있다는 사실을 잘 알고 있다. 사실 '젊은 안드로니쿠스'의 통치와 콘스탄티노플에 있는 그의 방탕한 궁정 같은 부정적인 예가 양쪽 종류를 다 시사한다(p. 321).

카메라리우스가 남자의 여장(女裝) 사례를 들지 않은 것은 의심할 바 없이 르네상스 시대의 젠더 위계질서 —'양성체'와 성전환에 관한 이 시대의 시각을 반영하고 있다 —와 관계가 있다. 이 시대 대다수 (전부는 아니지만) 의사들에 의하면, 토머스 라커(T. Laqueur)가 칭한 (여성성기는 남성성기가 전도된 것이라는) '단일 성 모델'은 남자가 여자로 변할 가능성을 배제한다. 그러나 당시 의학서에는 종종 여성이 '더 높은' 젠더로 변해 남성이 되었다는 사례가 기록되어 있다.[10] 이로써 무엇보다도 카메라리우스의 입장에서는 남자가 여자옷을 입는 것이 허용되는가 하는 문제는 제기할 필요조차 없어진다 —그럴 가능성은 생각할 수도 없거나 적어도 언급될 수 없는 문제이다. (그가 만약 소년들이 무대에서 여자역을 하는 영국에서 살았다면, 그는 이러한 무대관습을 혐오스러운 것으로 매도한 급진적 프로테스탄트의 편을 들었을지 모른다.)[11]

둘째로, 고집스럽게 바꿔입기의 위험성을 제시하는 구절 뒤에는 일반적으로 언급될 수 없는 무엇이 숨어 있음이 명백하다. "이 지역 저 지역이 서로 옷을 바꿔입는 것이 몹시 위험하고 불길한 징조라면, 남자의 옷이 여자옷으로 여자의 옷이 남자옷으로 바뀌는 것은 얼마나 더 끔찍한 일이겠는가? 이런 행위에서 드러나는 경박성은 차치하고라도, 관습이 변함으로 해서 정직성과 수치심이 사라지고 무서운 혼동의 위험이 생겨난다. … 하나의 성(性)이 다른 성과 구분되지 않는다면, 그러한 혐오스러운 혼합은 온갖 부정직하고 수치스러운 행위를 초래하게 될 것이다."(pp. 321~22) 여기서 '무서운 혼동'이라는 표현 뒤에는 동성애 행위에 대한 두려움이 숨어 있을 것이다.

문학 속의 여장 남자들

르네상스의 연애소설에서는 남자 주인공이 음모나 사랑의 계략 혹은 위험으로부터 벗어나기 위해 여장을 하고 주위사람들은 그 아름다움에 매혹되는 몇 가지 일화들이 나오는데, 이는 영화나 가판대 신문잡지의 현대판 연애이야기에서 전형적으로 표현되는 남자 주인공의 남자다움(macho)의 원형과 매우 대조를 이루는 상황이다.[12]

엘리자베스 시대 사람들이 영어 번역판으로 읽을 수 있었던 이탈리아의 연애소설 『기사의 명예』(*The Honour of Chivalrie*)에서 돈 벨리아니스는 쉽게 도망치기 위해 여자로 변장한다.

그러자 페르시아나는 이렇게 외쳤다. 그는 얼마나 매혹적이었던지 고귀한 신분의 소녀들까지 그를 보며 너무 아름답다고 감탄할 정도였다. 맙소사, 이것이 가능한가. 과연 이런 미인이 지상에 존재할 수 있단 말인가. 당신은 당신의 위엄당당한 권좌에 영광을 더하는 데 더욱 힘써야 할 것이오. 그렇지 않으면 당신은 우리들 속에서 당신의 위대한 권력을 보여주며 살게 될 것이오.

정말이지 (기사님의) 그런 아름다움은 플로리사벨라 공주님말고는 본 적도 없다오. 당신이 여자가 아닌 것이 모든 기사들에게는 다행한 일이군요. 그렇지 않았다면 수많은 기사들이 당신 곁에서 죽어갈 테니까요. 우리의 연인, 공주님 때문에 그러하였듯이 말이오. 공주님이 한 번 눈길만 줘도 사람들은 그 눈에 뇌쇄되는 것만 같았지요(즉사하는 것은 아니지만, 살아 있으나 죽은 거나 마찬가지이지요).[13]

이와 마찬가지로 르네상스 시대의 연애소설 전통에서 중요한 패러다임 역할을 하는 작품인 '프랑스의' 『아마디스 드 골』(*Amadis de Gaule*)의 속편에서 아마디스 드 그레스가 옷을 바꿔입고 노예소녀 느레이드가 되었을 때, 금실로 짠 터키 호박단을 입은 아마디스를 본 사람은 누구나 비너스가 나타나자 의기충천했던 아에네이아스처럼 되었을 것이라고 화자는 외친다.[14]

이러한 장면들이 우리 현실세계와 완전히 동떨어진 허구의 세계를 묘사한 것이라고 단정하기에 앞서, 이러한 연애소설의 남자 주인공들은 매우 젊다는 사실을 기억할 필요가 있다. 예를 들어 에마뉘엘 포르드(E. Forde)의 연애소설 『오르나투스와 아르테시아』(*Ornatus and Artesia*, 1598)에서 이 점은 분명히 드러난다. 오르나투스는 "낯선 나라의 처녀처럼 옷을 차려입었다(그의 젊음 때문에 그렇게 보이는 것은 당연하였다)."[15]

이러한 미의 개념을 역사화할 수 있는 방법은 적어도 두 가지가 있다. 하나는 르네상스 시대의 성과학(sexology)에서 언급되는 '단일성 모델'의 궁극적인 결과로 볼 수 있다. 그리고 또 하나는 사랑이 남자를 (특히 르네상스 시대의 의미에서) '여자처럼 약하게'(effeminate) 만든다거나 혹은 필립 시드니 경이 『아르카디아』(*Arcadia*)에서 복장전환을 한 주인공 피로클레스를 표현하면서 쓴 용어를 빌리면 '여자 같은'(womanish)이라는 르네상스 시대의 인식과 어느 정도 관계가 있을 수 있다. (사실 아마존 복장을 한 피로클레스는 이러한 르네상스 시대 대중문학의 시각적 혹은 도상적(iconic) 표현으로 읽혀왔다.)[16]

종종 자신이 남자라는 것을 확인하기 위해(즉 연인에게 쉽게 접근하기 위해) 바꿔입기를 할지라도, 이 연애소설의 젊은 주인공들은 여성의 '수줍은 태도'와 말투를 받아들인 뒤로 스스로 남근이 있는 '여자'라고 생각하는 것 같다. 바꿔입기로 인해 음모가 종종 이상하게 꼬여버리는 상황에서 두드러지는데, 일테면 이런 것이다. 바꿔입기에 '속아넘어간' 다른 남자가 변장한 남자에게 결혼신청을 하게 된다. 이러한 일은 바실리우스 왕의 구애를 받는 피로클레스, 실비아로 변장하여 폭군 플로레투스로부터 구애를 받는 오르나투스에게 일어나며, 그리고 아마 가장 충격적인 것은 『아마디스』 속편에 나오는 장면일 것이다. 늙은 술탄이 (느레이드로 가장한) 아마디스 드 그레스를 어떻게 성적으로 공격하는지 묘사하는 대목 하나를 인용하겠다.

무기력한 나이가 무기의 힘을 앗아가 버렸기 때문에, 그의 힘은 제대로 발휘되지 않았다. 이 사실을 알고 느레이드는 웃음을 참느라 피가 날 정도로 혀를 깨물었다. …여하튼 그[술탄]의 칼은 마구간에서 빠져나와 고삐가 풀린 상태로 끊임없이 비틀거린다. 지난 세월 동안 너무나 약해져서 그가 고삐를 잡아당기거나 휘두르려고 하면 할수록 그만큼 반응은 무뎌진다. 내내 고개를 수그린 채 뛰어오르거나 차는 동작은 흉내낼 엄두조차 내지 못하고 있다. 허약한 몸이 그러한 욕정에 전혀 반응을 하지 않기 때문이다.[17]

'느레이드의' 웃음은 은밀하고 일종의 관음증이다. 동시에 그의 반응은 유난히 남성적이다. 가지지 못한 자, 허세 부리는 자를 향한 능력 있고 강한 자의 능글맞은 웃음이다. 성적 공격의 시도를 묘사하는 이 구절은 이러한 문학장르에서 성적으로 가장 거리낌없는 부분에 속한다. 성적 묘사의 직접성(기사-말이라는 확장된 은유로써 약간 가리기만 할 뿐이다)은 우연이 아니라, 우리가 다루고 있는 주제와 밀접하게 연결되어 있다.

바꿔입기 상황은 화자로 하여금 '말하자면' 일정한 거리를 두고 뒤에 숨어서 섹스에 관해 말할 수 있게 해준다. 그가 부적절하게 말하기 때문에 그의 언어는 적절하다. 그는 가면이 주는 자유의 영역을 스스로 창출해 낸다. 왜냐하면 적어도 등장인물 한 사람과 그 독자는 이 모든 것이 실수라는 것을 알고 있음으로 해서 실제로 그는 전혀 섹스에 관해서 쓰는 것이 아닌 척할 수 있기 때문이다(그리고 심지어 더 훌륭한 지식에 대비하여 말할 수 있기 때문이다). 그리하여 한편 이러한 구절은 풍자에 가깝지만, 동성애적 암시 또한 전적으로 부정할 수 없게 된다.

사실 우리의 눈을 여장한 사람에게서 공격하는 술탄 쪽으로 옮긴다면, 어떻게 그가 그렇게 속을 수 있는가 하고 물어볼 필요가 없지 않을까? ('부자연스러운 행위'에 대한 르네상스 시대의 설명은 동성 간의 사랑을 종교와 문화가 다른 타자, 즉 터키인의 탓으로 돌린다.)[18] 남자들 사이의 미묘한 우정과 심지어 이른바 절정에 달하지 못한 동성애 에로티시즘을 재현할 수 있는 문학장르에서, 이러한 은밀하고 간접적인 방식이 동성애가 표현될 수 있는 유일한 방법이었던 것은 아닐까?[19]

남장한 여자들

젠더의 가장(假裝)을 묘사하는 르네상스 소설의 장면들은 수준 높은 젠더 의식의 순간들을 구성하는데, 여성의 남장 에피소드가 그러하다. 이와 같은 바꿔입기의 동기로 일컬어질 수 있는 것은, (성이나 감옥에 들어가기 위한) 실제적인 것에서부터 (권력의 세계, 일반적으로 군대에 들어가거나 혹은 적어도 나약함에서 벗어나기 위한) 페미니스트 행위라고 부를 수 있는 것에 이르기까지 다양하다.[20]

여러 가지 일화가 이어지는 『아마디스』(*Amadis*)의 여러 대목에서, 남장을 한 두 여자, 오론스와 라 벨르 소바주는 때로는 육체적인 힘으로 또 때로는 지적 능력으로 뛰어난 용맹성을 발휘한다. 작가는 전쟁의 대량학살과 어떤 결투에서나 이들이 보여주는 탁월한 힘을 묘사하면서도 매우 사려 깊게 이들의 아름다움과 섬세함을 강조하는데, 이렇게 해서 이 두 여성은 마침내 르네상스 시대 아름다움의 개념과 이상의 표본이 된다. 이 르네상스 시대의 미의 표본에서 에로틱한 흥분은 분리되어 있거나 상호 대립되어 있는 젠더에서 비롯되는 것이 아니라 양자의 유사성에서 생겨난다. 즉 이 유사성은 에로틱한 흥취의 원천이 된다.[21]

남자로 가장한 오론스와 라 벨르 소바주는 얼마나 잘생겼는지 공작부인이나 공주, 왕비를 비롯하여 모든 여자들이 그들의 아름다움에 탄성을 터트리며 사랑에 빠져들기까지 한다. 공작부인은 오론스가 자기를 위해 무기를 들고 용감하게 싸우고 나서 투구를 벗어들자, 그 무사의 얼굴을 보고 깜짝 놀랄 뿐만 아니라 흥분한다. 왜냐하면 공작부인은 오론스를 여전히 남자로 생각하기 때문이다. 그녀가 예상했던 사람은 "뛰어난 용맹성으로 보아 강하고 드셀 것 같은 사람이었다. 그런데 홍조를 띤 섬세하고 아름다운 얼굴을 보는 순간, 그녀는 더할 수 없는 놀라움과 즐거움에 압도되어 버렸다. 그녀는 몹시 기뻤으며, 마치 그토록 멋있고 우아한 기사는 한 번도 본 적도, 볼 수 있으리라고 생각도 해본 적 없는 것처럼 사랑에 빠져들었다."[22] 이렇듯 그녀가 복장전환을 했다는 사실을 아는 독자들로서는 여성적인 특징으로 알고 있는 오론스의 섬세함과 아름다움은, 공작부인의 갑작스러운 사랑을 불러일으키는 주요한 자극제가 된다. 잠시 후, 그때까지 투옥된 오라비를 어떻게 감옥에서 풀려나게 할 것인지를 골똘히 생각하고 있던 앙판타 리시니에 역시 비슷한 감정을 경험한다.

그 순간까지 사랑이 얼마나 강력한지 느껴본 적이 없었던 리시니에는 그 기사의 아름다움에 사로잡혀 마치 심장이 활활 타버릴 것만 같았다. 자신의 오라비인 왕자에 대한 걱정은 까맣게 잊은 채, 리시니에는 오론스를 바라보는 자기 눈이 멀어버려 오직 오론스 그녀의 아름다운 모습만 간직하고 싶을 따름이었다.[23]

귀부인을 호위하며 여행하는 오론스처럼(이리하여 오론스는 '귀부인의 기사'라는 호칭을 얻는다), 라 벨르 소바주는 뤼상스라는 젊은 귀부인을 추종하였는데(그리하여 '뤼상스의 기사'라고 불린다) 자연히 뤼상스는 자기 '기사'를 깊이 사랑하게 된다. 사실 화자의 말에 의하면 라 벨르 소바주는 남자와 여자 모두에게, 동시적으로가 아니라 그녀가 자신의 옷으로 나타내는 젠더에 따라 매력을 느끼게 하는 특별한 우아함을 소유하고 있다.

"어리고 수염도 나지 않은" 잘생긴 귀부인의 기사(오론스)에게 마음을 빼앗긴 여왕이 가슴 아프게도 자신이 사랑하는 사람이 여자라는 사실을 알았을 때, (전에 똑같은 경험을 한 적이 있는) 그녀의 친구 공작부인이 그녀를 위로해 주고자 한다. "우리의 사랑을 드러내지 않은 것이 얼마나 다행이에요! 그랬다면 우리는 모든 것이 끝장났을 거예요."[24] 실수에 대한 두려움(잠정적으로 동성애공포증이라고 부르자)은 등장인물의 마음에 상처를 입히기까지 한다. 우리가 보았듯이, 오론스에게 푹 빠져 있던 리시니에 공주는 오론스의 여성 정체성이 밝혀진 후에 자신의 실수를 알고 감정적으로 몹시 충격을 받아 다른 남자의 젠더도 의심하는 지경에 이르게 된다. 그녀는 자신이 좋아하는 멋진 외모를 지닌 청년과 감정적으로 좋아지게 되는 것을 극도로 회피한다. 그도 남장한 여자로 판명될까 봐 두려운 것이다!

다른 산문 연애소설에서 리시니에처럼 동성애 행위의 가능성에 전율하는 주제를 계속 찾는 대신, 셰익스피어의 『십이야』(*Twelfth Night*)의 한 대목을 살펴보고 끝내고자 한다. 내가 지금까지 설명했던, 전통을 모르는 해석자와 편집자들은 이 대목을 수수께끼라고 생각한다.

비올라(물론 셰익스피어 시대에는 소년이 이 역을 맡았다)는 난파당한 후 남자옷을 입고 오시노 공작의 하인으로 들어간다. 공작은 겉으로 냉정하기만 한 올리비아에게 구애하는 메신저로 그녀를 보낸다. 앞서 왔던 다른 메신저들과 달리, 세자리오로 변장한 비올라는 올리비아에게 메시지를 전달하는 데 성공한다. 남장한 비올라를 남자로 착각한 올리비아는 이 비범한 하인에게 감정적으로 몹시 강하게 끌리게 된다. 비올라가 오시노 공작에게 돌아가려는데, 올리비아의 하

인 말볼리오가 뒤따라와서 메신저에게 반지를 '되돌려주라는' 올리비
아의 명령을 전한다.

말볼리오 아가씨께서 이 반지를 돌려주라는데요. 아까 갖고 갔더
라면 내가 이런 수고는 하지 않아도 될 텐데. 더구나 아가씨께서는 당
신 주인께 조금도 마음이 없다는 말을 꼭 전하라고 덧붙였습죠. 그리
고 한 가지 더, 당신 주인이 우리 아가씨의 이런 말씀을 어떻게 받아들
이는지 알려주기 위해서가 아니라면 다시는 당신 주인의 용무로 찾아
오는 일이 없도록 하라고 하셨습죠. 자, 받으슈.
비올라 나한테서 반지를 받으셨으니, 돌려받지 않겠소.
말볼리오 이봐요, 당신이 버릇없이 그냥 내던졌다면서. 아가씨의
뜻은 받았던 그대로 돌려주라는 것이오. 허리를 굽혀 주울 만한 물건
이면 당신 눈앞에 있으니 알아서 하구려. 아니면 아무나 주워가게 하
든지. (퇴장)
비올라 반지를 준 적이 없는데. 대체 무슨 일일까?
　　　　부디 나의 외모를 보고 그녀가 반하지 않았기를!
　　　　나를 뚫어져라 보셨지, 어찌나 뚫어지게 쳐다보시던지
　　　　그녀의 눈이 할말을 잃은 것이 아닌가 싶었지,
　　　　멍하니 있다가 느닷없이 말을 했으니까.
　　　　나를 사랑하는 게 분명해, 열정의 교활함으로
　　　　아까 그 상스러운 심부름꾼을 보낸 거야.
　　　　공작님의 반지는 받지 못한다고? 아니, 보낸 적도 없잖
　　　　아….
　　　　변장이여, 너는 사악한 놈이로다,

너를 쓰고 숱한 나쁜 짓이 행해지나니. (II.ii.5~28, Riverside edn)

올리비아가 자신에게서 반지를 받았다고 말볼리오에게 말한 대사("나한테서 반지를 받으셨으니, 돌려받지 않겠소")에 대한 비올라의 확신과 다음 순간 독백의 첫머리에서 그 사실을 부정하는 대사("반지를 준 적이 없는데") 사이의 외견상 모순은 해석자들 사이에서 많은 논란을 불러일으켰다. 어떤 해석자는 심지어 앞의 대사를 "반지를 받지 않으셨는데요!"라고 읽어야 한다고 주장한다. 또 새 집주판(New Variorum Edition)에 연대기순으로 기록한 한 해석자는 단어를 바꾸지는 않지만 다음과 같이 생각하고 싶어한다. "감탄사의 어조를 띠고 있다고 보는 것이 작자의 의도를 가장 잘 표현하는 것이다. 틀림없이 비올라는, 그녀가 나한테서 반지를 받았다는 것이 도대체 가능한 일인가? 하는 것과 동일한 의미로 놀람의 감탄사를 던진 것이다."[25] 그러나 같은 책에 기록되어 있는 다른 견해에 따르면, 주로 비올라가 "[올리비아의] 전갈이 심부름꾼에게는 털어놓지 않았지만 모종의 비밀을 담고 있다"는 것을 즉각 간파했다는 점에서 "이 구절은 항상 우리에게 이 극에서 가장 뛰어난 표현의 하나로 여겨졌다."

(『아마디스』에서) 리시니에가 사랑하는 사람이 여자로 밝혀지는 충격적 경험 그리고 논쟁의 여지가 있지만 내가 잠정적으로 그렇게 표현하고자 하는, 리시니에의 '동성애공포증과 같은 전율'은 비올라의 즉각적인 반응의 맥락을 파악하는 데 도움이 될 수 있다. 즉 비올라는 뭐든지 염탐하고 싶어하는 악의에 찬 하인으로부터 올리비아를 지켜주고 보호하기 위해 임기응변으로 거짓말("나한테서 반지를 받

으셨으니”)을 한 것이다. 이 순간, 잠재적 동성애는 오직 비올라만이 간파할 수 있는 비밀이다.[26] 혼자 남아서 상황의 전모를 깨닫게 되자, 그녀는 충격을 받는 것으로 표현된다. 다시 말해 셰익스피어가 동시대에 바꿔입기 주제와 관련하여 일반화되어 있으며 또 카메라리우스의 진부한 책에서 자주 등장하는 일종의 이데올로기가 함축되어 있는 거친 ‘담론’을 비올라로 하여금 읊게 하는 상황이다. “변장이여, 너는 사악한 놈이로다, 너를 쓰고 숱한 나쁜 짓이 행해지나니.”

맺음말

르네상스 시대에서 약 1세기가 지나서, 악명 높은 출판업자 에드먼드 컬(E. Curll)이 저자 불명의 책(현재는 이 책의 적어도 일부분은 질리스 제이콥 1686~1744이 쓴 것으로 알려져 있다)을 『양성체에 관한 글들』(*Tractatus de Hermaphroditis*)이라는 제목으로 출판하였다.[27] 이 경우 이 라틴어 제목은 오직 멋을 부리기 위한 것이라고 할 수 있는데, 왜냐하면 책은 영어로 씌어져 있으며 곧 이어 ‘음란물’(curious)로 불리는 장르에 속하기 때문이다.

“양성자 및 남자 같은 여자들의 음모 그리고 이들을 구별해 내기 위한 외형적 표시에 관한 책략”이라고 불리는 이 책의 핵심 부분은 표면상으로는 이탈리아를 무대로 하고 있지만 순전히 남성 호색한의 시각에서 ‘레즈비언’의 행위를 가장 거침없이 묘사하는 이야기들을 담고 있다. 그 한 가지 예로, 두 여자가 자신들의 남자애인과 헤어진 후에 인공 페니스와 물을 내뿜어 사정을 흉내내는 기구를 사용하여 서로 만족시켜 주는 이야기가 있다. 어떤 젊은 남자가 이 가운데 한 여자를 사랑하게 되어 그녀에게 접근하기 위해 여장을 하고 여자 흉내를 낸다. 그는 여자옷을 입고 화장하고 손에는 음경 모양의 성기구를 들고 있다. 그는 여자들에게서 조금 물러나 "페티코트를 들어올리고" "드레스에 달린 장식에 도구"(p. 44)를 붙이는 흉내를 낸다. "그녀가 여자연인 아마릴리스를 포옹했을 때와는 도구의 느낌이 다른 사정의 순간까지" 그는 성공적으로 연인을 속였다고 한다. "인공물과 자연물의 물리적 차이를 경험한" 그녀는 "몹시 놀라" 레즈비언 방식을 버리고 영리한 구애자의 책략을 결혼으로 보상한다.

몇 가지 점에서 이러한 바꿔입기 에피소드는 우리가 지금까지 살펴본 르네상스 시대 바꿔입기의 연장선상에 있다. 그러나 몇 가지 차이점이 분명히 있다. 가장 결정적으로 이 두 레즈비언 여성은 르네상스 시대의 '양성자'에 관한 이야기에 등장하는 그런 종류의 여성인물(흔히 트리바디스〔남자 역할을 하는 여성 동성애자를 일컬음—옮긴이〕라고 불리었다)과 다르다. 이들 트리바디스의 클리토리스는 페니스와 비슷하게 생기고 매우 커서 이성애 성교를 할 수 없을 정도이다. 르네상스 시대의 연애소설에서 언급할 수 없었던 명칭이 18세기 초의 이 이야기들에서는 그대로 나온다.

리시니에라는 인물은 차마 입에 올릴 수 없는 것들(레즈비언 성애)에 대한 생각 때문에 정서적으로 충격을 받는 데 비해, 18세기의 이 여자들은 이전에 말로 표현할 수 없었던 것을 행동으로 나타내는 것으로 묘사되는데 이것은 또 그들의 이성애 생활에서 받게 되는 정신적 상처(trauma)의 결과이다. 그러므로 남성 복장전환자는 여자들을 이성애로 되돌리는 치료자로서 기능한다. 아마 이 복장전환의 주제는 포르노그라피의 수준으로 떨어졌다고 말할 수 있을지도 모른다.

즉 말할 수 없는 것들이 길들여지고 익숙해지고 심지어 지워지기까
지 했다.

주

1) T. Heywood, *Gynaikeion: Or Nine Bookes of Various History, Concerning Women*, London, 1624, p. 204.

2) C. Bonner, "The Trial of Saint Eugenia," *American Journal of Philology* vol. 41/no. 3, 1920, p. 260. 앨릭은 이것을 역사적인 사실이라고 주장한다(M. Alic, *Hypathia's Heritage: A History of Women from Antiquity to the Late Nineteenth Century*, London: Women's Press, 1986, pp. 28~30 참조).

3) G. Bardi, *Medicus politico Catholicus*, Genoa, 1644, p. 278.

4) 라틴어판은 Hyginus, *Fabularum liber*, Basel, 1535, p. 63 참조. 현대적 해석에 관해서는 M. Grant trans. & ed., *The Myths of Hyginus*, Lawrence, Kansas: Univ. of Kansas Press, 1960, pp. 175~76 참조.

5) Sig. A7: "pour aucune affection lascive qui soit en moy…" 그린블라트는 뒤발에 주목하였다(S. J. Greenblatt, *Shakespearean Negotiations—The Circulation of Social Energy in Renaissance England*, Berkeley/LA: Univ. of California Press, 1988, ch. 3 "Fiction and Friction" 참조).

6) C. Bauhin, *De hermaphroditorum natura*, Frankfurt, 1614; A. Lusitanus, *Curationum medicinalium centuriae*, Burdigulae, 1620, 특히 centuria secunda, curatio 39; E. R. de Castro, *Tratatus de natura muliebri*, Frankfurt, 1668, 특히 p. 55; J. G. Schenck, *Historia monstrosa*, Frankfurt, 1609; I. Cardoso, *Philosophia libera*, Venice, 1673, 특히 lib. 6, quaestio 14, "De sexus mutatione" 참조.

7) Castro, *De universa mulierum medicina*, Hamburg, 1603, pars 2, lib. 1, c. 15, p. 69.

8) A. Evans, *The God of Ecstasy: Sex-Roles and the Madness of Dionysos*, New York: St Martin's Press, 1988 참조.

9) J. Selden, "To My Honoured and Truly Worthy Friend, Mr. Ben Jonson," D. Wilkins, ed., *Opera omnia*, London, 1726, II, cols. 1691~96. 나에게 이 편지를

알려준 제이슨 로젠블라트에게 감사드린다.

10) T. Laqueur, *Making Sex: Body and Gender from the Greeks to Freud*, Cambridge, MA: Harvard University Press, 1990, p. 65(단일 성 모델에 관해서); p. 141(본질은 "보다 더 완벽해지는" 쪽으로 나아간다고 말하는 자카치아의 말 인용부분). 그러나 카르도소는 성별은 다른 한쪽으로 변할 수 있다고 생각하는 소규모 의사그룹의 한 사람이다(I. Cardoso, 앞의 책, p. 462). 파커는 르네상스 시대의 가장 유명한 성전환 사례에 관해 매우 상세하게 설명하면서 이 주제에 관한 의학적·대중적 사고의 차이를 서술했다(P. Parker, "Gender Ideology, Gender Change: The Case of Marie Germin," *Critical Inquiry* vol. 19/no. 2, 1993/Winter, pp. 337~64 참조).

11) 바꿔입기를 하는 청소년들이 어떻게 될지를 우려하는 영국의 사례에 관해서는 V. L. Bullough and B. Bullough, *Cross Dressing, Sex, and Gender*, Philadelphia, University of Pennsylvania Press, 1993, pp. 76~77 참조.

12) 이 문제를 좀더 심도 깊게 다룬 글로는 졸고, "Male Cross-Dressing and Transvestism in Renaissance Romances," *Sixteenth Century Journal* vol. 19/no. 4, 1988/Winter, pp. 605~609 참조.

13) *The Honour of Chivalrie Set Downe in the Historie of Don Bellianis*, London, 1598, p. 132.

14) *Le huitiesme livre d'Amadis de Gaule*, Lyon, 1575, p. 526.

15) E. Forde, *Ornatus and Artesia*, in *Shorter Novels: Seventeenth Century*, P. Henderson, ed., London: Dent, 1930, p. 21.

16) M. Rose, "Sidney's Womanish Man," *Renaissance Essays and Studies* n.s. 15, 1964, pp. 353~63 참조.

17) 내가 번역한 *Le huitiesme livre*, p. 541.

18) 졸고, "Burton's Use of *praeteritio* in Discussing Same-Sex Relationships," C. J. Summers and T.-L. Pebworth eds., *Renaissance Discourses of Desire*, Columbia/London: Univ. of Missouri Press, 1993, pp. 159~78 참조.

19) 여기에서 이 점은 문학적 관습의 문제로서 제기된다. 이 분야에서 가장 중요한 저서로는 A. Bray, *Homosexuality in Renaissance England*, London: Gay Men's Press, 1982; B. R. Smith, *Homosexuality in Shakespeare's England: A Cultural Poetics*, Chicago/London: University of Chicago Press, 1991이 있다. 졸고, "'That Matter Which Ought Not To Be Heard of': Homophobic Slurs in Renaissance Cultural Politics," *Journal of Homosexuality* vol. 26/no. 4, 1994/Winter, pp. 41~75도 참조.

20) 이 주제에 관한 저서는 매우 많은데 그 일부를 연대기순으로 정리해 놓았다(졸고, "*Le feu caché*: Homosocial Bonds Between Women in a Renaissance Romance," *Renaissance Quarterly* vol. 45/no. 2, 1992/Summer, pp. 293~311 참조).

21) 노비는 셰익스피어의 희곡들을 이와 비슷하게 관찰하였다. "로맨스에 등장하는 젊은 연인들은 젠더 면에서 그 행동이 희극에서와 같이 양극화되지 않는다"(M. Novy, *Love's Argument: Gender Relations in Shakespeare*, Chapel Hill/London: North Carolina Press, 1984, p. 189). 그리고 오르젤은 여자에게 푹 빠질 위험성에 대한 엘리자베스 여왕 시대의 긴박한 경고와 '남색'에 대한 경고를 교훈적으로 비교하고 있다(S. Orgel, "Nobody's Perfect: Or Why Did the English Stage Take Boys for Women?," *South Atlantic Quarterly* vol. 88/no. 1, 1989/Winter, pp. 7~27 참조).

22) 내가 번역한 *Le vingtiesme livre*, fol. 192ˇ.

23) 같은 책, fol. 211ˇ(122ˇ를 잘못 표기).

24) *Le vingtiesme livre*, fol. 78ˇ.

25) *The New Variorum Edition of Shakespeare*, H. H. Furness, ed., vol. xiii: *Twelfth Night, or, What You Will*, Philadelphia/London: Lippincott, 1901, p. 101.

26) V. Traub, "The (In)Significance of 'Lesbian' Desire in Early Modern England," *Queering the Renaissance*, J. Goldberg, ed., Durham/London: Duke Univ. Press, 1994, p. 62~83도 참조. 특히 p. 70의 "…비올라의 우려 섞인 대사는 … 동성애에 관한 지배적 담론의 표현으로 간주하는 것이 더 타당할 것이다"를 참조.

27) (London, 1718). 폴저(Folger) 본은 J. H. Meibom, *A Treatise of the Use of Flogging*에 no. 184284로 묶여 있다. 그 특성에 관해서는 R. Straus, *The Unspeakable Curll*, London: Chapman & Hall, 1927, p. 253 참조.

W. 슐라이너는 캘리포니아대학교 영문학과 교수로 있으며 저서로는 *Medical Ethics in the Renaissance*(1995), *Melancholy, Genius, and Utopia in the Renaissance* (1991), *The Imagery of John Donne's Sermon*(1970)을 비롯하여 영문학, 비교문학, 젠더관계 및 의료역사에 관한 다수의 논문들이 있다.

엘레나, 일명 엘레노

16세기 스페인 자연사에 나타나는 젠더, 섹슈얼리티, 인종

이스라엘 버샤틴(Israel Burshatin)

1587년 여름, 오카냐 시 감옥의 여자사동에 부부죄수가 3주일 동안 수감되어 있었다. 남편은 외과의사 엘레노 데 세스페데스, 아내는 마리아 델 카뇨였다. 간수들이 부부를 같이 수감시킬 양으로 남녀 죄수를 분리시켜야 하는 감옥의 규칙을 무시한 것은 아니었다. 반대로 이 유례 없는 일은 주지사와 치안판사가 선고한 대로 엘레노를 마땅히 있어야 할 곳에 수감하는 매우 공인된 조처였다.

1587년 6월, 이 지방의 치안판사장인 펠리페 데 미란다는 시의 치안판사에게 엘레나 데 세스페데스를 남자들의 출입이 잦은 지금의 감방에서 법정 왼쪽의 안뜰 계단 옆에 있는 감방으로 옮겨 문을 잠그고 열쇠는 자기에게 가져오도록 명령했다. 그리고 그녀의 아내 마리아 델 카뇨는 엘레나 데 세스페데스가 수감되어 있는 감방에서 멀리 떨어진 여자사동의 다른 감방에 수감시키고 아무도 그녀에게 말을 걸지 못하

186

도록 마찬가지로 문을 잠그게 했다. (그리하여 이렇게 지시 하달되고
서명되었다. 〔서명자〕 펠리페 데 미란다)[1]

이와 같이 죄수의 감방을 바꾸는 것에서, 엘레노의 변화 무쌍한 젠
더를 기존의 이분법적인 성 및 젠더 구도에 끼워맞추려는 공식적인
시도의 열성 ─ 그리고 무익함도 ─ 을 포착할 수 있다. 엘레노의 생
식기를 검사한 의사와 산파들의 말을 듣고 오카냐 법정은 엘레노를
감옥 내에서 다른 구역으로 이감시킨다. 이제 피고는 법적으로 ─ 그
리고 문법적으로 ─ 여자죄수이다.

그러나 20년 넘게 바꿔입기를 성공적으로 수행해 내었다는 것을
생생하게 증명해 주는 엘레노의 오히려 맵시 있는 남자복장은 법원
이 명령한 이러한 젠더 재분류와 여전히 충돌한다. 엘레노를 여자사
동으로 이감시킨 것은 예방 차원이라는 의미도 담겨 있다. 왜냐하면
남자들이 그녀의 방에 '자주 드나들기' 때문이다. 이처럼 남자들을 쉽
게 접촉할 수 있다는 것은 음란한 낌새를 풍긴다. 그러나 여자로 판
결받은 후 엘레노의 여성으로서의 순결 또한 보호될 필요가 있다. 엘
레노의 생식기를 검사한 산파들의 보고에 의하면, 그녀의 음문은 너
무 좁아서 그 속을 조사하기 위해 사용하는 양초와 손가락이 잘 들어
가지 않을 정도였다고 한다. 그리하여 산파들은 엘레노의 처녀막이
터지지 않았다고 결론 내린다.

　　산파는 양초를 그녀의 성기에 넣었더니 어렵사리 약간 들어갔다. 이
　증인은 의심이 가서 자신의 손가락을 넣어보았으나 힘들게 들어갔다.
　그리하여 증인은 그녀가 남자와 잔 적이 있다고 생각하지 않는다.

산파들은 그녀가 여자일 뿐만 아니라 숫처녀라고 결론짓는다. 다시 분류되어 감방을 옮긴다면, 엘레노는 자신과 같은 종류의 사람들 속에 있게 될 것이었다.[2] 그러나 그 젠더가 어떤 종류인가? 이분법적인 젠더와 강제적인 이성애제도는, '감옥에 갇힌 여자들'을 소재로 한 B급영화에나 나오는 고전적인 순간을 만들어냄으로써 그 한계를 드러낸다. 엘레노는 남자에 의해 한 번도 삽입된 적 없고 그녀의 아내 마리아는 "더럽혀지고 넓고 헐겁다"는 산파들의 보고에 의해, 엘레노의 섹슈얼리티는 신화적 색채를 획득한다. 치안판사장은 엘레노를 남자와 여자 모두로부터 격리시키면서도, 역시 같은 여자사동에 수감되어 있는 그의 사랑하는 아내 마리아와 가까운 곳에 두게 한다.

엘레노를 엘레나로 재분류하고 그녀를 여자들 속에 둠으로써 사법당국은 '자연을 위배하는' 범죄로 처벌받게 될 이단의 여자죄수를 만들어낸다. 사법당국이 줄곧 의심했던 사항에 대해 의학적 증거가 생김으로 해서, 엘레노는 여자로서 무법행위를 한 데 대해 처벌을 받게 되는 것이다.[3] 오카냐에서 열린 첫번째 공판기록(1587. 6. 18)을 보면 재판관들이 엘레노라는 이름에 대해 얼마나 불쾌해했는지를 알 수 있다. 이 바뀐 이름은 남성적 가면을 제공했다기보다 오히려 도전적인 젠더역전, 즉 남성적인 것 대 여성적인 것이라는 양분된 세계의 엄격한 제한에 도전하는 고의적인 이행성 상태를 선언한 것 같다.

그녀는 그들로부터 세례명이 '엘레노'인지, 또 어떻게 그녀가 그런 이름을 가질 수 있는가 하는 질문을 받았다. 왜냐하면 '엘레노'라는 이름은 여자에게 붙이지 않는 것이 관습인 데 비해 '엘레나'는 흔한 여자 이름이고 남자는 사용하지 않기 때문이다.[4]

　신체검사 결과, 법정은 엘레노를 엘레나로 (다시) 여성화시켜 그녀 이름의 문법적인 젠더를 회복시킨다. 죄수는 여자사동 쪽으로 들어가 법정 왼쪽에 있는 감방에 수감된다——우연의 일치인지 몰라도 왼쪽은 또 르네상스 시대의 의학담론에 따라 신체에서 여성 쪽에 해당한다.

　이렇게 해서 오카냐 당국은 레즈비언 욕망의 조건을 생산한다. 형법상의 성별규칙에 따라 엘레노는 여자사동에 수감되고 그후 머지않아(1587. 7. 4) 딜도(음경 모양의 성기구——옮긴이)를 사용하여 남색을 범한 죄로 공식적으로 기소된다. "딱딱하고 매끄러운 도구로 그녀는 말로 표현할 수 없는 남색의 죄를 범했다." 하지만 이 금지된 섹슈얼리티는 속임수의 한 양상이다. 이것은 남녀관계의 의인화이자 술책이다. 즉 여기서 사용한 것으로 추정되고 있는 딜도는, 엘레노가 범법행위를 한 것으로 고발당한 남근적 질서를 상징한다. 엘레노는 계속 여자들 속에 있어야 마땅하지만 여자들과 교제해서는 안 된다.

　엘레노를 격리시키라는 치안판사장의 명령은 사실 엘레노에 대한 공식적인 불쾌감——엘레노의 젠더 전환된 외적 성격(persona)은 '진정한' 남성성을 몰아내고 레즈비언의 욕망으로 향한 자석의 역할을 한다는 것——을 나타내는 것이다.[5] 여성 엘레나는 여자사동의 독방에 수감될 것이다. 그리고 오직 치안판사장만이 이 여자 외과의사의 감방열쇠를 갖고 있게 될 것이다. 의학지식을 가진 한 여성, 그리고 또 공교롭게도 같은 여자와 결혼하게 된 여자는 지배적인 가족 이데올로기와 모순되며, 따라서 이 갈색피부의 외과의사——그녀의 어머니는 아프리카 노예였다——가 일부에서 추측한 대로 악마와 계약을 맺었을 것이라고 의심받는 것도 놀라운 일은 아니다. 그녀의 아내 마리아는 이 매력적이고 유능한 의사와 '구별되고 격리되어야' 한다는 엄격한 명령 아래 놓여 있다.

치안판사장 돈 펠리페 데 미란다는 산파들의 보고에 덧붙여, 박식한 의사 세 명(알론소 구티에레스, 비알타 데 카르바할과 바스케스)으로부터 엘레노의 여성 생식기에 관한 확인을 받는다. 이 의사들은 엘레노가 여자이며 그녀의 신체에서 양성체의 징후는 전혀 찾아볼 수 없다는 데 의견일치를 한다. 이들은 주로 성기를 가지고 성별에 대한 의학적-법적 정의를 내린다. 그러나 산파들의 묘사와 달리, 이 의사들은 엘레노가 좀더 모호한 문화적 형태와 행위의 영역에 속해 있다고 묘사한다. 우선 이들은 생식기의 구조를 열거하는데, 이는 젠더 위계질서에서 엘레노의 정확한 위치를 재는 첫번째 척도이다. 그러나 섹슈얼리티 역사의 관점에서 가장 흥미로운 것은, 이 세 명 가운데 두 명이 예상되는 신체적 특징('질'과 '유방')과 더불어 언어 및 기타 명기하지 않은 문화적 특징('말투를 비롯하여 그 밖의 모든 것'), 그리고 모든 가시적인 신체특징 중에서 가장 여러 가지로 해석되고 판단될 수 있는 '얼굴'을 포함시키고 있다는 사실이다.

그들은 실제로 그녀가 남자도 아니거니와 남자였던 적도 없으며 여자라는 사실을 발견하였다. 그녀의 자연적인 질은 여자의 것이며, 여자를 나타내는 젖가슴과 얼굴, 말투 그리고 여자의 것이라고 추측되는 나머지 모든 것으로 보아 그녀가 여자임을 알았다. (비알타 의사의 증언)

그를 살펴보고 검사한 결과 그녀가 남자라는 징후는 하나도 없었고, 다만 여성성만이 있었다. 그리고 신체와 얼굴, 말씨의 기질에서 그녀

는 여자의 외양을 하고 있지 남자가 아니다. 〔바스케스 의사의 증언〕

이 의사들의 증언처럼, 엘레노의 여성기질은 그녀가 자신의 진정한 젠더를 감추려는 시도가 그릇된 것임을 나타낸다.

의학적-법적 무대에서 기질이라는 개념은 젠더와 섹슈얼리티 코드를 아무 문제가 없는 순응체제로 만들어버린다. 즉 신체와 말투, 몸짓언어, 체질, 목소리 그리고 이 모든 신체적·문화적 젠더표시가 말로 표현되는 지점 등은 명백하게 여성성에 대한 진술로 간주되는 것이다. 전문가들은 결국 엘레노는 다름아니라 엘레나라고 결론 내린다. '자연의 서'(The Book of Nature)는 젠더를 구분할 때 투명하다. 플리니우스의 말처럼 자연은 비록 그 속에 존재하는 신체들이 죽었을지라도 가부장제를 가능하게 하는 문화적 역할의 구분을 계속 명시하는 세계이다.

> 남자는 여자보다 무겁다. … 남자의 시체는 똑바로 누운 상태로 뜨지만, 여자의 시체는 마치 죽은 후에도 그 정숙함을 보호해 주려는 것처럼 얼굴을 아래로 하고 있다.[6] (Book VIII, ch. 18; vol. 2, pp. 158~59)

남자의 신체와 정신(ethos)은 발전의 완성단계를 나타내며, 모든 면에서 '더 무겁다.' 체질은 마르고 뜨거우며 몸은 위로 향하고 우수하며 반듯하고 태양을 바라본다. 반대로 여자의 몸은 체질이 차고 축축하며 수그린 자세로 정숙함과 수줍음을 전달하고 자신의 체질을 알려주는 물기 많은 매개체의 심연을 내려다본다.

엘레노의 진짜 기질은 무엇이었을까? 엘레노가 20년 동안 성공적으로 남자로 '통했다'는 놀라운 기록으로 볼 때, 의사와 산파들이 엘레노의 기질에서 읽은 변화되지 않은 여성성에 대해 의문을 제기할 수 있다. 그들은 엘레노의 시신이 수그린 자세로 뜬다고 묘사할 것이다. 그러나 '행운과 역경'이 부침하는 악당소설의 서사처럼 읽힐 수 있는 그녀/그의 인생 스토리에서 그와 같은 구성물 때문에 생겨나는 다양한 해석뿐 아니라 자기의지와 강요에 의해 굴절된 젠더의 밀물과 썰물을 반영하는, 자유롭게 떠다니는 신체를 추적할 수 있다.[7]

오카냐 판결과는 반대로, 그보다 1년 반 전에 톨레도 대주교의 마드리드 법정에서는 엘레노가 남자이며 양성자가 아니라는 판결을 내려 엘레노와 마리아의 결합을 합법화했다. 그러나 엘레노가 단일한 남성 정체성에 도달하기 전에, 그/그녀의 젠더가 교차되는 훨씬 더 복합적인 기질에 관한 법정기록의 흔적이 남아 있다. 1584년 12월 마드리드의 교구장 후안 밥티스타 네로니는 엘레노의 얼굴에 수염이 없는 것을 보고 몹시 놀랐다. "그녀 얼굴에 털이 나 있지 않고 수염이 없는 것을 보고 교구장은 그녀에게 카폰(capon)이냐고 물었고, 그녀는 아니라고 대답했다." 카폰은 거세된 남자, 내시를 뜻한다. 엘레노의 얼굴에는 털이 없었지만 그 피부는 매끈하지 않았다. 또 엘레노의 얼굴에는 어린 시절 그녀가 노예였을 때 양쪽 볼에 찍힌 노예의 낙인이 있었다.

노예로 태어난 엘레노는 12세 때 그녀의 여주인인 '원조' 엘레나 데 세스페데스가 죽은 후에 노예에서 해방되었으며, 그후 그 주인을 기념하여 그 이름을 부여받았다. 그녀가 법정에 제출한 간단한 노예해방 기록을 제외하고 엘레노에 관한 진정한 개인사가 있는가? 법정서류 여기저기에 흩어져 있는 짤막한 기록들에는 사망한 주인을 '기념하여' 12세에 부여된 이름 이전의 이름은 나와 있지 않다. 법률적인 노예소유주 제도와 관련해서 볼 때, 엘레나라는 이름 —여성성의 전형—은 죄수의 젠더 조상을 노예의 위치에 둔다. 하지만 이 자체가 바로 모순이다. 왜냐하면 노예제도라는 강력한 남성 우월적인 체제가 자연화된 범주로서의 젠더에 의문을 제기하기 때문이다. 채찍과 낙인이 노예의 신체를 무성(無性)상태로 만들어 살아 숨쉬는 자산으로 변화시킨다.[8] 엘레노의 얼굴을 검사하면서 노예의 낙인을 해석하지 않는 것이 실제로 가능할까? 혹은 엘레노의 기질을 구성하는 여성의 표시들을 나열하면서 '얼굴'을 포함시킬 때 의사들은 무성화의 표시를 여성화의 기호로 오해한 것일까?

엘레노의 젠더 모호성의 역사에 직면하여, 노예의 표시를 여성 젠더의 기호로 해석하는 능력은 법정이 '그녀를' 여성화하고 젠더 일탈과 성적 위법행위에 대해 처벌하는 데 편리한 구실을 제공한다. 엘레나라는 이름은 피고의 얼굴에 찍힌 노예낙인과 동의어가 된다. 카스티야 왕국에서 노예해방이 된 뒤로도 거의 30년 동안이나 카스티야 왕국의 법에 따라 노예낙인은 선명하게 남아 있게 된다. 엘레노 쪽에서 볼 때, 종교재판소 재판의 표준적인 자기증언인 '그녀/그의 생애에 관한 진술'은 그 연속적이고 선형적인 성향에 의해 굴복되는 서사이다. 그리고 이렇게 자신의 노예태생을 이야기하는 행위 속에서 엘레노는 명예롭고 '오염되지 않은' 출신, 이른바 '순수한 혈통'을 증명하는 일에 사로잡혀 있는 사회에서 노예의 위상을 다시금 분명한 어조로 표현한다.

엘레노가 태어난 1545년에 스페인의 합스부르크 왕조는 중세 스페인의 다문화적 요소들을 무자비하게 뿌리뽑는 데 갈수록 혈안이 되

어 있었다. 1492년 이전에 스페인에 들어온 포용성 있는 개척자들과
그라나다의 정복은 기독교·이슬람교·유대교라는 세 개의 주요한
종교문화 속에서 비범한 문화적·인간적 업적을 이룩할 수 있는 비
옥한 토양을 제공하였다. 엘레노가 알라마 데 그라나다에서 태어난
다는 것은 곧 이슬람 문화의 중심지에 있게 됨을 의미했다. 당시 이
슬람 문화는 점점 더 배척당하고 급속하게 쇠락해 가고 있었지만, 한
결같이 기독교와 카스티야 왕국에 대해 힘차게 저항하였다.[9]

엘레노의 기질을 구성하는 젠더·성·성격·체질의 배열에서 과
연 문화와 '인종'은 얼마나 고려되고 있을까? 이 관점에서 볼 때 엘레
노의 개인사는 중요한 기록이다. 왜냐하면 양성자는 분열된 섹슈얼
리티와 비정상적인 육체적 형태의 지시어로서뿐 아니라 '민족'이나
'인종'으로도 나타나기 때문이다. 비록 오카냐에서의 첫번째 심리와
1957년 7월 14일 이후에 톨레도에서 열린 종교재판 때 그녀의 신체
는 양성자라는 실질적인 '사실들'을 지니고 있지 않았다 할지라도, 남
색이고 결혼의 신성함을 모독하고 악마와 손을 잡았다는 세 가지 혐
의에 대한 엘레노의 변론의 요지는 자신이 양성자라는 것이다. 신체
적으로는 여성이지만, 열여섯 살 때부터 오카냐에서 투옥되기 불과
12일 전까지 그는 양성자였다고 주장하고 있듯이 그녀는 주관적으로
자신을 양성자로 인식하고 있다.

그는 낙마사고 때 크게 입은 상처가 암으로 전이되어서 자신의 남
성성기가 힘을 못쓰게 되어버린 일련의 과정을 낱낱이 묘사한다. 의
사면허가 있고 박식한 개업의인 엘레노 자신의 시각에서 볼 때, 그
혹은 그녀의 혼성적 기질은 그가 남성기관을 상실한 후에도 스스로
과대평가하고 있는 남성적 주관성으로 동화되는 것이다. 한편 그의

194

남성성기는 그가 마리아와 결혼하기 전에 신체검사를 받았을 때도 있었다는 것을 비단 그뿐만 아니라 다른 사람들도 증언하고 있다. 역사와의 파생관계의 한 가지 양식으로서, 자웅동체는 노예제/여성성을 대체하는 인종의 수사(修辭)로서 기능한다. 엘레노는 양성자 상태임을 주장함으로써 자신의 갈색피부의 의미를 전환시킨다. 심문하는 재판관들 앞에서 엘레노의 출신을 적절하게 설명해 주는 유일한 지점은 그가 묘사하고 있는 양성자로의 변화이다.

일부 의학이론은 여성에서 남성으로의 변화에 무게를 두었을지라도, 자신의 신체는 노예의 '낙인'을 가진 자 이상을 의미한다는 엘레노의 주장을 지지할 사람은 아마 거의 없을 것이다.[10] 그러나 그녀의 신체가 그녀의 처음이자 유일한 아이를 낳는 과정에서 변화한 것에는 신비스러운 점이 있다. 그후 그녀는 남자복장을 하고 전형적인 여자일을 그만두고 남자직업(직조공, 호스제조공, 목동, 재단사, 군인, 외과의사)을 택하며 그리고 여성성 상실의 궁극적인 '확언'이랄 수 있는, 한 여자의 남편이 된다. 엘레노는 출산이 자신에게 어떤 영향을 끼쳤는지 묘사하면서, '기독교' 언어로 번역된 오비디우스의 이야기에서처럼[11] 과거 노예의 신체를 타자의 거울로 전환시킨다.

그녀가 이미 말했듯이, 진통을 계속하면서도 힘을 주자 요도를 둘러싸고 있는 피부가 찢어지면서 커다란 엄지손가락 절반 가량 되는 〔길이의〕 머리가 쑥 나왔다. 그녀는 이것을 다음과 같이 말했다. 그 모양새는, 그녀의 표현을 그대로 빌리면 그녀가 욕정을 느끼거나 자연스럽게 흥분할 때는 튀어나오고 흥분하지 않았을 때는 오그라들어 쭈글쭈글한 피부 속으로 숨어들어 버리는 남자성기의 귀두를 닮았다.

그녀는 이보다 1년 전인 열여섯 살(1561)에 야엔 출신의 채석공과 결혼하였으나, 남편은 그녀와 불과 석 달밖에 살지 않고 그녀를 떠나 버렸다. 그후로는 남편을 다시 만난 적이 없고 다만 남편이 떠나고 얼마 안 되어 그가 죽었다는 소식만 접했다. 아버지 이름을 따서 크리스토발이라고 이름지은 그들의 아들은 세빌랴에서 살았던 것으로 추측되는데, 그녀는 세빌랴에서 빵집을 하는 어느 외국인에게 어린 아들을 맡기고 떠났다. 그 뒤로 그녀가 아들과 접촉한 적이 없었던 것은 분명하다. 이렇게 해서 엘레노는 아들과 페니스를 낳았던 것이다.

그러나 새로 얻은 남자성기는 불완전하게 생긴 탓에, 엘레노가 여자와 함께 성적 흥분을 느낄 때 페니스를 덮은 피부 때문에 완전히 발기가 되지 않았다. 그는 신체가 변한 지 1년이 채 안 되었을 때, 자신이 살고 있는 산루카르 데 바라메다에서 방해물을 제거하는 외과 수술을 받았다. 수술은 타피아라는 의사가 시행했다. 엘레노는 이 외과의사가 자신의 상태 — 엘레노는 양성자라는 것 — 를 맨 처음 의학적으로 진단한 사람이라고 믿는다. 수술을 받은 후로 엘레노는 완전한 남자성기를 갖게 되었다. "그리고 그녀는 여자들과 관계를 가질 수 있게 되었다." 마침내 여자에서 남자로 완벽하게 변한 엘레노는 당시 호스제조공 일을 하고 있었는데 그후 4, 5개월 동안 그의 고용주 아내와 원만하게 사랑을 나누었다.

남색과 자연의 법칙을 어긴 죄에 대한 자기변론과 답변에서, 그는 의학 및 자연사적 담론으로 자신의 신체변화의 상황을 설명한 유식한 편지를 톨레도 종교재판소 법정에 제출한다.[12] 그는 모든 고발에 대해 무죄임을 호소한다. 남자옷을 입고 여자에 의해 흥분이 되고 여자와 성관계를 맺고 또 마리아와 결혼하고 남자 외과의사로서 의료

행위를 한 그 모든 일이 전혀 자연에 위배되는 것이 아니었다. 자연이 손수 그의 몸을 변화시켰기 때문이다. 그는 자신의 신체적 변화가 드물기는 하지만 키케로, 성 아우구스티누스, 플리니우스와 같은 저명한 학자들이 저술한 자연의 역사에 기록되어 있는 변형상태들(metamorphoses)이나 희귀한 출생과 유사하다고 논한다.

혐의사실처럼, 나는 악마와 암암리에 혹은 공공연히 계약을 맺었다거나 여자와 결혼하기 위해 남자행세를 한 것이 아닙니다. 이 세상에는 자웅동체, 즉 양성을 모두 지닌 양성자가 여러 사람 있으며, 나도 이런 사람의 하나입니다. 내가 결혼하고자 했을 때 나는 남성이 더 강했고 당연히 남자였으며 남자가 결혼하는 데 필요한 조건을 모두 갖추고 있었습니다. (그리고 나는 이런 사실을 그들에게 말했고 내과·외과 전문의들에게 내 몸을 보여주었습니다. 그들은 내 몸을 살피고 만져보고 내가 남자이며 여자와 결혼할 수 있다고 선언하였습니다. 이러한 판단증거의 결과 나는 남자로서 결혼하였습니다….)

나와 육체관계를 맺었던 여성들의 증언과 관련되는 다른 〔고발〕 건을 말씀드릴 것 같으면, 그들은 내가 남자였고 그러한 관계를 맺었을 때 남자구실을 했다는 증거를 제시했습니다. 네 명의 증인 가운데 첫 번째 증인은 내가 남자로 생각되었다고 말하고 있으며, 그녀의 증언은 나에게 제출되었습니다. 내가 정액을 방출하지 않았다고 말한다고 해서 그 사실이 부정될 수는 없습니다. 내가 남자가 아니라서 그런 것이 아니라, 다른 남자들도 그것에 실패하는 동일한 이유에서 그런 것이기 때문입니다….

네 명의 증인 중 세 명이 증언한 다른 〔고발〕 건에 대해서는, 나는 혐의가 없습니다. 그들은 내가 당연히 남자일 수가 없었고, 만약 내가 남자라는 인상을 주었다면 그것은 악마적 환상이나 술책 탓이라고 주장했습니다. 따라서 그들은 외모와 헛된 믿음에 대해 말합니다만 그건 특히 나에게만 해당되는 것이 아닙니다. 나는 원래 남자와 여자로 태어났고 이것이 흔히 볼 수 없는 이상하고 희귀한 일이기는 하지만, 그렇다고 해서 나와 같은 양성자가 자연에 위배되는 것은 아니니까요.(강조는 인용자)

이 인용구절의 각주에서 엘레노는 키케로의 『디 디비나치오네』(*De Divinatione*)와 아우구스티누스의 『시비타템 데이』(*Civitatem Dei*), 플리니우스의 『자연의 역사』(*Naturalis Historia*) 등 고전을 인용하고 있다.[13] 이 가운데 플리니우스의 『자연의 역사』 제7권의 인용은 특히 적절한 참고자료로서, 사료편찬에서의 엘레노의 위치와 기이한 연관성을 갖는다.

플리니우스의 예의 '혼란스러운 목록'[14]의 원칙에 따라 구성된 제7권은 "인간, 인간의 탄생, 인간의 구성 그리고 예술의 발명"을 망라하고 있다. 그리고 다음과 같은 장들의 제목에서 우리는 엘레노의 관심의 반향을 들을 수 있다. 다양한 민족들의 놀라운 형태들(제2장), 신기한 탄생들(제3장), 주목할 만한 신체의 몇 가지 속성(제18장, 이 장에는 앞서 인용한 곧은 남자의 몸과 수그린 여자의 몸이라는 젠더의 '물리적 현상'에 관련된 발췌가 실려 있다), 몸값이 비싼 노예(제40장)가 그것이다. 엘레노는 플리니우스를 인용하면서, 자신은 자연이 만든 신기한 피조물들의 긴 연결고리 속의 한 존재임을 주장한다. "양성 모두에 속하는 사람은 종종 탄생한다. 이런 사람들을 우리는 양성자라고 부른다. 전에는 이들을 안드로지니(Androgyni)라고 부르면서 괴물 취급했었다.

그러나 지금은 이들이 관능적인 목적에 쓰이고 있다."(Book VII, ch. 3, 2: 136) 아마 믿기 어렵겠지만, 어떤 경우에는 태어난 뒤에 변화가 일어나기도 한다. "여자가 남자로 변하는 것은 틀림없이 신화가 아니다."(같은 책, ch. 3, 2: 138)

엘레노가 자신의 성적 변이가 자연스러운 것임을 증명하기 위해 인용한 표준구문(locus classicus)에서조차, 초자연적인 현상과 관련된 질문이 즉각 제기된다. 즉 놀라운 '사실들'의 정체는 무엇이며, 어떤 힘이 그것들을 만들어내는가? 엘레노 역시 이 같은 의문을 가졌을 것이다.

초기 현대사상의 기적과 불가사의한 현상에 대한 인식론적 연구에서, 로레인 다스턴(L. Daston)은 "불가사의한 것과 기적의 구분, 그와 관련된 자연적·초자연적·탈자연적 원인들간의 구분"을 설정한다. 다스턴은 아우구스티누스의 "범상하거나 비범한 수많은 불가사의한 현상"과 아퀴나스의 "자연은 훨씬 더 질서정연하고 자율적[이다…]"는 아리스토텔레스 학파의 이론체계를 대비한다. 아퀴나스에게 탈자연적인 것은 "신이 개입하지 않은 행위"로 구성된다. 즉 "항상 혹은 대부분의 시기에 일어나는 것"은 자연적인 것이며, 초자연적인 것은 "드물게 일어나지만, 그럼에도 불구하고 피조물의 작용으로 일어난다… 적절하게 표현한다면 불가사의한 현상은 초자연 영역에 속한다고 할 수 있다." 그러므로 초자연적 현상은 정령, 천사, 악마뿐 아니라 '독립된 자연'에 의해 발생할 수 있다.

16세기에 "초자연적 현상은 이전보다도 더 마술과 점성술 같은 의심스럽고 악마적일 수 있는 활동과 아주 밀접하게 결합되기에 이르렀다."[15] 스페인 종교재판소는 악마의 힘을 거부할 만큼 상당히 합리적이었지만, 악마와 계약을 맺었다는 혐의만 있어도 그것은 피고인에게 치명적인 결과를 가져올 수 있었다. 더구나 반항적인 여자나 무어인, 개종자, 그 밖의 주변적 집단 들을 억누를 때 흔히 이런 혐의를 뒤집어씌우곤 했다.[16]

이처럼 좀더 넓은 맥락에서 볼 때 엘레노가 플리니우스를 인용한 것은 매우 심사숙고한 행동이라고 할 수 있는데, 왜냐하면 변신의 힘은 마법이 아니라 자연이라고 주장하기 때문이다. "나와 같은 양성자들은 비록 흔히 볼 수 없는 기이하고 희귀한 존재이지만 자연에 위배되는 것은 아닙니다." 그녀의 신체는 초자연적 현상의 일시적이고 논리적인 연쇄작용에 속한다. 플리니우스의 저서에는 이러한 독특한 일탈적 존재들에 대한 기록이 있다. 콘테(G. B. Conte)의 말을 인용하면, 자연에 질서가 있다는 것은 이론(異論)의 여지가 없지만, 또한 "여러 형태의 피조물을 실험하여 만드느라 … 그 질서를 포기하기도 한다." 최고의 술책가는 다름아니라 자연 그 자체인 것이다.[17]

플리니우스의 양성자들은 제국의 변방에 거주한다. 이 지역은 피부가 검은 사람들이 사는 곳이기도 하다. 엘레노의 혈통——재판관들에게 제출한 자신의 신상에 관한 보고서에 나와 있다——은 이러한 다른 '기독교인들'과 연결되어 있다.

질문에 대해 그는 양쪽 부모가 모두 구교도라고 생각한다고 대답했다. 그의 어머니는 흑인노예이지만 기독교인의 성향을 지녔던 것은 틀림없다. 그리고 그녀나 그녀의 부모 모두 이단자 심문소의 처벌을 받은 적이 없었다.

아버지가 구교도이면서 카스티야인이었지만, 그는 엘레노의 양육과 법적 신분에 대해 아무런 영향도 미치지 못하는 존재였다. 엘레노가 '인종'과 유럽의 타자(他者)들에 관한 담론을 끌어내는 것은 다름 아니라 그녀의 아프리카인 흑인 어머니를 통해서이다. 자연사는 에티오피아와 인도 같은 혹서지역을 괴물과 기이한 현상의 온상지로 지목한다. 체액생리학적으로 열이 남성-여성이라는 양극을 만드는 최고의 요인이라면, 지리 및 제국의 맥락에서 볼 때 열은 기이한 인종들을 만들어낸다는 것이다. 그리고 그들의 신체들이 바로 자연의 예측 가능한 질서에서의 예외와 산재성 형태들을 증명해 주고 있다는 것이다.

불의 변화무쌍함과 신체에 다양한 형태와 모양을 부여하는 위대한 매개자인 불의 열기를 고려할 때, 이 지역의 끝으로 갈수록 사람과 동물이 기괴한 형태를 띠는 것은 전혀 놀라운 일이 아니다. 실제로 동쪽의 내륙지방에는 코가 없고 얼굴 전체가 하나의 평면 같은 종족이 살고 있다는 보고가 있다. 또 어떤 종족은 윗입술이 없고, 어떤 종족은 혀가 없다고 한다.… (Pliny, Book VI, ch. 35, 2: 101)

안드로지니 종족은 이 작열하는 변화무쌍함의 피조물에 속한다.

우리는 나사모네스 지방과 마킬리아 지방의 바로 위쪽에 안드로지니의 나라가 있다는 사실을 칼리파네스로부터 배워서 알고 있다. 안드로지니, 이 사람들은 한 개체에 두 개의 성이 결합되어 있으며, 각각의 성의 기능을 번갈아 수행한다. 아리스토텔레스는 또 이들의 오른쪽 가슴은 남자 것이고 왼쪽 가슴은 여자 것이라고 말한다. (Pliny, Book VII, ch. 2, 2: 126)

16세기 스페인의 경이로운 문학작품 가운데 가장 영향력 있는 작품 하나는 안토니오 데 토르케마다의 『이상야릇한 꽃들의 정원』(*Jardín de flores curiosas*, 1570)이다. 철학적인 대화형식으로 씌어져 있는 이 책의 양성자에 관한 대목에서, 대화자의 한 사람인 루이스는 양성을 가진 죄로 화형을 당한 부르고스의 양성자 사례를 언급한다. 부르고스는 처음에 여성본질을 사용하는 쪽을 '선택'하였으나, 자신의 남성성기도 몰래 사용하고 있다는 것이 나중에 발각되었다. 그리고 이번에는 세빌랴에서 불에 타서 죽은 또 다른 양성자의 예를 든 다음에, 안토니오는 양성자 나라의 개념을 소개하면서 언젠가 이 나라의 지리적 위치가 해도에 표시될지도 모른다고 말한다. 따라서 자기 나라에서는 비정상적인 섹슈얼리티인 것이 바다 건너 어딘가에서는 자연스러운 것일 수 있다.

제국이 속국의 문화를 바라보는 시각에서 핵심을 이루는 '전략적 위치'의 개념 또한 성적 이단을 상상하는 일에 한몫한다.[18] 남색죄에 대한 엘레노의 자기변호에서 나타나듯이, 성과 '인종'의 연관성은 강력하고 효과적인 것이다. 플리니우스를 인용하면서 안토니오는 양성자의 모습을 공감 — 사람, 장소, 기후, 체격, 기질 들간의 상관관계 — 이라는 개념과 연결시킴으로써 상대적인 것으로 규정한다. 여기에서 '우리'가 생각하는 것과 달리 그런 현상이 문제가 되지 않는 곳도 있다. 비록 플리니우스에 나오는 이야기들을 제멋대로 고치기는 했지만, 안토니오는 안드로지니와 성적 변이의 이국적 고향 — 이곳

은 기존 세계의 가장자리에 위치해 있다 —에 관한 이 로마인 저술
가의 제국적 시각의 묵상을 좀더 역사화하고 있다.

  이 땅들에서는 남자가 여자의 성을 갖거나 여자가 남자의 성을 갖는
것이 매우 기이한 현상으로 여겨질 것이다. 그러나 플리니우스의 책을
보라. 인도 정벌 때 알렉산더 대왕과 함께 갔던 철학자 칼리피네스는
나사모네스 변방에 안드로지니라고 불리는 사람들이 사는 지방이 있
다고 말한다. 이 사람들은 모두 안드로지니이며 성교에 관한 일체의
질서나 약속을 존중하지 않으며 동성, 이성 가리지 않고 누구에게나
닥치는 대로 [자신의 성기를] 사용한다.[19]

  세번째 대화자인 베르나르도는 양성자에 관한 이 모든 이야기를
듣고 몹시 놀라는데, 아마 어느 쪽 성이든 성교 상대자로 '선택'할 수
있다는 데 특히 그러했을 것이다. 양성자는 에로틱한 타자로서, 플리
니우스에게 있어서 이들은 성 노동자라는 특이한 사회적 위치에 놓
인다. "오늘날 이들은 관능적 목적에 쓰이고 있다."(Book VII, ch. 3, 2:
136) 베르나르도는 이러한 성적 기현상들에 대한 의구심을 버린다.
왜냐하면 그들은 "그와 같은 위대한 저술가들에 의해 인정되고" 있기
때문이다.
  그러나 성적·인종적 변이가 그 안에서 '진정한' 위치를 찾게 되는
인식론적 틀을 제공하는 것은 결국 제국이다. 자신들의 시대와 땅
('이 땅들')에서는 신기한 나라와 종족들에 대한 소식을 접하기 때문
에 베르나르도는 이러한 보고가 정확하다고 확신한다. 광대한 포르
투갈과 스페인 제국은 자연사에 새로운 통찰을 제공한다. 팽창주의

시대에 신기한 현상이 불러일으키는 경이감은 서사시적 정복과 모험에 박차를 가하게 된다.

베르나르도의 말은 제국의 팽창과 기록보관소의 축적 및 수정의 상보성을 정확하게 보여주고 있다. 베르나르도와 아마추어 자연과학도 동료들과의 대화는 특권적 장소인 도시(metropolis), 즉 머나먼 땅으로의 모험이 추진되고 이러한 약탈에 관한 물질적 증거와 소식뿐 아니라 수천의 노예들을 접할 수 있는 도시에서 이루어진다. 그리고 이렇게 그 땅들에서 들여온 노예들은 자기 나라의 노동력으로 사용된다. 바로 이 도시는 재화와 부, 사람들, 사실들 그리고 그 밖의 물질의 축적에 적합한 정치적 구조이다. 이 축적물들은 시장에서 판매되고 희귀품 진열장에 전시되고 『이상야릇한 꽃들의 정원』 같은 백과전서적 책들에 나열되어 상황에 꿰어맞추어 해설되고 종교재판소의 문서보관소에 '포획당해서' 그런 다음 종교재판소의 화형식에서 잔인하고 경멸해 마지않는 구경거리로 전락한다.

차이성에 대한 베르나르도의 열린 자세는 한마디로 정복자의 관용이다. 즉 제국의 팽창정치와 그에 따른 자연의 작용에 대한 개념 수정의 필요성에 의해서 가능해진 관용인 것이다. 토르케마다의 대화에서, 모험과 기록보관소는 플리니우스에게서와 같이 대안으로서가 아니라 자연의 역사에 대한 비밀의 공유자로서 기능한다. 설령 안드로지니의 나라가 모든 믿음을 왜곡한다 할지라도, 베르나르도는 그것이 인도에 있다고 확신한다. "오늘날 벌어지고 있는 사태를 보면, 나는 여전히 그런 나라가 있을 수 있다고 생각한다." 도시는 양성자들에게 적절한 장소가 아니며 그들은 자신들의 일탈행위 때문에 화형을 당한다. 그러나 적어도 이론상으로는, 식민지와 기존의 문명세계 변방에 존재하는 자연의 피조물이 아무리 기이해도, 그와 무관하게 그들은 도시의 정치적 필요성이나 자신들의 고향과 조화를 이루는 적절한 장소를 체계적으로 부여받을 수 있다.

그러나 유럽에서 이러한 사례가 등장할 때, 자연적 '공감'의 개념은 합리적이고 자비로운 자연을 만들어낸다. 의사인 안드리아 마티올로 세네스는 다음과 같은 말로 베르나르도를 속인다. 그는 보헤미아 왕국에서 암염소처럼 젖꼭지가 달린 숫염소 세 마리를 보았는데 그 염소들의 젖은 어떤 질병이든 효과적으로 치료해 준다는 것이었다. 이러한 환상적인 이야기를 사실로 받아들이기란 몹시 어려운데도 베르나르도는 자연질서의 명백한 어긋남 그 저변에는 전혀 생각지도 않은 이유가 깔려 있을지도 모른다고 말한다. "이처럼 자연이 그 본래의 질서를 벗어나는 데는 이유가 없을 리 없다." 양성자 나라는 아주 아주 먼 곳에 있다. (보헤미아보다 훨씬 먼 곳에!)

실제로 이러한 지리적인 격리감은 광적이고 난잡한 성교를 할 사람들에 대한 의심할 바 없는 '공감'을 높이는 역할을 한다. 이들 다른 지역들에는 광적인 ─ 그리고 흥분시키는 ─ 체위를 설명해 줄 숨겨진 조화가 존재한다. 그들은 "성교에 관한 일체의 질서나 약속을 존중하지 않으며 동성, 이성 가리지 않고 누구에게나 닥치는 대로 〔자신의 성기를〕 사용한다." 플리니우스의 양성자 나라는 필시 스페인제국의 지배 아래 들어가게 될 것이며, 스페인제국은 자신 있게 알렉산더 대왕의 영광을 되짚으며 안드로지니들의 나라의 지리적 위치를 틀림없이 집어낼 것이다. 바로 이 순간 인도의 여러 지역이 해도에 표시되고 탐험되는 것처럼, 그 나라는 '발견될' 것이다. "설령 이 지방이 현재 인도에서 다시 발견되고 있는 곳에서 멀리 떨어져 있다고 할지라도.”

엘레노는 알푸하라스 전쟁(1568~70)에서 군인으로서 제국에 매우 충성스럽게 봉사했지만, 톨레도 종교재판소가 이것 때문에 그녀를 특별 대우하지는 않는다. 엘레노가 ‘기독교인의 계급’(caste)에 속한다는 사실도 그녀의 변성을 받아들이는 데 도움이 되지 않는다. 사실 톨레도에서 엘레노를 검사한 모든 의사들은 엘레나가 과거에도 그랬고 지금도 여자라는 오카냐 법정의 결론에 동의한다. 법정의 최종심리는 그 점을 붙들고 늘어져 그녀에게——다른 것, 즉 법원의 지방검찰관이 그녀에 대해 기소한 법적으로 부도덕한 몇몇 죄과에 대해서는 직접적인 판결을 하지 않고——중혼죄에 대해서만 유죄판결을 내린다.[20] 그러나 엘레나의 중혼죄는 그녀가 마리아와 결혼하기 전에 남편의 사망증명서를 손에 넣지 못한 데서 기인한 것이다. 중혼죄를 저지른 자로서 엘레나는 채찍질 200대와 10년형이라는 기본 형량을 받는다.

하지만 종교재판관들이 또 1588년 12월 18일 일요일 톨레도에서 열린 판결선고식에 엘네나를 출두시켰을 때, 이 사건은 이들에 의해서 훨씬 더 극단적으로 묘사된다. 이 판결선고식에서 그녀는 자신의 죄를 버릴 것(가벼운 죄에 대한 복종)을 공개적으로 맹세하고, 중혼죄에 ‘상응하는’ 표시가 새겨진 가운을 입고 주교관을 쓰고 중앙광장을 돌아다닐 것을 강요받는다. 그러나 그녀에게 공개적인 태형 선고를 내리는 종교재판관들의 판결문은 그녀의 유죄판결에 적용되는 편협한 법의 원리를 뛰어넘어서 남색이라는 공개되지 않는 혐의까지 포괄하고 있다.[21]

실로 강한 여성혐오증을 가진 재판관들은 여성과 동일한 존재로

간주되는 한 여성의 섹슈얼리티에 대해 경멸과 우려를 드러낸다. 그
녀의 범법행위가 발생한 주요한 두 도시 — 재판이 열린 톨레도와
'동성애자' 사창가가 생긴 시엠포수엘로스 — 의 거리에서 체벌이 가
해짐으로 해서, "다른 여자들(그리고 또 적지 않은 남자들)을 속인 여
자"로서의 엘레노의 악명은 엄청나게 높아진다. 종교재판소의 기록
보관소에 있는 그녀의 사건기록서 마지막 부분은 대중의 상상력 속
에서 그녀가 거의 신화적 존재로 부각된다는 것을 정확하게 보여주
고 있다.

아마 이제 엘레나는 여자옷을 입고 톨레도의 왕립병원에서 가난한
환자들을 치료하며 형기를 채우게 되는 것으로 짐작된다. 사실 그녀
가 받은 판결은 10년 동안의 '지역봉사'이다. 그러나 1589년 2월 23일
에 병원당국은 엘레나를 더 멀리 떨어진 다른 병원으로 이송해 달라
는 청원서를 재판소에 제출하는데, 엘레노의 의료행위로 인해 일어
난 혼란 때문이다.

엘레나 데 세스페데스에게 치료를 받기 위해 많은 사람들이 몰려듦
으로 해서 그녀의 존재는 처음부터 커다란 혼란과 말썽을 불러일으켰
습니다.

유명한 양성자, 남자로서 살고 사랑하고 결혼을 한 여자, 외과의사
가 되었고 마술적 치료능력을 지닌 것으로 의심받기까지 하는 이 흑
인 혼혈인은 이제 이 지역에서 유명한 사람이 되었다. 엘레노의 여러
신체 가운데 이 마지막 육신만큼 강력한 것은 없다. 무시무시한 톨레
도의 재판관들 덕분에 엘레나, 일명 엘레노는 순례지가 된다. 그러나

그녀가 푸엔테 델 아르소프비스포에 있는 병원으로 옮겨가도 엘레노의 신비한 성격에 대한 관심은 사라지지 않는다. 비록 그러한 관심이 초자연적 힘에 의한 존재라는 엘레노의 주장을 뒤엎기 위한 것이라 할지라도 말이다.

엘레노가 톨레도에서 추방된 지 10년이 지난 1599년에, 의사이자 종교재판소의 재판관인 헤로니모 데 우에르타는 플리니우스의『자연의 역사』를 주석을 달아 번역·출판한다. 엘레노는 자기변호를 위해 이 책의 제7권을 인용한 바 있는데, 이제 자연사 연보에 그녀의 이야기가 삽입된 것이다. 자연이 최고의 책략가라면, 여자는 가장 교묘한 위조자이다──그리고 특히 여자노예가 그러하다. 이 기괴한 플리니우스는 그 관심을 양성자에서 노예로, 자연의 경이적 현상에서 자연을 위배하는 속임수──이 속임수는 노예계급에서 가능하다──로 이동시키고 있다.[22] 목차를 보면, 엘레나는 다음과 같이 의심의 여지 없이 속임수를 쓰는 여자로 표현된다. "남자행세를 한 여자노예의 속임수." 엘레노의 설명은 거짓으로 차 있으며, 한 여자노예의 필사적인 거짓말이라는 것이다. 플리니우스가 초자연적인 현상을 설명한다면, 엘레노는 표리부동한 것으로서 그리고 역사로서의 레즈비언 섹슈얼리티를 예증하고 있다.

[…] 카스티야에서는 엘레나 데 세스페데스라는 이름의 안달루시아 노예가 일으킨 날조, 사기 사건이 있었다. 그녀는 여자옷을 입지 않았으며, 체격도 좋지 않고 수염도 없었지만 속임수로 가짜를 붙이고 여러 해 동안 남자행세를 하였고 [그리고] 남자처럼 보이게 했다. 그 스타일이 너무나 자연스러워서 몇몇 의사는 검사를 하고도 남자라고 선

언할 정도였으며, 그녀는 시엔 포셀로스라는 여자와 결혼하였다.[23]

우에르타스는 동료판사들과 함께 엘레노의 여성성을 자연의 역사를 반영하는 노예로 해석한다. 엘레노를 "안달루시아 여자노예"로 못 박는 것은 하나의 중층화된 종속적인 주체를 낳는 것이다. 이 종속적인 주체의 지역과의 '공감'은 값싼 노동과 '관능적 목적'을 나타내는 것일 뿐, 결코 경이로운 것이 아니다.

주

1) 엘레나 데 세스페데스 판결문 요약은 마드리드 역사문서보관소 서류를 내가 직접 필사하거나 번역하여 사용하였다. 이 서류들은 16세기에 여러 사람에 의해 필사되었다. 나는 페이지를 매기지 않았는데, 그것은 원본 자체에 일련 페이지 혹은 번호가 없기 때문이다. 나는 원본을 필사하면서 읽기 쉽게 약간 수정을 한 부분들도 있다. 엘레노에 관한 최근 연구로는 M.-C. Barbazza, "Un caso de subversión social: el proceso de Elena de Céspedes(1587~89)," *Criticón* vol. 26, 1984, pp. 17~40; M. Escamilla, "A propos d'un dossier inquisitorial des environs de 1590: les étranges amours d'un hermaphrodite," *Amours légitimes, amours illégitimes en Espagne*(16~17 Siècles), Paris: Publications de la Sorbonne, 1985, pp. 167~82; G. F. Jou and M. del Sagrario Muñoz, "Un pretendido caso de hermafroditismo en el siglo XVI," *Boletín de la sociedad española de historia de la farmacia* vol. 93, 1973, pp. 20~33이 있다. V. L. Bullough and B. Bullough, *Cross Dressing, Sex, and Gender*, Philadelphia: Univ. of Pennsylvania Press, 1933, pp. 94~96도 참조.
2) 16세기 프랑스 양성자들의 법적 지위를 결정하는 데 있어서 의사의 역할에 관해서는 L. Daston and K. Park, "Hermaphrodites in Renaissance France," *Critical Matrix: Princeton Working Papers in Women's Studies* vol. 1/no. 5, 1985, pp. 1~19 참조.
3) 여성과 법에 관해서는 M. E. Perry, *Gender and Disorder in Early Modern*

Seville, Princeton, NJ: Princeton University Press, 1990 참조.

4) 스페인어 대명사 간접목적격 le('그에게' 혹은 '그녀에게')는 젠더를 지칭하지 않지만, 이미 법원당국이 엘레나를 여성으로 생각하기 때문에 나는 '그녀에게'로 번역하였다.

5) 다스통과 파크(p. 7)는 16세기 프랑스의 양성자들에 대한 동성애 혐오적 반응을 강조한다. 양성자들에 대한 연구로는 E. Donoghue "Imagined More than Women: Lesbians as Hermaphrodites, 1671~1766," *Women's History Review* vol. 2/no. 2, 1993, pp. 199~216; J. Epstein, "Either/Or—Neither/Both: Sexual Ambiguity and the Ideology of Gender," *Genders* no. 7, 1990/March, pp. 99~142; A. R. Jones and P. Stallybrass, "Fetishizing Gender: Constructing the Hermaphrodite in Renaissance Europe," J. Epstein and K. Straub, eds., *Body Guards: The Cultural Politics of Gender Ambiguity*, New York/London: Routledge, 1991, pp. 80~111; G. Nugent, "This Sex Which Is Not One: Deconstructing Ovid's Hermaphrodite," *Differences: A Journal of Feminist Cultural Studies* vol. 2/no. 1, 1990/Spring, pp. 160~85; L. Silberman, "Mythographic Transformations of Ovid's Hermaphrodite," *Sixteenth-Century Journal* vol. 19/no. 4, 1988/Winter, pp. 643~52 참조.

6) 이것을 비롯하여 『자연의 역사』의 모든 영어인용과 라틴어 텍스트의 출전은 각각 Pliny, *The Natural History of Pliny* vol. 2, London: Henry G. Bohn, 1855; C. P. Secundi, *Naturalis Historiae(Libri VII~XV)*, Leipzig: B. G. Teubner, 1909. 이 글에서는 보스톡과 릴리 번역판의 권수와 페이지에 따라 인용했다.

7) 16세기 악당소설에 나오는 악당 주인공이다(*Lazarillo de Tormes*, F. Rico, ed., Barcelona: Editorial Planeta, 1988).

8) 아메리카 대륙에서 자행된 여성 아프리카 노예들에 대한 매질과 신체절단의 문화적 의미를 주제로 하고 있는 것으로는 H. J. Spillers, "Mama's Baby, Papa's Maybe: An American Grammar Book," *Diacritics* vol. 17/no. 2, 1987/Summer, pp. 65~81이 있다. 스페인의 노예제도에 관해서는 J. L. C. López, *La esclavitud negra en la España peninsular del siglo XVI*, Salamanca: Ediciones Univ. de Salamanca, 1989; A. F. Silva, *Los esclavos de Sevilla*, Sevilla: Diputación Provincial de Sevilla, 1980; "La mujer esclava en la sociedad andaluza de fines del medioevo," A. M. Fernández and C. S. Graiño, eds., *El trabajo de las mujeres en la Edad Media Hispana*, Madrid: Asociación Cultural Al-Mudayna, 1988, pp. 287~301 참조.

9) 모리스코스에 관해서는 A. D. Ortiz and B. Vincent, *Historia de los moriscos:*

210

vida y tragedia de una minoría, Madrid: Revista de Occidente, 1978 참조.

10) 다스통과 파크는 "섹슈얼리티를 기질의 차이로 보는 아리스토텔레스식 시각에서 … 임신시의 정자와 난자의 비율에 바탕을 둔 히포크라테스식 시각"으로의 변화를 관찰한다(Daston and Park, 앞의 글, p. 4 참조). D. Jacquart and C. Thomasset, *Sexuality and Medicine in the Middle Ages*, M. Adamson trans., Princeton: Princeton University Press, 1988; I. MacLean, *The Renaissance Notion of Woman: A Study in the Fortunes of Scholasticism and Medical Science in European Intellectual Life*, Cambridge: Cambridge Univ. Press, 1980; T. Laqueur, *Making Sex: Body and Gender from the Greeks to Freud*, Cambridge, Mass.: Harvard Univ. Press, 1990; K. Park and R. A. Nye, "Destiny Is Anatomy: Review of *Making Sex: Body and Gender from the Greeks to Freud*, by Thomas Laqueur," *The New Republic*, 1991. 2. 18, pp. 53~57; J. Cadden, *Meanings of Sex Difference in the Middle Ages: Medicine, Science, and Culture*, Cambridge: Cambridge Univ. Press, 1993; G. Herdt, ed., *Third Sex, Third Gender: Beyond Sexual Dimorphism in Culture and Society*, New York: Zone Books, 1994 참조.

11) 오비디아 이야기의 신비한 영광에 관해서는 L. Barkan, *The Gods Made Flesh: Metamorphosis and the Pursuit of Paganism*, New Haven/London: Yale Univ. Press, 1986 참조.

12) 아라공과는 달리, 카스티야 종교재판소에서는 남색 사건에 대한 사법권을 가지고 있지 않았다. 엘레노가 남색 혐의로도 고발당했지만, 그녀의 주요 죄목은 '결혼의 신성함을 모독한' 것으로 이는 종교재판소의 처벌대상이었다. 남색죄로 기소된 사건에 관해서는 B. Benassar, "El modelo sexual: la Inquisición de Aragón y la repressión de los pecados 'abominables'," *Inquisición española: poder político y control social*, Benassar, ed., Barcelona: Editorial Crítica, 1981; R. Carrasco, *Inquisición y represión sexual en Valencia. Historia de los sodomitas (1565~1785)*, Barcelona: Laertes, 1985; M. E. Perry, "The 'Nefarious Sin' in Early Modern Seville," K. Gerard and G. Hekma, eds., *The Pursuit of Sodomy: Male Homosexuality in Renaissance and Enlightenment Europe*, New York/London: Harrington Park Press, 1989, pp. 67~89; F. T. y Valiente, "El crimen y pecado contra natura," *Sexo barroco y otras transgresiones premodernas*, Madrid: Alianza Editorial, 1990, pp. 33~55; W. Monter, *Frontiers of Heresy: The Spanish Inquisition from the Basque Lands to Sicily*, Cambridge: Cambridge Univ. Press, 1990, pp. 276~99 참조.

13) 왼쪽 여백: "A. Cicero lib.1. de diuy natu. Diuus Agustinus Lib. 16. de civitate die.c.8. Pli[n]j lib. 7. natur. histor." 엘레노는 재판소가 그 목록을 작성한 27권에 이르는 장서를 소유하고 있었다. 목록의 내용——약학, 외과의학, 수사학 그리고 스페인·라틴·이탈리아의 자연철학——과 그녀의 증언은 그녀가 이 장서를 한 휴머니스트 의료인으로부터 통째로 구입했음을 나타내고 있다.

14) G. B. Conte, "The Inventory of the World: Form of Nature and Encyclopedic Project in the Work of Pliny the Elder," *Genres and Readers: Lucretius, Love Elegy, Pliny's Encyclopedia*, G. W. Most trans., Baltimore/London: The Johns Hopkins University Press, 1994, pp. 67~104. 인용은 p. 72.

15) L. Daston, "Marvelous Facts and Miraculous Evidence in Early Modern Europe," *Critical Inquiry* vol. 18/no. 1, 1991/Autumn, pp. 93~124. 인용은 pp. 96~98.

16) J. Contreras and G. Henningsen, "Forty-Thousand Cases of the Spanish Inquisition(1540~1700): Analysis of a Historical Data Bank," G. Henningsen, J. Tedeschi, and C. Amiel, eds., *The Inquisition in Early Modern Europe: Studies on Sources and Methods*, Dekalb, Ill.: Northern Illinois University Press, 1986, pp. 100~29; Monter, 앞의 책, pp. 255~75; M. E. Perry and A. J. Cruz, eds., *Cultural Encounters: The Impact of the Inquisition in Spain and the New World*, Berkeley: Univ. of California Press, 1991 참조.

17) Conte, 앞의 책, p. 84, 86; P. Findlen, "Jokes of Nature and Jokes of Knowledge: The Playfulness of Scientific Discourse in Early Modern Europe," *Renaissance Quarterly* vol. 43/no. 2, 1990/Summer, pp. 292~331 참조.

18) 나는 '전략적 위치'(strategic location) 개념을 E. W. Said, *Orientalism*, New York: Vintage, 1979, pp. 20~21에서 차용하였다.

19) A. de Torquemada, *Jardín de flores curiosas*, G. Allegra, ed., Madrid: Castalia, 1982, pp. 116~17. 스페인어에 대한 영어번역은 내가 한 것이다.

20) 트리엔트 공의회 이후 중혼죄는 종교재판소의 주요 관심사였다(E. Gacto, "El delito de bigamia y la Inquisición española," *Sexo barroco*, pp. 127~52 참조).

21) 판결선고에서의 판결문 낭독은 "재판관들이 여론을 형성하기 위해 의식적으로 사용한 선전과 대중교육의 수단이었다. 이처럼 재판은 그 자체와 그것을 공격한 믿음에 부여하고 싶어했던 이미지를 만회하는 것을 목적으로 했다는 점에서 흥미롭다"(J. P. Dedieu, "The Archives of the Holy Office of Toledo as a Source for Historical Anthropology," E. W. Monter trans., Hennigsen et al., eds., *The Inquisition*, p. 180 참조).

22) '바로크'라는 용어는 트리엔트 공의회 이후에 스페인에서 통용되었던 '인공적인
  것에 대한 숭배(와 우려)'를 지칭한다(J. R. Beverley, "On the Concept of the
  Spanish Literary Baroque," A. J. Cruz and M. E. Perry, eds., *Culture and
  Control in Counter-Reformation Spain*, Hispanic Issues vol. 7, Minneapolis:
  Univ. of Minnesota Press, 1992, pp. 216~30. 인용은 p. 223).

23) G. de Huerta, *Tradvcion de Los libros de Caio Plinio Segvndo, de la historia
  natvral de los animales. Hecha por el licenciado Geronimo de Huerta, medico,
  y filosofo. Y anotada por el mesmo con anotaciones curiosas*, Alcalá: Justo
  Sánchez Crespo, 1602, folio 20v.

I. 버샤틴은 하버퍼드 칼리지의 스페인학과 교수이다. "The Moor in the Text:
Metaphor, Emblem and Silence" "Race" "Power, Discourse and Metaphor in the
Abencerraje" "Playing the Moor: Parody and Performance in Lope de Vega's El

남성 되기
힌두교와 불교에서 젠더변형을 통한 구원

신시아 앤 흄즈(Cynthia Ann Humes)

세계적인 문학작품들 가운데 성의 변화를 경험한 사람들을 소재로 한 작품은 헤아릴 수 없이 많다. 어떤 경우에는 젠더역전이 개인적인 이유에서 바람직할 수도 있다. 그런가 하면 일부 종교집단에서는 한 인간의 성의 변화—특히 여자로 태어난 경우에—는 구원에서 필수적인 것으로 간주된다. 예를 들어 힌두교와 불교의 일부 구제의 교리서에서는 완전한 해탈에 이를 수 있기 위해서는, 그에 앞서 여자는 남자의 몸을 입는 것이 반드시 필요하다고 주장한다. 뿐만 아니라 실질적인 신체상의 성변화가 불필요하다고 생각될지라도, 힌두교와 불교의 구원의 전통에서 초월의 핵심적인 영적 개념은 '남성' 혹은 '남성적인 것'으로 비유되는 상징과 연결되어 있다. 요컨대 여자는 깨달음을 얻기 위해서 스스로 젠더 지향성에서 '여자의' 특성을 몰아내고 '남자가 되도록' 특별한 가르침을 받아야 한다는 것이다.

이 글에서는 육체 혹은 정신적인 면에서 왜 이러한 종교적 젠더변화가 필요하다고 생각되었으며, 그러한 생각이 남자와 여자의 경험에 어떤 영향을 미쳤는지를 폭넓게 살펴보고자 한다. 이것은 힌두교 및 불교의 일반적인 체현(embodiment)이론과 젠더화된 특수한 체현을 밝혀내기 위함이기도 하다. 따라서 이 글에서는 이 두 전통 안에 뒤섞여 있는 이에 관한 수많은 주제들을 다루고 있다. 여기에는 젠더 이분법, 물질과 정신, 구원에 이르는 금욕적·철학적 방법과 헌신적 방법, 현세의 구원과 내세의 구원이 포함된다. 구체적으로 전반부에서는 힌두교의 교리를 설명하고 있다. 그리고 후반부에서는 불교의 교리에 관한 서술에 덧붙여 불교와 힌두교의 젠더 및 구원 개념을 상호 비교하면서 결론을 도출해 내고 있다.

힌두교의 젠더와 구원

힌두교의 구원의 기본틀은 대부분 남성 우월성에 대한 믿음을 기반으로 하고 있다. 오늘날까지도 힌두인의 문헌은, 여자에서 남자로 변하는 것은 현실적으로 늘 바람직하지만 그 반대는 바람직하지 않다고 본다. 즉 이와 모순되는 예외들은 이 법칙을 증명하는 것에 불과할 따름이다.[1]

'힌두교'는 남아시아의 다양한 전통들을 그 내에 포괄하고 있는 자기발전적인 용어로 널리 수용되고 있지만, 실제로 이 모든 전통들은 다음 네 가지 산스크리트어 문학을 자신들의 공동 유산이라고 주장한다. 즉 이들은 삼히타(BC 1400~BC 1000), 브라흐마나(BC 1000~BC 700), 아라냐카(BC 800~BC 600), 우파니샤드(BC 800~BC 500)를 신성시한다. 가장 초기의 경전을 만든 북인도 사람들은 사실 자신들을 아리아인, 즉 '보다 높은' 길을 따르는 사람이라고 지칭하였는데, 오늘날에는 힌두인으로 통한다. 아리아인의 종교는 그들의 문학이름을 따서 베다로도 알려져 있는데, '지식'의 보고(寶庫)라는 뜻이다.

이 지점에서 나는 단서 하나를 붙이지 않을 수 없다. 현재 이 경전들은 모든 힌두인들의 젠더 및 구원 개념에 매우 중요한 기여를 한 것으로 인식되고 있지만, 사실 이 경전들이 대중화된 것은 근대에 들어와서 비인도권 동양학자와 인도 민족주의자들에 의해서였다. 이들은 자신들 집단의 다양한 의제를 원활하게 다루는 근거로서 이 경전들을 사용하였다. 더욱이 이 경전들은 이를 만든 바로 그 소수자의 시각을 반영하고 있다. 경전 저자들은 스스로 엘리트 그룹에 속한다고 생각하지 않는 사람들의 종교적 체험에 관한 토론을 생략하였는데, 오늘날에 와서도 이 대부분의 경전들은 '힌두인'으로 불리게 된 대다수 사람들에게는 별 의미가 없다. 그러나 이 경전들이 19세기 이후 힌두인의 정체성 구성에서 매우 중요한 역할을 하였기 때문에, 젠더변화에 대한 이들의 시각을 살펴보는 것은 그 자체가 하나의 중요한 작업이다.[2] 따라서 이 경전들을 통해서 지배적인 시각을 살펴볼 수는 있겠으나, 이 시각은 원래 소수파였던 사람들에게서 나온 것이며 그 가치는 여전히 논란의 대상이 되고 있다.

아리아인들은 가부장적 전통을 강화시켰지만(예를 들어 남성 우월, 부계제도, 기혼여성의 시집생활), 여자도 스스로 구원을 얻을 수 있었다. 아내와 어머니로서 여자는 남자의 종교적 목표에서도 중요한 존재였다. 이들의 첫번째 경전은 찬가모음집 혹은 삼히타라고 불린다. 삼히타는 여성성과 부부의 상호보완성을 중요시한다.[3] 예를 들어 가정의례와 공적인 의례에는 부부가 다 참석하는 것으로 되어 있

216

으며, 부부가 짝을 이루는 것을 신성한 질서로 믿었다. 이후 힌두인의 경전은 자연스러운 이성애가 아닌 다른 섹슈얼리티와 젠더구성에 관한 대안적 시각을 전혀 제공하지 않았다.[4] 부부의 화합은 베다 경전의 주요한 관심사였으며, 나중에 여성의 종교적 의무(스트리 다르마)의 주요한 특성으로서 현재까지 이어지고 있다.

종종 경전에서 인간 여자는 세 가지 방식의 세속생활(트리바르가) ——이 모두가 구원의 한 가지 양식을 구성하고 있었다——에 중요한 기여를 하는 좋은 아내로 등장하였다. 여자들은 이상적인 행위를 통해서 다르마, 즉 가정·사회·우주의 성스러운 질서를 떠받쳐주고 있었다. 이들은 아들을 낳음으로써 물질적 부(아르트하)에 기여하였다. 이들은 자신들의 미학을 통해서 전체로서의 가정의 행복을 상징하였으며, 세속생활의 세번째 목표인 카마, 즉 욕망과 쾌락을 고취시켰다. 여성의 기여에 대한 이 같은 긍정적인 평가는 훗날까지 이어졌다. 적어도 삼히타 내에서, 구원은 남편과 아내가 협력하여 이루는 것으로 인식되었다. 여성의 젠더는 설령 그것이 여성의 기여를 제한할지라도 여성의 구원 자체를 불가능하게 하는 조건은 아니었다.

여성에 대한 이러한 긍정적인 평가는 두번째 힌두경전 브라흐마나에 오면 다소 위계적인 종교 개념으로 변화한다. 브라흐마나는 출생집단간 격차를 더 벌려놓았으며 아들을 아버지의 극락길을 인도하는 존재로서 그 중요성을 높였다. 나중에 브라흐마나는 사람이 구원받기 위해서는 베다의 입문식을 통해 '다시 탄생'해야 한다고 설파하였다. 입문식은 상위 세 계급(바르나)의 사람들만 받을 수 있었기 때문에, 네번째 바르나, 즉 천민계급(수드라)은 제외되었다. 이렇게 입문식을 거친 후에는 제례와 찬가를 제대로 수행하는 데 필요한 혹독한 훈련을 가정교사로부터 받아야 했다.

부를 얻는 것, 자손을 얻는 것, 건강을 얻는 것 등 여러 가지 목표를 달성하기 위한 가정의식과 공공의식이 계속 이어져 왔지만, 가정의식은 점점 더 열등한 것으로 간주되었고 우주의 유지를 지향하는 의례는 이를 완벽하게 주재할 전문적인 관장자를 필요로 하면서 점점 더 정교화되어 갔다. 사후에 극락의 삶에 이르기 위한 정교한 중재의식이 더욱더 강조되었는데, 이런 의식에서는 남자가 제물을 바치고 적자(嫡子)가 제관들의 도움을 받아 의식을 주재하는 것도 마찬가지로 강조되었다. 이 결과 남자와 여자의 교육수준은 상당히 벌어졌다. 예를 들어 가장 높은 브라만 계급의 소년들은 모두 공동생활을 하면서 공부를 했지만, 소녀들은 선택적으로 교육을 받았다.

극락으로 가는 데 있어서 적자가 새로운 필수조건이 됨으로 해서, 여성의 섹슈얼리티를 통제하는 것 역시 점점 더 강조되었다. 마침내 여성의 정절은 '순결'과 동일시되었으며, 순결은 여성교육의 적절한 대체물로 간주되었다. 남자의 사회적 지위는 아내의 순결/정절과 밀접하게 연결되어 있었기 때문에, 여성의 섹슈얼리티를 통제할 필요성은 갈수록 더 커져만 갔다. 이러한 과정을 통해서 여자는——설령 순결하고 존경받는다 할지라도——그 본질상 무지하고 무능하다는 통념이 일반화되어 갔다. 후기브라흐마나 시대가 되면, 여자는 월경과 출산을 통한 오염의 원천으로 간주되기에 이른다. 이렇듯 여자는 육체적으로뿐 아니라 기질적으로도 위험한 본성을 지닌 존재로 간주되었다.

세번째 경전 아라냐카와 네번째 경전 우파니샤드는 물질과 정신에 관한 새로운 종교적 목표와 철학적 개념을 도입하는데, 이는 여성의 구원이론에 커다란 반향을 불러일으켰다. 이들 경전의 대부분은 인간운명에 관한 새로운 시각을 발전시켰다. 즉 모든 인간은 계속 다시 태어나게 되어 있으며 그렇기 때문에 삼사라(현상적이고 세속적인 존재의 영속적인 윤회)에 갇혀 있다는 것이다. 이에 따라 종교적 목표가 변화했다. 트리바르가는 확대되어 네번째 차원인 해탈(모크샤)을 포함하게 되었다. 몇몇 경우에 해탈은 초기힌두교의 경전에서 볼 수 있는 시각과 전혀 다르다고만 할 수 없는 극락왕생을 의미하였지만, 좀더 일반적으로는 환생의 고리에서 완전히 벗어나는 것을 의미하였다.

　권위 있는 것으로 받아들여지고 있는 많은 우파니샤드는 여러 가지 시각을 자세히 설명하고 있다. 개중에 어떤 것은 매우 이론적이며 또 어떤 것은 명상적이고 일원론적이다. 대부분의 우파니샤드는 초기 상키야(인도 6파철학의 하나—옮긴이)의 이원론(여러 가지 설이 있으나 기원전 500년경 발원한 것으로 추정됨)을 포괄하고 있는데, 이 이원론은 두 가지 영원한 원리를 전제로 하고 있었다. 여성적이며 우주의 물질적 근원인 물질(프라크리티)과 남성적 의식인 정신(푸루샤, ‘남자’라는 뜻)이 그것이다. 이 우파니샤드 경전들은 프라크리티를 격하시켜 이를 푸루샤의 한 측면으로 간주한다. 푸루샤는 아트만(Atman, 自我), 즉 개인의 영혼과 동일시되었으며, 아트만은 우주의 비물질적이고 정신적인 요체 브라만과 궁극적으로 동일했다. 브라만(Brahman, 궁극적 실재)은 모든 것에 편재하고 영원하며 완전히 실재적인 원리였다. 즉 세상은 물질적이고 일시적이며, 따라서 해탈에서 초월되어야 할 낮은 차원의 현실이었다. 여성의 생산성은 섹슈얼리티와 동등한 것이 되었으며, 섹슈얼리티 그 자체는 프라크리티의

미혹하는 힘 혹은 세력이라고 보았다. 섹슈얼리티/프라크리티는 통제되지 않으면, 깨달음으로 통하는 길을 방해한다는 것이다.

영향력과 명성을 두루 갖춘 아드바이타(비이원론) 철학—보다 일원론적인 우파니샤드에 뿌리를 두고 있다—에서는 깨달음의 정점에 이르면 프라크리티와 푸루샤가 구별되지 않으며, 젠더 역시 궁극적으로 문제가 되지 않는다. 젠더화된 구성은 덧없는 것이 되거나 혹은 철학적·금욕주의적 접근방식에서는 인간이 궁극적으로 분별을 초월할 수 있게 해주는 도구 또는 이데올로기적 고리 역할을 한다.[5] 그러나 이 전통에서 이런 이상적인 깨달음은 매우 드문 통찰로 알려져 있으며 아드바이타 철학의 담론에서는 여전히 젠더화된 용어와 가치관이 사용되고 있다. 이리하여 철학적 논문들은 추종자들에게 '여성적'·물질적 요소에 대한 집착을 끊고—말 그대로 남자를 의미하는—완전한 영혼, 즉 푸루샤를 꽉 붙잡으라고 충고한다. 따라서 브라만이라는 용어는 중성명사이지만, 인간행위나 정신의 정수(精髓)는 그 깨달음의 지배적인 행동양식의 토대를 이룰 뿐 아니라 남성적인 것과 남성경험의 직접적인 표본이 된다.

정통 힌두교는 비록 새로운 요소를 덧붙이기는 했지만 이 네 가지 경전을 모두 통합하는 시도를 하였다. 전통적인 베다의 학습 필요성을 인정하면서도, 학생들이 깨달음이라는 더 큰 임무를 성취하는 데 요구되는 철학적 묵상, 고행, 명상 같은 것을 할 수 있게 준비하는 것을 그 목적으로 했다. 깨달음을 얻으면 궁극적 목표를 달성하게 된다. 즉 그 개인의 영혼은 (극락세계에서 다시 태어나는 것을 포함하여) 물질세계의 윤회의 고리에서 자유로워지는 것이다. 이렇듯 정통 힌두교는 세속적 목적과 극락왕생을 추구하며 행하였던 가정의식과 초기 베다의 의식행위를 폄하한다.

정통 힌두교에 여성의 참여는 점차 제한되어 갔다. 초기 우파니샤드 시대에는 상류층 여성은 베다를 배우고 깊이 연구할 수 있었다. 다르마 경전 시대(BC 400~BC 100)에 여성은 두 범주, 즉 브라흐마바디니와 사디오드바드하로 분류되었다. 브라흐마바디니는 평생 학생으로 살면서 '브라만에 정통하게 되는' 여자였다. 보통 속세와의 인연을 포기한다는 것은 혼자 살면서 방랑생활을 하는 것을 의미했으며, 당연히 보호받지 못하는 여자는 정숙치 못한 여자로 정의되었다. 따라서 브라흐마바디니는 입문식을 거쳐 학습과 불의 의식과 시주받으러 다니는 일을 수행하였다. 그러나 부모의 집이라는 테두리 속에서 과연 이들이 현실적으로 완전한 깨달음을 얻을 수 있었을까 하는 것은 후대의 사가들 사이에서 논쟁점이 되고 있다. 사디오드바드하 역시 입문식을 거치지만, 이들은 결혼하기 전까지 8, 9년 정도만 공부를 했다.

기원전 300~200년경이 되면 여성의 입문식은 형식에 지나지 않게 되고 소녀들은 곧 결혼하였다. 예를 들어 저명한 법전편찬자이자 힌두교에서 확고한 위치를 차지하고 있던 마누는, 소녀들의 입문식에서는 베다의 만트라(기도에서 외는 주문—옮긴이)를 낭송하지 말 것을 권고했다.[6] 베다 만트라의 낭송 없는 입문식이라든가 입문식 이후에 만트라의 학습이 없다는 것은 확실히 모순이었다. 그래서 야나발키아 같은 좀더 솔직한 다르마 경전의 편찬자들은 소녀들의 입문식 자체를 금지하기 시작하였다. 기원전 1세기에는 결혼이 여성 입문식에 상당한 것으로 해석되었고, 남편을 섬기는 것은 스승과 함께 사는 것을 의미했으며, 제사의 불을 모시는 일은 가정의 의무로 대체되었다.

여성에게 적합한 종교적 행위(스트리 다르마)는 파티요가였다. 파티요가는 남편, 즉 파티——'통치자' 혹은 '주인'이라는 뜻——와의 결합 혹은 남편 밑에서 훈육을 받는 것을 의미한다. 파티요가는 제사, 금욕 (요가), 헌신(박티)을 결합시켰으며 이 모든 것은 스트리 다르마—— 모든 종교적 행위를 남편의 숭배로 연결시키는 것——에 의해 뒷받침되었다.

여성의 결혼이 입문식과 동일시되면서, 기원전 1세기 무렵에는 배우지 못해 일상의 기도문도 제대로 낭송하지 못하는 여자——설령 브라만 계급 출신이고 기혼이라 하더라도——는 베다의 제사에서 자동적으로 제외되었던 수드라 계급과 다르지 않다는 믿음이 널리 퍼졌다. 이런 연관성은 아리아인 남성과 수드라 여성 간의 결혼이 생김으로 해서 가속화되었던 것 같다. 아리아인 남자가 수드라 여자와 결혼하게 되자, 브라만 사제들 사이에서 아리아인이 아닌 여자를 베다 제사에 참석시킬 것인지를 놓고 논란이 일었다. 아마 '아리아인' 여성과 '비아리아인' 여성의 구분이라는 잠재적인 문제를 피하기 위한 일환이었던 것 같은데, 기원전 200년에 다르마 학자 아티사야나는 누구든 불쾌감을 가지지 않도록 하기 위해 여성은 일절 제사에 참여할 자격이 없다고 선언하였다.[7] 그리고 이 견해는 마침내 지배적인 것이 되었다.

그러나 베다 의식이나 학습 및 극기의 입문식에 여성이 참여하는 것을 부정적으로 보는 이런 시각은 여성을 아내와 어머니로서 계속 존중하고 여성의 정절과 순결을 긍정적으로 평가함으로써 완화되었다.

결혼은 남자보다 여자에게 훨씬 더 큰 변화를 가져오는 사건이었다. 여자는 결혼하면 혈통과 신체가 문자 그대로 변해 버린다고 믿었다. 즉 여자는 남편 집안의 일원이 되었다.[8] 남자에게 결혼은, 조상들(푸트라다르마)에게 진 빚을 갚고 자식 없는 사람들이 가는 지옥에 떨어지지 않게 자신의 화장 장작에 불을 지펴줄 적자를 낳기 위해서 중요하지만 남자의 본성을 근본적으로 변화시키는 영향을 미치지는 않는다.[9]

여성과 결혼 그리고 그에 따른 파티요가와의 필연적인 연관성은 힌두인의 젠더 및 구원론 개념과 관련하여 극적인 결말로 이어진다. 이제부터 여자의 삶은 세 가지 국면으로 나뉜다. 처녀시절, 결혼 그리고 남편이 먼저 죽을 경우 남편의 화장불에 산 채로 죽는 사티(진정한/덕스러운 여자)가 되거나 과부가 되는 것이다.[10] 이와 달리 상류층 힌두 남성의 이상적인 삶은 학생시절, 가장시절, 숲에서의 생활, 금욕적 극기 시절 등 네 단계(아슈라마)를 거친다. 남자와 여자가 상부상조하는 유일한 시기는 가장시절이다. 그후 두 단계 동안에는 남편이 금욕생활을 하므로 아내는 남편의 몫까지 도맡아 해야 하며, 매우 드물지만 남편이 허락하는 경우 아내도 남편과 함께 금욕생활을 하기도 한다.

여자는 가정을 유지시켜 나가고 가정을 소중히 여기는 법을 배우지만, 남자는 가정을 벗어나고 그 가치를 폄하하는 법을 배운다. 실제로 남자가 세속생활을 경시하는 것은 여러 가지 방식으로 여자에 의해서 상징화되었다. 즉 여자는 섹슈얼리티와 재생산과 가족을 체현하는 존재였으며, 본질적으로 해탈을 방해하는 주된 장애물이었다. 그러나 남성의 독신생활이 주요한 종교적 덕목이라 할지라도, 결혼생활과 부모가 되는 경험을 먼저 거치지 않고 금욕주의자가 되는 것은 푸트라다르마라는 훨씬 더 엄격한 사회적·종교적 규범을 위배하는 것이다. 이리하여 남자는 두 가지 상반되는 가치 사이에 놓이게 되었다. 결혼은 의무지만, 금욕적 극기는 더 높은 소명이었던 것이다.

금욕과 지혜를 강조하는 거의 모든 힌두 철학체계는, 여자는 완전한 해탈에 이르는 데 필요한 더 높은 단계의 수행을 하기에 천성적으로 적합하지 않거나 능력이 부족하다고 보았다. 이리하여 여자가 선택할 수 있는 최선의 길은, 선행을 베풀어 그에 대한 일시적인 보상으로 극락에 간다거나 더 높은 존재로 환생하는 것뿐이었다. 여기서 후자의 길은 남편을 따라 환생하여 자신도 먼 미래에 마침내 남자가 되는 것을 의미하는데, 이때 여자는 최종적인 해탈을 추구할 수 있게 된다.

헌신적 숭배(박티)는 머지않아 베다의 제사와 학문, 우파니샤드의 극기가 융합된 정통 힌두교를 능가하게 되었다. 여자들의 박티에서는 남편뿐 아니라 자비롭고 전능한 신에 대한 헌신이 강조되었다. 정통 힌두교에서 여성의 젠더는 필연적으로 해탈을 지연시키는 데 비해, 박티는 즉각적이고 궁극적인 구원의 가능성을 인정하였다. 그리고 우파니샤드에서는 착한 아내〔良妻〕에게 일시적 극락이 주어지고, 이것과 달리 신성의 극락은 선행에 대한 일시적인 보상일 뿐 아니라 구원 그 자체이기도 했다. 우파니샤드에서 해탈을 추구하는 데 필요한 선결조건(장기간의 교육, 남성젠더, 아리아인 신분)이 박티에서는 필요가 없었다. 덧붙여 베다의 제사와 달리, 여성이나 신분이 낮은 사람도 사적인 숭배의식에서 음식이나 노래, 기도를 올릴 수 있었다. 실제로 가장 유명한 여성 박티(모범적인 헌신자)는 결혼을 거부한 사람들이었는데, 이들은 착한 아내의 숙명적 의무인 남편 섬기는 일에 시간을 빼앗기지 않고 자신이 선택한 신성한 임무에 충실할 수 있었다.

그러나 박티와 파티요가는 반드시 모순되는 것이 아닌지라 힌두교에서 양자는 여성의 종교적 경험의 지배적인 형식으로서 계속 공존하고 있다. 심지어 이 둘은 극기의 한 형태인 자기포기로 통합되기 때문에 배타적이고 남성 주도적인 금욕주의 형식을 효과적으로 벗어난다. 이처럼 본래 여성은 특정 분야들에서 평가절하되고 배제되어 왔다고 하더라도, 그 대신 힌두 구원론의 젠더를 기반으로 한 형식들은 여성으로서 해탈할 수 있는 길을 열어놓고 있다. 뿐만 아니라 현재 힌두인으로 일컬어지고 있는, '하층계급'의 범주로 전락한 절대 다수의 사람들은 경전이 우선적으로 규정했던 것의 영향을 상대적으로 덜 받았다. 이들은 자신들 고유의 종교형식들을 실천했는데, 여기서는 종종 남녀 모두에게 여러 가지 폭넓은 경험이 허용되었으며 여성에 대한 시각이 훨씬 덜 억압적이었다.

정통 힌두교에서 젠더역전은 거의 언제나 선행의 보상 혹은 결과로서 후세의 삶에서 열등한 여성에서 우월한 남성으로 변하거나, 악행의 벌 또는 결과로서 후세의 삶에서 우월한 남성에서 열등한 여성으로 변하는 식으로 묘사된다. 박티에서는 남성 헌신자가 신성에 좀 더 가까이 다가가기 위해서 여성의 존재양식을 채택하는 식으로 젠더역전이 실제로 일어날 수 있다. 이러한 형식의 젠더역전은 여성이 감정이 더 풍부하고 그렇기 때문에 신을 더 깊이 사랑할 수 있다는 힌두문화의 보편적 믿음에 기초하고 있다. 예를 들어 인도 남부의 발라브하 남성들은 크리슈나 신과 소젖 짜는 아가씨들의 연애담을 회상하거나 영혼과 그 영혼의 주인의 결합에 대한 에로틱한 상징화에서 크리슈나 신과의 육체적 결합을 상상하면서, 크리슈나 신의 관심을 끌기 위해 여자 흉내를 낸다.[11] 이리하여 여성의 기질이 금욕수행에는 해가 되지만 헌신적인 숭배에서는 유리할 수 있기 때문에, 여성의 심성을 의도적으로 주입한다──물론 신성과의 관계에 국한해서이다.

여신을 숭배할 때 남자들은 의식적으로 혹은 몇몇 경우에는 여신에게 사로잡혀서 무의식적으로 여장을 하고 여성의 태도를 취할 수 있다. 19세기의 유명한 벵골 성인 라마크리슈나는 여신을 섬기는 더할 수 없이 행복한 의식에서 여자가 되었다는 전설이 있는데, 그는 월경을 하기 시작하였다고 한다. 하지만 이러한 신체적 변화는 분명 예외에 속한다.

박티에서 묘사되고 있는 젠더역전은 물리적 혹은 신체적 형태가 아니라 역할연기의 측면에서이다. 즉 남자가 실제로 여자가 된다고 생각지는 않는다. 이런 구원적 의미의 바꿔입기 형식은 힌두의 릴라(신의 유희) 개념과 일치한다. 릴라는 재미있는 오락이나 스포츠, 연극이나 놀이 모두를 의미한다. 릴라는 인간의 모습을 흉내내거나 자신의 진정한 본질과 다르게 현현(顯現)하는 신 그리고 신의 모습을 모방하는 인간 모두와 관련되어 있다. 흔히 우주 자체는 성스러운 릴라 혹은 성스러우면서도 성스럽지 않은, 신과 여신들의 놀이라고 본다. 이와 마찬가지로 인간 연기자는 자신의 릴라에서 신을 흉내낼 수 있으며 또 그렇게 함으로써 특정한 육체적 변화 없이도 실제로 신이 '된다.' 이러한 변모는, 특정한 상황에서 다른 숭배자들이 이 연기자를 신으로 경배할 만큼 '진정한' 것으로 여겨진다. 대중들이 관람하는 공식적인 릴라 공연에서는 오직 남자만 남신과 여신의 역할을 할 수 있게 규정되어 있는 것 같다. 인도에는 남신과 여신이 다 있기 때문에, 신의 역할을 맡은 남성인간 연기자는 어떤 젠더든 선택할 수 있다. 그러나 지금까지 나는 여자가 남자로 분장하여 남신 역할을 하는 사례를 그리 많이 보지는 못했다. 오히려 두 젠더 중에서 여자가 감정이 더 풍부한 것으로 평가되고 있기 때문에, 여성 박티들은 남신의 어머니 혹은 연인 혹은 하인 등과 같은 역할을 하면서 남녀간의 다양한 형식의 열정적인 상호작용을 통해서 남성 신성성에 초점을 맞춘다. 여신 숭배의 경우에는 여성들은 자신들의 어머니로서 여신에게 응대할 수 있으며, 드물지만 그들 자신이 '어머니'가 되어 여신의 영매 역할을 하기도 한다.[12]

  힌두의 탄트라 철학(5세기)은 깨달음을 얻기 위해 속세를 떠나거나 섹슈얼리티를 부정하는 금욕을 감내할 필요가 없다고 규정한다. 사실 주류 힌두사상이 오염되어 있다고 혹은 이제 겨우 미몽에서 깨어나고 있다고 보는 현상세계의 바로 그 측면들이 깨달음을 얻는 데 필수적인 수단으로서 승격되는 것이다. 이리하여 탄트라의 종교적 실천은 술과 고기, 생선, 상징적인 손동작과 형상, 성교를 활용한다.[13] 이 체계에서는 여성의 몸이 깨달음에 방해가 되지 않기 때문에 성의 변화는 중요한 문제가 되지 않는다. 힌두의 탄트라는 속세나 섹슈얼리티, 여성신체에 대한 인식이 힌두의 종교적 사유와 일관되게 연결되어 있다는 사실을 강조한다.

불교의 젠더와 구원

  불교는 힌두의 기본적인 구원 틀에 새로운 종교적 목표와 철학 개념을 도입한 세번째 경전 아라냐카 및 네번째 우파니샤드와 일반적으로 동일한 문화 속에서 발생하였다.

　부처(BC 563?~BC 483)는 오늘날까지 불교 가르침의 핵심을 이루고 있는 네 가지 성스러운 진리(사성제)를 세웠다. 첫번째 진리는 "모든 것이 두카(고뇌)이다"고 설파한다. 두카는 세상의 세 가지 성질 가운데 첫번째 것으로서, 인간존재의 비참함을 의미한다. 채워지지 않는 욕망, 불안, 고통, 질병, 늙음, 죽음이 그것이다. 세상과 인간은 또한 무상하며 영원한 머무름을 가지지 못한다. 세상의 만물은 다섯 가지 요소의 합성, 즉 한 순간에서 다음 순간으로 이동하고 변하는 것들의 조합으로 구성되어 있다. 인간존재 자체는 항상적인 유전(流轉)상태에 있으며 그렇기 때문에 영원하고 지속적이고 변하지 않는 영혼은 있을 수 없다. 영원한 실재는 신체에서 신체로 윤회하지 않는다. 오히려 카르마(업)의 법칙은, 생각과 말과 행동이라는 각각의 업은 또 다른 업을 향한 의지들의 축적의 원인이 된다고 가르친다. 이렇듯 또 다른 업을 향한 의지는 미래의 생각과 말과 행동을 낳는다. 따라서 개개인의 본성은 개인이 수행하는 카르마적 충동에 의한 과거 행위의 결과이며, 인간의 미래의 모습은 현재 행하는 행위에 의해 결정된다. 환생은 힌두교에서 인식하는 것처럼 본질적인 자아의 윤회가 아니라 카르마적 충동의 소산에 불과하다. 두번째 진리는 사람들이 존재에 만족하지 못하는 원인은 그들이 많은 것을 바라고 생의 지속과 사후에도 남아 있을 영원한 본질을 바라기 때문이라고 설파한다. 세번째 진리는 욕망이 없으면 고뇌 또한 없다고 단언한다. 고뇌가 없는 상태가 니르바나(해탈, 힌드교의 모크샤와 동의어—옮긴이), 즉 욕망의 '소멸'이다. 네번째 진리는 두카를 끊어줄 니르바나를 성취하는 여덟 가지 길(팔정도 八正道)을 설파한다.

힌두교에서 세상과 물질 그 자체, 그에 대한 집착은 흔히 여성적인 것 혹은 여성으로 상징되듯이, 불교 역시 마찬가지이다. 불경에서는 세상에 고통을 있게 하는 카르마적 에너지의 은유로 여성을 사용하는데, 이는 여성이 출생 ─ 따라서 이것은 고통과 죽음과 환생을 표현한다 ─ 을 체현하기 때문이다. 더구나 여자는 남자보다 세속의 유혹에 훨씬 더 총체적으로 얽매이는 존재라고 믿고 있으며, 그렇기 때문에 스스로 세속의 덫으로부터 벗어나기가 더 어렵다는 것이다.[14]

일반적으로 불교는 크게 테라바다(소승불교)와 나중의 마하야나(대승불교)로 나뉜다. 마하야나 내의 세번째 부파는 불교의 탄트라(5~6세기에 발생) 형식인 바즈라야나를 발전시켰다. 힌두교의 탄트라와 마찬가지로 여기서도 깨달음을 얻기 위해서 세속에서 벗어나거나 독신주의적 금욕을 감내할 필요는 없다고 규정하며, 따라서 종교적 실천에서도 술과 고기, 생선, 상징적 몸짓과 형상, 성교를 구사한다. 뿐만 아니라 여자의 신체가 깨달음의 방해물이 되지 않기 때문에 성변화는 주요한 주제가 아니다.[15] 마하야나는 테라바다 경전에 여러 가지 다른 경전을 첨가한 것인데, 우리의 주제와 관련하여 중요한 함의를 지니고 있다는 점에서 그 이전의 교리와 구별된다. 여기서는 특히 젠더와 관련되는 측면을 중심으로 이 두 파에 대해 간단하게 살펴보겠다.

테라바다의 『쿨라바가』(*Cullavagga*)는, 부처는 제자들과 과부가 된 고모가 여러 차례 방문한 후에야 비로소 마지못해 여승교단을 세웠다고 묘사하고 있다. 그러나 부처는 여승교단이 생김으로 해서 다르마(여기에는 부처의 가르침을 의미한다)가 천년이 아니라 500년밖에 지속되지 않을 것이라고 예언했다. 그리고 또 여승이 되는 전제조건으로 여승이 모든 남자승려에게 종속됨을 규정하는 8가지 특별 규칙을 준수해야 한다고 못박았다. 이렇듯 부처가 여승의 성직을 허용한 것은 여자도 해탈에서 요구되는 통찰을 얻을 수 있음을 인정한 것이지만, 이와 동시에 여자의 '물질성', 정신능력의 열등함 그리고 정신수행에서 남자에게 부정적인 영향을 미친다는 주장 등과 관련된 이 지방 고유의 문화적 편견 또한 명시적으로 표현하거나 적어도 인정했다고 볼 수 있다.

이러한 시각은, 여자는 그 젠더로 인해서 완전한 깨달음의 경지를 경험할 수 없다는 고대의 믿음에서 확인된다. 세상에는 여자신체로서는 될 수 없는 다섯 가지 신분이 있다. 즉 여자는 부처가 되지 못하며 우주의 군주(일시적인 최고의 권위나 불성을 획득할 준비가 되어 있는 사람)나 샤크라 신(인드라, 신들의 왕), 브라마 신(브라마 세계의 창조주이자 지배자) 혹은 마라(유혹하여 파멸시키는 사랑과 죽음의 신)가 되지 못한다.[16] 부처와 우주의 군주 모두 위대한 사람(마하푸루샤)의 형상과 일치하는데, 이것의 32개 특징 가운데 하나는 포피가 있는 페니스를 소유하고 있는 것이다.[17]

이렇듯 불경은 힌두교의 젠더에 관한 저술과 일정한 유사성을 가지고 있다. 불경도 여러 번의 환생을 거치면서 성이 변화한다고 가정하고 있으며, 일반적으로 남자로 태어나는 것은 여자로 태어나는 것보다 우월하다고 본다. 뿐더러 여자가 '남자의' 행동을 모방하는 것은 넓은 의미에서 구원의 길로 나아가는 데 필요한 것이라 여기며, 힌두교처럼 불교의 여성 고행자는 남성보다 어렵고 훨씬 더 엄격한 규칙을 따라야 한다.

『테리가타』(*Therigatha*, 여승찬가)에는 깨달음을 얻기 위한 여승들의 노력과 표현을 세밀하게 묘사한 수많은 전기와 시가 포함되어 있다. 그러나 부처의 사후에 불과 몇 세기도 지나지 않아서 사원공동체는 속인계급과 여성 고행자들에게 점차 폐쇄적으로 변해 갔다. 여자는 깨달음을 얻을 수 없다는 불교의 확신은 인도에서 대중들 사이에 확산되어 갔으며, 바로 이 시기에 정통 힌두교에서도 이와 유사한 믿음을 받아들이게 되었다. 여승의 교단이 남아시아와 동남아시아 여러 곳으로 퍼져나갔으나, 갖가지 이유로 해서 테라바다의 국가들에서는 순수 여승교단은 살아남지 못하였다. 성차별의 입문규칙은 여성의 승려 입문을 불가능하게 한다. 일반적으로 테라바다파는 니르바나에 필요한 통찰을 얻기 위해서는 완전한 수도원생활이 필수적이라고 믿고 있기 때문에, 테라바다 전통에서는 여성이 여전히 여성으로서 체현되고 있는 한 깨달음을 얻을 수 없다.[18]

정통 힌두교 내에서 박티가 발생한 것과 동일한 시기에, 박티와 마찬가지로 지배적인 전통에 비해 위계질서가 덜하고 시야가 훨씬 더 보편적인 새로운 흐름이 불교 내에서 생겨났다. 마하야나 불교는 의도적으로 규모가 큰 사원공동체, 즉 승려와 여승에 더하여 남녀 평신도로 구성된 공동체를 강조하였다.

테라바다와 마하야나가 분리되던 시기에, 양 분파 모두에는 여성에 대해 부정적인 태도를 표명한 불교교단이 많았다. 그러나 "상대적으로 더 보수적이고 낡은 형식을 취하는 불교교단에서 여성의 긍정적 자질을 강력하게 옹호한 사람은 없었던 것 같다."[19]

마하야나에서 '구원'은 평범한 사회의 테두리 속에서 살면서도 가능했다. 개인적인 깨달음(아라한 신분)이라는 테라바다의 목표는 속세와 완전히 인연을 끊고 수도원으로 들어가는 것을 요구했다. 그러나 마하야나 경전은 이 개인적인 깨달음을 보살 상태라는 목표로 대체하였다. 보살은 아직 깨달음을 얻지 못한 사람들에 대한 측은지심뿐만 아니라 사물의 참된 본성에 대한 올바른 통찰력을 계발한다. 만물의 인연——그리고 이후의 마하야나에서 모든 현상의 궁극적인 공(空)——을 깨달으면, 보살은 모든 깨달음이 용이해지는 체현의 상태로 거듭 돌아갈 것을 서약한다. 이렇듯 마하야나 교도들은 궁극적인 공(空)을 언명할 때조차도 뜻 깊은 긍정적인 세계관을 고수한다. 세상의 가치에 대한 이들의 주장은, 깨달음을 얻은 여자와 평신도들이 절망적으로 우둔한 테라바다 승려들을 가르치는 우화적인 교리서에서 극적으로 묘사되고 있다.

이처럼 마하야나는 테라바다의 젠더에 관한 가르침을 이어받아서 수정하였다. 초기 베다의 제의와 후기 박티의 대중적인 힌두교와 마찬가지로, 대중적인 불교의 두 분파는 깨달음에 이르기란 무척 어렵기 때문에 대부분의 사람들은 윤회의 영역에 머물게 된다는 것을 인식하고 있다. 이리하여 이승의 삶을 수월하게 하고 더 이어나가기를 기원하는 제의와, 나쁜 업을 좋은 업으로 재구성하는 점진적인 영적 발전의 모델, 다시 말해 공덕의 길(푼야)을 통합시킨다. 여자로 환생하는 불행에 대한 언급은 무궁무진하다.[20] 비록 마하야나는 여자도 깨달음을 얻을 수 있다고 인정할지라도, 여자로 태어나는 것이 남자로 태어나는 것보다 고통스럽고 공덕이 되지 못하기 때문에 다음 세상에서는 남자로 태어나게 해줄 것을 기원하는 제의는 무궁무진하다.

이와 마찬가지로 정토 마하야마 전통의 『정토경』에서 여자로 환생하는 문제는, 위대한 부처 아미타불에 의해 그 자체가 완전히 지워짐으로 해서 해결된다. 막강한 권력을 가진 아미타불은 자신의 신도들이 구원에 정진할 수 있게 서방정토라는 낙원을 세웠다. 이 낙원은 그를 섬김으로써 쉽게 도달할 수 있는데, 아미타불은 불행한 출생은 대부분의 사람들이 극복하기에 너무나 어려운 상황인지라 자신의 낙원에서는 여자로 태어나는 것을 포함하여 그 어떤 종류의 불행한 출생도 없다고 장담하였다. 심지어 이곳에서는 '여자'라는 말조차도 들을 수 없을 것이라고 했다. 이러한 정토사상은 일본에서 일반적인 의례에까지 퍼져나가기도 했다. 일본에서는 장례식 때 여자제관들에게 남자이름을 부여하는 관습이 있는데, 이는 내세의 정토에는 여자가 없으므로 여자도 죽으면 남자가 된다고 생각하기 때문이다.[21]

서방정토보다는 덜 유명한 부처 아크소비야의 동방정토에서는, 여자들은 놀라울 정도로 아름다우며 월경의 저주에서 벗어나 있으며 그리고—성욕이나 질투가 없는 곳이어서—성적 접촉 없이 임신이 된다. 이리하여 여자로의 환생 문제는 그 자체를 온전히 그대로 피하거나, 여자의 생물학적 혹은 신체적 구속과 그에 부과되어 있는 성욕을 제거함으로써 피할 수 있다.[22]

그러므로 정토불교는, 남자로서의 환생을 공공연히 약속하거나 여성성에서 고통의 원인이 된다고 간주되는 부정적인 여성적 특징을 잘라내 버릴 정도로 여성인간의 신체를 폄하한다. 이 대목에서 다르마는 일정 기간이 지나면 쇠퇴할 것이라고 한 부처의 예언을 상기할 필요가 있다. 정토불교는 지금의 이 세상 자체가 예언된 쇠퇴의 상태에 있다고 가정한다. 무릇 육신을 가진 피조물은 이 혼돈(entropy)에서 고통을 겪는데, 남자보다 여자가 더 많은 고통을 겪는다. 이 체현의 이론에서, 다르마는 불행한 탄생을 한 사람들에 의해서는 결코 성취될 수 없다. 이리하여 남성만 있는 혹은 남성과 같은 낙원에 대한 약속은, 이 시대 이 세상에서 여자젠더로 체현되는 것은 삼진 아웃당하는 일이라고 믿는 사람들에게 매력적이었다. 구원은 미래에 행복하게 태어나 순수한 세상으로 탈출함으로써 보장될 수 있었다.

몇몇 마하야마 경전은 지금도 여전히 다섯 가지 탄생 —그 특징적 양상에는 남성의 생리기능이 포함되어 있었다— 에서 여성을 배제하고 있다. 물론 예외는 있지만 대부분의 경전들은 최종적 환생에서 보살은 예를 들어 항상 남성이라고 주장한다. 그리고 『법화경』 같은 주요한 가르침과 마찬가지로 공(空)을 받아들이지 않는 마하야나 경전들은 여자가 최종 단계인 불성을 얻으려면 성변화가 필요하다고 주장하고 있는 것 같다.

다른 경전들은 젠더와 깨달음에 대한 이러한 시각을 받아들이지 않았다. 반야(프라즈냐)의 길을 추구하는 사람들에게 젠더는 무관하다. 궁극적인 진리의 관점에서 볼 때, 젠더는 다른 모든 구분과 마찬가지로 공의 구성물이기 때문이다.[23] 모든 현상은 공이라는 오늘날 마하야나의 표준 교리와 일치하는 유일한 입장은, 오직 무지한 자만이 남자와 여자의 지적·영적 능력과 종교적 열망을 구분한다는 것이다.[24]

근본적인 공을 규정하는 마하야나 경전에서, 이러한 점에 대한 놀라운 예는 마술적이고 순간적인 '육체적' 성변화이다. 이러한 변화에서는 거의 언제나 여성이 남성으로 변한다. 그러나 이러한 변모가, 여성은 깨달음을 얻을 수 없다거나 보살이나 부처가 여성일 수 없다는 사실을 증명하는 것은 아니다. 오히려 마법과 같은 이런 성변화는, 그 자신이 젠더구분과의 무관함과 그 허구성을 증명하는 변화를 이룬 여성의 이미 깨달은 상태를 뒷받침해 준다. 여성들은 오직 자신들의 깨달음이 도전받을 때 신체를 변화시킨다. 그리고 이러한 변모는 오직 다음과 같은 깨달음에 먼저 이른 여성들에게만 가능하다. 즉 어떤 다르마(실재의 구성요소)도 태어나지 않으며 따라서 어느 누구도 고정된 실재나 규정된 어떤 것을 가지지 아니하며 그리고 다르마는 망상(마야)과 같이 유동적이거나 기만적이기 때문에 이를 분명한 실재로 이해하는 것은 근본적으로 불가능하다는 것이다.[25] 이리하여 남자의 신체를 택한 여자는 여자로 체현되어 있을지라도 깨달음이 가능하다는 것을 명시적으로 증명한다. 변모 그 자체가 깨달음의 뜻하지 않은 결과이기 때문이다.

여성의 신체를 변화시키는 것은 여성의 영적 한계성을 규정하는 이전의 시각에 직접적으로 반대하는 불교의 서사장치이다. 이는, 여성의 신체는 여성이 높은 단계의 영적 성숙에 도달하지 못했으며 따라서 불성에 이를 수 없다는 가시적 증거라는 관념에 도전한다.

그러나 어떤 의미에서 철학적인 마하야나 불교의 경우 남성성은 단순히 육체적인 것만 의미하지는 않는다. 다이애나 폴(D. Paul)은, 변해야 하는 것은 여성의 육체뿐만이 아니라 '여자의 생각', 즉 여자의 본성과 정신자세라고 많은 불경들은 말하고 있다고 지적했다. '남성적 자세'는 섹슈얼리티에 얽매이지 않고 자신의 행동에 책임을 지는 것을 의미하는 데 비해, 여성성에는 이러한 초연함과 책임감이 수반되지 않는다.[26] 몇몇 인도불교의 경전들에는, 여성의 생리현상과 그에 수반되는 성적 '능력'은 생리적으로 의지의 나약함으로 나타난다고 씌어 있다. 그러므로 영적 발전을 위해서 인간은 남자의 몸으로 다시 태어나려고 애써야 할 뿐 아니라 여자 또한 자신의 성적 능력 —이 성적 능력은 여자를 성욕에 얽매이게 하므로 열등한 것이자 장애물이다 ─을 단념하고 없애버려야 한다는 것이다. 일단 이 능력이 사라지면 남자로 다시 태어날 수 있으며, 남자로 태어나서 남성의 성적 능력을 없애버리면 불성을 얻을 수 있다는 것이다. 깨달음의 경지에서는 남자의 모습이 유지되는데, 남자의 몸은 정신의 완전함을 표시하기 때문이다. 이와 같이 성의 변화는 여성의 신체가 의미하는 인간의 불완전성·불순함·부도덕성에서, 남성의 신체가 의미하는 보살과 부처의 정신적 완전성으로 옮겨가는 것을 나타낸다.[27] 얼마간 남성은 진짜 육체를 지닌 것도, 심지어 젠더를 지닌 존재도 아니다. 남성은 젠더를 넘어선 표시가 없는 존재이다.

이리하여 힌두교와 불교 모두에서 여자와 여성성은 속세 혹은 세속적인 것을 상징하며, 남자와 남성성은 '표시가 없는' 존재들 혹은 초월성을 상징한다. 나아가 이 두 종교에서 젠더를 이야기할 때 그것은 육체적인 현현(顯現) 이상의 것을 의미한다는 사실에 주목해야 한다. 왜냐하면 사고방식과 행동방식, 지각의 양식이 젠더화된 범주에 의해 이해되기 때문이다. 만물의 공(空)을 강조하는 불경이나 구분의 망상 혹은 허구를 지적하는 힌두교 경전에서조차, 궁극적인 존재양식은 여전히 그 종교가 남성성과 동일시하고 남성성으로 규정한 것을 바탕으로 하고 있다.

대체로 현상적인 실재 혹은 세계가 평가절하되면, 여성의 육화(肉化) 또한 그러하다. 현상적인 실재가 종교적 추구에 유용한 것으로 평가되면, 여성의 육화는 구원의 방해물이 되지 않는다. 따라서 힌두교와 불교 전통에서 여성의 본성을 인식하는 핵심적인 결정요인은 현상세계에 대한 그들의 이해방식이다. 여기서 언급된 몇몇 교파에 관한 간략한 고찰이 이 점을 잘 설명해 주고 있다.

　지상에서 사는 동안 신들에 의해 구원되는 능력을 인정하는 대중적인 힌두교파는 여성존재가 방해물이라는 것을 부정했을 뿐 아니라 오히려 얼마간 장점이 될 수 있다고 주장한다. 박티는 애착과 애정을 요구한다. 이 두 가지 모두 여성성으로 간주되고 있다──여기에는 '여자의 생각', 성향, 감정이 포함된다. 이와 유사하게 윤회와 깨달음의 영역을 융합하여 속세 안에서 그리고 속세를 통한 해탈의 가능성을 인식한 마하야나 철학은, 여자가 되는 것 자체가 반드시 깨달음에 장애가 되는 것은 아니라고 보았으며, 이 철학에서의 마술적 성변화는 이러한 통찰을 증명해 주고 있다. 이와 달리 현세에서 사는 동안에는 모두에게 해탈이 불가능하다고 보는 정토사상 같은 대중신앙 형태들에서는 그 대안으로 젠더화된 시각이 생겨난다. 오히려 인간은 정토에서 다시 태어나기 위해서 다르마가 쇠퇴하는 세대에 살고 있는 사람들을 도울 능력을 갖춘 초월적 존재에게 기도해야 한다는 것이다. 두 개의 정토가 있는데, 한쪽에서는 여자를 남자신체로 직접적으로 젠더가 변하게 해주며 다른 정토에서는 여자의 젠더에서 비롯된 세속적·생물학적·기질적 단점을 바꿀 수 있게 한다. 두 정토 모두 보다 나은 세상이라고 주장한다. 전자는 남성만이 유일하게 이상적인 성(性)문화이며, 후자는 의사(擬似)양성자 세계로 이곳에서는 여자는 남자처럼 되는데, 다시 말해 아름다워지고 월경을 하지 않으며 스스로 창조할 수 있는 능력을 지닌다.

　어쩌면 힌두교와 불교의 구제론은, 이분법적 시각과 특히 현상적 세계에 의지하여 여성이 여성으로서 구원을 얻을 수 있게 하는지도 모른다. 혹은 인간운명의 절정을 경험하기 위해서는 여성이 남성으로 될 필요가 있음을 주장하는지도 모른다.

주

1) W. N. Brown, "Change of Sex as a Hindu Story Motif," *Journal of the American Oriental Society* vol. 47, 1927, p. 6.

2) 19세기 오리엔탈주의자와 민족주의자들의 이런 정화된 경전에 근거한 원문주의적인 여성관에 대해서는 U. Chakravarti, "Whatever Happened to the Vedic Dasi? Orientalism, Nationalism, and a Script for the Past"(K. Sangari and S. Vaid, eds., *Recasting Women: Essays in Indian Colonial History*, New Brunswick, NJ: Rutgers University Press, 1989, pp. 27~87) 참조. 같은 맥락에서 바네르제는 19세기 벵골의 양 젠더의 도시 엘리트들을 추적하는데, 이들의 행위는 '하층계급'으로서 새롭게 정형화된 대중적인 여성들의 전통을 비난하고 억압했다. 이들 엘리트 예술품들은 여성과 문화에 관한 산스크리트의 시각을 의식적으로 채택했다. S. Banerjee, "Women's Popular Culture in Nineteenth Century Bengal," *Recasting Women*, pp. 127~79.

3) 이와 같은 경향들의 대부분은 잘 기록되어 있다. 그 가운데서도 특히 K. K. Young, "Hinduism"(A. Sharma, ed., *Women in World Religions*, Albany: SUNY Press, 1987, pp. 59~103), 그리고 비록 전체적으로 정확한 고찰은 아닐지라도 간결한 문체의 A. S. Altekar, *The Position of Women in Hindu Civilization: From Prehistoric Times to the Present Day*(Delhi: Motilal Banarsidass, 2nd edn, 1959, pp. 336~61)에서 도출했다. 읽기 쉽게 하기 위해서 공식적인 종교행사의 이름 등은 사용하지 않았다.

4) R. P. Goldman, "Foreword," P. S. Jaini, *Gender and Salvation*, Berkeley: University of California Press, 1991, p. xviii.

5) 예를 들어 네오파이트 남성 수행자는 여성과의 접촉을 피해야 한다. 여자는 성욕을 자극하여 수행을 방해하기 때문이다. 깨달음에 도달한 남성 수행자는 여자에 의해 방해받지 않는다. 그리하여 그는 위험을 느끼지 않고 여자들과 교류할 수 있다. 성별간에 차이를 두는 것은 본디 사고와 수행에 있어 자기발전적 역할을 하지만, 이 차이를 계속 의식하면 모든 사물의 근본적 정체성을 이해하는 데 방해가 될 것이다.

6) Altekar, 앞의 책, p. 203.

7) 같은 책, pp. 345~46.

8) W. Harman, *The Sacred Marriage of a Hindu Goddess*, Bloomington: Indiana University Press, 1989, p. 122.

9) 같은 책, p. 127.

10) 최근 인도 사티 전통의 발전사를 연구하는 탁월한 저서들이 많이 출판되었다. J. S. Hawley, ed., *Sati: The Blessing and the Curse*, New York: Oxford University Press, 1994; S. Narasimhan, *Sati: A Study of Widow Burning in India*, Delhi: Viking, 1990; A. Sharma et. al., *Sati: Historical and Phenomenological Essays*, Delhi: Motilal Banarsidass, 1988 참조. 특히 수정주의 시각의 글로는 L. Mani, "Contentious Traditions: The Debate on Sati in Colonial India"(Sangari and Vaid, eds., 앞의 책, pp. 88~126) 참조.

11) Brown, 앞의 글, p. 23.

12) K. Erndl, *Victory to the Mother: The Hindu Goddess of Northwest India in Myth, Ritual, and Symbol*, New York: Oxford University Press, 1993, pp. 114~34 참조. 남신의 복장을 차용하지 않는 여성들에 관한 주목할 만한 예외는 크리슈나의 몇몇 여신들의 의인화이다. 아마 이것은 크리슈나의 모방에서보다는 소 치는 신인 발군의 박타의 모방, 즉 그의 연인 라다에서 많이 이루어지고 있는 것 같다. 신화와 예술에서 라다는 옷을 크리슈나와 바꿔입고 그들의 관계에서 지배와 복종에 관한 젠더화된 관습을 '희롱하는' 것으로 묘사되고 있다.

13) 여기에는 하나의 단서가 붙을 수 있다. 이 다섯 가지는 후에 터부와 사회적 금지의 힘을 보여주면서 많은 신도들에 의해 상징적인 대체물로 교체된다. 또한 힌두교 탄트라의 여성신도들이 실생활에서 겪는 성차별의 경험은 다른 교파 여성들의 경험과 거의 다를 바 없다.

14) L. R. AmaraSingham, "The Misery of the Embodied: Representations of Women in Sinhalese Myth," J. Hoch-Smith and A. Spring, eds., *Women in Ritual and Symbolic Roles*, New York: Plenum Press, 1978, p. 104.

15) 이것이 탄트라(힌두교인과 불교인 모두)를 성차별의 악덕에서 완전히 벗어나게 하지는 않는다. 전체적으로 탄트라와 부분적으로 바라야나에 관심을 기울인 것으로는 M. Shaw, *Passionate Enlightenment: Women in Tantric Buddhism*, Princeton, NJ: Princeton University Press, 1994; R. M. Gross, *Buddhism After Patriarchy*, Albany: SUNY Press, 1993 참조.

16) N. Schuster, "Changing the Female Body: Wise Women and the Bodhisattva Career in Some Mahāratnakūtasūtras," *Journal of the International Association of Buddhist Studies* vol. 4/no. 1, 1981, p. 27.

17) 같은 글, p. 27.

18) 오늘날 아시아의 일부 여성 불교신자들은 이제 더 이상 혈통을 존속시키지 않는 자리에 여승의 상가(sangha)를 부활시켜야 한다고 주장한다. 그러나 이것은 논란의 대상이 되고 있다. K. L. Tsomo, ed., *Sakyadhita: Daughters of the Buddha*,

Ithaca, NY: Snow Lion Publ., 1988; C. Kabilsingh, "The Future of the Bhikkuni Samgha in Thailand," D. L. Eck and D. Jain, eds., *Speaking of Faith: Global Perspectives on Women, Religion and Social Change*, Philadelphia: New Society Publishers, 1987, pp. 148~58 참조.

19) Gross, 앞의 책, p. 57.

20) Schuster, 앞의 글, p. 44.

21) Gross, 앞의 책, pp. 65~66.

22) 같은 책, pp. 63~65.

23) Schuster, 앞의 글, p. 28.

24) 같은 글, p. 25. 이러한 보다 평등주의적 입장은 선불교에서 매우 강하게 나타난다. 비록 선불교 여승들이 현실에서 여전히 차별받는 경우가 있긴 하지만. K. Uchino, "The Status Elevation Process of Soto Sect Nuns in Modern Japan," Eck and Jain, eds., 앞의 책, pp. 159~73 참조.

25) Schuster, 앞의 글, pp. 50~51.

26) D. Paul, *Women in Buddhism: Images of the Feminine in Mahayana Tradition*, Berkeley: Asian Humanities Press, 1979, pp. 186~87.

27) 같은 책, pp. 171~75.

C. A. 흄즈는 클레어먼트 매케나 칼리지의 종교학과 조교수로 있으며 산스크리트문학의 현대적 용법, 오늘날 북아메리카 인디언들의 여신숭배 의식, 힌두교의 정치·경제적 차원과 세계종교에서의 젠더 문제 등에 관한 저술들이 있다. *Goddess of Blood, Goddess of Love: Divinity and Power in the Devi Mahatmya and Vindhyachal Temple, Living Baranas: Hindu Religion in Culture Context*(1993) 등의 저서가 있다.

중국 후기왕조 시대 고전극의 젠더,
권력 그리고 스펙터클

소피 볼프(Sophie Volpp)

16세기 말에 씌어진 소설 『금병매』의 36장을 보면, 부유한 상인 서문경은 과거시험에 장원급제한 사람을 축하하기 위해 극단을 불러온다.[1] 서문경의 서재에서 심부름하는 하인 서동은 여자옷을 입고 이 극단의 배우들 틈에 끼여든다. 그런데 장원(장원급제한 사람을 지칭—옮긴이)이 서동을 배우로 착각하고 그만 그에게 홀딱 반해 버린다. 그는 〈옥환기〉에 나오는 노래를 청한다.[2] 서동은 그 극에서 순결한 신부가 부르는 노래를 한다.

서동은 술을 따르고 손뼉을 치면서 노래하였다.

내가 어려서부터 혼인할 무렵이 되었을 때까지,
어머님 아버님의 은혜는 하늘처럼 깊고 넓었다네.
부모님께 보답할 길이 없음이 죄송스러워,

이 내 마음 아프기 한량없어라.

내 낭군과 나는 부모사랑 한없이 받았으니,

내 낭군 입신출세하길 고대한다네.

안장원은 원래 항주 출신이어서 그의 취향은 '남방식'이었다.[3] 서동이 노래를 잘 부르자, 그는 서동의 손을 잡았다. 두 사람은 번갈아 술을 권하며 계속 마셨다. … 서동은 비취색 저고리와 붉은색 치마를 입고, 허리에는 금색 띠를 둘렀다. 옥술잔을 높이 들고 그는 다시 노래 불렀다.[4]

순결한 신부의 노래가 서동의 입에서 흘러나올 때, 서동의 여자 목소리 흉내와 그의 남자몸, 그리고 서동의 문란함과 신부의 순결 사이의 부조화가 서동의 에로틱한 매력을 한층 북돋운다. 서정적인 노래를 부름으로써 서동은 이 에로틱한 스펙터클에서 — 여기서 으뜸 관객은 장원이다 — 자신을 극적으로 표현할 수 있게 된다. 관객이 이 스펙터클에 흠뻑 빠져들게 되자 세상과 무대의 경계는 허물어진다.

서동이 자신을 에로틱한 볼거리로 극화하는 데 성공했다는 사실은, 서문경의 친구 양보주의 말에서 분명해진다. "그의 목에서 흘러나오는 소리는 피리소리 같구나. 색주가 여자들에 비할까 보냐. … 그 여자들 노래 다 들어보았지만, 어찌 그들 소리가 서동만큼 요염할 수 있겠는가!"[5] 양보주는 무대 위 서동의 관능적인 면뿐 아니라 무대 밖에서의 관능적인 면모와, 연회뿐 아니라 침실에서의 연기를, 그리고 그가 여자의 소리와 다른 '노래'를 자아내는 '피리'를 가지고 있는 것을 말한다.[6] 양보주의 말에서 우리는 색주가의 창녀와 남자배우 —

창녀와 마찬가지로 몸을 팔기도 했다 ── 가 경쟁관계에 있다는 암시를 받는다.

중국 후기왕조 시대의 배우에 관한 묘사에서 중요한 주제 하나는 배우와 창녀가 여성적 매력을 놓고 서로 겨룬다는 것이다. 집단으로서의 배우는 상징적으로 여성성으로 기호화된다. 즉 이러한 여성화는 무대 밖의 후원자와의 관계에서 이들의 직업적 정체성의 일부를 이룬다. '고모' '육매'(六妹) '소연'(小戀) '도화우'(桃花雨)라는 이름의 남자배우들에 관한 일화를 보면, 이들은 공식직인 행사에서 연인인 학자의 '아내'로 인정받았다는 것을 확인할 수 있다. 결국 배우들의 여성화는, 이들이 공연할 때 복장을 바꿔입은 것뿐 아니라 남자 지식인들의 섹스 파트너가 되었던 데서도 비롯되었다고 볼 수 있다.

여자이름을 사용하고 여성 인칭대명사를 쓰고 일반적으로 창녀를 묘사할 때 사용되는 비유를 차용했다는 것이 암시하고 있듯이, 후기 왕조 시대의 남자배우에 관한 담론은 대체로 여성성의 문화적 표상, 특히 창녀의 표상으로 형상화된다. 그러나 남자배우의 표상은 또 남자배우의 우월성을 주장함으로써 이와 같은 차용에 함의되어 있는 유사성에 저항하기도 한다. 친샤오, 양즈, 쯔윈이라는 이름의 세 배우를 칭찬하는 다음의 시를 살펴보자. 이들은 빼어난 학자 마오샹(1611～93)의 소유였다.

친샤오는 노래하고 양즈는 춤을 추네,
그중에서도 쯔윈은 특히 매혹적일세.
어린 소홍(小紅)과 어린 소설(小雪)은 헤아릴 수 없이 많고,
도엽(桃葉)과 도근(桃根)은 거름과 오물 같도다.[7]

여기서 어린 소홍과 소설은 흔히 매춘부를 부르는 호칭이며, 도엽과 도근은 복숭아나무 여울이 있던 난징의 매춘부 아니면 그저 평범한 하녀였던 것 같다. 이렇게 극단적으로 차별하는 표현에서 알 수 있듯이, 남자배우들이 그토록 매혹적이었던 것은 부분적으로 그들의 독특함 때문이다. 이에 비해 여자들은 그 용어 면에서도 평범하다.

세력이 가장 확장되고 복잡했던 17세기의, 복장전환한 배우의 여성스러움이 더 탁월하다는 주장은 〈남황후〉(男皇后)라는 고전극에서 가장 잘 드러난다. 유일하게 이 고전극은 남자배우들의 바꿔입기와 같은 공연관습을 관객이 어떻게 해석하는지를 살펴볼 수 있는 기회를 제공하는데, 그것은 이 극이 전근대 시대의 고전극 가운데 여자복장을 한 남자를 주제로 한 단 하나의 극이기 때문이다. 북방계 고전극으로서 유일하게 남아 있는 〈남황후〉는 진시황을 여성적 매력으로 유혹하는 미소년 첸쯔가오의 이야기로서 연극이론가 왕기덕(1623)[8]이 대본을 썼다. 진시황은 첸쯔가오가 그 어떤 후궁보다 더 매혹적이라는 것을 알고 그에게 여자옷을 입혀 황후에 봉한다.

소년이 여자 행세를 훌륭하게 해내자, 이는 흔히 볼 수 없는 우스꽝스러운 실수를 불러일으킨다. 머지않아 진시황은 물론이고 황제의 누이 위화 공주까지 이 미소년을 졸졸 따라다닌다. 쯔가오가 남자라는 사실을 모르는 위화 공주는 이 새 황후에 대해 이렇게 말한다. "내가 지금까지 본 그 어떤 것과도 다른 매력을 지니고 있어. 나조차도 그녀와 도저히 비교가 될 수 없도다. 한 남자가, 다름아니라 나의 오라비가 그녀에게 빠져 있다는 사실은 잊어버리자. 나는 여자다. 나는 냉수 마시듯 그녀를 집어 삼켜버리겠다."[9] 시녀가 공주에게 남자를 구해 주겠노라고 하지만, 공주는 쯔가오에 필적할 만한 남자는 없다

고 고집한다. 바로 이 대목에서 시녀는 공주가 사모하는 사람이 사실
은 소년이라고 밝힌다. 이러한 사실을 무기로 삼아 공주는 쯔가오에
게 자기와 몰래 결혼할 것을 강요한다. 그러나 역시 쯔가오에게 관심
을 갖고 있는 시녀는 황제에게 이들의 결혼사실을 고해바친다. 황제
는 처음에는 쯔가오와 공주의 목을 베어버릴 작정이었지만, 자신의
독특한 파트너를 내심 단념하고 싶지 않아 망설인다. 마침내 황제는
이 두 사람의 결혼을 공식적으로 인정한다면 자신과 누이는 소년을
공유할 수 있다는 묘안을 짜낸다.[10]

플롯뿐 아니라 무대연출에서도 일련의 젠더교차가 스며들어 있다.
남자배우든 여자배우든 훈련만 받으면 〈남황후〉의 첸쯔가오의 역할
을 할 수 있었을 것이다. 배우가 무대에서 반대의 성(性)을 연기하는
것은 아주 일상적이었다. 대부분의 극단은 단일한 성으로 구성되어
있었으며, 배우들은 어릴 때부터 특정한 역할연기를 할 수 있도록 훈
련받았다. 이러한 역할연기에는 어릿광대, 신사, 상류층 여성의 역할
이 포함되었으며, 각각의 역할연기에는 일정한 스타일의 동작과 발
성과 화장법 그리고 의상이 있었다.

이 극에서 매우 특이한 것은 왕기덕의 무대연출이다. 왕기덕은 여
주인공(단) 배역을 받아 연습한 배우에게 남자 등장인물인 첸쯔가오
역을 맡긴다. 이러한 연출은 관객—혹은 독자—으로 하여금 그 배
우의 신체의 젠더를 즉각적으로 다른 각도에서 보게 하는, 일련의 중
첩된 젠더교차를 창출한다. 남자배우가 여주인공 역할을 하면, 관객
은 여주인공의 의상을 입은 남자배우가, 여장을 한 소년의 배역을 하
는 광경을 보게 된다. 똑같은 모양의 인형이 겹겹이 들어 있는 러시
아 인형세트에 비유하자면, 황후는 제일 바깥에 있는 인형이고 그 다

음 인형은 소년이 될 것이다. 또 소년의 안에는 여주인공이 있고, 여주인공 안에는 남자배우가 있을 것이다. 이런 중첩된 젠더교차는 배우의 신체에 양성이 다 내재되어 있다는 사실을 확인시켜 준다.

결국 이런 젠더교차의 층들은 여주인공 의상을 입은 남자배우와 여장을 하고 나중에 황후가 되는 소년을 병치시키게 된다. 그리고 극은 복장전환을 한 배우와 복장전환을 한 등장인물 사이의 이러한 병치를 활용하여, 소년과 황제의 에로틱한 관계가 배우와 후원자의 에로틱한 관계의 메타포임을 암시한다.[11] 또한 극은 젠더교차의 이러한 층들이 창출하는 배우와 등장인물, 남성성과 여성성 사이의 혼동을 극대화한다.[12]

극은 소년이 자화자찬하는 익살스러운 시로써 자기소개를 하면서 시작한다. 이 시는 그 배우가 여성적인 것들을 얼마나 완벽하게 소화해 내는지 그 기량을 과시하는 대목이기도 하다.

무지갯빛 구름머리, 검은 소맷자락이 너무나 아름다워 나 자신도 놀랄 지경이라,
당신이 보고도 행여 알아보지 못할까 봐 걱정되네요.[13]

배우의 첫 대사는 이렇게 관객을 희롱한다. 즉 관객들에게 당신은 현실과 예술을 구분할 수 있는가, 하고 묻는다. 구별할 수 없을 때만이 비로소 관객은 이 광경에서 즐거움을 찾게 될 것이다. 관객은 압도함으로써 즐거움을 얻는 것이 아니라 압도당함으로써 즐거움을 얻게 되는 것이다.

여기서 배우가 자신의 기량──관객을 압도하는 힘──에서 드러내

는 것은 단지 여성성을 완벽하게 소화해 내는 능력뿐만 아니라 배우
의 관능적인 매력 또한 있다. 쯔가오의 자기소개는 이렇게 계속된다.

> 비록 내 몸은 남자몸이지만, 나의 모습은 흡사 여자랍니다. … 내가
> 여자였다면 필시 임금님 배필이 되었을 거예요. … 내가 그런 여우가
> 될 수 있었다면, 나의 남자 눈을 어지럽힐 수 있었을 텐데. 아무리 무
> 쇠 같은 남자라도, 그 몸통 반쪽쯤은 노글노글 녹여 운신도 못하게 했
> 을 터인데. 아이고 안타까워라, 어쩌다 실수로 남자로 태어났을꼬.[14]

소년과 황제의 에로틱한 관계라는 이 극의 기발한 소재를 우리에
게 소개하는 이 대사에서까지, 관객으로 하여금 배우를 하나의 관능
적 볼거리로 받아들이게 유도한다. 쯔가오의 판타지는 역설적으로
관객의 흥분은 자신을 마비시켜 버릴 것이라고 암시한다. 더할 수 없
이 기이하게도 흥분은 관객의 여성화를 초래한다. 배우의 에로티시
즘에 반응하는 것은 곧 거세되고 마비되고 능력을 박탈당해 버리는
것이다.

소년 쯔가오는 병사들에게 붙잡혀, 황제 앞에 끌려간다. 황제가 묻
는다. "그대는 어떤 능력을 가지고 있느냐?" 쯔가오는 자신의 유연성
과 또 자신이 얼마만큼의 자세를 취할 수 있는지를 과시한다.

> 저의 매혹적인 몸은 늘 말에 걸터앉곤 한답니다.
> 저의 나긋나긋한 허리는 가장 유연한 나무로 만든 활도 잡아당길 수
> 있사옵니다.
> 저는 폐하의 소중한 검을 아주 조심스럽게 손으로 잡을 수 있사옵니

다….

폐하께서 무료하실 때,

저는 폐하께서 심심파적으로 갖고 노실 노리개가 되어드리겠습니다.

폐하, 감히 폐하께 이 보잘것없는 보물로 극락을 선사하겠노라 말씀
드리지는 않겠습니다.[15]

쯔가오가 이렇듯 관능적인 자세를 열거하며 황제를 유혹할 때, 배
우는 관객을 황제의 입장에 놓고 그 앞에서 자신의 몸을 드러내 보인
다. 쯔가오는 자신을 노리개, 능동성이 없는 빈 껍데기에 불과한 한낱
인형이라고 말하다. 그의 대사는 황제——그리고 관객——로 하여금
보는 이에게 권력을 부여하는 가공의 세계를 믿으라고 유혹한다. 그
리고 이 노리개는 황제에게 최상의 쾌락을 맛보게 해줄 능력을 갖고
있다. 보는 자에게의 권력부여는 즐겁지만 치명적인 허구이다.

쯔가오는 황제의 관심에 반응하면서 또 한편으로 그 관심을 드높
이기 위해 여성적인 말투를 쓴다. 그러나 이 말투는 연극조로 과장되
고 거의 패러디에 가깝다. 황제가 몇 살이냐고 묻자, 쯔가오는 존대말
로 그 물음을 다시 읊조린다. “폐하께옵서는 이 청옥이 향기로운 세
월을 몇 해나 살았는지 물으시나이까?”[16] 이런 기이한 어형파괴는 젠
더경계의 일탈을 강조하는 동시에 소년이 자신을 여자로 설정하는
연극적 특성을 강화시켜 준다.

쯔가오의 재치에 탄복한 황제는, 후궁에 여자들은 많지만 쯔가오
처럼 매력적으로 생긴 여자는 없다면서 그더러 후궁으로 들어오라고
청한다. 그리고는 시녀들을 불러 쯔가오에게 여자옷을 입혀주라고

명령한다. 시녀들이 그에게 옷을 입힐 때, 처음에 그는 그녀들의 말을 똑같이 반복한다. 쯔가오는 시녀들의 말과 행동을 흉내낸다. 하지만 점점 더 모습이 변해 가면서, 그는 자신이 무대 위의 '진짜 여자들'(이 역할 역시 남자들이 하고 있었을 것이다)과 독립적인 존재임을, 이들의 가르침으로부터도 심지어 이들이 자기 얼굴에 발라주는 연지와 분으로부터도 독립되어 있음을 선언한다. "당신네 여자들은 능금을 흉내내어 연지를 잔뜩 바르지요/당신들은 화장하지 않으면, 그저 평범할 따름이지요."[17] 여자 흉내를 내어 옷을 입고 있다는 은연중 비난에 대해, 쯔가오는 여자들은 인위적인 치장에 의존한다는 주장으로 맞서고 있다. 여자들은 인위적인 것에 의존할 뿐 아니라, 그 여성성 자체가 모방적이라는 것이다. 이리하여 그는 자신도 그로부터 자유로울 수 없는 바로 그 나약함 때문에 여성의 성을 비난한다.

일단 쯔가오가 상징적으로 여자와 동일시되자, 그는 이 정체성을 가지고 놀기 시작한다. 그는 자신을 요부(femme fatale)의 원형인 당나라의 황후 양귀비 같은 문화적 과거의 여성 아이콘과 비교한다. 시인 백거이의 말을 믿는다면, 양귀비의 권력이 얼마나 막강했던지 사람들은 자기 자식들이 양귀비처럼 성공하기를 희망하며 아들보다 딸을 원하기 시작했다.[18] 백거이의 표현에 따르면 딸들은 '가문의 대들보'가 되었는데, 이는 성별에 대한 일반적인 가치평가를 뒤집어엎는 것이었다. 하지만 쯔가오는 양귀비의 자리를 남자의 몸이 차지하게 될 것이라고 단언한다. "딸이 가문의 대들보라고, 누가 그래요? 장담하건대, 소년들이 중궁의 꽃가마를 타게 될 거예요!"[19] 이제 남자의 몸이 중궁의 황후자리를 차지했으니까, 사람들은 다시 아들을 원하게 되리라는 것이다.

쯔가오는 자신이 양귀비처럼 권좌에 오르는 것을 상상하면서 모방의 모델, 즉 역전의 모델을 창출한다. 참으로 기이하게도 이 모델에 의하면 미래의 소년들은 소녀들보다 더 고귀한 존재가 되지만, 오직 그 이유는 중궁의 꽃가마를 타는 여성의 지위를 차지하기 때문이다. 쯔가오는 황후 양귀비의 모델을 대체하는 전복의 모델을 제시한다. 그는 두번째 전복의 층을 첨가함으로써 낡은 전복의 모델을 수정한다. 이리하여 그는 소년이 여성적인 지위를 차지하는 것이 여성이 그 지위를 차지하는 것보다 더 낫다고 주장한다. 이는 여성적인 매력은 남성의 신체에서 훨씬 더 발산된다는 주장의 변형이랄 수 있다.

쯔가오는 소년배우가 더 훌륭한 황후가 될 수 있는 이유를 하나 더 들고 있다. 그는 남성성에 의지할 수 있다.

> 황제의 총애를 잃어 머리장식을 풀고
> 향신료 방에서 비단 옷자락을 끌고 있는 궁녀들을 생각해 보세요.
> 지금도 여전히 조롱박처럼 화장을 하고 있지요.
> 그러나 나는 옷을 갈아입고 말투를 바꾸면,
> 투구 쓴 건장한 무사가 될 수 있지요.[20]

궁녀들은 황제의 총애를 잃으면 조롱박처럼 화장을 한다. 그들이 할 수 있는 일이라곤 오로지 황제의 관심을 끌기 위해 헛되이 자신들의 여성스러움을 더욱더 강조하는 것뿐이다. 반대로 쯔가오는 여자로 행동할 때와 남자로 행동할 때를 선택함으로써, 전략적으로 젠더를 활용할 수 있다. 이처럼 전략적인 젠더구사는, 등장인물과 소년배우의 병치상황으로 관심을 유도하면서 옷을 바꿔입고 말투를 바꾸는 것으로 표현된다. 등장인물처럼 소년배우는 무대 안팎에서 남자 혹은 여자의 역을 마음대로 할 수 있다. 그는 바로 이러한 자기통제력을 통해서 황제와 관객을 지배한다.

황후로 책봉되는 쯔가오의 야심이 일단 실현되자, 그는 어조를 바꾼다. "폐하는 송위를 맞아들인 것입니다. 그리고 여자들은 저를 까오탕의 성녀로 잘못 착각하고/그의 동쪽 담 너머로 몰래 훔쳐보았지요."[21] 까오탕의 여신(초나라 여신)은 창녀와 그 밖에 관능미를 지닌 여자를 묘사할 때 전형적으로 사용되는 비유에서 하나의 표준이 되고 있다. 여기에서 쯔가오는 그 범주에 자신이 포함되는 데 대해 저항한다. 자신은 여신이 아니라 여신을 창조한 작가라는 것이다. 그는 문학적 전통에 까오탕 여신을 처음 선보인 「까오탕부(賦)」와 「성녀부」를 지은 송위다. 쯔가오는 황제가 창조자를 피조물로 착각하고 있다고 비난한다.

그는 신이라기보다 오히려 다른 사람들이 그녀를 볼 수 있게 하는 남자이다. 관객은 환영에 사로잡혔다. 쯔가오는 관객을 그들의 욕망이 이끄는 대로 그의 젠더를 착각하게 함으로써, 그들의 눈으로 그에게 젠더를 부여하는 능력을 빼앗아버린다. 쯔가오는 게임의 법칙을 노출시킨다. 여성성은 부인당하기 위해 창출되었던 것이다. 여성의 여성성은 항상 더 절실한 관심사인 남자배우의 여성성을 강조하기 위한 얇은 막이었다.

쯔가오는 여신이 아닐 뿐 아니라, 여자들이 "그의 동쪽 담 너머로 몰래 훔쳐보는" 송위이다. 송위의 「방탕한 등선생」에서, 시인은 아무리 미모가 빼어나고 말솜씨가 재치있다 해도 황제의 후궁에서 결코 신뢰를 얻을 수 없다는 비난에 대해 스스로 변호한다.[22] 잘생긴 이웃

이 종종 그의 정원 동쪽 담 너머로 그를 훔쳐보았지만, 자신은 못생긴 아내에게 정조를 지켰다고 주장한다. 다시 말해 쯔가오는 자신이 남자의 욕망뿐 아니라 여자의 욕망의 대상이지만, 황제의 후궁에서 신뢰받을 수 있다고 주장한다.

아이러니컬하게도 바로 이 시점에서 쯔가오는 공주의 욕망에 굴복당한다. 공주는 쯔가오로부터 즉흥적으로 자기연출하는 힘을 빼앗고, 자신이 재정의한 젠더를 그가 받아들이도록 강요한다. 쯔가오는 문화적 과거에서 모델을 찾아냄으로써 전체적으로 자신의 젠더를 정의하였다. 공주 역시 과거의 모델에 관한 언급을 암암리에 사용해서 복장전환자의 젠더에 의문을 제기하고 재정의를 강요한다.

새 황후를 향한 공주의 욕망은 복장전환자의 젠더 및 성에 대한 의문을 더욱더 복잡하게 만든다. 오라비와 달리, 공주는 쯔가오가 여자라고 믿고 그를 사랑하게 된다. 그녀의 시녀가 "그와 닮은 신랑감"을 찾아주겠다고 말하지만, 공주는 코웃음치며 이렇게 대꾸한다. "어리석은 것 같으니라고, 그 사람은 여자야! 어떻게 남자를 그녀와 비교할 수 있겠어? … 그녀는 초나라의 산속에서 울려퍼지는 장신구를 가진 여신이야."[23] 쯔가오는 황제가 자신을 초나라의 여신으로 착각하고 있다고 힐난했다. 이제 공주가 그와 똑같은 착각을 되풀이한다. 그녀의 망상에서 깨어나면, 관객은 반란을 일으켜 젠더놀이와 극 자체를 통제하려고 한다.

황제와 달리, 공주는 일단 자신의 착각을 깨닫는 순간 자신은 쯔가오의 젠더를 만들어줄 권리가 있다고 생각한다. 시녀가 쯔가오는 소년이라고 말하자, 공주는 즉시 문학적 비유로 맹공격하면서 그를 재정의해 나간다.

252

그대는 최씨 가문에 금사발을 갖다준 여자귀신도 아니고,

그대는 붉은 장옷을 입은 악귀 정영도도 아니야.[24]

그대는 자신의 아름다움을 드러내지 않는 주영대도 아니니,[25]

그대는 자신의 주홍빛 문을 걸어잠근[26] 루의 남자 흉내를 내어서는
안 돼.[27]

공주는 쯔가오가 하였던 다양한 젠더교차 놀이를 중단시킨다. 그녀는 부정적인 정의 과정을 구사하기 때문에, 복장전환자의 젠더를 구체적으로 정의하지 못한다. 복장전환을 한 소년은 황제의 동성애적 욕망의 대상이자, 공주의 동성애적ㆍ이성애적 욕망의 대상이었다. 궁극적으로 이런 여러 가지 형태의 욕망들이 서로 교차하면서, 소년의 젠더는 불확실하고 불안정하며 변화무쌍한 배우의 젠더가 그러하듯이 불확실하고 불안정하며 변화무쌍해진다.

배우 신체의 젠더는 시각적 착각과 대사연기에 의해서 창조된다. 이렇게 해서 젠더는 안정된 실재가 아니라, 배우가 시각적으로나 목소리로 여자나 남자로서 혹은 여자보다 우월한 여성적인 소년으로서의 상징적인 정체성을 만드는 작업을 시도함으로써 끊임없이 변화하게 된다. 그러나 배우의 젠더는 연기뿐 아니라 관객의 갈구하는 시선에 의해서도 창출된다. 이렇듯 배우의 젠더는 배우와 관객의 일련의 희롱과 협상 과정의 산물이다.

〈남황후〉는 관객이 그 스스로 보고 있는 것을 확신하는 능력을 좌절시킴으로써, 배우가 관객의 갈구하는 시선을 어떻게 비켜가는지를 보여준다. 배우는 관객이 착각에 빠지는 모습을 관찰하며 그것을 조롱한다. 관객이 오인하는 지점은 다름아니라 그 배우 신체의 젠더이

다. 배우 신체의 젠더가 연극적 구성이라는 것은 바로 이런 의미에서
이다. 배우 신체의 젠더는 배우의 연기와 그 연기에 대한 관객의 반
응의 산물이지만, 또한 이것은 배우가 관객을 인식하고 조정하면서
파생되는 산물이기도 하다. 배우가 관객에게 잘못 인식할 것을 강요
하는 것은, 남자배우와 창녀를 동일시하는 것에 대한 저항이다.
　이 극의 마지막장 노래에서는 등장인물 쯔가오가 자신을 등장인물
뿐 아니라 작가로, 미래의 문화적 아이콘들의 창조자로 바라보는 것
이 확연해진다.

　　우리의 숙명적 인연은 역사가의 붓으로 붉은 종이에 기록되어야 하
오.
　　그 역사책에서는 새로운 변종이 불쑥 튀어나올 것이외다.
　　이제 천년이 지나면 사람들은 은등잔을 닦으며 이 재미있는 이야기
를 할 것이오.
　　안개 자욱한 주랑에 서 있는 황태후 보의 희색만면한 모습을 본 사
람 누가 있나요?
　　작품은 익살스럽게 써야 하는 것이라고 하지만,
　　어찌 마음속에 떠오르는 생각만 그저 말할 수 있단 말이오?[28]

언젠가는 쯔가오 자신이 역사책에서 역사적 비유의 소재, 새로운
변형이 될 것이다. 그러나 쯔가오는 후대에 자신은 사람들이 비춰보
는 거울이 될 것이라는 주장만 하는 것이 아니다. 그는 또 사람들이
자신을 평가하는 기준으로 삼게 될 역사적 모델들에 관한 증언에도
도전한다. "안개 자욱한 주랑에 서 있는 황태후 보의 희색만면한 모

습을 본 사람 누가 있나요?” 만약 황태후 보의 얼굴을 본 사람이 아무도 없다면, 그녀의 존재가 연극의 등장인물보다 더 사실적이었다는 것을 어떻게 확신할 수 있겠는가? 쯔가오는 다음과 같이 말함으로써 황태후의 자리를 차지하고자 한다. “저는 황태후만큼이나 사실적이라오.” 이 대사는 무대에서 재현되는 현재를 문화적 과거로 만듦으로써 그 상황을 설명한다. 극의 세계 안에서, 현재의 허구적 인물인 쯔가오는 과거의 문화적 아이콘들을 능가해 버렸다. 극의 세계 밖에서, 쯔가오는 미래의 문화적 아이콘이 될 것이다.

여장을 한 소년과 여성의 관계에 내재되어 있는 기본 패러다임은 원본과 사본의 표준적 관계를 전복하는 것이다. 원본의 상(像)들은 원본보다 훨씬 더 높이 평가된다 ─ 사실상 원본이 된다. 이 극의 마지막장 노래에서, 우리는 이와 똑같은 패러다임이 소년과 역사의 관계를 결정짓는 것을 보게 된다. 쯔가오는 역사적 인물인 황태후 보가 실제로 존재했는지 우리가 어떻게 아느냐고, 그리고 문학작품의 등장인물인 자신이 황태후보다 더 사실적이지 않느냐고 묻는다.

〈남황후〉 마지막장의 노래들에서 배우는 자신의 문학적 운명을 생성하는 작가로 묘사된다. 그러나 우리는 남자배우의 모습 ─ 그리고 남자배우의 여성성 ─ 이 문학작가들의 판타지가 투영된 것임을 잊지 말아야 한다. 이와 같은 작품의 작가들은 그 스스로가 남자배우에 대해 통달해 있었다. 앞서 살펴본, 여성성을 놓고 남자와 여자 등장인물들 사이에서 일어나는 바로 그 경쟁은 이들 작가들이 꾸며낸 것이다. 작가는 자신이 요구했던 것을 대사로 써서 배우에게 읊조리게 함으로써, 배우에게 우월한 여성성을 주장할 수 있게 해준다. 이런 의미에서, 〈남황후〉 같은 극은 남자배우가 여성성의 아이콘으로서 자기연

출을 하는 것에 관한 이야기이자, 배우가 자기연출을 할 수 있는 보
조장치이기도 하다.

주

1) 이 소설은 중국 서사 전통의 '4대 걸작' 중 하나로 꼽힌다. 『금병매』의 작가와 연대
   는 명확하지 않지만, 패트릭 하난과 위 한은 이 소설이 1582~96년 무렵에 완성
   된 것으로 본다.
2) 이 극이 주는 교훈에 관한 논의는 K. Carlitz, *The Rhetoric of Chin P'ing Mei*,
   Bloomington: Indiana University Press, 1986, pp. 115~16 참조.
3) 여기서 '남방'은 동성애적 욕망과 행위를 일컫는 말이다. 아마 이 용어는 '남쪽'과
   '남성' 두 단어의 동음이어에서 나온 것 같다.
4) Dai Hongsheng, ed., *Jin Ping Mei cihua*, Hong Kong: Joint Publishing Co.,
   1986, p. 454.
5) 같은 책, p. 440.
6) Qu Youzhong, *A Brief History of Yunlang* (Yunlang xiaoshi, Mao Guangsheng,
   ed.)에서 재인용. 그리고 Zhang Zixi, ed., *Historical Materials on the Pear
   Gardens of the Capital during the Qing Dynasty* (*Qingdai yandu liyuan
   shiliao*), reprint, Beijing: Zhongguo xiju chuban she, 1988, p. 962에 수록되어
   있다.
7) 왕기덕은 극의 기초 연구서인 『곡률』의 저자로 주로 기억되고 있다.
8) 『남황후』의 연대는 확실히 모르지만, 16세기 말이나 17세기 초에 씌어진 것으로
   보인다.
9) 『남황후』의 원전은 두 개 있다. 첫번째는 역사상의 인물 진나라 장군 한쯔가오의
   전기이다. Yao Silian, *Chen Shu*, Beijing: Zhonghua Shuju, 1972, 20.269~275;
   Li Yanshuo, *Nan Shi*, Beijing: Zhonghua Shuju, 1972, 68.1664 참조.
10) Wang Jide, *Nan Wanghou*, 15a.
11) 비록 남자배우가 복장전환을 한 어린 소년의 역을 하는 경우에도, 이 극의 해석은
    여전히 이러한 대비를 고려해야 할 필요가 있을 것이다.
12) 『남황후』 공연에 대한 기록을 찾아낸 학자는 아무도 없다. 그러나 우리는 공연, 관
    객, 연극대본에 대한 명나라 말기 개념은 이에 대한 현대 서구 개념과는 상당히

달랐다는 사실을 염두에 두어야 한다. 연극대본은 현대적 의미의 '희곡'이 아니었다. 배우들은 극을 처음부터 끝까지 공연하기보다 발췌된 노래를 부르는 일이 보다 흔했기 때문이다. 연극이 이런 식으로 공연되면, 발췌된 노래는 개인이 부르는 노래와 공식적으로 거의 구분이 되지 않을 것이다.

13) Wang, 앞의 책, 1a.

14) 같은 책, 1b~2a.

15) 같은 책, 7a.

16) 같은 책, 15a. '청옥'은 젊은 처녀를 가리킨다.

17) 같은 책, 9a.

18) Zhu Jincheng, ed., *Bai Zhuyi ji jian jiao* 6 vols., shanghai: Guji chuban she, 1988, 2: 656~59.

19) Wang, 앞의 책, 7a.

20) 같은 책, 12b.

21) 같은 책, 11a.

22) Song Yu, "Rhymeprose on Licentious Master Deng," Xiao Tong, compiler, *Wen Xuan* 19.892~95.

23) Wang, 앞의 책, 16a.

24) 정영도는 일명 쉬후라고 알려진 금나라 장군 쉬찌롱의 연인이었다. 쉬후는 정영도의 청에 따라 자신의 아내를 둘이나 잇따라 살해하였다. *The History of the Jin(Jin Shu)* vol. 168: 2761~78.

25) 널리 알려진 전설에 의하면, 주영대는 교육을 받기 위해 복장전환을 한 소녀로서 그녀의 동창생 양산박을 사랑하게 되었다. 이 전설을 시나 극으로 만든 것에 관한 더 상세한 정보는 Tseng Yung-yi, *On Popular Literature* (*shuo su wenxu*), Taipei: Lianjing chuban she, 1973, pp. 121~29 참조.

26) 루의 남자는 예의범절이 지나쳐서 이웃 여자가 집이 망가져서 도움을 청하자 거절한 남자의 일화를 말한다.

27) Wang, 앞의 책, 19b.

28) 같은 책, 29a.

S. 볼프는 스미스 칼리지의 동아시아 언어 및 문학부의 조교수이다. "Discourse on Male Marriage: Li Yu's 'A Male Mencius's Mother'" "Second-hand Emotions: Thought and Feeling in Zhou Bangyan's Song Lyrics" 등의 논문이 있으며 *An Anthology of Chinese Women Poets from Ancient Times to 1911*에 나오는 12~13세기 중국의 시들을 번역했다. 현재 그는 17세기 중국의 극에 관한 연구를 하고 있다.

헝가리 문화의 에로티시즘과
섹슈얼리티, 젠더역전

리슬로 퀴르티(László Kürti)

학술서적에서 전통적인 동유럽 사회는 가부장적이며 동성애를 혐오하고 또 남성 편향적이라고 묘사되어 왔다. 흔히 우리는 이전 시대의 남자와 여자를 상상할 때면 가부장제의 무력하고 수동적인 희생자를 떠올리곤 했다. 이 글에서 나는 동유럽 사회가 아무리 가부장적이었다 할지라도 이곳의 남자와 여자들은 젠더체계에 대한 고정관념을 허물어뜨리고 그리고 국가와 교회와 남성화된 제도가 그들에게 부과한 역할과 규범에 도전하는 특별한 기회들을 만들어냈다는 것을 주장하고자 한다. 특히 내가 관심을 가지는 부분은, 이런 관습들 — 비록 몇 가지 되지 않고 아주 띄엄띄엄 일어났다 할지라도 — 이 어떻게 개인들에게 사회적으로 인정된 무대에서 자신의 욕망 혹은 불안을 행동으로 옮길 수 있게 해줌으로써 억눌려 있던 좌절감을 표출시키게 했는가, 하는 것이다. 여기에서 설명되고 있는 가치관과 행위가 일부 사람들에게는 민속자료 연감에나 들어갈 '색다른' 농촌풍습

정도로 간주될지 모르지만, 이 특이한 풍습은 규범화된 성관계뿐 아니라 합의된 젠더 정체성과 관련하여 매우 중요한 역할을 하였다.

동유럽 전역의 촌락공동체에서 남자와 여자에게 부과된 전통적 역할은 가부장적 규범을 바탕으로 하고 있었으며, 교회와 상류층 이데올로기에 의해 정당화되었다.[1] (15~19세기의) 제2차 농노제도를 통해 인권과 성행위와 가정생활을 제한하는 비상조치들이 취해졌다. 여성(그리고 '타자'로 분류된 사람들)의 남성에 대한 일반적인 종속은, 남성적인 젠더모델이 공고해짐으로써 부수적으로 나타난 현상이었다. 근대국가는 특수한 성담론을 규제하려고 한다는 미셸 푸코의 통찰은 농촌의 생산자들은 물론이고 생식력과 재생산행위에 대해 제한이 가해졌던, 20세기 이전의 남성 중심적인 영지와 교회를 기반으로 한 국가에도 적용될 수 있다.[2]

잭 구디(J. Goody)가 밝힌 유라시아의 가정 및 결혼에서의 보수적인 종교 관습과 행위는 헝가리 농촌사회에서도 확인되는데, 헝가리의 농촌사회에서는 기본적으로 아버지 성을 따르고 부계상속이 이루어졌으며 여자는 결혼해서 시댁에서 살아야 했다.[3] 이러한 가부장적 가치체계는 섹슈얼리티와 에로티시즘을 엄격하게 이성애적 남성의 시각에서 규정하였다.[4] 사실적으로 잘 기록되어 있는 17세기의 한 자료는 이 점을 증명해 주고 있다. 헝가리의 미클로스 츠리니 백작(1620~64)은 터키와의 전쟁에 처음부터 끝까지 참전했던 인물인데, 자신의 저서 『터키 의학』에서 일관되게 남성의 시각에서 본 젠더역할을 드러내고 있다.

마지막으로 우리가 고려해야 할 사항은, 군대에서 어떤 유형의 젊은

이는 받아들이고 또 어떤 유형은 받아들이지 말아야 할지를 결정하는 것이다. 어부와 들새사냥꾼, 빵 굽는 사람, 직조공을 비롯하여 그 밖에 여성적인 직업에 종사하는 자는 입대를 금지시켜야 한다고 생각한다. 이와 달리 대장장이와 수레바퀴 만드는 사람, 푸주한, 들짐승사냥꾼은 모두 징병해야 할 것이다.[5]

한편 대부분의 여자들은 그 역할이 가사노동과 육아, 원예 그리고 유한계급의 경우에는 예술부문에 국한되어 있었다.[6]

이러한 역사적 사례가 나타내듯이, 언제나 군대와 정치는 (여성의 존재가 전혀 없었던 것은 아니라 할지라도) 전통적으로 남성영역으로 정당화되었다. 그러나 이와 같은 지배적인 합법화 양식은 일반적으로 남자들에게 상위의 지위를 부여하였다.[7] 적어도 14~18세기의 헝가리 사회는 군사화되어 있었기 때문에, 이러한 (편향된) 시각이 젠더관계를 결정했다는 것은 결코 우연이 아니다. 세대를 거듭하면서 가부장적 이데올로기는 남자들에게 투사, 부양자, '타고난' 지도자 같은 우월한 지위를 부여하였다. 이와 동시에 여자들은 대체로 그들의 재생산기능에 의해서 남자에게 종속된 존재, 심지어 그 행동과 사고가 '비합리적인' 존재로 간주되었다.[8]

이렇게 수세기 동안 농촌공동체는 남성/여성, 남자/여자를 선명하게 정치화된 두 개의 역할과 정체성으로 양극화시키는 기능을 하였다.[9] 이러한 분류에서 벗어나는 그 어떤 것도 부정적인 일탈로 간주되었다. 심지어 '국가사회주의'로 알려진 시기에도 젠더의 정체성은 남성/여성으로 엄격하게 구분되었고, 헝가리를 비롯한 다른 동유럽 국가들의 동성애자들은 자신의 성 지향성을 공개적으로 밝히는 것이 금지되었다.[10] 동성애 행위는 백안시되었고 수세기 동안 합법적인 공적 영역의 바깥에서만 행해졌다. 동성애자들은 비난과 조롱의 대상이 되어왔는데, 이들은 버지 혹은 치라(씨앗), 멜레그('열정적인' '선정적인'이라는 뜻의 형용사), 셈퓌(나긋나긋한 소년), 호모코스('불안정하다'는 의미도 있지만 '동성애'의 파생어이다) 같은 용어로 지칭되어 왔다. 헝가리가 국민투표로 새로운 의회를 구성하고 이전 공산주의 기구의 잿더미 속에서 다당제 국가를 탄생시켰던 1990년부터 비로소 성 지향성의 차이를 공개적으로 밝히는 것이 허용되었다. 예를 들어 동성애 신문 『타자들』(*Others*)의 발간은 1990년 이후 헝가리의 언론매체 혁명에서 최근에 추가된 사건이다. 그러나 앞으로 이 글에서 살펴보겠지만 민속과 신화, 제의화된 젠더역할에서 '차이'를 허용한 사례들은 일부 있었다.

젠더전환

동유럽과 중부유럽의 전통적인 가부장제 아래서, 다양한 젠더 정체성들을 다루는 방식은 극소수에 불과했다. 규범에 도전한다거나 규범을 재협상한다는 것은 훨씬 더 어려웠다. 왜냐하면 사회적 지위와 권력과 상징적인 특혜를 전유하고 있는 사람들이 그 규범을 관장하면서 옹호하고 있었기 때문이다.[11] 그러나 역할의 역전이 젠더 역할과 정체성에 관한 사회적 장벽과 규칙을 깨는 하나의 방식으로 인식될 때, 과거의 경험과 민속은 폭넓은 예들을 제공한다. 그러므로 참여자들로 하여금 그와 같은 뿌리깊은 불평등을 완화 혹은 중립화시키거나 심지어 도전하고 재정의할 수 있게 해주는 풍습은 강력한 내용과 상징으로 가득 차 있다.

역사가 데이비스(N. Z. Davis)는 상당히 영향력 있는 자신의 글 「정상의 여성들」(Women on Top)에서, 카니발 기간 동안에는 남자와 여자들이 자신들에게 부여되어 있는 역할과 젠더 정체성을 역전시키는 것이 허용되었다고 말한다.[12] 비용(Villon)과 보카치오(Boccaccio)를 통해서 알고 있듯이, 대중문화에는 일시적으로 하층계급의 사람들까지도 자유롭게 귀족의 망토를 두르고 행렬을 이루어 돌아다니는 것이 허용되는 축제들이 매우 많았다. 미하일 바흐틴(M. Bakhtyn)과 피터 버크(P. Burke)의 저서에 생생하게 묘사되고 있는 것처럼, 확실히 카니발과 대중문화는 아무런 구속도 받지 않고 지배적인 담론양식과 상징양식에 도전하는 등 쾌활한 방종의 시간이다.[13]

제한된 시간과 장소에서 이루어지는 이러한 행사에서 참여자들은 노예상태라는 자신들의 상황과 결부된 좌절감을 얼마간 해소할 수 있었다.[14] 여자로 변장한 남자, 남자로 변장한 여자, 젊은이로 변장한 노인, 노인으로 변장한 젊은이, 동물로 변장한 사람, 부자로 변장한 빈자, 이 모두는 카니발의 전통적인 요소로서 사회적·계급적 역할에 대한 부정과 평소에는 엄격하게 금지되어 있는 태도 및 규범의 허용을 상징한다(이 가운데 잘 알려져 있는 것으로는 리우데자네이루와 베니스의 카니발 그리고 뉴욕의 할로윈 행진이 있다).[15] 인류학자 에브너 코헨(A. Cohen)이 말했듯이, "문화운동은 사실 정치운동이기도 하다. 카니발이 겉으로는 순수한 문화적 활동으로 보일지 모르지만, 그것은 처음부터 필연적으로 정치적일 수밖에 없다."[16]

중동부 유럽의 민속 카니발들은 비록 그 규모는 작을지라도 하나같이 아무런 구속이 없는 행사이다 ─즉 이성애자의 시각에서 볼 때

성적인 면을 노골적으로 표출하고 관능적이다. 헝가리나 루마니아, 독일의 유태인들 사이에서는 역전의 세계(mundus inversus)가 '여자들의 무도회'나 '여자들의 카니발'에서 재연되는 것 같다. 남자는 참석하지 않고 여자들에 의해서 여자들을 위해서 열리는 이 행사는 정말 매혹적이다. 그러나 이런 사실 때문에 교회는 이런 성격을 지닌 지방 공동체 단위의 카니발을 금지시켰다. 사실 이런 카니발에는 집시악사들이 고용되었고 이들은 모두 남자였지만, '아웃사이더'로 간주되었기 때문에 이들의 존재는 용인되었다. 다만 이들의 눈을 가렸던 것으로 보이며, 어떤 경우에는 얼굴이 다 가려질 정도로 모자를 푹 내려쓰게 하기도 했다. 이렇게 남자를 배제하는 것은 여자들끼리 춤추고 음란한 노래를 부르고 술을 많이 마시기 때문이다. 카니발에서 여자들은 남장을 하고 남자춤을 추고 남자의 성적 행위를 패러디하기도 한다. 연구자들에 따르면, 남자들이 훔쳐보다가(개중에 몇몇은 어김없이 자기 아내나 애인을 감시하다가) 잡히면 즉시 그 무리들 속에서 조롱거리가 되기까지 했다. 예를 들어 바지를 벗기고 주먹질을 하고 적나라한 음담패설을 퍼부어댔다.[17]

　따라서 '여자들의 무도회'를 통해 참가자들은 비록 일시적으로나마 가부장적 젠더역할을 역전시킬 수 있었지만, 농촌공동체에 만연해 있던 남성 중심적이고 에로틱하고 종종 폭력적인 성차별과 비교해볼 때 이런 행사는 남자들에게 사소한 일로 치부되었다.[18] 대부분의 노래는 젊은 남자(혹은 여자)가 오로지 이성 연인을 갈구하는 내용을 담고 있다. 춤 또한 여자들의 원무를 빼놓고는 대개가 엄격하게 남녀가 짝을 이루고, 미혼청년을 염두에 둔 보다 힘차고 욕정적이고 인상적인 스타일의 춤이다(사실 이런 춤들 가운데 어떤 것들은 그냥 '미혼남의 춤’ 혹은 ‘헛간춤’으로 불린다). 게다가 제의와 일상풍습은 엄격한 이성애적 역할에 따라 구분되어 있어서, 거기에 참여한 사람들에게 자신들에게 부과되어 있는, 때로는 버겁기까지 한 젠더 정체성을 끊임없이 상기시켰다. 한정된 지면에서 이 모든 것을 다 세세하게 살펴볼 수는 없고 다만 복식제도, 민속예술, 가정·학교·교회의 좌석배치, 언어규칙의 선택, 어휘와 몸짓, 가정 및 노동현장의 성별 노동분업 등을 들 수 있겠다.[19]

이와 마찬가지로 중동부 유럽 전역에 널리 알려져 있는, 카니발 기간 동안에 공연되는 연극과 가장행렬도 풍자적이다(이 가운데 프랑스의 샤리바리charivari나 이탈리아의 팔리오palio는 잘 알려져 있다).

헝가리 남부 모하치 지방의 소카츠 사람들(17세기부터 정착한 크로아티아인)은 ‘포클러더’(poklada)라는 제의를 통해서 자신들의 카니발을 연다. 이 카니발에서 중심을 이루는 것은 복장전환인데, 청년들은 여자처럼 변장하며 여자말투를 흉내내느라고 고음으로 말한다.[20]

헝가리 남서부에 있는 모허 마을의 헝가리인들 사이에는 이와 비슷한 ‘닭 죽이기’(튜크베뢰 혹은 티크베뢰)라는 제의가 있다.[21] 슬로바키아와 독일 문화권의 풍습과 매우 유사한 이 ‘닭 죽이기’는 여자로 변장한 청년들이 집집마다 돌아다니며 음식을 먹고 즐거운 시간을 보내는 것이 그 특징이다. 이 젊은이들은 통이 넓은 치마와 블라우스에다 조끼를 입고, 머리는 큼직한 리본과 스카프로 장식하고 심지어 옥수수수염이나 말총, 천으로 만든 다리와 앞머리를 붙이기도 한다. 자기가 찾아간 집의 사람들이 가능한 한 자기를 알아보지 못하게 하기 위해서이다. 이렇게 변장한 '여자들'은 집집마다 다니면서 특히 남자들을 상대로 매우 야한 장난을 쳤으며 물론 여자들도 졸졸 따라다녔다. 그리고 변장한 '여자'와 남자가 짝을 이루어 춤을 추면, 거기서 가볍게 풍겨나는 동성애적 분위기가 웃음거리가 되기도 했다.[22]

　여자들 역시 전통적인 '돼지죽이기'에서 남자로 변장하여 다른 집들을 찾아다닐 수 있었다. 이때 여자들은 남자성기와 흡사한 당근이나 쇠뿔로써 가시적으로 '남성성'을 표시하였다.[23] '남자'처럼 차려입은 여자들은 여자들과 춤을 추었는데, '이성애' 맥락에서 보면 이 또한 가벼운 동성애적 함의를 풍기는 것이었다. 아마 여자들은 이런 제의를 통해서 남자들에게 해학적인 앙갚음을 하고 자신들의 고통과 고난을 표현하고 또 남자의 허를 찌르는 힘과 지혜를 뽐내었을 것이다.

　하지만 헝가리 민속에서 이런 동성애적 행위의 암시는 실제로 매우 드물게 나타난다. 헝가리 민속에서 그런 암시는 남성에게 부정적이고 위협적인 것으로 해석되었기 때문이다. 이와 관련하여, 드물게 헝가리 학자들이 지배적인 이성애적 남성 세계관에 대한 도전일 수 있다고 해석한 사례 두 가지를 들어보겠다. 하나는 결혼식 풍습으로 청년들끼리 서로 소리를 지르며 동성애적 모욕을 주는 사례이다. 나는 이 풍습을 루마니아 칼로타세그 지방의 헝가리인 마을에서 볼 수 있었는데, 신랑일행이 신부집 대문 앞에 이르면 이들과 신부를 지키고 있는 사람들 사이에서 소리지르는 시합이 벌어진다. 이 가짜 싸움에서 예식 주례자들이 신부집에 들어가려고 실랑이를 벌이는 동안 나머지 사람들은 상스러운 소리로 말싸움(드물지만 가벼운 몸싸움)을 한다. 다음과 같이 외설적이고 음란한 말을 큰소리로 한다.

우리를 안으로 들여 보내줘

그러면 너희들을 뒤에서 꽉 잡아줄 테니까.[24]

또 한 가지 사례는 훨씬 난해해서 해석이 잘되지 않는다. 1930년대 초에 민족지학자 산도르 괴네이(S. Gönyey)는 중부헝가리 키스쿤사그 지방의 흥미로운 목동들의 춤에 대해 보고하였다.[25] 이 특이한 춤이 '전통적인' 여느 춤과 다른 점은 사람들이 서로 밀착되어 춤을 춘다는 것인데, 이런 스타일은 위협적인 것 혹은 이 춤의 경우처럼 '성적'인 것으로 해석될 수 있다. 두 남자가 서로 얼굴을 마주보고 춤을 추면서 서로 끌어당기고 유혹한다. 한 순간 한쪽이 다른 쪽 남자의 팔을 잡고 빙 돌리는, 남녀가 쌍을 이루어 추는 춤에서 매우 흔한 동작도 있다. 그러나 헝가리 민속춤에 전혀 없는 것은 아니지만, 남성군무에서 이처럼 남자들끼리 서로 접촉하는 동작은 매우 드물다. 이렇게 볼 때, 한쪽 남자가 다른 쪽을 회전시키는 동작은 표준화되어 있는 이성애적 춤 형식의 윤리(남자는 여자와 춤춘다)를 거역하는 것일 뿐 아니라 당연히 남자의 역할로 인식되어 있는 개념에 대한 도전이다. 남녀가 짝을 이루는 춤에서 남자는 리드를 하며 '능동적인' 파트너로서, 파트너의 지시와 몸짓 명령에 따르는 '수동적인' 여자를 돌린다.[26]

키스쿤사그의 장면을 더욱 독특하게 만드는 것은, 여기에서는 남자들이 '능동적인' 역할과 '수동적인' 역할을 한다는 점이다. 리드하는 사람(돌리는 사람)은 능동적이지만, 그의 '파트너'(도는 사람)는 수동적인 역할을 한다. 이러한 '일탈'에 대한 전통적인 민속학적(이성애적) 해석들은, 단순히 남자들이 비슷한 음악과 발놀림으로 이성간의 춤에서 흔한 동작을 흉내내는 것일 따름이라고 주장할 수 있다. 더구나 이렇게 주장하기도 한다. 키스쿤사그 지방은 목축업의 중심지인데다 목동들이 추는 춤이기 때문에, 여름 방목장에서 가축떼와 지내는 목동무리에 여자들이 없는 것은 지극히 당연하다. 그러므로 목동들의 춤에서 이들간의 밀착은 젠더역전이나 동성애와 혼동되어서는 안 되며, 단순히 기본적인 동료애의 표현에 불과하다고 말이다.

그러나 이러한 주장에 대해, 이성간의 춤의 '모방'설은 토착 민족지학자들 쪽에서 볼 때 노골적인 자민족중심주의(ethnocentrism)는 아닐지라도 거기에 함의된 계급주의 때문에 고민하고 있다는 점을 덧붙여두겠다. 왜냐하면 모방설에서는 춤추는 남자들이 상대적으로 진지하지 않은 춤에서 그저 역할연기를 하고 있는 것이라고, 나아가 이 '흉내내기' 춤에서 춤추는 남자들의 동작은 매우 단순하다고 주장하기 때문이다. 목동무리 속에서는 여자가 배제되었고 이 춤은 성적으로 순진무구하고 어린애 같은 남자들간의 유대감을 드높이는 방식이었다는 두번째 주장과 관련해서는 다음과 같은 반박이 제기되어야 할 것이다. 방목장에 여자가 없었기 때문에(그렇지만 아내나 애인, 매춘여성이 정기적으로 그들을 찾았다), 다양한 연령층의 남자들간의 상호 밀접한 작업방식 때문에, 이들 사이에서 감정적인 유대는 훨씬 더 발달할 수 있었을 것이다. 힘이 많이 드는 가축몰이 작업의 균형을 맞추느라고 가장 어린 목동들은 엄격하게 '여성적인 것'으로 규정되어 있던 일(요리와 세탁, 막사관리)을 해야 했다는 사실을 명심하자.[27]

그렇다고 해서 이 드문 두 가지 사례는 헝가리 민속에 동성애적 장르가 있다거나, 말싸움에 잠재되어 있는 동성애적 욕망과 헝가리 남자들의 춤동작은 상호연관성이 있을 수 있음을 시사한다고 주장하려는 것은 아니다.[28] 오히려 나는 비록 수적으로는 빈번하지 않았을지라도 이런 표현들이 가장 극단적인 이성애적 남성시각에 균형을 잡아주는 중요한 요소라고 주장하고 싶다. 더구나 참으로 묘하게도 이러한 '여성화된' 언어와 몸짓에 관한 담론은 극단적이고 맹목적인 이성애 윤리규범을 강화하는 데 기여할 수 있다. 이런 양식이 존재한다는 것 자체는, 전통적인 젠더 역할과 정체성은 한정되어 있다─비록 공공연히 제한을 가하지는 않았을지라도─는 점과 또 이를 강화하기 위해서는 '안전장치'들이 필요하다는 사실을 충분히 증명해 주고 있다.

남성의 시각에서 볼 때 공공연한 혹은 암묵적인 에로티시즘은 곳곳에 널려 있다. 농담을 주고받는 속에서 말의 이중적인 의미가 발생하는가 하면, 나무조각품과 수공예품·노래·춤 등에 성적 상징이 넘쳐흐른다.[29] 트란실바니아의 칼로타세그 같은 곳에서는 명문가 남자들의 헝가리식 웨딩케이크를 여성의 질을 상징하는 둥근 모양으로 구워서 케이크를 운반하는 역할을 맡은 남자가 팔로 한가운데를 찔러서 들고 간다.

앞에서 살펴보았듯이, 결혼식을 알리는 신호는 주술적인 주문으로 가득 차 있을 수도 있지만, 대개가 적나라하게 외설적인 내용으로 악명이 높다. 결혼식 전날 밤 신부집 앞에서 청년들이 외치는 소리가 특히 더 그러하다.

여자는 자신의 뜻과 무관하게 이런 합법화된 이성애제도에 충실한지 여부를 끊임없이 시험당한다.[30] 정작 그 자신이 이런 혹독한 시련을 겪은 장본인인 어머니들조차도 딸들에게 성적 기교와 미모의 기대치에 부응하도록 독려한다. 옷차림은 젊은 여성들을 이성애(남성)적 시선과 욕망의 대상으로 만드는 것을 목적으로 하고 있다. 최근 내가 트란실바니아 칼로타세그의 헝가리인들 속에서 현장연구를 하고 있는 동안, 한 어린 신부는 자기 어머니에게뿐 아니라 나에게까지 ('그녀 일생에서 가장 행복한 날'일) 결혼식 기간 동안 계속 입어야 할 웨딩드레스에 대해 끊임없이 불평을 늘어놓았다. 구두가 너무 작다는 둥, 조끼와 페티코트의 허리띠가 너무 꽉 낀다는 둥, 머리장식이 너무 무겁고 부츠가 너무 조인다는 둥 이 신부가 늘어놓는 불평은 하나같이 종속과 고통에 대한 표현이었다. 말할 필요도 없이, 젊은 여성이 어머니가 되면—훨씬 편안한 옷으로 바꿔입으면—이들은 또다시 그 딸에게는 마찬가지로 불편한 옷을 사 입힌다. 이렇게 해서 이들은 패션과 근대성과 미학에 대한 동일한 남성 중심의 이데올로기를 유지시켜 나간다.[31]

제의의 젠더역전

민속과 농촌풍습이 이성애 세계관의 일방적인 이야기를 들려주고 있다고 해도, 좀더 균형을 이룬 젠더관계의 구성과 그 같은 표준화된 성별경계의 교차를 허용하는 도전은 매우 많다. 앞에서 살펴보았듯이, 사실 춤이나 춤의 신호들은 이러한 제한에 대한 온건한 위협을 의미할 수 있다. 그러나 예를 들어 작명의 관례에도 마찬가지로 언어의 이중적 의미가 상당히 스며들어 있다. 헝가리에서는 이름과 성이 남자와 여자에 따라 엄격하게 구분된다. 물론 극소수이기는 하지만 전도되어 버린 사례도 있는데, '라슬로'(엄밀하게 남자이름)와 '마그다'(엄밀하게 여자이름)가 합쳐진 '라슬로 마그다'라든가 '미할리 어누스' 같은 이름이 그 예이다.[32] 일반적으로는 이런 풍습이, 17세기 말부터 주류를 이루었던 합스부르크 제국의 엄격한 군사법 아래서 강제적으로 군대징집이 이루어짐에 따라 헝가리 농부들이 15년 혹은 종신 복무의 징병제를 비켜가기 위해 아들들에게 여자이름으로 세례를 주었던 데서 비롯되었다고 해석한다. 그러나 나는 이런 공리주의적 해석보다는 오히려 이 같은 민속적 풍습에 대한 보다 포괄적인 이해가 더 설득력이 있다고 본다. 이중적인(남성과 여성 둘 다의) 의미를 지닌 이름은, 고대시대에 공동체로부터 특별한 임무나 권력, 역할을 부여받은 제사장들의 작명 풍습을 반영하고 있다.

마녀나 샤먼 같은 주술력을 가진 사람들이 그러했다. 끝없이 이어지는 전설이나 민담, 사악한 주술의 등장인물들이나 남자주인공/여자주인공 모두 젠더가 모호하다. 우크라이나의 바바 야가, 불가리아의 모라, 루마니아의 이엘레는 모두 분명하게 여성이다.[33]

대부분의 경우에 마녀는 일반적으로 노파로 묘사되는 여성이지만, 남자마녀(혹은 마술사)도 상당히 많다. 적어도 한 가지 사례로, 18세기의 마녀재판에서 남장을 했다는 이유로 재판을 받는 여자마녀의 이야기가 나온다. 헝가리의 샤먼 역시 개중에는 선한 이도, 악한 이도 있었지만, 대부분이 남자로서 종종 여자마녀들과 사생결단을 벌였다. 흥미롭게도 헝가리 민속신앙에서는, 무지개 밑을 지나가면—농부들의 눈에는 불가능한 행위이다—사람은 그 젠더를 바꿀 수 있고, 마녀와 샤먼은 그 사람모습을 동물모습으로 바꿀 수 있지만 마법의 힘을 행사하는 이들 가운데 큰 어려움 없이 자신의 젠더경계를 바꿀 수 있는 사람은 없다고 했다.

270

그러나 마녀재판이 입증하고 있듯이, 직업적으로 초자연적인 힘을 행사하는 사람들은 모호한 이름으로 지칭되었다. 한 마녀는 이름이 다니엘 로자였는데, '로자'는 엄밀하게 여자에게 붙이는 이름이다. 또 어떤 이의 이름은 에르제베트 벌라시였는데, 여기서 아마 이 마녀의 제의상의 지위와 성스러운 신분을 나타내는 것일 벌라시는 남자이름이다.[34] 그리고 목동 야노스 비라그(영어식으로는 존 플라워) 같은 또 다른 예가 있는데, 민족지학자 라슬로 티머피(L. Timaffy)는 이 이름의 샤머니즘적 성격은 남자/여자가 결합된 사회적 특성을 드러낸다고 말한다.[35]

현시대의 관찰자라면 웃음을 지을, 바손 팔(영어식 캔버스 폴)이라는 이름 역시 호기심을 끄는 이름이다. 왜냐하면 수염이 나지 않고 '여성스러운 성격'을 가진 남자에게 이 이름이 붙여졌기 때문이다. '턱수염 난 여자들' 이야기의 명백한 역전——이 주제는 가족이 강요하는 원치 않는 결혼을 피하기 위해 턱수염을 길렀다는 유명한 양성자인 성인 운쿰버의 이야기를 묘사하는 플리니우스로 거슬러 올라간다——인 이런 제도화된 성격묘사는 이러한 개인들에게 특별한 지위와 의식주관의 권한을 부여하였다.[36] 이것이 헝가리 샤머니즘에 관한 또 하나의 언급일 수 있다는 점은 다음 속담이 증명해 준다. "그는 자신을 캔버스 폴로서 감춘다(elrejtette magát, mint Vászon Pál)." 여기서 '감추다'라는 뜻의 동사 'elrejtette'는 헝가리 샤먼들의 마치 잠든 것 같은 몽환상태를 묘사하는 데 사용되는 용어였다.

또 다른 샤먼 데메테르 퍼르커스(두번째 이름은 '늑대'라는 뜻이다)는 1748년에 티서퓌레드에서 열린 재판에서 언급되고 있는데, 한 예언자가 그/그녀에게 숨겨진 보물을 찾고자 한다면 33일 동안 여자옷을 입고 있으라고 했다는 것이다.[37] 그러나 이러한 젠더화된 샤머니즘적 행위의 강한 의지는 비단 헝가리에만 있었던 것이 아니며 흥미롭게도 모호한 샤머니즘적 성격은 곳곳에서 확인된다.

몇몇 연구자들은 샤먼들은 흔히 그들의 '여성적인' 특성(수염이 없고 누더기를 입고 우유를 마시고 육체적으로 허약해 보이는 것 등) 때문에 알아볼 수 있었다고 언급한 바 있다.[38] 더구나 헝가리의 샤먼들은 결혼생활도 하지 않았거니와 정해진 이성애적 규칙을 따르지도 않았다. 그래서 문학에서 이들은 외로운 방랑자 혹은 사회의 주변부에 살고 있는 독신자로 묘사되었다. 이들의 외형적인 특성으로 언급되고 있는 육체적 나약함이나 '질환'은 물론 이들의 방어기제의 일부일 수 있다. 그토록 약하고 힘없는 사람에게 누군들 해코지를 하겠는가? 그러나 이들 샤먼의 비범한 점은, 이 모든 '여성적' 특징(하지만 여기서는 이것을 비전통적인 남성적 특징이라고 명명하자)에도 불구하고 이들은 강력한 수컷으로 마음대로 변신할 수 있었다는 사실이다. 이들은 흔히 수말이나 황소, 늑대로 변신했다. 이러한 비범함은 샤먼을 초인, 즉 남성도 여성도 아닌 무언가 새로운 것을 창조하기 위해 양성의 가장 뛰어난 특성을 결합시켜 단일한 젠더를 지닌 자아 이상의 존재로 발전하는 사람으로 만들었다.

일반적으로 여자마녀들도 고양이나 개, 개구리, 말, 당나귀 그리고 이따금 (남성성의 상징인) 수탉으로도 변신할 수 있었기 때문에,[39] 샤먼에게만 초인적인 능력이 있었다고는 볼 수 없다. 흔히 이들의 동물 형상은 젠더 고유의 의미를 전혀 담고 있지 않기도 했다. 그러나 이런 식으로 해서 마녀들은 기왕에 규정되어 있던 자신들의 (인간과 여성이라는) 젠더역할에서 벗어나 모든 부정적 함의를 뒤로하고 중성적인 제3의 존재, 제의 주관자로서의 존재, 성별이 없는 피조물이 될 수 있었다. (어떤 면에서 볼 때, 그리스의 노파나·과부들에게서도 이와 같은 현상이 일어났다. 그리스 인류학자들은 이런 여성들의 제2계급 신분에 관해서 자세히 기록해 놓았는데, 이들의 신분은 그 마법능력과 앞으로 일어날 일에 대한 초인적인 예지력 때문에 존경받았다.)

마녀와 샤먼을 비롯하여 그 밖의 성직자나 예술가들이 전통적으로 이분화되어 있는 젠더경계를 뛰어넘을 수 있었다는 점은, 북아메리카 인디언 주니족의 베르다셰나 오만의 사니스, 타히티의 마히, 인도에서 현재 히즈라로 알려져 있는 힌두교 신화에 나오는 남자/여자의 사례가 증명해 주고 있다.[40] 이러한 제3의 젠더, 양성적인 범주는 유라시아 민속과 신화에 나오는, 남성 혹은 여성과 구별되고 젠더를 뛰어넘은 대안적인 역할을 하였던 다양성과 모호성을 지닌 존재 역시 설명해 줄 수 있다.[41]

제의 주관자뿐 아니라 민요와 전설의 주인공들도 모호한 젠더 정체성을 부여받을 수 있었다. 이런 주인공들은 다른 결점들을 커버하는 특성과 긍정적인 역할모델을 이끌어내는 용모로 인해서 일반적으로 그 공동체에서 받아들여지는 분위기였다. 그러나 이것은 그 부정적인 고정관념과 젠더규범이 전통적인 역할의 한계성을 위협하는 주인공에 관한 사례일 수도 있었다.

예를 들어 헝가리 민요 〈사냥꾼 요슈카〉와 〈번코의 딸〉에서 젠더역전의 흥미로운 예들을 관찰할 수 있다. 이 민요들은 전세계적으로 '젠더 바꾸기'로 알려져 있는 보다 넓은 범주의 민요에 속한다.[42] 〈사냥꾼 요슈카〉에서, 무법자 사냥꾼 요슈카 —슬로바키아와 폴란드에서 이에 상응하는 인물은 민중의 영웅 야노시크에 관한 민요집에서 찾

을 수 있다——는 여장을 하고 사냥감을 덮친다.[43] 중세 초기 유럽의
민중들 사이에서 회자되었던 갖가지 복장전환자의 이야기(흔히 '바
지 싸움' '임신한 남자' 등으로 불리었다)와 매우 흡사한 이 민요는 민
중의 영웅이 부자들을 속이기 위해 구사하는 민중적인 지혜로 구성
되어 있다. 그리고 또 이 민요는 가난한 사람들에게서 웃음을 자아내
면서 동시에 그들의 엄격한 규범과 도덕을 완화시키는 역할을 한다.
〈번코의 딸〉에서는 딸이 집안의 명예를 걸고 침략자들에게 대항하여
싸운다. 집안에 남자후손이 없어서 딸에게 전투복을 입히고 쳐들어
온 적(터키군대)을 막으러 내보낸다.

봉건영주 시대의 태도와 무사 윤리규범을 갖춘 '여자무사'로 알려
져 있는 이런 형식의 민요는 동유럽뿐 아니라 서유럽에도 그 변형이
많이 있다.[44] 이와 유사한 주제는 발칸군대의 역사, 특히 시베리아와
크로아티아 민담에도 등장하는데, 이 민담에서 영웅적인 누이는 적
에게 살해된 오라비의 명예를 지키기 위해 군대에 들어가기로 결심
한다. 이렇듯 용감하고 시의적절하게(시기상조로) 해방된 '아마존'
여성은 헝가리에서 흔치 않으며, 그 몇 안 되는 여성들(터키인 침략
자에 맞서싸운 일로나 즈리니 혹은 에게르의 여자들)은 민족주의적
정사(正史)에서 신화화되고 있다.

좀더 현시대적인 판본에서는 무법자 피스타 머리(이중적 젠더를
지닌 또 다른 이름이다!)와 요슈카 게스테니가 다 여장을 하고 범죄
를 저지른다. 피스타 머리의 경우에는 '녹색 실크'로 만든 특이한 옷
을 입었다는 것만 전해지고 있지만, 요슈카는 그 시대에 특별한 후프
스커트(폭이 벌어지게 하는 버팀테를 속에 입는 스커트——옮긴이)인 '크리놀
린'을 입고 있다.[45] 또 다른 판본에서는 여자옷으로 변장한 무법자 요

274

슈카 게스테니가 상점으로 걸어 들어가 값비싼 '실크'제품을 고른다. 민요는 이 무법자가 돈을 내지 않고 떠나는 것으로 끝을 맺는다. 이 야기를 그럴듯하게 들리게 하려고 가수는 주인공이 아름다운 '처녀 같은 얼굴모습'을 하고 있다고 설명하였다.[46]

이와 같은 젠더역전이 『아라비안 나이트』나 발칸지방의 동화, 카자흐의 영웅전설뿐 아니라 중세 초기의 민요에도 매우 흔하게 등장한다는 사실은 중요하다.[47] 젠더차별과 관련된 동성애·이성애적 혐오에도 불구하고, 이런 민요들은 복장전환의 관례를 명백히 도덕적으로 정당화된다는 이유에서 긍정적인 행위로 묘사하고 있다. 즉 〈미개한 반란자들〉에서는 민중의 영웅이 부자들에 대항하여 싸우며, 〈남자 딸들〉에서는 '아들로서의 딸'의 희생을 통해서 집안의 명예와 지위를 되찾는다.

맺음말

나는 이 글의 첫머리에서 '섹슈얼리티'와 '사회'의 관계를 이해하기 위해서는 양자를 이어주는 문화적 요소와 형식을 찾아내야 한다고 주장하였다. 이 문화적 요소와 형식들은 '정상적인' 행동규범에서 일시적으로 일탈할 수 있는 통로를 제공함으로써 전통적 행위를 더욱더 강화한다. 따라서 나는 설령 난해하고 비공식적인 것이라 할지라도 그 속에서 행위자들의 존재와 정체성이 타자들로부터 도전받고 끊임없이 갈등하는 풍습에 초점을 맞추었다. 헝가리 농촌공동체와 같은 남성 지배적인 이성애 사회에서 남성과 여성, 남자와 여자, 남성성과 여성성은 '불변요소'로 이해되면서도 때때로 의문시되고 재해석되는 본질들이다. 아마 이것은 당연시되고 있는 젠더 정체성 개념들을 보강해 주거나 해체시키는 특별한 행위들에 의해 이루어질 것이다.[48]

무대가 엄격한 젠더 규칙 및 역할과 갈등하고 그에 도전하는 장난기 섞인 젠더역전의 공개적인 장 역할을 하는 식으로, 사회적 관습과 교회 이데올로기는 이러한 변모와 젠더역전을 허용하였던 것이다. 그러나 보드리야르가 주장하고 있듯이, 이 같은 문화적 복장전환은 정치적 변화의 산물일 수 있다. 예를 들어 서구문화에서 젠더의 역할이 재정의되었던 60년대의 이른바 성혁명 '붐'의 시대는 50년대 매카시 광풍에 뒤이어 나타났다.[49]

이러한 예들은, 젠더가 각각의 문화에서 어떻게 다르게 구성되고 가정된 젠더 정체성들이 연구자는 물론이고 연구대상인 공동체 구성원들에게도 얼마나 불확실한 경험이 될 수 있는지를 나타낸다.[50] 동시대든 역사적으로든, 도시든 농촌에서든, 앞의 예들은 이러한 젠더역할의 한 기능이 젠더 고유의 경계와 행위를 재정의하고 성적 역할에 복합적인 의미를 (재)부여하고 나아가 그것들을 적절하게 선택하고 다시 사용할 수 있게 해준다. 이리하여 '전통적인' 장벽을 뛰어넘는 것은 이러한 도전과정에서 필수적인 것이 된다. 왜냐하면 이 범주들이 제한적이고 완고하고 불가능하다는 사실을 보여주기 때문이다. 그것이 가공의 인물이든 실재인물이든 마녀와 샤먼처럼 직업적으로 제의를 담당했던 사람들은 이러한 임무를 수행하는 매개자(주재자) 역할을 하도록 요구받았고 또 그렇기 때문에 이들의 정체성은 무성(無性)으로 재정의되거나 흔히 '제3의 성'이라고 지칭되는 독특한 젠더의미로 형상화되었던 것 같다.[51]

276

이것은 왜 '여자들의 무도회' 같은 민속축제나 바꿔입기를 주제로 한 민요, 비(非)이성애적 정체성이 직·간접적으로 표현되는 민속장르 그리고 마법사들——이들은 자신에게 주어진 젠더 정체성을 포기한다——의 존재가 허용되고 공동체 구성원들이 일종의 두려움을 가지고 우러러보고 그리하여 존경하게 되는지 그 근본적인 이유의 하나이다. 왜냐하면 이 모든 것들은 단일성과 지배에 기반한 규범 및 가치의 한계성을 비추어 보임으로써, 그 사회에서 수용되고 기대되는 것들을 전환시킬 수 있는 가능성을 드러내기 때문이다. 이들에게 그리고 이들을 믿는 사람에게 있어서——여기에서 믿음은 이러한 젠더역전의 필수조건임이 반드시 강조되어야 하기 때문이다——각종 장벽이나 늘 반복되는 시나리오를 뛰어넘는 것은 곧 일상 사고와 행동의 경향성을 밝혀주는 것이다. 다시 말해 일반적으로 정체성과 장벽들을 재조정하는 데 필요한 실천이다. 지배와 통제에 대한 이 같은 도전은 또 인간 사고와 존재의 근본적인 결함——사회의 지속성에서 차이는 위험하고 받아들일 수 없으며 유해하다——을 지적하는 것이기도 하다. 동시에 이와 같은 절차(경계를 뛰어넘는 것과 차이를 만들어내는 것)는 필수적이고 환영할 만하며 기능적이라는 것을 다시금 깨닫게 한다. 그리고 또 매우 인간적이기도 하다.

주

1) 전통적인 헝가리 농촌사회의 여성들에 관한 자료는 J. Morvay, *Asszonyok a nagycsaládban*(*Women in the Extended Family*), Budapest: Szikra, 1956; E. Fél and T. Hofer, *Proper Peasants*, Chicago: Aldine, 1968 참조. 아마 가장 훌륭

한 자료는 다음과 같은 여성들의 차서전에서 찾을 수 있을 것이다. V. J. Dudás, *Falum Galgamácsa*(*My Village Galgamácsa*), Budapest, 1988; K. Gyori, *Kiszáradt az én örömem zöld fája*(*The Tree of My Happiness has Dried Out*), Bucharest: Kriterion, 1975; B. Andrásné, *Nagy Rozália a nevem*(*My Name Is Rozália Nagy*), Budapest: Gondolat, 1975.

2) M. Foucault, *The History of Sexuality*, New York: Vintage Books, 1980, pp. 33 ~34. 인류학자 무어도 이와 비슷하게 주장하고 있다(H. L. Moore, *Feminism and Anthropology*, Minneapolis: Univ. Minnesota Press, 1988, p. 129 참조).

3) J. Goody, *The Oriental, the Ancient, and the Primitive: Systems of Marriage and the Family in the Pre-Industrial Societies of Eurasia*, Cambridge: Cambridge University Press, 1009, pp. 465~66.

4) T. Szenti, "Genitalitás," L. Novák, ed., *Hiedelem, Szokások az Alföldön*, Nagykorös: Arany János Muzeum, 1992, pp. 573~92; "Prostitution on the Southern Plains in Court Documents," 같은 책, pp. 247~66.

5) 이와 같이 직업을 남성 스타일과 여성 스타일로 양분하는 것은 물론 츠리니 장군을 통해 이해할 수 있다. 그는 침략자 터키인에 대항하여 싸울 정부군 조직에 골몰하였다. M. Zrinyi, "Török Áfium," Márton Tarnóc, ed., *Magyar Gondolkodók 17. század*, Budapest: Szépirodalmi, n.d., p. 258 참조.

6) 생활사에 관한 상류층 여성의 증언은 S. Takáts, *Magyar nagyasszonyok* (*Hungarian Noble Women*), Budapest: Genius, n.d. 참조.

7) 남자산파는 겉보기와 달리 마을에서 받아들여진 직업이었다. 마을공동체에서 (주로 성기 기형이나 성병과 관계되는) 남성질환에 필요한 조치를 취하는 '남성의사들'은 '칸바바'('남성-산파'라는 의미)라고 불렀다(S. Szücs, "Javasok a Nagysárréten," *Ethnographia* vol. 52/no. 2, 1941, p. 266 참조).

8) 심지어 대학교육까지 받은 나의 동료 한 사람이 최근에 이런 주장을 하였다. 즉 부다페스트의 많은 여성들이 버스를 타지 않고 전차를 타는 이유는 그들이 버스를 타기에는 너무나 감정적이고 비합리적이기 때문이라고 주장하였다. 오늘날 형가리 사회의 젠더 전형과 불균형에 관해서는 J. H. Sas, *Noies nok és férfias férfiak*(*Feminine Women and Masculine Men*), Budapest: Akadémiai Kiadó, 1984; L. Mohás, *Férfiak mellett magányosan*(*Lonely with Men*), Budapest: Minerva, 1990 참조.

9) 발칸인들의 자료에 관해서는 A. Simic, "Machismo and Crypto-matriarchy: Power, Affect and Authority in the Contemporary Yugoslav Family," *Ethos* vol. 11/nos. 1~2, 1983/Winter, pp. 66~86 참조.

10) 헝가리 국가사회주의적 젠더관계에 관해서는 E. Huseby-Darvas, "Introduction," *East European Quarterly* vol. 23/no. 4, 1990/Fall, pp. 385~88; S. Gal, "Peasant Men Can't Get Wives: Language Change and Sex Roles in a Bilingual Community," *Language and Society* vol. 7/no. 2, 1978/Spring, pp. 1~16; L. Kürti, "Red Csepel: Working Youth in a Socialist Firm," *East European Quarterly* vol. 23/no. 4, 1990/Fall, pp. 445~68; "The Wingless Eros of Socialism: Nationalism and Sexuality in Hungary," H. G. DeSoto and D. G. Anderson, eds., *The Curtain Rises: Rethinking Culture, Ideology, and the State in Eastern Europe*, Atlantic Highlands: The Humanities Press, 1993, pp. 266~88 참조.

11) 에로티시즘과 섹슈얼리티에 관한 대부분의 헝가리 문학은 이성애적 남성의 시각을 취하고 있다(M. Hoppál and E. Szepesi, eds., *Erosz a folkórban*(*Eros in Folklore*), Budapest: Gondolat, 1987 참조). 전혀 다른 시각의 연구로는 M. Vajda, *Hol a világ közepe: Parasztvallomások a szerelemrol*(*Where is the Center of the World: Peasant Testimonies about Love*), Kecskemét: Forrás Könyvek, 1988이 있다.

12) A. B. Babcock, ed., *The Reversable World. Symbolic Inversion in Art and Society*, Ithaca: Cornell Univ. Press, 1978 참조.

13) 대중문화 속에서의 카니발류에 관해서는 M. Bakhtin, *Rabelais and His World*, Eng. trans., Cambridge: Cambridge Univ. Press, 1968; P. Bruke, *Popular Culture in Early Modern Europe*, London: Temple Smith, 1979 참조.

14) 그와 같은 행위를 묘사하는 헝가리의 민속이야기에 관해서는 O. Nagy, *Paraszt-dekameron*, Budapest: Magveto, 1977 참조. 16세기 초에 비비에나 추기경이 쓴 *Calandra*에서는 똑같이 생긴 쌍둥이 남매가 등장하여 장난스럽게 성을 바꿈으로써 세상사람들을 조롱한다.

15) 예를 들어 최근의 인류학적 접근방식은 V. L. Bullough and B. Bullough, *Cross Dressing, Sex and Gender*, Philadelphia: Univ. of Pennsylvania Press, 1993 참조. 그리고 여자가 남자로 복장전환하는 헝가리 농민축제의 전통에 관한 묘사는 E. Makkai and Ö. Nagy, eds., *Adatok téli néphagyományok ismeretéhez*(*Data to Hungarian Winter-Customs*), Budapest: Magyar Tudományos Akadémia Néprajzi Intézete, 1993 참조.

16) A. Cohen, *Masquerade Politics: Explorations in the Structure of Urban Cultural Movements*, Berkeley: University of California Press, 1993, p. 154.

17) 묘사에 관해서는 K. Jávor, "Asszonyfarsang Mátraalmáson(Women's ball in

Mátraalmás)” *Népi Kultura—Népi társadalom* II, III, Budapest, pp. 266~94; L. Barabás, “Farsangtemetés a Sóvidéken,” *Kriza János Néprajzi Társaság Évkönyve* 1, Kolozsvár: Kriza János Társaság, 1990, pp. 104~105; Z. Ujváry, “Asszonyfarsang(Women’s Ball),” *Farsangi Népszokások(Carnival Customs)*, Debrecen: Alföldi Nyomda, 1991, pp. 227~31 참조.

18) 남성들의 문란하고 부주의한 섹슈얼리티를 비난하는 여성들의 증언에 관해서는 Vajda, 앞의 책, 특히 pp. 90~91 참조.

19) 예를 들어 K. Kós, “Szerelem és halál a Szilágysági népmüvészetben(Love and death in the folk art of the Szilágyság Region of Transylvania)”, *Népélet és Néphagyomány*, Bucharest: Kriterion, pp. 210~25; L. Novák, “Egy mángorló néprajzi és szemiotikai viszgálata(Semiotic and Ethnographic Analysis of an Implement,” *Muvészet* vol. 1, 1976, pp. 39~42 참조.

20) 독일의 이러한 제의를 묘사한 것으로는 J. Ernyey, “Buso-Aufzuge und andere Faschingspiele,” *Anzeiger der Ethnographischen Abteilung des Ungarischen Nationalmuseums* VI, 1914, pp. 137~67; 헝가리는 J. Csalog, *Busójárás (poklada) a mohácsi sokácok tavasz-ünnepe*, Pécs; A Dunántúli Tudományos Intézet Kiadványai, n.d. 참조. 또 이 요소들은 독일이나 스위스, 루마니아의 축제에서도 나타난다(L. Földes, “A Néprajzi Múzeum busómaszkjai(Masks in the Ethnographic Museum of the Sokác People),” *Néprajzi értesito*(Budapest) vol. 60/no. 2, 1958, p. 221 참조).

21) L. Lukács, “Farsangi alakoskodó népszokások Fejér megyében(Masked customs during carnival in Fejér county),” L. Novák, ed., *Hiedelmek, Szokások a Nagyalföldön*, Nagykörös, 1992, pp. 481~98.

22) 남성 쪽에서 볼 때 여성의 소변 보는 자세는 ‘명백한 여성적’의 표시라는 사실은 흥미롭다(Lukács, 앞의 책 vol. III, p. 60 참조).

23) I. T. Bereczki, “Disznótori alakoskodás Jász-Nagykun-Szolnok megyében (Masked mummery during pig-kills in Jász-Nagykun-Szolnok county),” Novák, ed., *Hiedelmek, Szokások az Alföldön*, Nagykörös, 1992, p. 449 참조.

24) 이 말은 18세기 헝가리에서 완곡하게 ‘터키식 습관’이라고 일컬어지던 항문성교를 분명히 의미한다(Szenti, 앞의 책, p. 250 참조).

25) S. Gönyey, “Kun táncok(Dances of the Kun Region),” *Ethnographia* vol. 47/nos. 1~2, 1936, pp. 214~18.

26) 파트너를 돌리고 회전시키는 동작에는 성적 의미가 포함되어 있다(B. Bernáth, *A szerelem titkos kertjében*, Budapest: Gondolat, 1986, p. 28 참조).

280

27) 헝가리 대평원의 키스쿤사크 지방의 헝가리인 목가 형식에 관한 자료는 L. Czirok Nagy, *Pászorélet a Kiskunságon*(*Herding life in the Kiskunság Region*), Budapest: Gondolat, 1959; I. Tálasi, *Kiskunság*, Budapest: Akadémiai Kiadó, 1977에서 발췌했다.

28) '신체의 기술'에 관한 고전적인 개념은 모스에서 유래한다(M. Mauss, "The Techniques of the Body," *Economy and Society* vol. 2/no. 1, 1973/Spring, pp. 70~88 참조).

29) 예를 들어 M. Hoppál, *Tulipán és sziv—Szerelmi jelképek a magyar népmuvészetben*(*The Tulip and the Heart—Love Symbols in Hungarian Folk Art*), Debrecen: Csokonai, 1990 참조.

30) 그러나 젊은 여자들이 남자들에게 농담하고 희롱하도록 허용되는 특별한 스타일의 노래가 있으며, 이와 유사한 남자들의 노래도 있다(Z. Tátrai, *Leányélet*(*Girls' Lives*), Budapest: Crea-Print, 1994, pp. 184~93 참조).

31) 트란실바니아 칼로타체크 지방의 마을처녀들이 옷을 괴상하게 입는 방식 또한 나의 이론을 뒷받침한다(J. Faragó, J. Nagy, and J. Szentimrei, *Kalotaszegi népmuvészet* (*Kalotaszeg Folk Art*) Bukarest: Kriterion, 1978; S. Vasas, *A Kalotaszegi gyermek*(*The Child in Kalotaszeg*), Bánffyhunyad: Kráter-Colirom, 1993 참조).

32) 그러나 이러한 이름들이 헝가리 문화에서 드물다는 사실은 인정하지만, 영어에는 이러한 이름이 무척 많아서 나는 놀랐다. 트레이시, 엘런(앨런)에서 크리스, 패트에 이르기까지 그 예는 풍부하다. 또한 흥미로운 것은, 고대 그리스 이름들은 엄격하게 성별에 따라 나뉘었지만 기독교 시대 이후로 양성적 이름이 생겨났다.

33) 헝가리와 동유럽 국가들의 샤먼과 마녀의 존재에 관한 최근의 분석으로는 G. Klaniczay, *A civilizáció peremén*(*On the Margins of Civilization*), Budapest: Magveto, 1990; É. Pócs, *Tündérek, démonok, boszorkányok*(*Fairies, Demons, Witches*), Budapest: Akadémiai Kiadó, 1989 참조.

34) M. Hoppál, "Traces of Shamanism in Hungarian Folk Beliefs," A. -L. Siikala and M. Hoppál, eds., *Studies on Shamanism*, Budapest: Akadémiai Kiadó, 1992, p. 164 참조.

35) L. Timaffy, "A honfoglaló magyarság hitvilágának maradványai a Kisalföldön (Remnants of archaic mythology of the Hungarians from the period of the Conquest in the region of the Kisalföld)," *Arrabona* vol. 6, Gyor, 1974, pp. 309~32.

36) Bernáth, 앞의 책, p. 33. '캔버스 폴'은 역사적인 인물로서 Z. Trócsányi, *Régi*

világ, furcsa világ(*Old World, Strange World*, Budapest: Bibliotheca, 1958, pp. 448~49)에서 말하고 있는 상상의 가공인물만은 아니다.

37) A. Füvessy, "Tiszafüred környéki kincskereso történetek(Treasure finding stories from Tiszafüred)," L. Novák, ed., *Hiedelmek, Szokások az Alföldön*, Nagykörös, 1992, p. 310. 지하에 숨어 있는 보물을 찾는 일은 의당 헝가리 샤먼들의 임무였다. 샤머니즘의 본질과 헝가리 샤머니즘의 유산에 관해 훨씬 더 자세하게 묘사한 졸고, "Language, Symbol and Dance: An Analysis of Historicity in Movement and Meaning," *Shaman: An International Journal of Shamanistic Research* vol. 2/no. 1, 1994, pp. 3~60 참조.

38) 스베로프는 코리야크와 추크치 그리고 아시아 에스키모의 복장전환(여기서는 남녀 모두 의복뿐 아니라 머리모양과 행동방식까지 바꾼다)에 관한 인종사적 사례를 보고하고 있다. "그와 같은 사례에서 남자는 여성 대화체로 말을 하고 여자는 남성 대화체…. 전환된 여자는 남성 활동영역에 참여하지 않았지만, '부드러운' 여자 같은 남자는 여성의 일을 했다." S. Ia. Sverov, "Guardians and Spirit-Masters of Siberia," W. W. Fitzhugh and A. Crowell, eds., *Crossroads of Continents: Cultures of Siberia and Alaska*, Washington, DC: Smithsonian, 1988, p. 249 참조.

39) 헝가리 마녀와 그 역할에 관해서는 S. Solymossy, *A 'Vasorrú bába' és mitikus rokonai*(*The 'Iron-nosed' Hag and its Mythical Relatives*), Budapest: Akadémiai Kiadó, 1991 참조.

40) W. Roscoe, *The Zuni Man-Woman*, Albequerque: University of New Mexico Press, 1991; S. Nanda, *Neither Man Nor Woman: The Hijras of India*, Belmont: Wadsworth, 1990 참조.

41) B. S. d'Anglure, "Rethinking Inuit Shamanism through the Concept of 'Third Gender,'" M. Hoppál and J. Pentikainen, eds., *Northern Religions and Shamanism*, Budapest-Helsinki: Akadémiai Kiadó and Finnish Literature Society, 1992, pp. 146~50; R. Grambo, "Unmamliness and seider: Problems Concerning the Change of Sex," M. Hoppál and O. Sadovszky, eds., *Shamanism: Past and Present* vol. 1, Budapest: Ethnographic Institute, 1989, pp. 103~14 참조.

42) 실제로 이 두 민요는 주인공/여주인공의 이름을 갖고 장난한다. '사냥꾼 조'는 실제로 독일어에서 취한 이름이다. '방코' 또한 돈을 의미한다. 이러한 이중 의미는 이 민요들이 이전의 연구자들이 생각했던 것보다 의미 깊은 상징을 등장인물에 부여하고 있음을 암시한다.

43) 무법자 요슈카의 역사적인 정확성을 다루고 있는 것으로는 S. Dömötör, "A Jáger Jóska ballada történeti háttere(Historical Background to the Ballad of Jáger Jóska)," *Ethnographia* vol. 93/no. 4, 1982, pp. 560~69; "Kegyetlen Betyárvilág és Jáger Jóska," *Borsodi Levéltári Évkönyv* IV, 1981, Miskolc, pp. 137~47 참조.

44) D. Dugaw, *Warrior Women and Popular Balladry, 1650~1850*, Cambridge: Cambridge Univ. Press, 1989.

45) 발라드에 관해서는 I. Katona, ed., *Szatmári gyujtés—Gyújtötte Móricz Zsigmond*(*The Folklore Collection of Zsigmond Móricz from the Region of Szatmár*), Budapest: Magyar Néprajzi Táraság, 1991, p. 48, 52 참조

46) J. Molnár, "Adatok a magyar balladák ismeretéhez(Data Concerning Hungarian Folk Ballads)," *Ethnographia* vol. 53, 1942, p. 52; S. Dömötör, "Geszten Józsi Borsodban," Herman Ottó Múzeum Évkönyve vol. XVI, 1977, pp. 239~67.

47) 예를 들어 M. Istvánovits, "Dissemination in the Caucasus of Tales Belonging to the 'Change of Sex'-type," *Acta Ethnographica* vol. 9/nos. 3~4, 1960, pp. 227~50 참조.

48) 이러한 주제들이 농업생산자의 민속영역 밖에서 존재하는 실례는 연극을 비롯한 예술분야에서 많이 찾아볼 수 있다. '남자' 무용수로 분장한 '여성' 발레리나나 영화에서의 젠더역전 현상이 그 예이다. 1970년대 후반의 헝가리 영화 〈헤르쿨레스 피르드의 추억〉에서도 유사한 젠더변모가 발생한다. 나치의 손아귀로부터 탈출하려는 한 유태인 청년이 외딴 요양소의 간호사가 된다. 모든 일이 잘되어 나가다가, 간밤에 그의 여자친구와 탈출하고 난 어느 날 아침, 그는 면도하는 것을 잊어버린다. 당연히 그의 수염 난 얼굴은 그의 남성 정체성을 드러내었고, 그는 당국에 체포된다. 민간에 전승되는 비슷한 주제를 수준 높게 표현한 것은 고급문학에서도 찾아볼 수 있다. 1992년 10월 부다페스트의 유명한 기업인 아틸라 요세프 극장은 세계적으로 이름난 F. 모나르의 책을 기초로 한 연극 〈펄 거리 출신의 소년들〉을 무대에 올렸다. 20세기 초에 씌어진 이 극은 한 무리의 소년들이 서로 장난을 치면서 결국 영웅 네메세크의 비극으로 끝나는 매우 비통한 이야기이다. 이 극을 더욱 특별하게 만드는 것은 소년들의 역할을 모두 여자들이 한다는 점이다.

49) J. Baudrillard, *The Transparency of Evil: Essays in Extreme Phenomena*, London: Verso, 1993.

50) 인류학적 경향에서 섹슈얼리티와 젠더를 다루는 최근의 시도는 Moore, 앞의 책; Micaela di Leonardo, eds., *Gender at the Crossroads of Knowledge: Feminist*

Anthropology in the Postmodern Era, Berkeley/Los Angeles: Univ. of California Press, 1991; M. Wolf, *A Thrice Told Tale: Feminism, Postmodernism, and Ethnographic Responsibility*, Stanford: Stanford Univ. Press, 1992 참조.

51) G. Herdt, ed., *Third Sex, Third Gender: Beyond Sexual Dimorphism*, New York: Zone Books, 1994 참조.

L. 퀴르티는 지난 15년 동안 줄곧 헝가리문화를 연구해 온 문화인류학자이다. 저서로는 *Anthropology Today, East European Quarterly, East European Politics and Societies, Anthropological Quarterly*가 있다. 현재 그는 부다페스트 에오트브스 로랜드 대학교의 민족지학 및 민속학과 교환교수로 있다.

시베리아의 성스러운 젠더들
샤먼, 곰축제 그리고 양성자

M. M. 발저(Marjorie Mandelstam Balzer)

정령들은 마음 내키는 대로 이쪽저쪽 성 또는 양성을 다 취할 수 있다!
J. Milton, *Paradise Lost*
…각 존재는 여러 모습을 동시에 지니고서 때로는
이 모습을 때로는 저 모습을 드러낸다.
J. Furst & P. Furst, *North American Indian Art*

문학뿐 아니라 성스러운 존재들의 영역에서, 젠더의 구분들은 나타나고 사라지며 문화적으로 구성되고 해체된다. 자신의 힘을 충분히 다스릴 줄 아는 사람들은 남성적 요소와 여성적 요소를 사용하여 균형을 맞추고, 어느 쪽이든 택하고 또 이를 변형시킬 수 있다. 시베리아의 문화적 전통에서, 젠더의 유연성과 관련하여 가장 다양한 변이 몇 가지는 샤먼(영적 치료사)이나 동물의 정령 그리고 성적 에너지의 조종능력에 대한 믿음에 반영되어 있다. 유럽의 규준들을 가지고 볼 때는 일탈로 인식되는 젠더변형이 오히려 성스러운 것이 되고 있다.

1992년에 사하(야쿠트)족의 치료사 블라디미르 콘다코프가 나에게 말하기를, 샤먼은 우주의 다양한 층위에서 에너지들을 중재하고 그 균형을 잡을 수 있어야 한다고 했다.[1] 이를 위해서는 동물로 영적 변모를 하고 남성 및 여성적 성적 능력을 구사하는 것이 요구된다.

대개의 경우 이것은 남자샤먼이 여성 영적 조력자를 길잡이로 받아
들여서(그 역도 성립), 몽환의 경지나 강령회 동안 자신들의 힘과 자
신들의 젠더화된 본질까지를 결합시키는 것을 의미한다. 예를 들어
암그루 자작나무 같은 나무의 영적 젠더 힘을 이용하여 남성환자를
치료하는 것 등이 여기에 포함될 수 있다. 그리고 특히 드라마틱한
형태로 가장 위대한 샤먼들은 남자일지라도 동물 정령을 낳을 수 있
다.[2]

  이러한 일들이 전달될 수 있는, 상징적이고 창의적인 사회환경은
심리적으로 우리와 거리가 멀다. 그러나 시베리아 샤머니즘에 고유
한 일정 범위의 인간의 잠재적인 지배능력은, 현재 시베리아에서 부
활시킬 가치가 있고 뒤얽혀 있는 정신적·육체적 건강의 단서로 검
토할 가치가 있는 체계로 인식되고 있다. 소련이 샤먼을 돌팔이 의사,
사이비 종교인으로 억압하기 전에도 주술적 젠더변형에 관한 비법은
결코 널리 알려지거나 이해되지 못하였다. 여러 지방에서 그리고 심
지어 개별적인 방식으로 현대 시베리아인들이 전통을 다시 사고하는
도전을 감행하고 있는 것이 확인되었다.

  1994년에 시베리아의 사하공화국(야쿠트)에서 회자되었던 역사적
사건 하나는 젠더에 관한 사고가 얼마나 유연하고 틀에 얽매여 있지
않고 영적 믿음과 연결되어 있는지를 잘 드러내준다. 제2차 세계대전
동안의 시련과 굶주림의 시기에, 사하족의 한 남자는 아내가 아이를
낳다가 죽고 배고파 울어대는 아기와 단둘이 남게 되었다. 사람의 도
움을 받을 길 없었던 그는 가련한 자기 몸에서 젖이 나오게 해달라고
정령들에게 필사적으로 기도했다. 갑자기 그의 가슴에서 젖이 나왔
고 아기는 목숨을 건졌다. 사하족의 몇몇 조언자들에 따르면, 이 남자

는 비록 샤먼은 아니었지만 샤먼이 하듯이 종종 모호한 이런 융합된 성적 능력을 사용해서 반대 성의 핵심적인 생명력을 만들어낸 것이다.[3]

  일부 시베리아 문화들에서 성적 능력과 상징성을 주술에 사용한다는 것은 흔히 남자샤먼이 특별한 샤머니즘적 강령회 동안이나 어떤 경우에는 훨씬 더 오랫동안 여자로 변하는 것을 의미하였다. 동북지방의 추크치족에서는 이러한 변모가 이따금 다른 식으로 나타나는데, 여자샤먼이 남자의 정체성을 취하는 것이다. 세기말에 망명한 러시아의 민족지학자 블라드미르 보고라스(W. Bogoras)는 특별한 경외의 대상이 되었던 추크치족의 샤먼들에 대해 이렇게 썼다. "자신의 성을 바꾼 남자"는 "부드러운 남자"(soft man) 혹은 "여자와 비슷한 사람"이라는 용어를 쓰며 동일한 조건의 여자는 "남자와 비슷한 사람"이라고 한다.[4] 이러한 변모는 영적 차원에서 이루어졌고, 적어도 젊은 샤먼 초심자들은 이를 처음 대할 때 두려워하였다.

  젠더변형의 종교적 의미와 사회적 중요성을 알기 위해서는 샤머니즘 속에 나타나는 가장 뚜렷한 형식들을 비롯하여 죽은 곰을 숭배하는 시베리아 축제의 음란한 복장전환 의식, 그 밖의 시베리아 풍습과 상징에 나타나는 젠더 정체성의 실마리를 탐구할 필요가 있다. 그런 다음 구소련과 그 이전 사회에서의 시베리아 강신술과 정체성 변화 문제가 설명될 수 있다.

샤먼의 여러 모습

북아메리카의 일부 원주민지역들과 시베리아의 동북부 —— 추크치족과 코랴크, 이텔멘(캄차달), 시베리아 에스키모(이우피크) 외에도 상대적으로 명확하지는 않지만 동북부의 유카기르족과 아무르 지역의 니프흐(길랴크) 및 나나이족(골드) ─ 는 샤먼들의 젠더변형 관습이 가장 잘 기록되어 있는 지역이다.[5] 노르웨이 학자 로날트 그람보(R. Grambo)는 이러한 현상에 대한 믿음은 고대의 방식을 그대로 유지하면서 널리 퍼져 있다고 주장하면서, 구스칸디나비아 사람들의 마법전통을 시베리아의 변형된 샤먼과 연결시킨다.[6]

보고라스는 자신이 만났던 추크치족 샤먼들의 다양한 변형의 정도와 단계를 설명하였는데, 이들은 "단순히 머리를 가지런히 빗어서 땋은" 여자의 모습을 취하는 것으로 시작한다.[7] 종종 샤먼 입문자뿐 아니라 환자들에게도 (샤먼을 매개로 한 정령들을 통해서) 치료를 위해 이렇게 하도록 했다. 두번째 단계는 완전한 성의 변화 없이 여자 옷차림을 하는 것이다.

예를 들어 스스로 주술적 힘을 지니고 있다고 주장하는 키미키는 젊은 시절부터 습관적으로 여자옷을 입었다. 그는 거의 한 번도 깨지 않고 줄곧 잠을 자는 이상한 병을 앓았다. 그러다가 마침내 꿈속에 케이레가 나타나 그에게 여자옷을 입으라고 명령하였다. …이런 사실에도 불구하고 키미키에게는 아내와 네 자녀가 있었다. …[그리고 뺨은] 검고 억센 수염이 수북했고 그가 실제로 속하는 성에 대해서는 전혀 오해의 여지가 없었다.[8]

그러나 단순히 복장전환은 비범한 능력을 전달하는 데 결정적 요소로 간주되지 않았다. 이와 관련하여 한 입문자는 "자신의 성과 관련된 일체의 행위와 태도를 버리고 여성의 것을 취하였다. 그는 총이며 창, 순록몰이꾼의 올가미, 물개사냥꾼의 작살을 버리고 바늘과 골무를 택한다." 정령들은 그를 도와 그의 말투가 "남자에서 여자로" 바뀌고 "기능과 힘 면에서" 그의 신체가 변하게 한다. 이리하여 "그에게서는 강인한 근육과 민첩한 발놀림 … 레슬링에서의 지구력이 사라지고 대신 무슨 일이든 스스로 잘하지 못하는 여자의 무력함이 생겨난다." 이와 같은 신체적인 변화와 더불어 그는 "용맹함과 투지력을 잃어버리고 낯선 사람을 보면 수줍어하고 심지어 수다떨기나 어린아이를 돌보는 것을 매우 좋아하게 되었다. …[이리하여] 이 '부드러운 남자'는 자신을 여자처럼 느끼기 시작했다."[9]

실로 '부드러운 남자'인 이 사람은 젊은 남자들을 놓고 여자들과 경쟁하게 되며 "'정령들'의 도움을 받아 쉽게 남자들을 차지한다." 그는 애인을 고르고 남편을 취한다. 보고라스는 이렇게 덧붙이고 있다. "결혼식은 여느 예식과 마찬가지로 거행되었으며, 이들 부부의 결합은 백년해로하는 부부들과 마찬가지로 매우 단단했다는 것을 말해두어야 할 것이다. 이 부부들도 여느 부부들과 아주 똑같은 방식으로 생활했다." 그러나 보고라스의 개방적인 태도는 다음과 같은 설명에서 끝나버렸다. "그들은 잘못된 방식, 즉 소크라테스의 방식으로 동거한다. 즉 성이 바뀐 아내는 늘 수동적인 역할을 한다. … 일부 '부드러운 남자'들은 남자의 성욕을 완전히 상실하여 결국에는 여자의 성기를 획득하기까지 하고 또 어떤 사람들은 몰래 여자정부를 두고 그녀에게서 아이를 낳는다고 한다."[10]

호사가(인류학자들은 하나같이 이런 성향을 얼마간 지니고 있다) 보고라스는 틸루브기라는 '주목할 만한' 젊은 샤먼을 '속속들이 관찰하고자 하는' 호기심 때문에, 이틀 동안 자기와 함께 지내면 그 샤먼과 그/그녀의 남편에게 상당한 보답을 하겠노라고 제의하였다. 틸루브기는 거절하였지만 남편은 자진해서 말하기를, 틸루브기가 외모는 상당히 남성적이지만 궁극적으로 자신들은 '그'가 "성적 기관도 모두 바뀌어 옛날의 진짜 '부드러운 남자'와 똑같이 될 수 있기를" 희망한다고 했다.

추크치족의 여자들처럼 숱이 많은 머리를 가지런히 땋아서 둘러싸고 있는 틸루브기의 얼굴은 남자얼굴과는 매우 달라 보였다. 마치 그것은 우리와 다른 인종의 여자거인의 신체에 어울리는 슬픈 여자가면 같았다. 이 이상한 피조물의 모든 면은 확실히 여성적이었다. 그는 어찌나 '수줍음을 타는지' 내가 다소 경솔한 질문을 던질 때마다 때가 덕지덕지 낀 얼굴을 불그스레하니 물들이면서 열여섯의 아리따운 처녀처럼 옷소매로 눈을 가리곤 했다. 나는 그가 더할 수 없이 여성스러운 태도로 이웃여자들과 잡담하는 소리를 들었으며, 모성애의 기쁨을 질투하는 빛이 역력한 표정으로 어린아이들을 껴안는 모습을 보았다.[11]

남자샤먼이든 여자샤먼이든 젠더가 바뀌면 그후로는 등뒤에서 자신들을 두고 이러쿵저러쿵 수군대는 소리를 들으며 살아가야 한다. 보고라스는 정령들에 의해 처음에는 '보통' 방식으로 치료사가 되라는 부름을 받았으나 그후 얼마 안 있어 남자가 되라는 명령을 받은 여자에 관한 소문을 들었다고 한다. 하지만 만나지는 못했다. 그녀는 자식이 셋 딸린 중년의 과부였는데, 아마 이 점은 그녀가 왜 남자 사냥꾼 샤먼이 되었고 또 정령들은 그녀를 남자샤먼으로 인도할 수 있었는지, 상황을 설명해 주는 데 도움이 될 것이다. "그녀는 머리를 자르고 남자옷을 입고 남자 발성을 내기 시작했으며 아주 짧은 시간에 창 다루는 법과 총 쏘는 법을 익혔다. 마침내 그녀는 결혼을 원했고 그녀의 아내가 되겠다고 나선 아주 어린 소녀를 쉽게 찾을 수 있었다."[12] 세세한 섹스문제는 "순록 하퇴부 쪽의 비복근을 넓적한 가죽 띠에 묶어서… 남자의 성기처럼 [사용하여]" 해결하였다. 이 사례에서는 아이도 입양하였다.[13]

하지만 예외적인 존재에 대한 사회적 낙인은, 남자 혹은 여자로 변한 샤먼들에게는 비범한 영적 능력이 있다는 추크치족의 믿음과 동전의 양면을 이루었다. 이들은 "복화술을 포함하여 샤머니즘의 모든 분야에서" 탁월하였다.[14] 따라서 아마 이 과부는 정령들의 도움을 받아 이 변화를 이용해서 자신을 새로운 차원으로 끌어올렸을 것이다. 즉 공동체사회에서 존경을 받음으로써 원치도 않는 시동생과 재혼하지 않고도 살아나갈 수 있는 기회를 더욱 넓혀나갈 수 있었을 것이다. 남성과 여성 모두의 사례에서 변화를 인도한 초자연적 보호자 정령들은 때로는 인간과 정령의 성적 결합—이로써 젠더 정체성이 바뀔 수 있다—형식으로 피보호자와 결혼할 정도로 특히 강력하다고 사람들은 믿었다. 예를 들어 '부드러운 남자'는 인간남자뿐 아니라 정령과도 결혼했다. "그들의 초자연적인 보호자들 때문에 … 변화되지 않은 샤먼들조차 [변화된 샤먼들은] 두려워하는 존재였으며 이들은 특히 변화된 젊은 샤먼들과 겨루는 것을 일절 피하였다."[15] 비록 태도는 온순하고 '수줍음'을 탔지만, '부드러운 남자'인 샤먼들에게는 사소한 일까지도 복수해 줄 혹은 줄 수 있는 영적 보호자가 있다고 믿었기 때문이다. 샤먼 가정의 안팎을 둘러싸고 있는 이런 분위기는 샤먼의 영향력을 배가시켰다.

그러나 샤머니즘에서의 젠더전환에 관한 설명은 지역적으로 한정된 권력과 부의 추구로 결코 축소되어서는 안 된다. 샤먼들은 개인적으로 엄청난 희생의 대가로 샤먼으로 그리고 (드물게는) 반대 젠더로 전환된다는 것이 널리 알려져 있기 때문에, 아마 이러한 측면들은 비자발적인 젠더 정체성에 관한 좀더 심도 깊은 문제들을 수반할 수도 있다. 변화된 샤먼 입문자가 시술하는 치료에는 개인적 젠더 모호성을 해결하거나 균형을 맞추는 것을 비롯하여 정신병적 증상들을 낫게 해주고 통제하는 것 등이 포함되었다. 즉 약점을 활용해서 그것을 강점으로 바꾸어놓는 것이다.[16]

니프흐의 샤머니즘 학자 레프 슈테른베르크(L. Shternberg)는 샤먼들이 어려움을 겪거나 질병에 시달리고 있는 사람과 정령의 매개자 역할을 하는 능력에서 핵심은 이들의 주요한 조력자(helper)인 정령과 이들의 성교라고 확신하였다.[17] 다시 말해 성교의 힘과 성변화는 샤머니즘의 핵심이라고 보았다. 이 중심 주제가 아무르족을 연구하는 여느 러시아 학자들과 비교문화학자 미르세아 엘리아데(M. Eliade)를 비롯하여 대부분의 후대 연구자들에게 잘 받아들여지지 않는다는 것은 별로 놀랄 것이 못 된다.[18]

이 주제는 이누잇족 샤머니즘의 젠더변화와 복장전환에 관해 쓴 캐나다의 인류학자 버나드 살라딘 댕글뤼르(B. S. d'Anglure)에 의해서 새롭게 해석되었다. 댕글뤼르는 샤먼은 "반대쪽 성의 정령을 돕는데" 사용되었으며 그리고 또 "이따금 이 정령들은 그와 동시에 그/그녀 이름의 시조가 되었다"고 설명한다. 그러면서 다음과 같이 마무리한다. "젠더의 경계에 걸터앉아 있는 것과 같은 방식으로 사회화된

개인은 모든 경계에 다 미칠 수 있어야 한다."[19] 이로부터 댕글뤼르는
고대 북부지방 대부분의 샤먼전통에서 유력했던 '제3의 젠더' 개념을
발전시켰으며, 1993년 여름에는 자신의 이론을 유카기르족 사이에서
생산적으로 시험해 볼 수 있었는데 그를 초대한 유카기르 민족지학
자는 이를 매우 놀라워했다.[20]

우리는 샤머니즘에서의 젠더변화 및 성교의 고대성과 그 중요성
혹은 주변성을 둘러싼 논쟁들을 해결하기보다는, 오히려 시베리아인
들의 신성(神聖) 정의에는 젠더와 관련된 다양한 상징들이 생각했던
것보다 훨씬 큰 역할을 했다는 것을 알 수 있다. 젠더의 모호성이나
전환은 시베리아의 모든 문화에서 다 조장 혹은 관용되었던 것은 아
니다. 민감한 주제에 대한 다양한 사례와 일관성 없는 자료들은 많은
논쟁을 불러일으켰다.

슈테른베르크는 아무르강의 사람들 속에서 샤먼의 성적 변화를 요
구하는 정령들에 대한 증거 몇 가지를 찾아냈다. 예를 들어 나나이족
의 한 남자는 특히 끔찍한 '무병'(巫病)에 걸려 며칠씩 계속 잠만 잤
다. 그러다가 마침내 완전 수면상태에 있는 이 남자에게 정령들이 나
타나 이미 아내와 자식들까지 여러 명 있는데도 성별을 바꾸라고 명
령하였다. 그는 젠더를 바꾼 샤먼이 된 후에 비로소 고통에서 벗어날
수 있었다.[21]

아무르 사람들 사이에서는 주술적인 상황에 놓여 있지 않는 '평범
한' 사람들도 이따금 젠더가 모호해지거나 바뀌어버리는 경우가 있었
다. 슈테른베르크는 두 명의 니프흐족 사례를 언급하면서 이렇게 주
장한다. "양성자에 대한 … 태도는 매우 단순하다. 즉 그들은 이것을
단순히 하나의 예외적인 것, 전혀 혐오할 필요가 없는 것으로 받아들

인다.” 또 그는 이것이 동성애와 혼동되지 않았음을 자세히 설명하면
서 같은 남자로서 함께 사냥하고 낚시도 하던 친구 사이였던 한 커플
에 대해 묘사하였다. “어느 날 그들은 낚시하러 갔다가 부득이 함께
밤을 지내게 되었다. … 그 양성자의 비밀이 드러났다. 그 뒤로 이들
은 잠자리를 함께하다가 마침내 결혼까지 하였다. 사람들은 젊은 쪽
남자에게 이런 관계를 청산하라고 열심히 타일렀지만 소용없었다.”[22]
슈테른베르크는 사할린을 여행하다가 우연히 이 커플을 만난지라 그
들을 잘 알지 못했기 때문에, ‘양성자’로 알려진 사람과 영적 세계의
관계에 대한 전모를 다 듣지 못했다. 적응을 잘한 것으로 유명한 또
다른 아무르 출신의 양성자는 이렇게 말했다고 한다. “나에게는 두
가지 기회와 두 가지 행복이 있다.”[23]

　사하족 전통에서 여러 샤먼들은 완전한 젠더전환을 하지 않고도
남성/여성의 영적 힘이 겸비되어 있거나 균형을 이루었다. 사람들이
동물 정령을 낳았다고 믿었던 희귀한 남성샤먼들에게는 그 보상으로
인간남성들의 평범한 삶에 결여되어 있는 창조성이 주어졌다고들 한
다. 그러나 사하족의 샤먼의식에는 훨씬 더 보수적인 성구분을 강화
하는 것이 포함되어 있었으며, 이 점은 사하족의 민족지학자 가브릴
크세노폰토프(G. Ksenofontov)가 20년대에 보고한 “성적 능력의 강
화를 목적으로 한 의식”에서 확인된다.[24] 이러한 최음의식은 여성을
대상으로 하였는데, 건장한 남자샤먼이 의식을 주도하고 그를 도와
아홉 명의 처녀와 아홉 명의 청년이 그의 북소리에 맞추어 춤을 추었
다. 의식이 진행되는 동안 ‘드잘린 일리이타’(dzhalyn ylyyta)라고 불
리는, 최음대상인 소수의 여성무리들은 말울음 비슷한 소리를 내며
제멋대로 춤추는 샤먼의 광란상태에 사로잡혔다. “이들은 말 울음소

리를 내며 갖가지 몸짓을 하면서 샤먼을 향해 몸을 던져" 샤먼을 바닥에 밀어붙였으며 옆에 서 있는 남자들이 샤먼에게서 이들을 떼어놓을 때까지 계속 그렇게 했다. "샤먼은 일어나 휘파람을 불고 북채로 원을 그렸다. 그러면 여자들은 제정신으로 돌아와 진정되어 [얼굴을 붉히며] 자리에 앉았다." 이런 절차가 세 차례 반복되었으며, 한 목격자가 "점잖은 여자들은 이런 의식에 절대로 오지 않았다"[25]고 말할 정도로 자극적이었다. 이 의식의 뿌리는 풍요와 문화적으로 규정된 에로티시즘인 것 같다.

따라서 다양한 주술적 의식에서의 젠더에 관한 메시지는 젠더차이의 강화에서부터 젠더 모호성의 조장과 젠더전환의 수용에 이르기까지 광범위하다. 이러한 다양한 메시지 가운데 몇 가지가 드러나는 복합적인 양식 하나가 바로 복장전환이었다. 그러므로 수많은 남성샤먼들 ——여기에는 사하족 몇 명, 유카기르족과 예벤크족 여러 명 그리고 오브-우고르족 몇 명이 포함되어 있었다 ——이 비록 일상생활에서 '부드러운 남자'와 전혀 거리가 멀 때조차도 강령회 동안에는 여성복식의 망토를 입었다는 것은 놀랄 일이 아니다.[26]

곰축제와 젠더코드

젠더 정체성의 문제가 탐구될 수 있는 또 다른 영역으로는 시베리아의 유명한 종교적 복합물인 곰축제가 있다. 시베리아 전역과 북아메리카 대부분의 원주민들에게 잘 알려져 있는 곰축제는 시베리아 서부지방의 오브-우고르족과 극동지방 아무르강 지역의 집단들 사이에서 가장 화려하게 거행되었다.[27] 이 두 지역에서는 모두 의식용으로 죽인 곰의 가죽과 머리를 신성한 들것에 모셔놓고, 분노했었을 곰의 영혼을 달래고 그 영혼이 다른 곰에게서 부활할 수 있도록 여러 날 동안 향연을 베풀었다. 오브강가에서 먹고 마시고 춤추며 즐겁게 놀다가 성스러운 노래를 부르면서 절정에 이른다. 여기서 공연되는 풍자극은 인간과 곰 정령 모두에게 주요한 유흥인데 이 극에서 여자 역할을 맡은 남자들은 때때로 매우 음란해진다. 이 축제의 뿌리는 남 자의 성인식과 관련되어 있었을지도 모르나, 민속연극이라는 다른 측면을 볼 때는 여흥의 요소를 지닌 '역전의 의식' 계열에 속한다고 할 수 있다.[28] 역전의 의식을 나타내는 상징 가운데는 남성의 복장전 환뿐 아니라 사냥에서 의미하는 것과 반대되는 말을 하는 남자 사냥 꾼과 특정 없는 여성의 자유분방함도 있다.

오브-우고르족의 곰축제 극에서는 몇 가지 사회적 갈등이 표현된 다. 남녀간의 갈등, 족외혼으로 인한 두 종족간(토끼족 모스와 곰족 포르)의 집단적 갈등 그리고 인종간의 갈등(한티와 만시, 우고르인과 사모예드인, 원주민과 러시아인)이 그것이다. 이러한 갈등은 무대에 서 표현되는 만큼 해소되지는 않지만, 이를 통해 우고르인의 젠더 및 변화의 문화적 구성을 알 수 있다.

러시아제국의 관리 니콜라이 곤다티(N. Gondatti)와 그후 핀란드 의 민족지학자 쿠슈타 카랴라이넨(K. Karjalainen)은 젠더와 인종간 의 갈등을 표현한 풍자극 하나를 분석하였다.[29] 한 '사모예드인'이 결 혼한 한티족 남자의 초대를 받아 손님으로 온다. 남자는 사모예드 말 을 알아듣지 못하지만, 그의 아내는 조금 안다. 이 때문에 오해가 발 생한다. 손님이 음료수를 달라고 하는데, 남자는 음식을 갖다준다. 손 님이 아내를 칭찬하지만, 그 남편은 순록을 칭찬하는 줄 알고 팔겠노라고 한다. 그러자 손님은 그 부인더러 자기와 도망가자고 유혹한다. 자기는 부자이므로 그녀에게 금속장신구며 순록 한 떼를 주겠다고 말한다. 부인은 처음에는 거절하다가 마침내 함께 가기로 한다. 그리고는 쉽게 도망가기 위해 보드카에 무코모르(선홍색에 하얀 반점이 있는 버섯으로 마약성분이 들어 있다)를 섞어서 술을 만든다. 그녀와 손님은 조금만 마시고, 남편은 술에 곯아떨어진다. 이윽고 손님은 부인을 썰매에 태우고 순록을 몰아 쏜살같이 도망간다. 한티족의 남편이 사태를 파악했을 때는 손쓸 도리가 전혀 없게 된다. "그의 다리는 움직이기를, 혀는 말하기를, 손은 방아쇠 당기기를 거부하였다."[30] 그는 좌절감에 푹 쓰러져 그대로 코를 골기 시작한다.

사실적으로 세세하게 잘 묘사한 이 슬픈 이야기는 시종 한티족 관중들의 웃음을 자아낸다. 아마 이것이 거의 모든 사람들이 자신들의 도덕성에서 확인할 수 있는, 해서는 안 될 행동모델 같은 것이기 때문일 것이다. 연극은 무대 안팎에서 벌어지는 축제행위를 이해하기 위한 무대장치이다. 바흐강가에서 열린 축제를 본 러시아의 민족지학자 게오르기 스타르체프(G. Startsev)에 따르면, 배역을 맡지 못하게 되어 있는 여자들도 상당수 참여하여 남자처럼 노골적으로 뻔뻔스럽게 행동한다. 여자들은 열정적이고도 창조적으로 춤추며, 평소에는 감히 못하는 행동도 허용된다. 그리고 남편들을 조롱하고 "욕하고 불평하고 졸졸 뒤쫓아가면서 고함치고 별명을 부른다." 여자들이 춤을 추면, "남자들은 황홀경에 빠져 서로 옷을 벗기고 벌거벗은 몸에다 침을 뱉는다. 여자들 역시 조용히 있지 않고 남자들을 괴롭히는 일에 몰두한다. 욕하고 고함치고 난투극을 벌인다."[31]

이러한 장면이 불러일으키는 해방감은 역전의 의식(儀式)을 암시한다. 즉 성스러운 것과 저속한 것의 의미를 왜곡시키면서 일상적인 생활양식을 거부한다. 이것을 혁명 후의 타락으로 간주하지 않기 위해서는(스타르체프의 연구는 20년대에 이루어진 것이었다), 또 다른 연극을 통해서 통제가 완화된 방탕과 성스러운 영적 세계의 좀더 명확한 관계를 살펴볼 필요가 있다. 이것은 19세기에는 물론이고 20세기 들어와서까지 곰축제의 종반부에 공연되는 극 가운데 하나이다. 카랴라이넨의 판본에서, 가면 쓴 거대한 숲의 신령(멘크)이 아내와 함께 마을 어귀에서 도착한다. 그들은 방으로 들어가 리본과 스카프, 동전, 기타 상징적 제물 한가운데 눈부신 모습으로 누워 있는 곰에게 정중하게 절한다. 그리고는 휘파람을 불고 스카프를 휘두르며 춤추고 고함지르고 성가를 부르고 신음소리를 내다가 완전히 지치면 침상에 몸을 던진다.[32] 삭제를 하지 않은 곤다티의 판본을 보면, 이 대목에서 남편 멘크와 아내의 성행위가 이어진다.[33] 처음에 '그녀'는 거절하지만, 결국 응한다. 멘크는 포르족 조상이기 때문에, 섹스행위는 아마 포르 후손의 성스러운 생산과의 관계를 암시하는 것 같다. 이와 동시에 두 배우가 모두 남자인 경우에는 익살부리는 행동으로도 해석된다.

곰축제의 연극에서는 결혼이라는 주제를 여러 각도에서 비판한다. 카랴라이넨이 해석한 연극에서는 낯선 사람과 남자친척들 앞에서 여자는 조신하게 얼굴을 가려야 하는 매우 엄숙한 전통을 조롱하고 있다. 이 연극에서 어떤 남자는 못생긴 여자와 결혼할 뻔하다가 모면하는데, 하늘의 신 누미-토룸이 돌풍을 보내 신부의 얼굴에 드리워진 스카프를 날려버렸기 때문이다.[34] 얼굴 가리는 이 전통은 여성이 '부정'하다는 개념에서 비롯되었지만, 이러한 생각은 소비에트 시대에

들어와서 아주 서서히 사라졌다.[35] 다른 연극들은, 곰축제를 금지시
킨 초기 소비에트 시대를 지나서까지 이어졌다. 그중 한 연극은 신랑
이 신부 셋을 놓고 누구를 선택할지 몰라 망설이는 내용이며, 소비에
트 정치선전의 영향을 받은 또 한 연극은 노쇠한 한 노인이 아내를
사려고 하지만 그 여자는 노인의 돈을 거절하고 노인의 아들과 결혼
하는 이야기를 그리고 있다.[36]

　오브-우고르인들의 곰 숭배주의를 잠깐 살펴보기만 해도 사회
적·종교적 현상을 뛰어넘는 문화적 변화의 역동성을 감지할 수 있
다. 기독교화와 소비에트화 같은 강도 높은 억압에도 불구하고 이 연
극들은 살아남았다. 이런 생명력을 가질 수 있었던 힘은 부분적으로
이 연극들이 비밀리에 공연되고 또 당대의 문제를 다루었다는 데 있
었다. 19세기에는 러시아인 수세관리들이 조롱대상이 되었고, 20세
기에는 소비에트군대 지휘관들이 그 자리를 물려받았다.

　곰축제에 관한 기록역사에서 젠더간의 갈등은 줄곧 주제가 되어왔
지만, 오히려 이 갈등은 갈수록 더 커지고 연극들은 젠더에 더욱더
초점을 맞추게 되었다고 보는 것이 더 타당할 것이다. 그것은 소비에
트의 선전선동가들이 일하는 여성, 자신과 자신의 생각을 표현할 줄
아는 여성 식으로 변화하기를 주장한 데서 비롯되었다. 양성간의 싸
움이 자아내는 웃음은 일종의 감정적인 해방이었으며, 특히 여성의
역할이 남성에 의해 좌우될 때 그러하였다. 그러나 몇몇 학자들이 역
전의 의식에 관해서 지적하고 있듯이, 곰축제의 연극들은 전혀 절제
되지 않은 과도한 의식행위가 표출되는 '경계(매개)'의 기간을 통해
서 기능적 안전장치를 제공하는 것 이상의 역할을 한 것으로 보인다.
이 이론에 따르면, 의식에서 성역할의 역전은 젠더구분을 패러디해

서 강조하는 경향이 있으며 그렇기 때문에 현상황을 유지시키는 데 일조한다.[37] 이러한 시각에서 볼 때, 시베리아의 여성종속화를 와해시켰던 소비에트화의 억압은 허구를 통해서 전통적인 젠더 구분과 역할을 오히려 더 강화시키는 동력이었다고 볼 수 있다.

하지만 이것은 곰축제와 같은 '카니발'의 한 측면일 수 있다. 왜냐하면 카니발은 사회적 평형상태에 엄청난 압력으로 작용할 수 있기 때문이다. 나탈리 제몬 데이비스(N. Z. Davis)는 프랑스의 카니발을 다음과 같이 훨씬 더 역동적으로 해석한다. "제멋대로 행동하는 여자들과 노는 것은 부분적으로 안정된 전통의 위계질서로부터의 일시적인 해방의 기회가 된다. 하지만 이것은 또 사회 내 근본적 권력분배를 변화시키고자 하는 움직임을 둘러싼 갈등의 일부이기도 하다."[38] 이리하여 젠더역전의 몇 가지 측면들은 이 갈등을 표현함으로써 사회적 변화의 법제화 가능성을 만들어낸다.

1976년에 내가 한티 지방에 갔을 때, 그곳 사람들은 소비에트 당국이 곰축제를 거의 없애버리거나 획일화시켰다(성적 요소를 빼버리는 것)고 주장하면서 곰축제가 이어지고 있는 사실 자체를 극비에 부쳤다. 그러나 내가 1991년에 다시 그곳에 갔을 때, 곰축제는 지하에서 모습을 드러내어 7년마다 열리는 축제와 보다 즉흥적인 축제가 부활했다는 사실을 알게 되었다. 좀더 대중화된 몇몇 축제는 새로 결성된 우고르인민구제협회의 후원을 받기까지 했다. 이 부활운동의 지도자들 가운데는 여성도 몇 명 있었으며, 지난날 사냥꾼이었던 여성도 있었다. 그러나 여성들은 여전히 서사시 찬가 같은 가장 성스러운 행사와 연극에서 배제되었으며, 그것을 기대하지도 바라지도 않았다. 그들은 사회집단의 불균형으로 인해 혈통 중심의 결혼제도를 엄격하게 지킬 수 없게 되었다고 개탄하면서도, 곰에 대한 신성한 숭배의식이 대부분의 한티족에 대한 소비에트의 억압을 완화시켰다고 기뻐하였다. 1991년 겨울에 이우일스크라는 한티의 성스러운 마을에서 열린 한 축제에서 내가 연구하던 곰축제를 비디오로 찍은 여러 시간짜리 비디오테이프를 보고 나는 신성한 여흥 속에는 여전히 소란스러운 놀이 정신과 경건한 신앙이 일체가 되어 있다는 사실을 확인하였다. 몇몇 연극에서는 남자들이 여자 역을 맡았지만, 한티족의 참가자들 말을 들어보면 부활의 초점은 곰의 환생 그 자체와 어린 소년들에게 한티족 조상에 관한 성스러운 노래를 가르치는 것에 맞추어져 있었다.[39]

아무르강의 곰축제를 간략하게 비교검토해 보아도, 역시 젠더관계와 집단간의 갈등에 관한 상징적인 메시지가 확인된다. 다만 이곳의 메시지들은 다른 사회적 맥락에 놓여 있어서 인간과 곰의 관계에 대한 이해방식에서도 이 지방 고유의 특색을 드러내고 있다.[40] 이곳에서는 사람이 죽으면 죽은 이를 기리는 의식이 한 달여 동안 이어지는데, 일반적으로 이런 추도식을 마무리짓는 '곰과의 놀이'에서는 죽음과 관련된 (성적·부부간의) 금기사항을 해제하고 '정상적인' 사회생활로의 복귀를 알린다. 아무르강의 축제에서는 물론 '카니발'의 측면들도 담고 있지만, 풍자극이나 일시적 복장전환보다는 개의 경주나 게임, 춤에 더 중점을 둔다. 곰축제의 또 다른 사회적 목적으로는 축제를 통해서 (과거에 친구였거나 적이었던) 혈족들을 결합시키고 친척들간의 화목과 유대를 다지고 개인의 입양을 주선하고 어린 소년들을 존중하고 또 어린 소녀를 결혼시키는 데 있다.[41] 오브-우고르족과 아무르족의 축제에서 가장 두드러진 차이점은, 대부분의 아무르족 예식에서는 새끼 때 생포하여 인간여자의 젖을 먹여 키운 곰을 우리에 가두어놓았다가 의식절차에 따라 죽인다는 점이다. 그래서 아무르강의 일부 지식인들은 이 전통을 부활시켜 영상으로 담기 위해 고향마을에서 열리는 곰축제를 후원해 왔지만, 오늘날 산 곰을 기른다는 것은 비용 면에서 불가능하다.[42]

최근에 부활된 축제뿐 아니라 구소련의 금지조치 아래서 개최된 곰축제에도 참석한 적이 있는 니프흐족 민족지학자 추네르 타크사미(C. Taksami)는 여러 곰축제의 계절적인 본질을 강조한다. 즉 대개의 곰축제는 새해를 알리며 인간과 동물의 번영과 풍요를 보장해 주는 한겨울에 열린다. 대지와 숲과 하늘의 영적 지배자의 중재자인 '숲사람' 곰은 니프흐 마을에서 3, 4년 키워져서 이렇게 희생된다. 타크사미는 축제에서 가장 중요한 순간인, 곰이 작별인사를 하러 이 집 저 집 다니는 장면을 묘사한다. 사냥솜씨가 뛰어난 젊은 사냥꾼들은 자신의 용기를 증명하기 위해 '물불 가리지 않는' 철면피처럼 행동했다. "물개가죽으로 된 에이프런 코크스로 뒤에서 묶은 닳아빠진 모피를 걸친 〔용감한 사람들은〕 그〔곰〕에게 바짝 다가가 그를 희롱하다가 그를 훌쩍 뛰어넘어서 뒤에서 그를 움켜잡았다."[43] 또 어떤 보고서들은 이것을 곰에게 키스하려는 행동이라면서, 이 와중에 곰이 할퀴어서 생긴 상처는 명예로운 훈장으로 여겨졌다고 언급한다.[44] 여기서 이루어지는 모순적인 혹은 역전의 상징은 젠더와 연결된 옷차림과 행동을 뒤섞고 물의 영역과 결부된 물개가죽을 입고 위험한 지경에 이르기까지 명예로운 손님을 괴롭히는 상황을 만들어낸다. 궁극적으로 숲의 핵심적인 표상은 인간에 의해 거의 길들여져서 오직 죽임을 당함으로써만이 숲으로 다시 돌아가게 된다.

축제의 처음부터 끝까지 젠더의 기호화(coding)는 죽임을 당한 곰의 젠더(이것은 곰이 양육된 해수에다 특정한 의식들이 반복되고 있는 횟수를 합한 것을 나타낸다) 그리고 부분적으로 일상생활의 양식과 반대로 이루어지는 인간의 노동분업에 지나치게 세심할 정도로 주의를 기울인다. 화려하게 치장한 여자들은 남자들의 게임인 풍요와 결부된 개의 경주 분위기에 맞추어서 낙엽송 통나무로 만든 북을 경쾌하게 두드리면서 빠른 템포로 원무를 추다가 원심력이 깨어지면서 끝난다. 엄청난 숫자의 친척손님들에게 대접할 음식은 대부분 여자들이 만들지만, 눈 녹인 깨끗한 물로 곰고기를 끓이는 일은 덕망 있는 남자노인들이 한다. 이들은 또 사회적 신분에 따라 고기를 배분하는데, 이때 젠더와 축제를 주관한 혈족의 금기사항에도 주의를 기울인다. 곰의 주검을 자르는 칼은 곰의 생식기에 난 털로 장식한다. 곰의 주검을 안으로 들여올 때 그를 맞이하는 춤에는 젊은 여자들이 아니라 나이 많고 존경받는 여자들이 참여한다. 또 노인들은 문턱을 넘나들었던 생리중인 여자들의 부정이 타는 것을 피하기 위해 곰의 주검을 축제 주관자 집의 문이 아니라 굴뚝이나 창문을 통해서 들여오도록 한다.[45] 정력이 왕성한 시기를 지난 노인들은 이제 수곰과 암곰의 표상이 되어 인간세계와 영적 세계의 매개자인 '[존경받는] 남자장로' '여자장로'로 불리면서 젠더화된 성스러운 공간의 중요한 매개자가 된다.

아무르강가에서 곰축제 기간 동안에는, 비록 한 샤먼이 상서로운 시기를 알려주고 샤먼들이 죽은 인간영혼을 인도하는 다른 의식들에 참여할지라도 샤머니즘적 의식은 금지되어 있다. 이처럼 샤머니즘적 의식이 금지되었던 것은 아마 곰축제 기간 동안에는 특별한 샤머니

즘적 안내 없이도 공동체 전체의 노력을 통해서 영적 세계와의 매개
가 이루어진다고 믿었기 때문이었을 것이다. 오늘날 생태적 재앙과
사방에서 외적의 위협을 받고 있는 아무르 마을사람들이 애도하는
이 축제가 옛날에는 대규모 공동체의 치료기간이었을지도 모른다.

맺음말: 신성성에 대한 (재)정의

민속학자와 종교연구가들은 오래 전부터 신성성에 대한 정의의 한
측면인 경계의 초월에 대해 깊은 흥미를 보였다. 예를 들어 비교언어
학자인 조지프 캠벨(J. Campbell)은 나바호족의 신화를 분석하면서
이렇게 설명하고 있다.

형제영웅들은 비록 남성적인 존재로 묘사되고 있을지라도, 사실은
남성과 여성을 다 지니고 있다. 그들은 남성적 빛깔과 여성적 빛깔을
모두 갖고 있다. … 어떤 사람은 중국의 양과 음을 생각한다. 또 어떤
이는 힌두교의 '신'과 '샤흐티'를 생각한다. 모든 대립쌍 너머에 존재하
는 궁극적인 무—혹은 모든 것—는 남성일 수도 여성일 수도 없다.
둘 다인 동시에 그 어느 것도 아니다. 그러나 표상의 세계에서 이 둘은
똑같이 존재한다. 심지어 혹자는 양성자, 남성-여성을 지고의 표상으
로 생각할 수도 있다.[46]

영국의 사회인류학자 마리아 차플리카(M. Czaplicka)는, 시베리아
의 맥락에서 샤먼은 남성도 여성도 아니며 오히려 '제3의 계급'에 속
하는 존재로 묘사하면서 이런 종류의 해석에 매우 근접해 있다. "[샤

면은] 무성적 혹은 금욕적이거나 또는 동성애 성향을 가지고 있을 수 있지만 그러나 … 지극히 정상적이다. … 샤먼들은 남성적 성격과 여성적 성격을 모두 포함하는 특별한 금기를 갖고 있다.”[47] 여기에서 시베리아의 자료를 간략하게 살펴보면, 정상 혹은 일탈에 대한 잣대나 편견 없이 젠더의 모호성과 전환에 대한 이해를, 공동체에서 나이가 들어서 신성한 존재가 된 남자·여자 장로들 그리고 특정한 의식에서의 복장전환이나 이름 바꾸기를 통한 일시적인 신성화까지 포괄적으로 확장시킬 수 있다.

시베리아의 다양한 전통을 사려 깊게 구별해 내는 것도 중요하지만—예를 들어 오브-우고르족의 한티와 아무르강의 니프흐족 그리고 동북지방의 추크치족과 터키의 사하족의 차이 같은 것—젠더와 같은 중요한 정체성 문제들의 이론적인 연관관계에 대한 통찰력을 우리에게 제공할 수 있는 비교문화적 고찰을 해보는 것 역시 가치가 있다. 시베리아의 사례들은 역사적으로 서로 접촉이 있었던 사람들에게 고유한 교차적 근원뿐 아니라, 구소련의 억압이 초래한 교차적 경험과 풍요롭고 다양한 문화적 부흥이라는 새로운 기회들을 확인시켜 준다.[48]

시베리아의 여러 지방에서 곰축제와 샤머니즘은 문화적 부흥의 상징이 되어왔지만, 이 과정에서 젠더역전의 중요성을 추론하는 잘못을 저지르기 쉽다. 오히려 우리는 시베리아의 신성성 개념에 나타나는 젠더의 모호성과 역전을 탐구함으로써, 다양한 젠더전환을 성적 능력을 제어하고 정의하기 위해 옛날부터 반복된 시도의 한 측면으로 받아들일 수 있다. 만약 젠더 정체성이 생물학적으로뿐 아니라 문화적으로 구성되고 각 세대가 그 고유의 전통을 새로 만들고 재정의

한다고 가정하면, '부드러운 남자'였던 샤먼이 존재했던 몇몇 문화들에서 이제 그들을 찾아볼 수 없게 되었다는 사실에 결코 놀랄 필요가 없을 것이다. 최근에 추코트카나 캄차카, 아무르 지역에서 연구를 한 사람들 가운데 이 특별한 전통의 부활에 관해 보고하는 연구자는 확실히 한 명도 없다.[49]

젠더가 변화된 남자와 여자들은 러시아인들과의 빈번한 접촉이 있기 전에 이중으로 막강했던 것과 똑같이, 구소련 시대의 강력한 러시아화의 영향 아래서 이중으로 비난을 받았다. 20년대와 30년대에 이들은 샤먼과 성 일탈자로서 박해를 받았다. 그러나 시베리아 곳곳에서 온갖 형태의 영적 치료방법에 대한 관심이 다시 살아나고 있음을 볼 때, 젠더 전환된 샤먼이 다시 나타날 가능성은 명백하다.

샤먼은 일시적으로 반대 성의 영적 조력자의 정체성을 취할 수도 이 영적 조력자와 결혼할 수도 있다는 이중적인 개념은 지금도 여전히 시베리아 동부지방에 널리 퍼져 있는 샤먼에 대한 민간전승의 일부를 구성하고 있다. 또 이것은 샤먼에 입문하지 않은 사람들 사이에서 거의 논의되지 않는 내밀하고 은밀한 정체성의 비밀로서, 샤먼의 치료능력으로 인식되는 것의 토대를 이룬다. 사하족의 한 샤먼(오이움)은 자신은 반대 성의 영적 조력자를 이용하며 때때로 남자샤먼이 여자환자를 치료하거나 그 반대로 하는 것이 도움이 된다고 설명하였다. 사하족 샤먼들과의 또 다른 인터뷰에서, 나는 운좋게도 말이나 까마귀 같은 동물 조력자 정령에 관한 이야기를 들을 수 있었는데 그들은 이런 계시된 동물 정령과 사사로운 관계를 맺은 적은 한 번도 없었다고 했다. 한 여자샤먼(우다간)은 자신의 힘을 드러낼 때는 하얀 수말이 된다고 주장한다. 이러한 주장이 받아들여지는 데서 핵심

306

을 이루는 요소는, 샤먼에게는 문화적 경계와 상징들을 조종하고 연결시키고 변화시킬 능력이 있다는 믿음이다.

전통적으로 샤먼은 자신을 도와주는 정령의 이름을 차용할 수 있었을 뿐 아니라 — 적어도 추크치족이나 코랴크족, 에스키모인들 사이에서는 그러했다 — 필요하다면 신내림을 하는 동안에 자신의 본질을 그 정령에다가 이입시킬 수 있었다. 예를 들어 보고라스의 보고에 따르면, 한 샤먼의 이름은 '그녀 해마'(She Walrus)이며 그리고 특히 많이 아픈 환자들을 치료할 때는 종종 곰으로 변하였던 또 한 샤먼은(남자이다) 이름이 '긁는 여자'(Scratching Woman)였다. 심지어 일반사람들 사이에서도 정령들을 혼동시키기 위해 "남자에게 여자이름을, 여자에게 남자이름을 지어준다"고 보고라스는 보고하기도 했다.[50] 이런 '액막이용 이름짓기'의 관습은 시베리아 대부분의 지역에서 구소련 시대에도 이어져 왔다.

정령의 이름을 차용한다든가 '액막이용 이름짓기' 그리고 다른 성으로의 환생 가능성에 대한 믿음은, 시베리아의 일부 문화에서 창조적이고도 융통성 있게 구사되고 있는 젠더교차와 관련된 현상에 대한 단서를 제공한다. 반대 성들간의 균형 혹은 긴장이라는 측면에서 정의된 젠더 개념은 양성의 특징을 다 지니고 있는 사람들에 대한 외경심에 의해 희석화될 수 있었다. 더 정확하게 표현하면, 양성의 정력을 활용할 수 있다고 인식되었던 사람들은 흔히 신성시되었다. 곰축제에서 일시적으로 이 같은 현상이 일어났는데, 남자가 여자 역할을 맡을 때가 그러했다. 공동체 차원에서의 영적 치료와 성장, 사회화한 드라마로서의 곰축제 그 자체는 인간-정령관계와 사회적 비판을 강화시킬 수 있는 하나의 기회였다. 일반적으로 이보다 규모가 작은 샤머니즘적 신내림 역시 상호 착종되어 있는 신체적·정신적 치료를 위해 젠더화된 힘의 관계를 차용하거나 조종할 수 있었다. 샤먼의 젠더전환은 결국 신내림 동안 머리모양이나 옷차림을 일시적으로 차용하는 것에서부터 남성·여성 샤먼의 완전한 젠더역전에 이르기까지, 그 범위의 문제였다.

젠더 모호성은 완전한 전환과도 같지 않거니와 제의에서의 역전과도 일치하지 않는다. 하지만 나는 인간의 성적 다양성에 관한 모든 범위의 표상, 사회적으로 구성된 의미를 훨씬 더 완벽하게 이해할 수 있게 해주는 주제들과 관련된 현상이라고 주장하고 싶다. 유럽의 소설과 판타지에서 역전은 오래 전부터 매력적인 주제였다. 바바라 바브콕(B. Babcock)은 17세기 예수회파의 소설가 발다자 그라시안의 말을 인용한다. "이 세상의 일은 그 과거로 거슬러 올라가서 살펴볼 때만이 비로소 제대로 인식할 수 있다."[51] 인류학자의 부모를 둔 소설가 우르술라 르긴은 판타지 사회에 관해서 썼는데, 그곳에서는 사람들이 사회적 조건에 따라 젠더를 마음대로 바꿀 수 있다.[52] 지금은 이미 수집되어 있는 성규범과 젠더의 의미에 관한 자료들을 더 잘 이해하고 또 열린 마음으로 더 많은 자료를 수집할 때이다. 젠더역전을 일탈행위로 보기보다는 오히려 우리를 반추하는 이미지, 즉 예외성이 신성한 힘으로 바뀌는 것으로 받아들일 수 있다. 젠더역전에 관한 연구는 우리가 신성성과 '문명성'에 관한 가설들을 뒤엎는 데 도움을 줄 수 있다.[53]

포스트모던 그리고 구소련 이후의 사하에서 재능 있는 많은 화가·음악가·시인·배우 들이 젠더의 갈등과 모호성을 주제로 해서 탐구하고 있다. 또 어떤 이들은 약간 여성적인 남자나 남성적인 여자가 되는 것을 두려워하지 않는다. 1992년에 나는 옛 사하를 모티브로 해서 만든 북을 받았다. 여장을 한 샤먼이 춤을 추고 있는데 옷 사이로 페니스가 분명하게 삐죽 나와 있다. 90년대에 소련이 종말을 고함으로써, 사하를 비롯한 다른 시베리아인들은 자신들의 문화적 미래를 위해 정신적 과거를 되돌아보고 있다.

주

1) 나는 민속의학협회 회장이자 명성 높은 샤먼 블라디미르 콘다코프가 1991, 92, 93년 대화에 응해준 것에 감사한다. 문헌고찰에 관해서는 M. M. Balzer, *Shamanism: Soviet Studies of Traditional Religion in Siberia and Central Asia*, Armonk, NY: M. E. Sharpe, 1990; A-L. Siikala and M. Hoppál, *Studies on Shamanism*, Budapest: Akadémiai Kiadó/Helsinki: Finnish Anthropological Society, 1992 참조. 이 글은 시베리아의 두 지역, 즉 서부 시베리아의 오브-우그르 지역(1976, 1991)과 동부 시베리아의 사하공화국(1986과 1991~95년에 정기적으로)에 대한 현장조사를 비롯하여 동료들과의 토론 및 문헌조사를 토대로 하고 있다. 이 과정에서 많은 연구소의 도움을 받았다.

2) A. A. Popov, "Poluchenie 'shamanskogo dara' u Viliuiskikh Iakutov" *Trudy instituta Etnografii* vol. 2, 1947, p. 292. 사하의 민족지학자 포포프는 이 책에서 위대한 샤먼의 입문식에 대해 설명했다. 입문식은 보통 13세경에 이루어지는데, 샤먼은 깊은 숲속에서 까마귀나 아비새를 낳게 되고, 그 새는 곧장 날아가 버린다. 두번째 해에는 고통과 시련의 입문식이 열리는데, 샤먼은 창꼬치 물고기를 낳게 되고 물고기는 재빨리 물 속으로 헤엄쳐 들어간다. 마지막 해에 정말 위대한 샤먼은 곰이나 늑대를 낳을 수 있다. 이 세 사건은 가장 존경받는 사하의 샤먼은 세 가지 세계(천상, 지상, 지하)를 명상할 수 있고 세 번 변신할 수 있음을 나타낸다.

3) 나는 이 이야기를 제공한 역사가 에고르 스피리도노비치 시시긴(E. S. Shishigin)에게 감사한다. 그리고 졸고, "Two Urban Shamans: Unmasking Leadership in Fin-de-Soviet Siberia," G. Marcus, ed., *Perilous States : Conversations on Culture, Politics and Nations*, Chicago: Univ. of Chicago Press, 1993, pp. 131~

64; "Dilemmas of the Spirit: Religion and Atheism in the Yakut-Sakha Republic," S. P. Ramet, ed., *Religious Policy in the Soviet Union*, Cambridge: Cambridge Univ. Press, 1993, pp. 231~51 참조.

4) V. Bogoras, *The Chukchee*, New York: Memoirs of the American Museum of Natural History vol. 11, 1909, p. 449. *cf.* V. Jochelson, *The Koryak*, New York: Memoirs of the American Museum of Natural History vol. 10, 1908, p. 53. 두 저자 모두 예수회파 북태평양탐험대 일원이었다.

5) 시베리아의 사례와 더불어 북아메리카에는 다양한 젠더 개념과 관습이 존재한다. 평원족 인디언들에게서 볼 수 있는 베르다셰 관습은, 나바호족이나 호피족 그리고 알곤킨족의 일부에서 볼 수 있는 전통에 해당하는 추크치족의 '부드러운 남자'와 가장 유사하다. W. L. Williams, *The Spirit and the Flesh: Sexual Diversity in American Indian Culture*, Boston: Beacon Press, 1992, 2nd edn; W. La Barre, *The Ghost Dance: Origins of Religion*, London/NY: Dell, 1972, pp. 138~40, 156~57, 179~81; A. B. Kehoe, *North American Indians: A Comprehensive Account*, Englewood Cliffs, NJ: Prentice-Hall, 1992, p. 344; 이 책의 S. Lang의 글 참조.

6) R. Grambo, "Unmanliness and Seidr: Problems Concerning the Change of Sex" M. Hoppál and O. von Sadovszky, eds., *Shamanism Past and Present*, Budapest: Hungarian Academy of Sciences, 1989, pp. 103~13. 비록 그람보가 야쿠트의 "샤먼의 기원이 여자샤먼들에게서 나오기 때문에 흑인 샤먼들은 여자처럼 행동하는 경향이 있었다"(같은 글, pp. 107~108)고 언급할 때 과장되게 일반화하는 경향이 있을지라도, 그의 주장은 대체로 신빙성이 있다. V. N. Basilov, "Vestiges of Transvestism in Central-Asian Shamanism," V. Diószegi and M. Hoppál, eds., *Shamanism in Siberia*, Budapest: Akademiai Kaido, 1978, pp. 281~90; R. Grambo, *Shamanstvo u narodov Srednei Azii i Kazakstana*, Moscow: Nauka, 1992 참조.

7) Bogoras, 앞의 책, pp. 450~51.

8) 같은 곳. 또 다른 차원은 강령회 동안 특히 도움을 베푸는 정령을 의인화하는 젠더변형을 포함한다. 이는 한국의 여자무당들이 치료를 위한 굿에서 남성 권위자의 모습을 '드러내는' 것과 매우 흥미롭게 일치한다. L. Kendall, *Shamans, Housewives and Other Restless Spirits: Women in Korean Ritual Life*, Honolulu: Univ. of Hawaii Press, 1985, pp. 138~43 참조.

9) 이 문단은 모두 Bogoras, 앞의 책(pp. 450~51)에서 재인용.

10) 같은 책, p. 451.

11) 같은 책, pp. 453~34. 보고라스는 에스키모 인디언과 추크치족 사이에서의 '변형
된 인물들'에 관해 쓰면서 러시아제국의 관료이자 아마추어 민족지학자인 N.
Gondatti, "Naselenie Anadyrskogo Okruga"(*Zapiski Priamurskogo Otdela
Imperatorskogo Russkogo Geograficheskogo Obshchestva* vol. 2, pt. 1, 1896)를
'부드러운 남자'의 소멸을 적극적으로 홍보하면서 그 행위를 비난하고 있는 것으
로 쓰고 있다. 그러나 이 전통은 20세기까지 소규모로 그 명맥이 이어졌다(J.
Murphy, "Psychotherapeutic Aspects of Shamanism on St Lawrence Alaska," A.
Kiev, ed., *Magic, Faith and Healing*, New York: Free Press, 1969, pp. 74~75
참조). 1940년에 머피가 들은 바에 따르면, 시베리아 출신의 변형된 샤먼은 스스
로 자신이 임신했다고 믿었는데 그의 삶은 "다른 섬에 유폐됨으로써" 비극적으로
끝났으며, 이듬해 그가 버려졌던 곳에서 어른과 어린아이의 시체가 발견되었다는
것으로 이야기는 이어진다고 한다.

12) Bogoras, 앞의 책, p. 455.

13) 같은 책, pp. 455~56. "시간이 얼마간 흐르자 변성한 남편은 젊은 아내를 통해
아이를 갖고 싶은 마음이 들어서, 젊은 이웃남자와 상호 결혼계약을 맺었다. 3년
이 지나자 그녀의 가정에 두 명의 아들이 정말 태어났다. … 이 아이들은 그녀의
합법적 자녀로 인정받았다. 이리하여 이 사람은 젊었을 때는 자신의 몸으로 아이
를 낳을 수 있었고, 노후에는 결혼한 아내의 몸을 통해 아이를 얻을 수 있었다."

14) 같은 책, p. 453.

15) 같은 곳. 영적 인간집단에 관해서는 L. Sternberg(Shternberg), "Divine Election
in Primitive Religion," *Congrès International des Américanistes, compte-rendu
de la XXIe session Deuxième Partie tenue à Goteborg en 1924*, 1925, Part 2, pp.
472~512와 비교.

16) Balzer, 앞의 책, p. ix와 비교.

17) Sternberg, 앞의 글, p. 476~80. 그리고 L. Sternberg, "Gilyaki," *Etnograficheskoe
Obozrenie* no. 2, 1904/March-April, pp. 19~55; "Die Religion der Giljaken,"
Archiv für Religion-swissenschaft vol. 8, 1905, pp. 244~74; *Pervobytnaia
religiia v svete etnografiia*, Leningrad: Nauka, 1936도 참조. 이 주제를 민감하게
다루고 있는 것으로는 R. Hamayon, *La chasse à l'ame: Esquisse d'une théorie du
chamanisme siberien*, Nanterre: Société d'ethnologie, 1990, pp. 448~53 참조.

18) M. Eliade, *Shamanism: Archaic Techniques of Ecstacy*, Princeton: Princeton
Univ. Press, 1972, p. 73. *cf.* E. A. Kreinovich, "Ocherk kosmogenicheskikh
predstavlennii giliakov," *Etnografiia* vol. 7/no. 1, 1929, pp. 78~102; A. V.
Smoliak, "Novye dannye po animizmu i shamanizmu u nanaitsev," *Sovetskaia

Etnografiia no. 2, 1974/March~April, pp. 111~13.

19) B. S. d'Anglue, "Shamanism and Transvestism among the Inuit of Canada," A. I. Gogolev et al., eds., *Shamanizm kak religiia*, Yakutsk: Yakutsk University, 1992, p. 18; "Rethinking Inuit Shamanism through the Concept of the 'Third Gender'" M. Happál and J. Pentikainen, eds., *Northern Religions and Shamanism*, Budapest: Akademiai Kiado/Helsinki: Finnish Literature Society, 1992, p. 147; "Sila, the Ordering Principle of the Inuit Cosmology," M. Hoppál and K. Howard, *Shamans and Cultures*, Budapest: Akademiai Kiado, 1993, pp. 160~68. 댕글뤼르의 자료는 Peter and J. Furst, 앞의 책(p. 173)에서 묘사되고 있는 이누잇족의 유연한 영혼 믿음과 유사하다. 그러나 독일학자 오스텐은 댕글뤼르의 '제3의 성 개념'을 정당성이 있다고 보지 않는다(J. Oosten, "Theoretical Problems in the Study of Inuit Shamanism," M. Hoppál and O. von Sadovszky, eds., *Shamanism Past and Present*, Budapest: Hungarian Academy of Science, 1989, p. 334 참조).

20) 나는 이 문제의 논의를 도와준 댕글뤼르와 사하공화국 동료들에게 감사한다. (사하공화국의) 유카기르족의 툰드라 대화체에서 '부드러운 남자'에 해당하는 용어는 '푸콜리안 케이프'(pukol'an kejp)일 터인데, 러시아의 민족지학자 요첼슨은 다음과 같이 언급했다. "나는 유카기르족 샤먼의 복장에서 여성적인 차림에 관한 것말고는 그와 같은 제도를 가리키는 용어를 발견하지 못했다."(V. Jochelson, *The Yukagir and the Yukagirized Tungus* vol. 12, New York: Memoirs of the American Museum of Natural History, 1910, p. 112 참조) 만약 우리가 '제도'를 정도의 문제로 본다면, 요첼슨과 댕글뤼르의 시각은 모두 조화를 이룰 수 있다.

21) Shternberg, "Divine Election," p. 473~80; Grambo, "Unmanliness," p. 108. cf. L. von Shrenk[Schrenk], *Ob Inorodsakh Amurskogo Krai*, St. Petersburg: Imperial Academy of Sciences vol. 3, 1903, pp. 121~25; E. Lot-Falk, "Eroticism and Shamanism," *Sexology* vol. 22/no. 1, 1956/Jan., pp. 378~83.

22) C. Chard, "Sternberg's Materials on the Sexual Life of the Gilyak," *Anthropological Papers of the University of Alaska* vol. 10/no. 1, 1961, pp. 21~22. 원본 L. Shternberg, "Sotsial'naia Organizatsiia Giliakov," *Giliaki, Orochi, Gol'dy, Negidal'tsy, Ainu*, Khabarovsk: Dal'giz, 1933, pp. 256~57도 참조.

23) Chard, 앞의 글, p. 22. 동성애 사례와 복장전환자 사례로 생각되는 슈테른베르크의 '양성애' 표현에 관해서는 L. Black, *Nivkhi*, p. 66 참조. 슈테른베르크를 따라서, 블랙은 이 사례를 '성적 왜곡'이라는 범주에서 논하고 있다. 일부 동성애 사례까지 포함하여 샤먼의 복장전환 사례를 논하고 있는 것으로는 G. Bleibteu-

Ehrenbeg, "Homosexualität und Transvestition im Schamanismus," *Anthropos* vol. 65/no. 1~2, 1970, pp. 189~228 참조. 캄차달의 '부드러운 남자'에 관해서는 S. Krasheninnikov, *Opisanie zemli Kamchatki* vol. 2, St. Petersburg, 1819, p. 158 참조.

24) G. V. Ksenofontov, *Shamanizm: izbrannye trudy (publikatsii 1928~29)*, Yakutsk: Sever-Iug, 1992, pp. 203~205.

25) 같은 책, p. 204.

26) 영국의 인류학자 차플리카는 여성복장과 '신시베리아인'(그리고 유카기르인)을 연관시키면서 '고생대 아시아'의 제도로서의 '성전환'과 샤먼의 옷차림에 있어서 '여성 장식물'의 사용을 대비했다(M. Czaplicka, *Aboriginal Siberia*, London: Oxford Univ. Press, 1914, p. 252). 그녀는 많은 '관습들'이 남성적 특성과 여성적 특성을 겸비하고 있다고 주장했다(같은 책, p. 253). *cf.* Bleibteu-Ehrenberg, 앞의 글, pp. 190~95, 203; Y. D. Prokof'yeva, *Shamanskie kostiumy narodov Sibiri*, Leningrad: Sbornik Muzeiia antropologii i etnografii vol. 17, 1971. 그리고 초소넷은 보고라스의 자료의 편향성과 관련하여, 추크치족의 일부 환자들은 샤먼의 명령에 따라 "악마로부터 그 사람을 지키고 숨겨주는 하나의 계략"으로서 여자들의 장신구를 하고 신발을 신었던 점을 우리에게 상기시킨다(V. Chaussonnet, "Needles and Animals: Women's Magic," *Cross-roads of Continents: Cultures of Siberia and Alaska*, Washington, DC: Smithsonian, 1988, p. 225).

27) A. I. Hallowell, "Bear Ceremonialism in the Northern Hemisphere," *American Anthroplogist* vol. 28/no. 1, 1926/Jan.~Mar., pp. 1~175; B. Chichlo, "L'Ours Shamane," *Etudes Mongoles* vol. 12, 1981, pp. 35~112; E. Schmidt, "Bear Cult and Mythology of the Northern Ob-Ugrians," M. Hoppál and J. Pentikainen eds., *Uralic Mythology and Folklore*, Budapest: Hungarian Academy of Sciences/Helsinki: Finnish Literature Society, 1989, pp. 187~232. 최근까지 계속 현장조사를 한 것을 기초로 한 에바 슈미트의 연구는 특히 가치가 있는데, 오브-우그르인 문화 내에서조차 다양한 범위의 곰에 관한 개념을 보여주고 있다.

28) 남성 입문식에 관해서는 V. N. Chernetsov, "Fratrial'noe ustroistvo obugorskogo obshchestva," *Sovetskaia etnografiia*, 1939, vyp. 2, pp. 20~41; "periodicheskie obriady i tseremonnye u obskikh ugrov sviazannye s medvedem," *Congressus secundus internationalis Fenno-Ugristarium* Part II, Acta Etnologica, Helsinki: Societas Fenno-Ugrica, 1968, pp. 102~11 참조. 역전의 제의에 관해서는 B. Babcock, *The Reversible World: Symbolic Inversion in Art and Society*, Ithaca: Cornell Univ. Press, 1978, pp. 13~36 참조. '카니발' 이론은 1920년대에 러시아

의 민속학자 M. M. Baktin(*Rabelais and His World*, H. Iswolsky trans.,
Cambridge: MIT Press, 1965)에 의해서 가장 유명하게 발전되었다. O. M.
Freidenburg, "Proiskhozhdenie parodii," *Trudy po znakovym sistemam* vol. 6,
vyp. 308, Tartu: Tartu State Univ., 1973, pp. 490~512도 참조.

29) N. L. Gondatti, "Kul't medvedia u Zapadnoi-Sibirskoi inorodtsev," *Trudy
obshchestva estestveni nauk antropologii i etnografii* vol. 8, 1887, p. 83; K. F.
Karjalainen, *Die Religion der Jugra-Völker* vol. 3, Porvoo: Finnish Academy of
Sciences vol. 3, 1927, p. 218.

30) 이 술의 효과에 대해서 다음과 같이 설명했다. "금방 취하는 것은 아니지만, 감각
이 완전히 마비되어 버린다. 강이나 호수 속으로 걸어 들어가거나 불 속에 몸을
던지거나 나무에 몸을 부딪히는 사람도 있는데, 대체로 이 술을 먹은 후유증을 톡
톡히 치른다."(Gondatti, 앞의 책, p. 83)

31) G. Startsev, *Ostiaki: Sotsial'no-Etnograficheskii ocherk*, Leningrad: Priboi, 1928,
pp. 107~108.

32) Karjalainen, 앞의 책, p. 219.

33) Gondatti, 앞의 책, p. 85.

34) Karjalainen, 앞의 책, p. 218.

35) 한티족 사이에서 월경이 멈춘 '나이가 들거나 신성시되고 있는' 여성들의 중요성
과 '여성의 부정'에 관한 믿음의 배경을 알아보기 위해서는 M. M. Balzer, "Rituals
of Gender Identity: Markers of Siberian Khanty Ethnicity, Status and Belief,"
American Anthropologist vol. 83, 1981, pp. 850~67; T. Buckley and A.
Gottleib, eds., *Blood Magic: The Anthropology of Menstruation*, Berkeley: Univ.
of California Press, 1988 참조.

36) 1960년대와 70년대의 곰축제에 관해서는 민족지학자 Z. P. Sokolova, *Strana
Ugrov*, Moskva: Msyl, 1976, p. 65 참조.

37) 예를 들어 노벡은 다음과 같이 언급하고 있다. "특히 재치와 유머 그리고 역전의
제의를 포함하여 연극의 제도화된 관습들 대부분은 … 다른 시대에 적용되는 행
동규준들을 다양한 방식으로 제재하는 역할을 하는 것으로 볼 수 있다."(E.
Norbeck, "The Anthropological Study of Human Play," *Rice University Studies*
vol. 60/no. 3, 1974/Summer, p. 6) V. Turner, *The Ritual Process: Structure and
Anti-Structure*, Ithaca: Cornell Univ., 1977, pp. 183~85도 참조.

38) N. Zemon Davis, *Society and Culture in Early Modern France*, Stanford:
Stanford Univ. Press, 1975, pp. 130~31; Baktin, 앞의 책. 바흐틴의 대화체와 '카
니발'에 관한 연구는 현상(現狀)과 적응–변화 지향성의 결합에 해당한다. 권력관

계의 표현으로서 섹슈얼리티와 젠더에 관한 이론가 M. Foucault, *Histoire de la Sexualité: La Volonte de Savoir*, Paris: Gallimard, 1976도 참조.

39) 축제기간 동안에 순록들도 중요한 카짐 한티 여자조상에 의해 희생되었다. 동부 한티의 민속학자 올가 발라라예바(개인적으로 1994년 4월에 나와 의견교환이 있었다)는 축제에서의 남성 입문식 양상에 관한 증거는 별로 없으며 또 발레리 체르네트소프는 곰축제에서의 남성 입문식을 강조할 때 무리하게 일반화시키는 오류를 범했을 수 있음을 경고하고 있다. 발라라예바는 남자들이 여자 역할을 맡은 최근의 곰축제 연극을 보았는데, 이것을 주로 익살과 해학을 목적으로 이루어지는 일시적이고 '비실제적인' 복장전환이라고 본다. 매우 적극적인 민족지학자 에바 슈미트는 곰축제 기원에 관한 한티족과 만시족의 수많은 설명을 제공하고 있으며 (Schmidt, 앞의 글, pp. 201, 228~29), 그리고 체르네초프의 곰 씨족(포르족)의 기원이론의 여러 측면에 대해 이의를 제기한다(같은 글, p. 203).

40) 예를 들어 니프흐(길랴크)와 올키족 사이에서 곰은 종종 인간들의 보다 직접적인 친척으로 간주된다. 그러나 인간 여자와 곰이 결합하여 생긴 곰('숲의 사람들') 조상과 관련하여, 포르 사람들의 기원에 대한 오브-우고르족의 전설과 아무르강 올키 전설은 특히 비슷하다. 이 전설들은 제도를 통한 곰 의식 숭배주의의 기원은 곰으로 변한 인간 여성에서 비롯되었다고 설명한다. 그러나 우고르인의 다른 전설들은 다른 형태를 취하고 있는데, 예를 들어 최초의 곰은 인간 소년영웅 혹은 초자연적인 '신의 아들'이 변형된 것이라고 말한다. Chernetsov, 앞의 글, pp. 102 ~11; Schmidt, 앞의 글, pp. 187~232; A. M. Zolotarev, "The Bear Festival of the Olcha," *American Anthropologist* vol. 39, 1937, pp. 123~24 참조.

41) C. Taksami, *Nivkhi*, Leningrad: Nauka, 1967, pp. 217~22; *Osnovnye problemy etnografii i istorii Nivkhov*, Leningrad: Nauka, 1975, pp. 163~73; L. Black, "The Nivkh(Gilyak) of Sakhalin and the Lower Amur," *Arctic Anthropology* vol. 10/no. 1, 1973, p. 94; Shternberg, "Gilyaki," p. 34; Shrenk, *Ob inorodtsakh Amurskogo Kraia*, pp. 64~103. 알래스카 인디언의 포틀래치와 유사한 요소 또한 나타났다(Zolotarev, "The Bear Festival," p. 116, 121, 129 참조).

42) 여기에는 나나이 민족지학자이자 전 인민의회 대의원인 예브도키아 가이예르와 페테르스부르크 민족지학 인류학협회 시베리아 분과회장인 추네르 타크사미가 포함된다. 나는 두 사람과의 토론에서 많은 도움을 받았다. 1991년 가을에 가이예르는, 몇 년 동안 새끼곰을 사육할 기금을 조성하기 위해 애를 썼지만 그후 마을 사람들이 포기해 버리고 축제를 너무 일찍 열었다고 설명했다.

43) Taksami, 앞의 책, p. 165.

44) 블랙은 곰의 표시는 "거꾸로 일종의 안수와 같았다"고 언급한다(L. Black, "The

Nivkh," p. 95). Shternberg, "Gilyaki," p. 34도 참조.

45) 이런 세부적인 묘사들 대부분의 출전은 Taksami, 앞의 책, pp. 163~73; Shrenk, 앞의 책, pp. 64~103; Black, "The Nivkh," p. 94~102. 여성의 불결 개념에 관해 서는 Balzer, "Rituals of Gender Identity," pp. 850~67.

46) J. Campbell, *Where the Two Came to Their Father: a Navaho War Ceremonial given by Jeff King*, Princeton: Princeton Univ. Press Mythos Series, 1991, p. 78. 일부 신세대 샤머니즘 신봉자들을 비롯하여 캠벨은 여기서 시도되지 않고 있는 우주적인 차원에서 연구하고 있다. 그러나 미국인과 유럽인들의 몇몇 전환(trans) 여행은 매우 광범위한 상징과 개념들을 차용하여 결합시킨다. 펠리시타스 굿맨의 전환 워크숍에 참석했던 한 사람은 다음과 같이 회상했다. "내 몸의 왼쪽은 여성 이었고 오른쪽은 남성이었다. 나는 하얀 암말이 되었는데 나의 남성 쪽을 떼어내 버렸다." F. Goodman, *Where the Spirits Ride the Wind: Trance Journeys and Other Ecstatic Experiences*, Bloomington: Indiana Univ. Press, 1990, p. 209; M. Harner, *The Way of the Shaman: A Guide to Power and Healing*, New York: Bantam, 1982 참조.

47) Czaplicka, 앞의 책, p. 253. *cf.* d'Anglure, "Rethinking Inuit Shamanism," p. 149.

48) 소생의 가능성은 지역에 따라 다양하며, 인구통계학과 연관된다. 그러나 시베리 아의 연대정신은 1992년 레나강에서 열린 샤머니즘 회의기간 동안에 분명하게 드러났다. M. M. Balzer, "Shamanism and the Politics of Culture: An Anthropological View of the 1992 International Conference on Shamanism, Yakutsk, the Sakha Republic," *Shaman* vol. 1/no. 2, 1993, pp. 71~96 참조.

49) 그와 같은 학자로는 T. 불카코바, B. 치츨로, E. 가이예르, B. 그랜트, M. 호팔, A. 케르툴라, D. 코에스터, I. 크루프니크, J. 펜티카이넨, D. 신들러, C. 타크사미가 있다.

50) Bogoras, 앞의 책, p. 467, 503. 그러나 보고라스는 일반적으로 성이 변화된 샤먼 은 원래의 남자이름을 그대로 가지고 있다고 말한다. 이로 인해 많은 '부드러운 남자'의 본질이 완전히 변화되지 않고 양성성이 강화된다. 이와 달리 이누잇족 전 통에서는 이름은 반드시 젠더화되는 것은 아니다(Oosten, "Theoretical Problems," p. 334 참조). 정체성의 전혀 다른 차원은, 어릿광대 정령에 대한 일시 적인 작명 혹은 복장과 달리 부활 믿음과 관련되는 이름으로 표현된다.

51) Babcock, 앞의 책, p. 13.

52) U. LeGuin, *The Left Hand of Darkness*, New York: Ace, 1969. 이 소설의 명문장 가운데 하나로 "왕은 임신하였다"라는 문장이 있다. 로마누치-로스의 샤먼과 매 개자로서의 인류학자의 비교도 주목할 필요가 있다. "예술은 만물의 내부뿐 아니

라 외부에도 존재한다."(L. Romanucci-Ross, "The Impassioned Cognito: Shaman and Anthropologist," M. Hoppál and O. von Sadovszky, eds., *Shamanism Past and Present*, Budapest: Hungarian Academy of Sciences, 1989, p. 37)

53) 나의 해석은 젠더의 문화적 구성에 대한 우리의 이해확산에 관한 미드의 기본적인 관점을 적용한 것으로 볼 수 있다(M. Mead, *Sex and Temperament in Three Primitive Societies*, New York: Mentor, 1950, pp. 215~17 참조). 그러나 미드는 여전히 아메리카 원주민의 바르다셰 행동을 생물학적 일탈이라는 맥락에서 보고 있는 데 비해, 나는 그것을 어떤 사회에서는 확장되고 또 어떤 사회에서는 축소되는 섹슈얼리티 범위에 대한 문화적·심리학적으로 상호 작용적인 반응의 연속체로 자리매김한다. M. de Leonardo, ed., *Gender at the Crossroads of Knowledge: Feminist Anthropology in the Postmodern Era*, Berkeley: Univ. of California Press, 1991; C. MacCormack and M. Strathern, eds., *Nature, Culture, and Gender*, Cambridge: Cambridge Univ. Press, 1980 참조.

M. M. 발저는 조지타운대학교 사회학 및 러시아지역학과에서 강의를 하면서 *Anthropology and Archeology of Eurasia*지의 주간으로 있다. *Shamanism: Soviet Studies of Traditional Religion in Siberia and Central Asia*(1990), *Russian Traditional Culture*(1992), *Culture Incarnate: Natice Anthropology from Russia*(1995) 등의 저서를 비롯하여, *Native Anthropologyist, Slavic Review, Arctic Anthropology, Shaman* 등에 기고를 하고 있다. 지금은 시베리아 여성들의 생활에 관한 책을 준비중이다.

여자와 남자 이상이 존재한다
북아메리카 인디언 문화의 젠더변이

사빈 랭(Sabine Lang)

　스페인 정복자들이 라틴아메리카에 왔을 때, 그들은 말 그대로 신세계를 접하였다. 그들이 아메리카 인디언 문화 속에서 본 여러 가지 종교적 관습, 개인간의 행동예절 그리고 섹슈얼리티 표현방식은 스페인 사람들의 문화와 '문명' 개념에서 볼 때 완전히 생소한 것이었으며 심지어 몇몇 요소는 이들에게 몹시 충격적이었다. 예를 들어 1500년대 초에 스페인의 연대사가들은 남자들이 여장을 하고 여자일을 하고 다른 남자들과 성관계를 맺는 풍습을 자주 언급하였다.[1] 심지어 이러한 여자 같은 남자들 가운데 일부는 성직자로서 종교의식을 집전하기도 했으며, 라틴아메리카 공동체들의 구성원은 모두 이들에게 호의적이었으며 이따금 존경하기도 했다.[2] 이 제도의 성적 요소――주로 여자 같은 남자와 그의 섹스상대인 남자 등――만 본 스페인 사람들에게 이것은 남색이나 매매춘과 동일한 것이었다. 16세기 스페인에서 남색은 이단과 반역죄 다음으로 중죄에 해당했다.[3] 신세계에

발을 내디딘 스페인 사람들은 이 같은 기준에 따라 행동하였는데, 그
가장 심한 예가 바로 누녜스 데 발보아이다. 발보아는 파나마의 한
추장집에서 수많은 여자 같은 남자들을 보고는 그들을 개들 앞에 내
동댕이쳐 갈가리 찢어죽이게 했다.[4]

지금의 미국 남부지역을 탐험하기 위해 뉴스페인에서 파견된 스페
인 탐험대가 그곳에 도착했을 때 그곳에도 여자처럼 사는 남자들이
있었다. 이를 최초로 묘사한 카베사 데 바카의 다음 설명은 1520년대
에 지금의 코아우일라와 멕시코, 텍사스에 살고 있던 코아우일라족
을 직접 관찰한 것을 토대로 하고 있다.

그는 이렇게 쓰고 있다. "나는 악마의 짓거리를 보았다. 한 남자는
다른 남자와 결혼하였으며, 그들은 어딘지 모르게 여성적이고 무기력
한 사내들이다. 그들은 여자처럼 옷을 입고 다니며 여자일을 하지만,
활을 쏘고 무거운 짐도 나른다. … 그들은 체구며 키가 여느 남자들보
다 크며 아주 무거운 짐도 거뜬히 든다."[5]

바카가 묘사한 '여성적인 남자들'은 북아메리카의 수많은 인디언
문화에서 볼 수 있는 여자 같은 남자의 역할에서 확인되는 특징을 지
니고 있다. 즉 이들은 문화적으로 여자의 역할로 정의된 일만 전적으
로 하는 것이 아니라, 정도의 차이는 있지만 남자역할의 요소와 여자
역할의 요소를 결합시킨다. 그리고 '여자'가 되었다기보다 남성적 요
소와 여성적 요소가 결합된 전혀 다른 젠더로 간주된다. 예를 들어
아메리카 원주민 문화들에서 짐을 나르는 일은 일반적으로 양성의
노동분업에서 여자영역에 속하는 데 비해, 다소 예외는 있지만 사냥

과 전쟁에서 활쏘기는 주로 남자들이 한다.

　16세기 전반기에 최초의 스페인인 기록이 출판된 이후, 각각의 문화에서 여자의 역할이라고 정의되는 요소를 부분적으로 혹은 전적으로 남자들이 하는 풍습은 대부분의 아메리카 인디언 문화에 있는 것으로 보고되었다. 그리고 많은 경우 서구문화의 막강한 영향으로 이러한 풍습이 일시적으로 또는 완전히 사라졌다고 할지라도, 오늘날 보호구역 안팎의 여러 인디언 공동체들에 여전히 살아 있다.[6] 여자처럼 사는 남자들을 묘사하거나 논하는 문헌에 비해, 남자의 일과 방식을 취하는 여자들에 대한 문헌은 그리 많지 않은 편이다.[7]

　남자의 작업활동을 하는 데 흥미를 느끼는 여자를 비롯하여 여자 일을 더 선호하고 비남성적 개성을 지닌 면모를 보여주는 남자의 특수한 역할과 젠더지위 등 문화적 제도를 인류학에서는 베르다셰(berdache)라고 일컫게 되었다. 베르다셰의 어원은 남자매춘부 혹은 미동(美童)을 의미하는 아랍어의 바르다주이다.[8] 이 어원 때문에 베르다셰라는 용어는 아메리카 원주민뿐만 아니라 아메리카 인디언 문화의 젠더변이 분야를 연구하는 인류학자들——이 숫자는 갈수록 늘어나고 있다——사이에서도 거부당해 왔다. 여자 같은 남자에게 모욕적인 것은 차치하고라도, 이 용어는 남자역할을 하면서 사는 여자에게 적용될 때 더할 수 없이 괴상해진다. 자신의 정체성을 게이나 레즈비언 혹은 남자나 여자와도 다른 젠더의 존재로 정의하는 현시대 수많은 아메리카 원주민들은 인류학 문헌에서 '베르다셰'로 지칭된, 이전의 사람들과 자신들 모두를 '두 정신 사람들'(two-spirit people)이라는 용어로 칭하게 되었다.

　여기서는 역사적 맥락에서 부적절하다고 판단될 수 있는 용어법을 피하기 위해, 각 문화에서 정의된 여자의 역할을 전적으로 혹은 부분적으로 하며 그 문화에 고유한 젠더를 가진 것으로 분류되는 남자는 여자-남자, 그리고 남자의 직업을 취하면서도 '여자'나 '남자'와 다른 젠더로 분류되고 있는 여자는 남자-여자라는 용어를 사용한다.[9] 이 용어들은 아메리카 원주민들의 여러 언어에서 이런 유의 사람들을 뜻하는 말에 가장 가깝게 번역한 것이기도 하다.

인류학 문헌에서, 아메리카 인디언 문화의 여자처럼 사는 남자와 남자처럼 사는 여자의 전통은 오랫동안 '동성애적' 개인들을 그들의 문화에 통합시킬 수 있는 수단으로 해석되어 왔다.[10] 아메리카 원주민의 문화는 '일탈적인' 개인을 단순히 적응시키는 것이 아니라 우리 문화와 다른 젠더 및 성행위 구성을 가지고 있을지 모른다는 가능성이 간과되었던 것과 마찬가지로, 상당수의 여자-남자들이 여자와 성관계를 맺고 심지어 여자와——그리고 남자-여자는 남자와——결혼까지 한다는 사실 또한 일반적으로 무시되었던 것이다.

좀더 최근의 인류학적 연구는 이런 실상을 정확하게 보여준다. 어떤 사람이 여자-남자 혹은 남자-여자임을 확인할 수 있는 최초의 징후는, 그 사람이 동성과의 성관계에 관심을 가지는가가 아니라 '다른' 성별의 역할에 속하는 활동에 뚜렷한 관심을 가지는가 하는 것이다. 그리고 그 사람과 같은 공동체의 구성원들이 이 징후를 알아채고 그 사람의 젠더를 다시 분류하게 된다. 하지만 여기서 재분류는 단순히 남자에서 여자 혹은 그 반대로의 '젠더역전'이 아니다. 오히려 여자-남자 혹은 남자-여자는 남자나 여자와 다른 젠더의 존재로 분류된다. 대부분의 북아메리카 인디언 문화에는 여자와 남자 두 젠더만 있는 것이 아니고 서너 가지 젠더가 있다. 즉 여자, 남자, 남자-여자, 여자-남자가 그것이다. 두 가지 이상의 젠더가 존재하는 이러한 문화적 구성, "다수의 젠더(둘 이상)의 문화적 표현과 개인이 일생 동안 젠더 역할과 정체성을 바꿀 수 있는 기회"[11]는 젠더변이(gender variance)라고 지칭된다. 젠더변이는 아메리카 대륙의 인디언 문화뿐 아니라 인도, 폴리네시아, 시베리아, 아프리카, 아시아에서도 발견될 수 있는 양상이다.[12] 아래에서는 아메리카 원주민들의 다양한 문화적 맥락과 그들의 세계관, 젠더 및 성행위 구성과정을 중심으로 해서 북아메리카 인디언 문화의 젠더변이를 살펴보고자 한다.

양성 대 다성: 성과 젠더의 문화적 구성

여러 문화들이 성 그리고/혹은 젠더의 모호성을 인식하고 평가하는 방식은 서로 매우 다르다. 예를 들어 간성(間性) 개인 —그들 중 일부는 남성 및 여성의 외부생식기를 다 갖고 태어난다 —혹은 "두 가지 표준적인 젠더역할이 복합적으로 뒤섞인 특성"[13]을 나타내는 젠더 혼성자(gender blender)로 표현한다. 제이콥스와 크롬웰은 동아프리카의 포코트족의 예를 인용하고 있는데, 이곳에서는 간성인 아이를 둔 부부는 그 아이를 즉시 죽이기로 되어 있다. 죽임을 당하지 않았을 경우에는, 이들은 가족을 위해서 문화적으로 남성 혹은 여성의 것으로 정의된 역할을 다하도록 사회화된다. 하지만 이들은 성적 이중성 때문에, 간성이 아닌 포코트인들에게 개방되어 있는 특정 활동에서는 여전히 배제된다.[14] 서구문화 역시 이와 마찬가지로 설령 다른 범주(혹은 그 이상의 범주)의 존재가 —포코트문화에서처럼— 인지된다 할지라도 오직 두 가지 성만 존중한다. 서구문화와 포코트

문화에서, 젠더와 젠더역할은 "외부생식기라는 신체적 특징"[15]에 의해 주로 결정된다. 만약 서구문화에서 간성의 아이가 태어나면, 그 일반적인 절차는 아이의 성적 모호성—여기서 성적 모호성은 자연질서의 일부로 간주되기보다 변칙적인 것으로 여긴다—을 제거하는 수술을 하는 것이다. 이 아이는 그/그녀의 부모와 의사에 의해 소녀혹은 소년으로 분류되고 수술에 의해 생겨난, 이제는 모호하지 않은 성에 문화적으로 부여되어 있는 젠더역할을 하도록 키워질 것이다.

성전환(transsexual) 혹은 젠더전환(transgender)[16]의 정체성은 바로 이 성 및 젠더의 양성체계 내에서 판단되어야 한다. 여성에서 남성으로 성전환한 한 사람은 케슬러와 매케나와의 인터뷰에서 이렇게 말했다. "사회에는 오직 두 가지 선택밖에 없다. 당신은 남자 아니면 여자이다. 만약 내가 여자처럼 느껴지지 않으면, 그 반대쪽 길을 선택하는 수밖에 없다."[17] 설령 우리의 문화에 다수의 젠더범주가 결여되어 있는 것과 무관하게 일부 사람들이 젠더 면에서 모순된 감정을 느끼고 '남자' 혹은 '여자'보다는 오히려 남성성과 여성성이 혼합된 상태에 편안함을 느낀다 할지라도 이런 개인들에게 적합한, 문화적으로 정의된 젠더범주는 없다.[18]

서구사회의 젠더역할이 어느 정도 유연해짐으로써 개인들이 상당히 다양한 변형과 실험을 할 수 있게 되었다는 사실을 간과해서는 안된다. 그러나 대다수 사람들은 성 그리고/혹은 젠더가 매우 모호하거나 스스로 제3의 성에 속한다고 인지하는 개인을 대할 때 몹시 불편해한다. 수술을 하지 않기로 결심하고 그리고 제이슨 크롬웰이 인터뷰한, 여성에서 남성이 된 사람들처럼 젠더를 편안하게 혼합할 수 있는 젠더전환 개인들조차도[19] 일반적으로 자신을 남자와 여자 사이에 있는 어떤 존재, 여자와 남자 모두와 다른 존재라고 말하기보다 남자 혹은 여자라고 말한다.

다른 문화들은 성과 젠더에 관해 다양한 시각들을 가지고 있다. 즉 태어났을 때 자신에게 부과된 젠더에 따라 행동하지 않거나 간성으로 태어난 개인들에게 유용한, 다수의 젠더와 젠더가 혼합된 지위를 만들어낸다.[20] 자연은 사물을 반드시 대립쌍 체계로 배열하지는 않는다는 사실을 존중하면서, 두 가지 이상의 젠더를 인정할 뿐 아니라 젠더변이를 제도화하는 세계의 문화 속에는 수많은 젠더들이 다양하게 있다. 시베리아의 추크치족은 남자와 여자말고도 7개나 되는 젠더 범주를 인정하고 있다.[21] 그리고 상당수의 북아메리카 인디언 문화 역시 앞에서 언급하였듯이, 전통적으로 서너 가지의 젠더 —여자, 남자, 여자-남자, 남자-여자 —를 인정했으며 몇몇 경우에는 지금도 여전히 인정하고 있다.[22]

왜 문화마다 성 그리고/혹은 젠더의 모호성을 인식하는 방식이 크게 다른지 그 이유는 아직도 연구과제로 남아 있다. 그러나 부분적으로 그 이유가 기존 문화의 종교관 및 세계관과 관계가 있는 것만은 분명하다. 유대-기독교의 창조신화(창세기)에서, 세상은 창조주에 의해 7일째 되는 날 완성이 선언되며 인간은 남자와 여자로 창조된다. 아메리카 원주민 종교에서는 일반적으로 지상은 창조행위 후에도 완전한 상태로 놓여 있는 것이 아니다. 대개가 세상은 오랜 세월 동안 변화의 상태, 즉 이른바 트릭스터(trickster, 원시종족의 민화·신화에 등장하는 인물—옮긴이)나 다양한 문화영웅과 같은 초자연적 존재의 행위를 통해서 나타나는 변화의 상태에 있다. 또한 지상에 존재하는 만물이 다 말끔하게 명확한 범주에 속하는 것도 아니다. 변화 그리고 우리가 모호성으로 인식하는 것들은 아메리카 원주민들의 이야기에서 반복되는 주제이다. 인간을 닮았지만 비인간의 특성을 드러내는 존재들은 동물이나 식물, 자연물로 변모된다. 존재(Being)는 동물인 동시에 인간이고 또 그 어느 것도 아니다. 바위처럼 우리가 무생물이라고 생각하는 객체들에도 생명과 생각과 행동능력이 부여된다. 트릭스터/문화영웅 그들은 변모와 가장의 거장이며 그 가장 좋은 예가 코요테이다.

사물이 액면 그대로의 가치로 받아들여질 수 없고 세속적인 영역과 초자연적인 영역의 모든 것 그 자체가 두세 가지 형상을 동시에 나타낼 수 있다고 보는 세계관에서, 남성성과 여성성을 결합시키는 사람에 대한 사고는 아메리카 원주민 종교의 핵심을 이루는 모호성과 변화의 또 하나의 측면이다. 젠더(혹은 성별) 특성의 결합을 명확히 나타내는 인간들은 어떤 식으로든 초자연적인 것과 접촉한 개인으로 받아들여질 것이며 때때로 그런 존재로 환영받을 것이다. 몇몇 아메리카 원주민 문화에서는 여자-남자와 남자-여자에 해당하는 역할모델 혹은 초자연적 조상까지 있다.[23]

북아메리카 인디언 문화의 젠더변이

북아메리카 인디언 문화의 젠더변이를 논할 때, 이 문화들은 예를 들어 북극지방의 수렵꾼에서부터 남서부지방 원주민부락의 정착농민에 이르기까지 그리고 남동부지방 미시시피 문화의 도시국가에서부터 캘리포니아의 자잘한 부족에 이르기까지, 매우 다양하고 광범위하다는 점을 염두에 두어야 한다. 그러나 여기서 정당하게 성립될

수 있는 하나의 일반적인 전제는 이렇게 매우 다양한 문화들 대부분
이 적어도 두 가지 이상의 젠더를 전통적으로 인정하였다는 점이다.
물론 젠더변이에 관한 그 밖의 통념들은 확실히 이웃부족들간의 문
화적 유사성이 다소 높은 지역 혹은 문화영역에 국한해서 받아들여
졌다.

또 한 가지 성립될 수 있는 일반적인 전제는, 여자-남자 혹은 남
자-여자가 되는 것은 성 지향성의 문제가 아니라 직업적 선호성과
개성의 문제라는 것이다. 앞에서 언급하였듯이, 오래 전부터 젠더변
이는 관행적인 동성애로 해석되어 왔다. 하지만 아메리카 원주민들
에게 사내아이도 계집아이도 아닌, 다른 젠더의 아이를 어떻게 알아
보느냐고 물으면, 일반적으로 이렇게 대답한다. 그러한 아이들은 어
릴 때부터 '다른' 성의 작업활동에 두드러지게 관심을 나타낸다고 말
이다.[24] 여자-남자와 남자-여자들이 항상 그런 것은 아니지만 종종
신체적으로 같은 성의 사람(예컨대 동일한 생식기와 여자-남자 혹은
남자-여자의 염색체 배열을 가진 사람)과 성관계를 맺거나 결혼하는
경우가 있는데, 이러한 관계를 과연 '동성애'라고 부를 수 있는가 하
는 의문은 여전히 남는다. 다수의 젠더체계 내에서는 동성간의 관계
가 반드시 동일한 젠더간의 관계가 되는 것은 아니다.

아메리카 원주민 문화들은 성관계를 정의할 때 (신체적) 성이 아니
라 젠더를 강조한다. 따라서 아메리카 원주민 문화에서는 동성애 개
념이라는 것이 존재하지 않는다. 이것이 서구의 정의와 다른데, 여
자-남자/남자-여자와 그들의 동성 파트너는 신체적 성은 같지만 젠
더가 같지 않기 때문에 그들의 관계는 아메리카 원주민의 동성애 범
주에 들어가지 않는다. 이러한 범주 내에서 동성애 관계는 여자-남

326

자들끼리, 남자-여자들끼리의 관계 혹은 예를 들어 남자들끼리, 여자들끼리의 관계가 될 것이다.[25] 일반적으로 인류학자들은 젠더변이와 동성애를 동일한 것으로 해석했기 때문에, 전통적인 아메리카 원주민 문화에는 서구문화에서 정의되는 동성애 관계 — 동성의 두 개인, 동일한 젠더의 두 개인, 두 여자 혹은 두 남자 사이의 관계 — 가 거의 알려져 있지 않다.[26]

여자-남자

젠더변이에 관한 표현은 아메리카 원주민들이 형성한 문화만큼이나 매우 다양하다. 어떤 경우에 여자-남자 혹은 남자-여자는 전통적으로 나바호족이 그러했던 것처럼, 문화적으로 완전히 '다른' 성에 부여되어 있는 젠더역할을 취할 수도 있다.

전통적인 나들레헤는 진짜 나들레헤인 사람이지만, 내가 생각하기에 이런 진정한 나들레헤는 극소수에 불과하다. … 진정한 나들레헤 혹은 전통적인 나들레헤는 남자로 태어났지만 나바호 사회에서는 여자인 〔사람〕 100퍼센트 여자인 사람이다 — 이들은 성적 취향 혹은 성적 지향성 면에서가 아니라 직업적인 〔선호〕 면에서 여자인 사람이다.[27]

또 다른 사례, 즉 카베사 데 바카가 묘사한 코아우일라족의 여자-남자와 마찬가지로, 여자-남자와 남자-여자들은 남자의 젠더역할과 여자의 젠더역할 요소들을 다양한 차원에서 결합시킬 수 있다. 때때로 여자-남자들이 남자의 영역인 전쟁이나 습격에 가담했던 것은 분명하다. 하지만 이것이 여자-남자의 비남성성 젠더와 모순되지는 않는데, 특히 평원족 여자들은 이따금 남자들과 함께 습격에 나서기도 했기 때문이다.[28] 몇몇 여자-남자들은 오세이지족의 전사 ― 이 사람은 결혼하여 자식도 있었지만 환영(幻影)을 본 뒤로는 일상생활에서 여자와 같은 차림을 하고 말투를 쓰기 시작했다 ― 처럼 일종의 '이중적인 삶'을 살았다. 오세이지족의 이 사람은 가끔 전쟁에도 나갔던 것 같다. 그는 전사로서 계속 뛰어난 공을 세웠으나, 습격을 나갈 때면 어김없이 "여자옷을 벗고 남자의 옷차림을 했다."[29] 캘리포니아의 일부 부족들 속의 여자-남자들은 문화적으로 여자의 역할로 정의된 역할을 선택하면서도 계속 한증막에서 시간을 보냈다. 여기서 한증막은 남자들이 함께 시간을 보내는 곳으로서, 여자들은 제의기간 동안에만 들어가는 것이 이따금 허용되었던 장소이다.[30] 히다차족의 여자-남자들 ― 이들을 미아티라고 부른다 ― 은 여자들에게만 허용된 종교집단인 성녀협회에 정기적으로 참석하였다. 뿐만 아니라 여자들의 참여를 엄금하는 특정 제의들에서 이 미아티는 자신들의 '혼합된' 젠더지위 덕분에 성녀협회 여성회원들의 대표로 활동하였다.[31]

복장전환은 흔히 여자-남자의 젠더지위를 표현하는 요소로서 언급된다. 그러나 특히 문화적 변화를 강요하는 상황에서 백인 정부관리나 선교사들(그리고 아마 인류학자들!)의 시선을 피하기 위해 남장을 하기로 선택했을 때 이것을 필수적인 요소라고 볼 수는 없다. 일부 사례에서 여자-남자들은 여성적인 옷차림과 남성적인 옷차림을 겸하기도 했다.[32]

어떤 자료들은 그저 간단하게 여자-남자들은 '여자의 일'을 했다 혹은 한다고 언급하고 있는 데 비해 또 어떤 자료들은 훨씬 구체적이다. 캘리포니아에서 여자-남자들은 여자들과 함께 씨앗 줍는 일을 했는가 하면, 이들의 가사노동에는 요리와 도토리 갈기, 바구니 짜기 같은 일들이 포함되어 있었다. 이들은 바느질도 하고 장작도 나르고 여자아이들의 교육에도 관여하였다.[33] 고원지대의 부족들 사이에서는 여자-남자와 여자들이 열매며 뿌리들을 채집하고 바구니와 깔개를 짜고 요리를 했다.[34] 북동지역의 여자-남자들이 하는 여자일에는 옥수수를 재배하고 땔감을 구해다 주고 실을 잣고 바구니를 짜는 일뿐 아니라 주머니쥐털과 들소털로 장신구 만드는 일도 포함되어 있다. 이들은 각종 가사노동을 다 하였으며 확대가족 내의 어린아이들을 키웠다.[35] 평원족 여자-남자들은 마찬가지로 여자 역할에 해당하는 집안의 잡일을 하였는데, 자료들은 또 이들의 구슬세공과 바느질 솜씨가 탁월했다고 묘사하고 있다. 이들은 야생순무와 야생감자를 채집하고 남자들이 잡아온 사냥감을 도살하여 요리까지 하였다.[36] 특히 평원부족들의 여자-남자들은 온갖 종류의 여자 일과 기술을 여자보다 더 잘한다는 이야기를 자주 들었는데, 이는 일반적으로 환영에 의해 남자나 여자와 또 다른 젠더의 태도와 직업을 취하게 된 여성 초자연적 존재들이 이들에게 부여한 특별한 힘의 표시로 간주된다.[37]

매우 많은 부족들에서 여자-남자들은 여자의 일을 하는 것 이외에도 "여자처럼 행동하거나" "반대 성의 구성원들처럼 행세한다고" 한다. 즉 이들은 자신들 문화의 (남자가 아니라) 여자들에게서 볼 수 있는 예절과 몸짓 그리고 동작이나 앉는 자세를 취하기도 했다는 것을 의미한다. 예를 들어 이들은 남자보다 여자 소리에 더 가까운 목소리로 말한다. 부족의 언어에 남자전용 혹은 여자전용의 특별한 언어구사법이 있는 곳에서는 여자-남자의 경우 여자에게 해당하는 구사법을 택하게 될 것이다.[38] 남자와 여자의 머리모양이 다른 곳에서는 여자-남자는 여자들이 하는 머리 모양새를 취할 것이다. 특히 여자나 소녀들이 일생의 일정한 시기에 적어도 문신을 하는 전통을 가진 곳에서는 필시 여자-남자는 똑같이 문신을 하였다. 그리고 캘리포니아 모하비족의 알리하(여자-남자)는 심지어 월경과 임신 흉내까지 내었다.[39]

많은 부족들 사이에서 여자-남자들은 이런저런 의료인 역할을 한다. 어떤 부족들에서는 이들의 특별한 젠더지위 때문에 이들을 의사 같은 신분에 적격이라고 생각한다. 그리고 특히 치료사나 '샤먼'이 주로 여자인 부족들에서는, 확실히 이들은 자신들의 여성적 역할의 또 한 가지 요소로서 의료인 혹은 '샤먼'의 역할을 취한다.[40] 여자-남자들이 전문적으로 다루는 분야 혹은 이들이 전문적인 역할을 하고 있는 분야들도 있다. 캘리포니아 일부 부족들의 여자-남자는 장례식에서 특별한 임무를 담당하였다. 캘리포니아와 남동부지역, 평원지대의 일부 부족들 사이에서 여자-남자는 부상자들을 돌보기 위해 전사들과 함께 습격에 나섰다. 몇몇 평원족들에서는 여자-남자가 태양춤과 관련된 특별한 임무를 수행하였다. 여자-남자가 이름을 지어주면 행운이 따른다고 흔히 생각하기도 하였다. 이들의 이중적 본성 때문에, 연인이나 부부들이 갈등을 겪을 때는 여자-남자들에게 중재해달라고 하기도 했다.[41]

남자들이 여자-남자의 젠더와 역할을 취하는 방식은 다양하다. 알류트족이나 카니아그미우트족, 캘리포니아의 후아네뇨와 루이세뇨, 유마족 그리고 주니족 원주민들의 경우에는 가족이 사내아이를 계집아이처럼 키우기로 결정한다.[42] 또 어떤 부족들에서는 일반적으로 여자-남자는 특정 가족 혹은 좀더 큰 친족집단의 구성원이 된다고 한다. 특히 평원족에서는 사내아이나 성인남자는 '남자' '여자'와 구별되는 젠더에 속하며 일반적으로 어떤 초자연적인 여성존재가 보내는 환영 때문에 여성적인 복장과 태도와 일을 취한다.[43] 캘리포니아와 애리조나의 몇몇 부족들에서는 사내아이에게 여자-남자의 길을 가라고 말해 주는 것은, 환영이 아니라 바로 초자연적으로 보내지는 꿈이라고 한다.[44] 또 여자 같은 젊은이가 그/그녀의 지위를 정당하게 획득하기 위해서는 특별한 '시험'이나 의식을 반드시 거쳐야 하는 경우도 있다.[45] 그런가 하면 단지 개인의 선택에 의해서 여자-남자의 역할과 지위를 취하는 경우도 종종 있다.

아메리카 원주민 문화 가운데 다수의 젠더가 구성되어 있는 곳은 어디나 남자, 여자, 여자-남자, 남자-여자로 지칭되는 용어가 있다. 여자-남자와 남자-여자로 지칭되는 용어는 그러한 개인에게서 나타나는 남성성과 여성성의 조합을 강조하는 방식으로 일반적으로 번역된다. 예를 들어 한 여자-남자가 문화적으로 정의된 여자의 역할을 거의 완전하게 수행한다 할지라도, 그/그녀는 여자가 되는 것이 아니라 윙크테, 르하마나, 헤에마네흐, 엘사 등—이는 남자로 태어났지만 부분적으로 또는 완전히 여자의 삶을 살기로 선택한 사람을 지칭하는 각 부족의 젠더용어이다—으로 분류된다.

남자-여자

남자-여자에 대한 자료는 여자-남자의 경우보다 매우 적은데, 여자역할을 하는 남자들이 실제로 훨씬 더 흔했기 때문인지 아니면 인류학자와 북아메리카 인디언 문화의 연대사가들이 남자의 길을 택한 여자들에게 크게 관심을 기울이지 않았기 때문인지는 판단하기 어렵다. 그러나 상당히 많은 부족들에서, 문화적으로 정의된 여성역할의 경계를 뛰어넘었으며 또 젠더 면에서 재분류됨이 없이 여자일과 남자일을 결합시킨 여자들의 예가 있다. 이러한 예는 그 범위가 방대하기 때문에, 여기에서는 별개의 젠더범주에 속하는 것으로 분류된 남자-여자들에 대해서만 살펴보고자 한다.[46]

남자의 일과 옷차림, 태도를 취하는 여자들을 문화적으로 정의하는 별개의 젠더는 캘리포니아나 서부애리조나, 고원지대, 대분지지역과 같은 북아메리카 서부와 서부 북극 및 아(亞)북극 지대에 사는 부족들에게 존재했다 ─ 몇몇 경우에는 지금까지도 남아 있다. 일반적으로 이 같은 여성들은 '남자' '여자' '여자-남자'와는 다른 용어로 지칭되었다. 예를 들어 모하비족의 경우 여자-남자는 알리하, 남자-여자는 화메라고 불렀고, 캘리포니아의 유클리족에서는 여자-남자는 이-와-무스프(남자-여자) 혹은 이와프-나이프(남자-소녀)라고 부르는 데 비해 남자-여자를 지칭하는 용어는 무스프-이와프-나이프(여자남자-소녀)이다. 때때로 남자-여자와 여자-남자들은 동일한 용어로 불리기도 하는데, 클래머스족에서는 '트위나에크', 쇼쇼니족에서는 '타이나 와이페'라 했다.

그리고 가령 캘리포니아의 애추게위족과 새스타족에서는 일부 여자-남자들과 마찬가지로 남자-여자들도 때때로 복장전환을 하지 않았으며, 전적으로 남자의 역할만 취하기보다는 남자일과 여자일을 겸하였다.[47] 그러나 많은 사례에서 그들은 분명히 거의 전적으로 남성적인 일을 수행하였다. 여자-남자들이 종종 여자일을 하는 것뿐 아니라 여성적인 말투며 몸짓 등을 보여주었던 데 비해, 남자-여자

332

들은 남자처럼 행동 혹은 처신했다고 한다. 자신들의 남성 파트너와 마찬가지로 남자-여자들도 아주 어릴 때는 사내아이들과 사냥하고 놀기를 더 좋아하고 문화적으로 여성의 역할로 규정된 일을 배우기를 거절하는 등 특수한 젠더의 특징을 보인다. 그리고 성인이 되면 남자들과 마찬가지로 전통적으로 사냥을 나가며 다른 부락을 습격하러 갈 때도 어김없이 남자들과 함께 가담한다. 만약 그 부족이 남자와 여자에 따라 머리모양이 다르면, 남자-여자들은 남자의 머리모양을 한다. 그리고 대개 남자와 여자 모두 치료사를 할 수 있는 문화에서는 이들 역시 치료사가 되기도 하지만, 이들이 치료사나 '샤먼'이 된 이유가 특수한 젠더지위 때문인지 아니면 이런 직업들이 남자의 역할과 관계가 있기 때문인지는 판단하기 어렵다.

여자-남자들은 드물게 월경 같은 여성의 생리현상을 모방하는 데 비해 남자-여자들은 이러한 생리현상을 흔히 거부한다——일부 남자-여자들은 자신들은 생리를 전혀 하지 않고 젖가슴이 작거나 없으며 남자처럼 근육질이라고 말했다고 한다.[48] 일반적으로 남자-여자들은 여자들과 성관계를 맺거나 결혼한다. 그러나 개중에는 독신으로 지내거나(물론 그렇다고 해서 다른 성의 애인이 없었다는 의미는 아니다), 남자와 결혼하는 이들도 있었다고 한다.

알래스카 잉갈릭족의 남자-여자들은 카심(남자들의 집)에서 남자들과 함께 생활하였다. 코코파족에서는 사춘기에 접어들면 소년은 횡경막을 뚫고 소녀는 턱에 문신을 하였는데, 이 부족의 와르하메흐는 소년들처럼 횡경막을 뚫었다. 그리고 모하비족의 화메는 탁월한 부양자였으며, 아내가 월경을 하거나 임신중이면 그 남편이 지켜야 할 특정한 금기들을 따랐다고 한다.[49]

여자와 남자 이상이 존재한다 333

그런가 하면 여성 젠더변이의 범주를 인정하지 않는 부족들에서
특별한 지위를 부여받은 여성에 관한 자료들이 있다. 지난 세기 초에
쿠테나이족 여자인 쿠쿠나크 파트케가 노스웨스트 사의 모피거래인
으로 일하던 백인 남편과 일년을 살고는 그만 자기 부족에게로 돌아
왔는데, 그녀는 자신이 남자로 변했다고 주장했다. 하지만 이것은 쿠
테나이족에게는, 적어도 여성들과 관련해서는 용납되는 않는 그런
유의 행동이었다. 쿠쿠나크 파트케의 부락사람들은 그녀를 남자-여
자로 받아들이기보다는 오히려 그녀가 실성했다고 생각했다. 그후
그녀가 전사로서, 백인 탐험가와 무역업자의 안내인으로서, 샤먼 혹
은 예언자로서 남자의 삶을 성공적으로 이끌어가자 마침내 그녀의
부족은 그녀를 받아들이게 되었을 뿐 아니라 실로 범상치 않은 그녀
삶의 이야기는 대대로 전해져 내려왔다.[50] 피갠족의 '달리는 독수리'
와 크로족의 '여자추장'도 같은 경우인데, 두 여자는 자기 부족의 남
자들에게만 부여되는 지위와 특권을 누렸다. 쿠테나이족과 마찬가지
로 이 여자들의 부족 모두 여자-남자와 관련된 젠더는 있었지만 남
자-여자의 젠더는 없었다. '달리는 독수리'와 '여자추장'은 무엇보다
도 그들이 전쟁에서 뛰어난 용맹성을 보여주었기 때문에 특별한 지
위를 부여받았다. 여자추장의 전쟁공훈은 너무도 혁혁하여 남자들이
그녀를 부족회의에 나오라고 청할 정도였다고 한다. 달리는 독수리
는 맨 처음 참가한 습격에서 눈부신 활약을 하여 그녀에게 남자의 이
름이 수여되었는데, 그녀 부족의 역사에서 이 같은 명예를 얻은 여성
은 그녀뿐이었다. 쿠쿠나크 파트케처럼 이 두 여성은 관행화되어 있
는 여성 젠더변이의 범주 내에서 '남자-여자'가 아니라 자신들 부족
에서 특이한 개인이었다.[51]

334

여자-남자의 경우와 마찬가지로, 때때로 꿈과 환영은 남자-여자에게 남자의 직업과 태도를 선택하도록 촉구하고 이를 정당화한다. 이렇듯 대다수 남자-여자들은 자신이 원해서 혹은 초자연적 존재가 지시하여 남성적 역할을 취하였다. 그러나 어떤 부족들에서는 때때로 부모가 딸 하나를 사내아이로 키우기도 한다. 일반적으로 이런 경우는 성별/젠더 노동분업에서 남자영역에 속하는 사냥에 주로 의존해서 살아가는 지역에서 일어났다. 만약 그 집안에서 아들이 태어나지 않았다거나 혹은 그 집안의 사내아이들이 모두 죽고 없으면, 여자아이를 사냥꾼으로 사회화시키고 또 다른 측면에서 그 집안 내 사내아이나 성인남자의 역할도 수행하도록 하는 것이 필요했다. 이러한 예는 캐나다의 오지브웨이족이나 알래스카의 카스카족 그리고 이누잇족이나 에스키모족에서 찾아볼 수 있다.[52]

맺음말

거의 대부분의 북아메리카 인디언 부족들 내에는, 개인들이 완전히 '다른' 성의 젠더역할을 취하거나 문화적으로 여성역할·남성역할로 정의된 역할들을 다양한 수준에서 혼합하는 것이 허용되는, 두 가지 이상의 젠더의 문화적 구성이 존재했다——그리고 많은 경우 지금도 여전히 존재하고 있다. 이러한 개인들은 '남자' 혹은 '여자'가 아니라 남성성과 여성성의 조합을 그 특징으로 하는, 남자·여자와 다른 젠더에 속하는 존재로 간주되었다.

이러한 조합은 남성의 신체적 특징과 여성의 신체적 특징이 결합된 간성의 개인으로 표현될 수 있다. 즉 남자로 태어났으나 일반적으로 어릴 때부터 문화적으로 여자들과 관련되는 작업활동이나 태도, 언어구사 방식 등을 취하는 개인으로 표현될 수 있다. 이와 마찬가지로 여자로 태어났으나 그/그녀의 문화에서 남자의 역할과 관련된 방식과 직업을 취하는 사람으로 표현될 수 있다. 혹은 남자나 여자로 태어났으며 문화적으로 정의된 남자역할과 여자역할의 요소들을 모두 겸비하는 사람으로 표현될 수도 있다.

문화적으로 둘 이상의 젠더가 인정되고 정의되기 때문에, 다른 성의 태도와 작업활동을 택하는 것을 '젠더역전'으로 지칭하는 것은 적절하다고 볼 수 없다. 왜냐하면 젠더역전은 양성의 젠더체계에서 한쪽이 다른 젠더로 바뀌는 것을 함의하기 때문이다. 더욱이 많은 사례들에서 개인들은 아주 어릴 때부터 '남자'도 '여자'도 아닌 젠더의 일원으로 성장하였는데, 이는 실제로 그들은 한 젠더에서 다른 젠더로 결코 '옮겨가는' 것은 아님을 의미한다.[53]

문화적으로 두 가지 이상의 젠더가 구성되어 있기 때문에, '성전환자'나 '동성애자' 같은 서구의 개념 역시 아메리카 원주민 여자-남자와 남자-여자들에게는 적용될 수 없다. 예를 들어 같은 젠더가 아니라 같은 성의 두 개인들간의 성행위가 반드시 동성애로 간주되는 것은 아니거니와, 태어날 때 자신들에게 부과된 젠더와 젠더역할에 편안함을 느끼지 못하는 개인들이 선택할 수 있는 넷 혹은 그 이상의 젠더를 제공하는 젠더체계에는 두 젠더와 두 성만을 인정하고 존중하는 문화에서 발달된 성전환이라는 개념이 적용될 수 없다.

주

1) F. Guerra, *The Pre-Columbian Mind*, London/New York: Seminar Press, 1971, *passim* 참조.

2) 같은 책, *passim*.

3) 같은 책, p. 221.

4) T. De Bry, *Collectiones peregrinatorium in Indian Occidentalem. America*, German edition, Frankfurt a.M.: Bry, 1590~1634, p. XXII.

5) A. N. C. de Vaca, *La relacion y comentarios del gouernador Aluar Nuñez Cabeca de vaca, do lo acaescido en las dos jornadas que hizo a las Indias, Valladolid, 1555*, p. 36.

6) W. L. Williams, *The Spirit and the Flesh: Sexual Diversity in American Indian Culture*, Boston: Beacon Press, 1986, pp. 201ff; S. Lang, "Masculine Women, Feminine Men: Gender Variance and the Creation of Gay Identities Among Contemporary North American Indians," paper presented at the conference sponsored by the Wenner-Gren Foundation for Anthropological Research, Washington, DC, 1993. 11. 17.

7) E. Blackwood, "Sexuality and Gender in Certain Native American Tribes: The Case of Cross-Gender Females," *Signs* vol. 10/no. 1, 1984/Autumn, pp. 1~42; C. Callender and L. M. Kochems, "The North American Berdache," *Current Anthropology* vol. 24/no. 4, 1983/Aug.~Oct., pp. 443~70; B. Medicine, "'Warrior Women': Sex-Role Alternatives for Plains Indian Women," P. Albers and B. Medicine, eds., *The Hidden Half: Studies of Plains Indian Women*, Washington: Univ. Press of America, 1983, pp. 267~80; W. L. Williams, 앞의 책, pp. 233~51; S. Lang, *Männer als Frauen—Frauen als Männer: Geschlechtsrollenwechsel bei den Indianern Nordamerikas*, Hamburg: Wayasbah-Verlag, 1990, pp. 310~63; H. Whitehead, "The Bow and the Burden-Strap: A New Look at Institutionalized Homosexuality in Native American," S. Ortner and H. Whitehead, eds., *Sexual Meanings: The Cultural Construction of Gender and Sexuality*, London: Cambridge Univ. Press, 1981, pp. 80~115; W. Roscoe, ed., *Living the Spirit: A Gay American Indian Anthology*, New York: St. Martin's Press, 1988, *passim*.

8) H. Angelino and C. L. Shedd, "A Note on Berdache," *American Anthropologist* vol. 57/no. 1, Part I, 1955/Feb., p. 121.

9) 아메리카 인디언의 젠더변이에 관련된 용어법은 "경험적·이론적으로 재고찰되는 북아메리카 베르다셰"라는 의제를 내건 두 회의에서 논의된 이슈의 하나였다.

10) Lang, 앞의 책, pp. 31~34, ch. 3. 3, *passim*; Williams, 앞의 책, p. 65ff 참조.

11) Sue-Ellen Jacobs and J. Cromwell, "Visions and Revisions of Reality: Reflections on Sex, Sexuality, Gender and Gender Variance," *Journal of Homosexuality* vol. 23/no. 4, 1992/Summer, p. 63.

12) V. Bullough, *Sexual Variance in Society and History*, New York: Wiley, 1976; D. Greenberg, *The Construction of Homosexuality*, Chicago/London: Univ. of Chicago Press, 1988; S. Nanda, *Neither Man Nor Woman: The Hijras of India*, Belmont: Wadsworth, 1990; Williams, 앞의 책, pp. 252~69.

13) H. Devor, *Gender Blending: Confronting the Limits of Duality*, Bloomington/Indianapolis: Indiana University Press, 1989, p. vii.

14) Jacobs and Cromwell, 앞의 글, p. 49.

15) 같은 글, p. 50.

16) J. Cromwell, "Fearful Others: The Construction of Female Gender Variance," unpublished paper, 1992, submitted to *Signs*.

17) S. J. Kessler and W. McKenna, *Gender: An Ethnomethodological Approach*, New York: Wiley, 1977, p. 112.

18) Devor, 앞의 책은 여성으로서의 정체성을 전혀 의심하지 않고 젠더를 '섞는' 여자들에 관해서 다루고 있다.

19) J. Cromwell, "Not Female Berdache, Not Amazons, Not Cross-Gender Females, Not Manlike Women: Locating Female-to-Male Transgendered People within Discourses on the Berdache Tradition," paper presented at the conference "The 'North American Berdache' Revisited Empirically and Theoretically" sponsored by the Wenner-Gren Foundation for Anthropological Research, Washington DC, 1993. 11. 17.

20) Jacobs and Cromwell, 앞의 글 참조.

21) 같은 글, p. 50ff.

22) Callender and Kochems, 앞의 글; Williams, 앞의 책; Lang, 앞의 책; Lang, 앞의 글; W. Thomas, "A Traditional Navajo's Perspective on the Navajo Cultural Construction of Gender," paper presented at the conference "The 'North American Berdache' Revisited Empirically and Theoretically," sponsored by the Wenner-Gren Foundation for Anthropological Research, Washington, DC, 1993. 11. 17.

23) S. Lang, "Hermaphrodite Twins, Androgynous Gods: Reflections of Gender Variance in North American Indian Stories," paper presented at the 93rd annual convention of the American Anthropological Association, Atlanta, Ga., 1994. 11. 30～12. 4.

24) Lang, 앞의 책, p. 154ff(이 책에는 젠더변이의 모든 양상에 관한 자료가 체계적으로 정리되어 있다).

25) Williams, 앞의 책, p. 65ff., p. 110ff; Lang, 앞의 책, p. 241ff. *et passim*; Lang, "Masculine Women, Feminine Men," p. 4ff; W. Thomas, "A Traditional Navajo's Perspectives on the Cultural Construction of Gender in the Navajo World," taped lecture, Frankfurt, Germany, 1993. 9.

26) 아메리카 인디언의 전통문화에 나타나는 레즈비언에 관해서는 P. G. Allen, "Lesbians in American Indian Culture," *Conditions* vol. 7, 1981, pp. 67～87 참조. 예를 들어 민속지학적 기록에 나타나는 남성 및 여성 동성애 관계에 관해서는 Lang, 앞의 책, pp. 375～83 참조.

27) W. Thomas와 S. Lang의 1992년 4월 25일자 대화테이프.

28) Medicine, "Warrior Women."

29) A. Fletcher and F. La Flesche, *The Omaha Tribe*, Washington: 27th Annual Report, Bureau of American Ethnology, 1911, p. 133.

30) Lang, 앞의 책, pp. 92～95.

31) A. Bowers, *Hidatsa Social and Ceremonial Organization*, Bulletin 194, Bureau of American Ethnology, 1965, p. 324, 326, 330.

32) Williams, 앞의 책, p. 71ff.

33) Lang, 앞의 책, pp. 101～102.

34) 같은 책, p. 102.

35) 같은 책, pp. 104～107.

36) 같은 책, p. 108ff.

37) Williams, 앞의 책, pp. 31～42; Lang, 앞의 책, pp. 289～96.

38) 같은 책, pp. 146～51.

39) G. Devereux, "Homosexuality among the Mohave Indians," *Human Biology* vol. 9, 1937, pp. 498～527.

40) Lang, 앞의 책, pp. 173～97.

41) 같은 책, pp. 197～217.

42) 같은 책, pp. 261～66.

43) 같은 책, pp. 266～77; Williams, 앞의 책, pp. 31～43.

44) Lang, 앞의 책, pp. 276~77.

45) 같은 책, pp. 282~87.

46) '여자 아님'으로 재분류되지 않고 남성의 일을 선택한 여성에 관해서는 Medicine, "Warrior Women"; R. Landes, "The Ojibwa of Canada," M. Mead, ed., *Cooperation and Competition among Primitive People*, NY: McGraw-Hill, 1937, pp. 87~126; Lang, 앞의 책, pp. 317~22, 331~34; O. Lewis, "Manly-Hearted Women among the Northern Piegan," *American Anthropologist* vol. 43, 1941, pp. 173~87 참조.

47) Lang, 앞의 책, p. 315. 문화적으로 남성의 역할로 정의된 것을 다소 완벽하게 하는 여성들에 관해서는 같은 책, pp. 322~56 참조.

48) 같은 책, pp. 335~36.

49) Devereux, "Homosexuality," p. 515.

50) C. E. Schaeffer, "The Kutenai Female Berdache," *Ethnohistory* vol. 12/no. 3, 1965/Summer, pp. 193~236.

51) 같은 글, p. 213f, 227ff.

52) Lang, 앞의 책, pp. 329~35.

53) 젠더변이에 관련된 용어에 관해서는 K. Weston, "Lesbian/Gay Studies in the House of Anthropology," *Annual Review of Anthropology* vol. 22, 1993, pp. 339~67 참조.

S. 랭은 1990년 함부르크대학에서 아메리카 원주민 문화의 복합 젠더를 다룬 "Men as Women, Women as Men"으로 박사학위를 취득하였으며 멕시코 그리고 미국의 아메리카 원주민 공동체들에서 다년간 현장연구를 하였다. 현재 그는 독일 함부르크에서 독립학자로 활동하고 있다.

옮긴이 후기

　현재 지구에는 60억이 넘는 사람이 살고 있다. 생김새나 성격 등 모든 면에서 사람들은 다 다르지만 크게 두 가지 범주로 분류된다. 여자와 남자가 그것이다. 인간은 태어나면서 자신이 가진 생식기의 모양으로써 부모에 의해 혹은 사회적으로 여자와 남자로 구분된다. 그리고 이렇게 분류된 성별을 지닌 우리 대부분은 자신의 성을 인정하고 여성 혹은 남성의 정체성을 지니고 살아가게 된다. 성별에 따라 사회적으로 요구되는 임무와 책임, 머리모양과 복장, 말하는 태도, 걷는 태도 등 여러 가지가 달라진다. 그런데 문제는 이 여성/남성의 범주 어디에도 속하지 않는 사람들이 상당수 있다는 데 있다. 분명히 남성성기를 갖고 있지만 자신을 여자라고 생각하는 사람, 그 반대의 사람, 자신을 여자도 남자도 아닌 존재로 생각하는 사람, 반대로 자신이 여자도 남자도 된다고 생각하는 사람, 양성의 성기를 모두 지니고 있는 사람, 자신이 남자라고 생각하면서도 여자옷을 입고 싶어하는

342

사람, 그 반대의 사람, 성전환 수술을 한 사람 등 그 종류를 헤아리기 어려울 정도이다.

　물론 지구상에 존재하는 전체 인구 중에서 이들은 수적으로 소수에 불과하며 또 우리가 이러한 집단에 속할 확률은 매우 낮다. 그러나 일단 이 집단에 속한 사람 쪽에서 볼 때는 이 낮은 확률이 아무런 의미가 없게 된다. 아니 오히려 소수라는 사실 때문에 세상으로부터 소외되고 억압받는 불이익을 감수해야 한다.

　자연계에서 개체수가 적은 생물을 우리는 적극 보호하고 그 멸종을 우려한다. 한 종이 사라질 때마다 생태계의 균형이 허물어지며 결국 전체 생명체의 위기가 초래될 수 있기 때문이다. 또한 다양한 종의 생명체는 그 특유의 아름다움을 지키며 전체 생태계를 풍요롭게 만든다. 인간사회 역시 이와 다를 바 없다. 60억의 사람들이 각각의 개성을 발휘하며 자유롭게 살수록 그만큼 사회는 더욱 풍요로운 문화를 향유할 수 있을 것이기 때문이다.

　『여자 남자 그리고 제3의 성』은 여자와 남자라는 이분법적인 성구별이 결코 자연적이고 생물학적인 구별이 아니라 문화적 산물이라는 점을 명확히 한다. 사실상 생물학적으로 여자와 남자는 그 특성이 그다지 다를 바 없음에도 불구하고 우리 사회는 여성성/남성성을 극단적으로 양분하여 여자에게는 부드러움, 모성애, 수동성을, 남자에게는 강한 힘, 사회적 능력, 능동성 등을 강요해 왔다. 그러나 남성 중심의 가부장적 사회에서 여성을 효과적으로 통제하고 길들이기 위해 규정한 나약하고 순종적인 여성성은 이제 명백히 허구임이 밝혀졌다. 또한 지배자로서의 남성이 갖추어야 했던 남성성 역시 실제 남자들의 특징과 일치하지 않는다는 점도 하나하나 드러나고 있다. 시몬 드

보부아르의 말처럼 여자는 여자로 태어나는 것이 아니라 여자로 키워지는 것이며, 남자 역시 마찬가지다. 전통적인 남성의 특성과 거리가 먼 이른바 여성스러운 남자들, 전통적인 남성의 특징을 모두 갖추고 있으면서도 여성이라는 이유로 사회적 차별을 받는 여자들은 모두 인위적으로 구성된 성별 이분법의 희생자라 해도 과언이 아니다. 인간의 성격이나 자질이 사회적 제약 없이 자유롭게 형성되고 클 수 있을 때 우리 사회는 건강하게 발전할 수 있을 것이다.

그리스 신화에 등장하는 티레시아스라는 예언자는 원래 남자였다가 도중에 여자로 8년 동안 살다가 다시 남자로 살았던 인물이다. 그리스인들에게 있어 이러한 젠더역전은 이 예언자의 놀라운 예지능력의 원천으로 생각되었다. 젠더가 교차된다는 것은 여성의 세계와 남성의 세계를 넘나들며 두 세계를 모두 경험하는 것이므로 이로 인해 보다 완전한 인간이해에 도달할 수 있기 때문이리라. 또 셰익스피어 극에는 남장 여자들이 무수히 등장한다. 이들 남장 여성들은 하나같이 지혜와 용기를 겸비한 아름다운 인물로 묘사된다. 양성의 장점을 겸비한 이들이 발산하는 매력은 대단하여 이들을 남자로 착각한 여자들은 사랑에 빠지기도 한다.

그런데 이것이 연극 같은 가상의 현실에서만 일어나는 현상일까? 나는 1999년 제2회 여성영화제에서 일본의 다카라주카라는 여성 악극단을 소재로 한 다큐영화를 본 적이 있다. 수많은 일본여성들이 이 악극단의 남자역 스타에게 보내는 갈채와 사랑은 지극했다. 이 스타가 여자라는 사실을 알면서도 그렇게 좋아할 수 있느냐는 질문에 한 여성은 명료하게 대답한다. "여자이기 때문에 더 좋아요. 실제 남자 중에 이렇게 멋진 사람은 없거든요."

『여자 남자 그리고 제3의 성』은 전통적인 성별(젠더) 이분법에 속하지 않는 인물들을 신화, 예술, 역사 등에서 광범위하게 찾아내어 성별(젠더) 이분법의 문화적 허구성을 고발한다. 역사적으로 또 나라와 문화마다 나타나는 젠더역전과 젠더문화를 인류학적으로 접근하고 있다. 이 책에서는 성별을 마음대로 바꾸는 강력한 신들에서부터 연극무대에서 다중적으로 성별이 바뀌는 등장인물, 남장 여자성인, 여자로 태어났으나 출산 중 남성성기가 생겨 남자로 살게 된 사람에 이르기까지 다양한 인물들이 소개되며 또 시베리아 축제와 헝가리 문화 등에 나타나는 젠더역전 현상이 상세하게 묘사되고 있다. 특히 북아메리카 원주민들의 젠더 개념은 젠더 이분법과 정면으로 대치된다. 이들은 출생시 성기의 모양으로 성별을 결정하지 않고 아이가 자라면서 어떤 일을 좋아하는지 주의 깊게 관찰하여 젠더를 판별한다. 그런가 하면 하나의 성으로 살다가 본인이 원하면 얼마든지 다른 성으로 바꿀 수 있다. 즉 성은 타고난 불변의 것이 아니라 후천적인 가변의 것으로 선택 가능하다고 본다. 이런 사회에서는 성별을 의미하는 단어가 단 두 개가 아니라 여러 개가 있다. 자신의 젠더를 마음대로 선택할 수 있다니 이 얼마나 환상적인가! 사회가 규정하고 있는 젠더와 자기 자신이 되고자 하는 젠더가 달라서 고통당하는 사람들에게 이런 사회는 유토피아임이 틀림없다. 퀴어 영화제 프로그래머 서동진의 말을 그대로 옮겨본다.

"복잡한 이야기를 하자는 게 아닙니다. 이미 남자와 여자란 것이, 아니 굳이 꼭 두 개의 성별이 있어야 하는지 엉뚱하게 묻는 것일 따름입니다. 아니 한 술 더 떠 그 두 개의 성별이란 것이 그렇게 한결같은지, 분명한지 묻자는 것입니다. 퀴어들은 이런 '두 개의 확실성'에

언제나 물음을 던졌습니다. 물론 우리가 타인을 체험하기 위해 반드시 필요한 그 '두 개의 질서'를 위협한다는 이유로 박해 역시 받았습니다. 4월의 퀴어아카이브는 그런 물음을 줄기차게 던져온 퀴어들의 입장에서 시작합니다. 수많은 디바들과 자신을 한몸처럼 여기는 게이들에 대하여 그리고 몸소 그 디바의 몸과 영혼이 되어버린 드랙퀸들에 관하여, 시선을 던집니다."

나는 지난 주 퀴어아카이브에서 〈우리는 성전환자들이다〉라는 루루 오가와 감독의 일본 다큐영화를 보았다. 여자가 턱시도를, 남자가 웨딩드레스를 입은 남장 여자와 여장 남자의 결혼식 장면, 여장 남자들 13명이 단체 온천여행을 하면서 여장 차림으로 남탕에 들어가는 장면은 그 아이러니컬한 전복성으로 인해 통쾌한 웃음을 유발한다. 한편 처연하도록 아름다운 한 여성 성전환자는 슬픈 눈빛으로 이렇게 말한다. "우리는 괴물이 아니에요." 가슴 찡한 여운이 채 가시지 않은 그 다음날, 다양한 직업의 성전환자들을 다큐멘터리 형식으로 담은 모니카 트로이트 감독의 독일영화 〈젠더노츠〉를 감명 깊게 보고 나오는 길이었다. 친구 몇 명과 함께 이 영화를 관람했던 한 청년이 이렇게 말했다. "호러 영화 같았어." 이 말은 바로 우리의 인식의 현주소이기도 하다. 아마 전통적인 여자/남자 이미지가 확고하게 각인된 그 청년에게는 그 이미지와 반대되는 사람이 기괴하고 공포스럽기까지 했던 것 같다.

나와 다른 존재에 대한 배타성이 클수록 그 사회가 문화적으로 열려 있지 않다는 증거가 될 수 있다. 나와 다르고 다수와 다르지만 엄연히 이 세상에 존재하며 행복하게 살고 싶어하는 사람들이 있다는 사실을 인정하고 그들에 대한 사회적 편견을 없애려고 노력할 때, 우리 사회 전체는 다양한 개성을 포용할 줄 아는 풍요롭고 자유로운 세계가 될 수 있을 것이다.

마지막으로 이 책을 번역하는 데는 많은 어려움이 따랐음을 밝혀 둔다. 우선 출판사는 물론이고 나는 이 책을 출간하는 문제를 놓고 상당한 고심을 했다. 그럼에도 불구하고 아직 우리 사회에서 다수의 눈으로 볼 때 생소한—심지어 금기시되고 있는 듯한—주제의 이 책이 필요하다고 판단한 것은 자신의 정치적 입장, 피부색깔 심지어 성지향성 때문에 부당하게 박해받는 일이 없어야 한다고 보았기 때문이다. 특히 성지향성의 문제에서는 우리의 포용력 있는 태도, 다양성을 인정하는 태도가 필요할 것이다. 이를 위해서는 우리가 지금까지 불변의 진리로 여겨왔던 것 — 세상에는 여자와 남자만 존재한다—이 역사적으로 그리고 문명사적으로 과연 옳은가를 되짚어보는 것이 중요하며 그런 점에서 이 책은 적절하다고 생각했다. 다음으로, 번역과정에서 용어선택의 문제였다. 새로운 용어를 정립한다는 입장에서 그 용어가 전후맥락 속에서 최대한 잘 이해될 수 있다고 생각되는 우리말을 채택했다. 그래서 나온 것이 젠더역전(gender reversal), 젠더교차(gender cross), 젠더전환(transgender) 등의 용어이다. 이로 인해 본의 아니게 발생하는 오역은 전적으로 나의 책임임을 밝혀두며 독자 여러분의 많은 질책을 부탁드린다.

2000년 4월

노최영숙